新编
保险医学基础
（第二版）

XINBIAN BAOXIAN YIXUE JICHU

主　编　任森林

副主编　陈艳茜

主　审　付　菊

中国金融出版社

责任编辑：张　超　刘　醒
责任校对：张志文
责任印制：陈晓川

图书在版编目（CIP）数据

新编保险医学基础/任森林主编. —2 版. —北京：中国金融出版社，2018.6
（金融保险丛书）
高等院校实务教程
ISBN 978 - 7 - 5049 - 9575 - 9

Ⅰ.①新…　Ⅱ.①任…　Ⅲ.①健康保险—高等学校—教材　Ⅳ.①F840.62

中国版本图书馆 CIP 数据核字（2018）第 086081 号

新编保险医学基础
Xinbian Baoxian Yixue Jichu

出版
发行　中国金融出版社

社址　北京市丰台区益泽路 2 号
市场开发部　（010）63266347，63805472，63439533（传真）
网上书店　http://www.chinafph.com
　　　　　　（010）63286832，63365686（传真）
读者服务部　（010）66070833，62568380
邮编　100071
经销　新华书店
印刷　保利达印务有限公司
尺寸　185 毫米 × 260 毫米
印张　18.5
字数　408 千
版次　2012 年 2 月第 1 版　2018 年 6 月第 2 版
印次　2020 年 1 月第 2 次印刷
定价　40.00 元
ISBN 978 - 7 - 5049 - 9575 - 9
如出现印装错误本社负责调换　联系电话（010）63263947

《金融保险丛书·高等院校实务教程》
丛书编委会

总 顾 问： 朱甘宁（保险职业学院党委书记、院长）

主　　任： 丁孜山（金融学教授、硕士生导师、省级教学名师）

执行主任： 肖举萍（经济学教授、硕士生导师、省级专业带头人）

副 主 任： 贺丰（经济学教授、硕士生导师）

委　　员：（按姓氏拼音排序）

付菊（经济学教授、硕士生导师）

李岚（会计学副教授、国家注册会计师、注册税务师）

刘亚非（应用英语教授）

欧阳挥义（会计学教授）

彭晓燕（会计学副教授）

王健康（经济学副教授、博士）

王锦霞（应用英语副教授）

吴金文（数学与精算教授、省级教学名师）

夏雪芬（法学教授、硕士生导师）

徐沈新（数学教授）

张旭升（经济学副教授、博士）

周灿（经济学副教授、博士）

闫伟光（计算机应用技术讲师、博士）

金融保险丛书
高等院校实务教程

总　序

　　教材是教育与培训的基本工具，也是相应领域科研成果的学术积淀与系统反映，任何一个学科领域的成长与发展都离不开教材建设的推动。对于金融保险这样一个急需大力发展的专业领域而言，高质量系列教材的编著工作显得尤其重要。与中国金融保险行业同步互动的金融保险类专业高等院校教材建设，经过多年的发展，已经走过了对国外资料的翻译、介绍、消化和吸收的阶段，开始步入序列化、系统化发展时期，基础理论、应用理论和操作技能层次清晰。为此，全国各高等院校和出版机构都积极探索具有中国特色的金融保险类专业教材建设之路，并已经出现了一批高水平的教材建设成果。

　　有鉴于此，有着近三十年开办金融保险类专业的历史经验和师资、规模优势的保险职业学院（其前身为中国保险管理干部学院），根据教育部关于高等教育"专业课程等依据教学大纲组织自编教材"的精神，结合学院多年教学改革成果，组织编写了这套"金融保险丛书·高等院校实务教程"系列教材。本套教材针对高等院校尤其是高职高专金融保险类专业，以及金融保险系统员工培训的知识结构与素质要求，注意把握金融保险类专业的教学需要，努力做到金融保险理论与我国金融保险行业的具体特征相结合，并以知识性和实用性为基本导向，在重点、扼要、完整论述基本理论知识的同时，增加图、表、典型案例、补充阅读资料等内容的比例，设置课堂讨论题、自测题、实训题和复习思考题，以强化理论与实际的结合、学习知识与开发智力的结合、动脑思考与动手操作的结合，这是本系列教材所具有的鲜明特性。

　　目前，中国的金融保险高等教育教材，特别是高职高专与企业员工培训教材的建设还处于不断完善的进程中。本套教材的出版也只是这一进程中难以计数的群体努力之一，希望能有越来越多的类似成果源源不断地涌现，推动中国金融保险教育与科研工作进入一个新的阶段。

丛书编委会
二〇一二年一月

前　言

　　随着我国经济体制的改革和经济的快速发展，我国人寿保险业的经营规模和业绩都达到了前所未有的水平，同时也展示了朝阳行业的辉煌前景。特别是 2006 年，中国保险监督管理委员会颁布了《健康保险管理规定》，极大地提高了我国保险企业专业化发展商业健康保险的信心和热情。新的《保险法》也明确，财产保险公司可以从事人身意外伤害险、短期健康险经营。因此，近几年来，一是专业化的健康保险机构和保险公司如雨后春笋般蓬勃发展，二是财产保险企业与人寿保险企业在人身意外险和健康保险领域内展开了激烈竞争，使得与保险医学联系十分紧密的商业健康保险呈井喷式发展。然而，从目前保险市场看，竞争与发展遇到了既懂保险又懂医学的人才奇缺的瓶颈，因为与人相关的保险业务的各环节——产品设计、产品营销、核保核赔、客户的健康管理等都离不开保险医学人才。为顺应这一发展的潮流，满足人身保险对保险医学人才的需求，促进人身保险的发展，我国许多普通本专科院校与高职院校在保险类、营销类或金融类专业中，相继开设了相对独立的"保险医学"课程，特别是各大保险公司、保险中介机构、保险咨询公司与相关培训机构也将"保险医学"开发成培训类的课程。一直以来，适合高等院校（尤其是高职院校）和保险公司、培训机构教授和培训该类课程的"保险医学"教材却非常少。基于此，我们组织精干的师资力量，选取既具有丰富的高等教学与成人培训经验，又有保险公司一线工作经验和进行过较长时间挂职锻炼的优秀教师，以人身保险行业的相关岗位职责和任务要求为基准，参照国内目前已出版的相关健康保险类、医学类和保险医学类精品教材与相关培训资料，编写了这一知识体系较为齐全、实务技能训练相对强化的《新编保险医学基础》，为金融保险类大学特别是各大保险公司、中介机构、咨询公司与培训机构提供教学和培训的实用教材。

　　本教材的编著基础较为扎实。保险职业学院早在 2002 年就开设了医疗保险专业，作为保险实务实习实训基地的重点专业，于 2007 年被评为湖南省职业教育"十一五"省级重点建设项目，2007—2010 年顺利通过省级检查验收，并在省级专业建设评估中被评为优秀等级。作为我院重点专业建设项目，医疗保险专业在多年教学实践经验的基础上，进行了一系列的教研教改和教学创新，通过加大投入进行基础项目建设、积极推动师资队伍结构优化、加大学生职业技能培养力度、进一步推进产学研结合等措施，真正实现了理论与实务紧密结合、毕业生实现零距离上岗的人才培养目标，为我国保险行业培养和输送了大量高素质、高技能的医疗保险类专业人才，并且成长起了一支具备较强实力的师资团队。在常年教学、教研、教改和培训成果的基础上，我们组织了既具有扎实的理论功底又具备丰富的实践经验的专业教师来编著本教材,并由付菊教授主审,确保本教材具备内容完善、体系创新、突出实务、强化技能训练的特色。

本教材共分八章。其中第一章、第八章由任森林编写,第二章由黄结平编写,第三章由吴新建编写,第四章、第七章由陈艳茜编写,第五章由范文庆编写,第六章由谢俊编写。全书由任森林总纂,付菊主审。在编写过程中,本院党委书记朱甘宁、丁孜山教授、肖举萍教授、夏雪芬教授和贺丰教授为本书的编著思路和材料组织提供了宝贵的资料和建议。编写和出版过程得到了中国金融出版社的鼎力相助,全书参考或引用了大量国内相关教材、著作与资料,在此一并表示衷心感谢!

限于作者水平,加之时间仓促,书中错误与疏漏在所难免,敬请各位专家与读者批评指正。

编者
二〇一七年十月

金融保险丛书
高等院校实务教程

目 录

金融保险丛书
高等院校实务教程

第一章

绪　论

【学习目标】

● 了解保险医学的起源与发展。

● 掌握保险医学的概念、特征及与临床医学的异同。

● 理解保险医学对人寿保险经营与发展的积极意义。

第一节　保险医学的起源与发展

保险医学是保险业（特别是人身保险）为了健全经营和不断发展，主动引入医学理论和技能而形成的新型学科。就其性质而言，保险医学是保险学和医学理论与实践相结合在保险领域内应用的特种应用医学。保险医学的起源与发展史就是一部保险业不断引入医学与技能的最新成果的实践史。从研究保险业引用医学于自己的经营各环节的实践脉络，我们可以找到保险医学起源与发展的进程。

一、起源——人寿保险核保中医学的介入

人寿保险的保险标的即寿险公司所承担的风险就是被保险人的身体和生命，医学则是以影响人类身体健康和寿命的疾病和伤害为研究内容的。因此，寿险经营与医学存在着密切的联系，成为保险医学产生的客观条件。

人寿保险最早起源于 16 世纪的英国及欧洲大陆。当时，正是殖民主义者在全球扩张其势力范围兴盛的时期，海上交通运输较为发达，海难事件时有发生，船上人员包括船长、水手、商人发生伤亡事故后他们的家庭经济来源必将受到极大影响，使家庭生活不安定。鉴于此，便有人发起了海员的人寿保险。从 1583 年第一张人寿保险单正式签发，至今已有 400 多年的历史。这一时期的人寿保险公司在承保过程中采取的是"来者不拒"，即不分性别、不分年龄、统一费率的承保方式，没有核保的过程。因此，大多数公司因缺乏对风险的明确认识和管理，无法维持正常的运营而倒闭。面对这样的现

实，如何管控经营风险，如何确定保险的费率即价格，如何减少赔付等，就成了各家保险公司研究的课题。一些有识之士把眼光转向了医学理论和实践经验，用医学的成果来发现和寻找生命发展过程中的规律，寻找年龄和死亡之间的必然联系。此时医学界早已认识到，在一定范围内，年龄越大死亡率越高。特别是到 1693 年，英国著名的天文学家哈雷依据医学的成果和统计数据编制出世界上第一份较为完整的生命表，科学地提出"年龄越大，死亡率越高"这个源于医学的成果，并很快被导入人身保险经营之中，保险公司对于购买保险的人不再来者不拒。1706 年，美国创办的长期寿险公司依据这一生命表，将被保险人的年龄限制在 12～45 岁。另外，保险界已经朦胧地意识到对被保险人的身体健康要进行了解，要求被保险人必须出席寿险公司的理监事会，对其健康提出声明。从中不难看出医学在早期的人寿保险中就已开始渗入，影响着保险费率的订立。但由于当时缺乏精算与核保的意识，医学也未在保险中充分发挥作用，绝大多数的承保公司均因无法维持正常的经营而倒闭。

二、导入运用期

这一时期的特点是将医学知识初步运用于人身保险的核保实务之中。主要表现在：

1. 寿险公司广泛运用生命表，以生命表中年龄与死亡、年龄与健康的关系作为保险费的计算基础，使保险公司的风险管理进入以科学计算为基础的新时代。例如，1762 年，英国伦敦的衡平保险公司首先采用了年龄别保险费法，根据不同的年龄收取不同的保险费，并对被保险人进行健康问卷调查。

2. 医师体检成为了保险公司选择风险的重要手段。医师对被保险人的检查结果作为核保评估的依据。例如，1794 年美国的北美保险公司，1811 年苏格兰的寡妇保险公司等开始实施体检医师制度，该制度要求在签订保险合同时，要由理监事会派经验丰富的医师对被保险人进行既往病及现时健康状况的询问，观察被保险人的面色、言语、动作，并进行体温、身高、体重、呼吸频率等基础检查作为核保的依据。对非健康被保险人加收一定的保险费。其典型的代表是美国的北美保险公司最先采取对有缺陷的（疾病）被保险人增加 10% 特别保费的做法。应该看到，这些做法有效地避免了逆选择，对非健康被保险人增收特别保费也有效地提高了保险公司的经营效益。但这种做法也存在对健康状况各不相同的投保者不公平的问题。

三、导入运用发展期

这一时期的主要特点是，保险公司精算师与医师合作开发出一套"分数评分系统"，将数理查定方法运用于保险领域。随着保险业的发展及投保者的不断增加，被保人集团形成了一定数量，同时健康有缺陷的个体也在不断地增多，1874 年欧田杜夫提出用统计学的方法对危险增加因素用数学评分的方法来评估。19 世纪美国人对人群死亡率进行了广泛深入的调查研究，并由精算师和医师共同研究创立了数理查定方法，形成了健康危险因素对死亡率影响核保的分数评分系统，从而使健康核保走向成熟。上述过程说明医学不仅进入到寿险的投保体检，同时还渗透到寿险的费率精算及次标准体的危险评估中，表明医学在人寿保险的危险选择中占有不容忽视的重要地位。

四、医学和保险学全面结合的发展期

这一时期的特点是：第二次世界大战后，现代科学技术迅速发展以及现代医学不断进步，通过大量使用统计学手段和技术，考虑的危险种类和每一种类的有利或不利因素不断完整，并越来越科学化、系统化，给人寿保险的健全经营，特别是核保理赔一个充满崭新科技成分的全面系统的信息世界，为人身保险的核保理赔提供了更准确、更迅速发展的广阔空间，标志着人身保险业务管理趋于完善。

第二节 保险医学的概念

保险医学是把保险学和医学的理论与实践相结合而逐渐形成的一门新学科，它是随着人寿保险的发展而产生的，保险医学的发展为人身保险的发展起到了极其重要的推动作用。

一、保险医学的概念

保险医学是以医学为中心，涉及统计学、法律、数学，并与保险学相融合的一门在保险领域内为适应人寿保险不断发展和健全经营的需要和应用而形成的特种应用医学。应用医学理论和技术研究人身保险实践中有关的理论和实际问题，将人身保险事业经营上所涉及的各个门类的医学综合起来就是保险医学。

保险医学包括两方面的内容：一是应用基础理论为人身保险业务提供理论依据，如新险种的可行性论证、寿限的计算、死亡率的统计、费率的制定等。这些均需要对人群死亡率、事故率及疾病发生率进行调查研究。二是应用医学技术和方法为人身保险业务的发展提供现实的手段，如运用医学诊查技术进行投保体检，运用医学统计学方法制定或修正生命表，为人身保险给付金的支付提供医学鉴定标准等。另外，在伤害险及医疗险的赔付处理中也离不开保险医学的运用。也就是说，在寿险公司风险管理与风险控制的重要环节精算、核保与理赔中均需要运用保险医学，保险医学研究的逐步深入和发展必将促进公司风险管理水平的提高。

保险医学是危险选择的重要手段，准确地进行危险选择不仅需要定性分析同时还需定量查证，使保险公司所承保的危险量化，从而制定出公平合理的保费。对于投保寿险的被保险人生命预后的量化分析除了运用概率分布和数理统计外，还必须结合医学有关知识和技能进行寿命、健康、疾病、死亡、伤害等方面的评估测算，以确定危险程度，使危险选择更为科学合理。所以，离开保险医学所进行的人寿保险核保将是片面和有缺陷的，将使人身保险的发展面临难以逾越的困难。

要看到，在我国人身保险业务发展过程中只顾承保数量不顾承保质量的现象十分严重，这方面粗放式经营的模式将人为地为逆选择等道德风险提供有利条件，长此以往后

果不堪设想。保险医学的理论体系在人身险中的应用不仅为人身险业务提供了具体手段，同时它还帮助保险管理者认识到系统化、专业化管理保险的重要性。保险医学的应用保障了保险公平性原则的体现，对广大投保人的投保动机起到良好的引导作用，初期也许不为少数人所理解，且从表面上看似乎影响了部分业务的拓展，但从寿险公司长远发展及众多投保者的利益考虑，它必将促进人身保险事业的迅速发展。

二、保险医学的性质和特征

1. 性质。依据保险医学的起源与发展的历史过程，不难看出其是一部在不同时期的医学基础理论及技术的最新成果不断被导入保险领域，与保险理论和经营相互融合互相促进的历史。保险医学从其内容来看，具有多学科相融的边缘性、综合性、实用性的特点。因此，关于保险医学的概念和性质在学术界有多种认识，表述也各有不同。编者认为，其性质仍属于应用医学范畴。保险医学是医学理论与技术和保险理论、保险经营相结合在保险领域内应用的一门特种应用医学。

2. 特征。用现实和发展的视角来分析，保险医学具有四大特征。

（1）边缘性。保险医学以医学理论和技能为中心，涉及数学、统计学、法学、人口学等学科，并与保险理论和经验实践相融合，是多学科原理和方法技能运用的交叉，而且这些多学科原理和方法为保险医学的发展提供了保障。例如，人身保险的科学基础——死亡率和均衡保费法的制定就与数学、统计学分不开，是根据某一地区某一时间段死亡人数及性别、年龄的资料统计，运用数学分析方法得出的结论。而人的死亡原因与很多因素有关，对致病因素的分析却是医学的任务。

（2）综合性。保险医学兼容了许多学科的内容，例如行为医学、伦理学、心理学、卫生立法、医药卫生管理、卫生统计学等。保险医学本身因内容不同还派生出不少的分支，例如，根据寿险、健康险、人身意外伤害险的不同内容可分为寿险医学、健康保险医学、人身意外伤害保险医学；根据社会统筹和商业运作的不同，可分为社会保险医学和商业保险医学。

（3）实用性。保险医学是一门应用学科，它不仅研究理论，更重要的是侧重于应用，应用于保险经营业务管理的实际工作之中，其研究与发展离不开保险的实际活动。例如，如何应用保险医学知识于保险核保核赔活动之中，将劣质保单发生率和不合理的赔付降至最低。

（4）发展性。保险医学是一门随着医学理论和技能以及保险业的发展而不断创新的开放性学科，特别注重兼收并蓄其他学科的最新成果，丰富和发展自身。在社会进步和科学发展的各个阶段，保险医学都将作出实时的调整，以满足保险业发展的需要，并在不断的创新中展现美好的前景。

第三节　保险医学与临床医学的异同

保险医学和临床医学均包括在医学范围之内。通常，医学分为基础医学和应用医学两大部分，保险医学和临床医学均属应用医学。临床医学是人们通常认识的医学，因为它与人们的现实生活联系最为紧密，直接为患者服务，人们对于医学的理解基本上是建立在与医院和医生接触上。保险医学则鲜为人知，它是在人寿保险经营中运用的一种特种应用医学。保险医学和临床医学两者之间有很多共同之处，同时由于它们在不同领域中的应用和所要达到的目的不同，在学科理论和实际应用方面也有很多差异。

一、在学科理论方面的异同

（一）研究对象

保险医学与临床医学研究的对象均是人的生、老、病、死，所不同的是保险医学的具体对象是参加了人身保险这一特定社会经济活动的群体，而临床医学则多是以自然人群中的患病人群或身体有不适感的人群作为研究对象的，即保险医学与临床医学研究的是不同人群的生、死、健康及伤害情况。

（二）运用的方法

保险医学与临床医学一样，依据的均是医学科学理论，运用的是医学的技能和方法。例如，投保体检和临床体检均是应用医学望、触、叩、听的物理诊查手法对受检者进行身体检查，同样需询问受检者的家族病史、既往病史及现病征，必要时均需采用辅助检查手段如血液、尿液的常规及生化检查，心电图，胸透，B超等协助判断受检者的身体状况，运用医学理论与知识判定受检者可能的疾病。

（三）研究目的

保险医学与临床医学的研究目的不同。投保体检主要是以判定受检者体检当时有无存在的或潜在的影响其死亡率的健康危险因素，而不是确诊疾病。临床体检是以明确受检者诊断，找出有效治疗方法为目的的。因此，投保体检要视具体情况，在兼顾质量和效率的同时，进行针对性的通常是有限的体检。临床体检为找出病因往往进行范围较广有时甚至是重复项目的体检，以保证诊断的正确和治疗的效果。此外，投保体检较为重视的必查项目如身高、体重在临床体检时通常是忽略不查的，其原因在于保险医学研究的是生命预后问题，重点在于研究人群死亡率，它与临床医学上的预后概念有不同的内涵。

1. 临床医学指的预后通常考虑的是治疗的可能性及预后。保险医学的预后研究的则是某种危险因素对预期死亡率的影响，它除了考虑明显威胁健康和寿命的因素外，对于潜在的危险及发展中的危险也给予高度重视。保险医学研究的预后时间往往长于临床医学的研究。寿险实务操作中通常会遇到这样的问题，保险公司因客户健康状况不佳如轻度高血压、体重过高等提出加收特别保费，可是客户会觉得不能理解，认为不合理，因为医院的医生告诉他并没有什么问题，而这正体现了保险医学与临床医学的差异。在临床上较重视疾病的存活率，如果一种疾病经过10年其存活率在90%以上，医院就不认为是严重疾病，同时为了安慰患者通常会淡化病情，对于一种当前不需要治疗只需要观察的病征或现象，临床医师当然就认为没有什么大问题。保险医学对一些已知疾病，主要是估计它未来可能造成的后遗症、并发症及对寿命和健康的影响程度，所以目前对身体无大碍的不健康因素或疾病经过一定时间可能会增加死亡率时，核保人员也要考虑加收保费。

2. 临床医学的预后是以个体为对象的，保险医学是以群体为对象的。临床医学面对的是就诊的个体，可以对他进行长时间的观察、询问、检查与追踪，并根据其具体身体状况在不同时期分别给予相应的处理。保险医学对于投保寿险的被保险人，要通过其投保当时的状况来对他的死亡率作出判断。对于具体的个人，判断其何时死亡或死于何种疾病是不可能的，只能针对由具有相同身体缺陷的被保险人组成的一个大的集团，运用大数法则估算这个群体的预期死亡率后再适用于个体。保险医学对于某一具体的被保险人一旦作出核保结论、签发正式保单就意味着合同已经成立，若没有特殊情况如投保人、被保险人违反如实告知义务，投保人退保等，则几乎是不能解除和变更合同的，即无论被保险人健康好转还是病情恶化均不能再修改承保的条件，因此保险医学只能针对群体而不能针对个体予以研究。

（四）研究内容

临床医学的研究内容主要是疾病的病因、发病机理、诊断及治疗，近年来分子生物学、生物学、电子计算机、化学、物理学、统计学、基础医学理论和技术的发展，为临床医学的进一步发展创造了有利条件，并且随着社会的进步，临床医学研究已不仅仅局限于生物因素，社会因素、心理因素在防病、治病过程中的作用也越来越受到人们的重视。

保险医学的研究内容主要包括人身保险经营中的危险选择和危险测算，伤残鉴定，保险金的给付调查、死亡调查等。此外，保险医学还包括对人身风险分布及对策的研究、医疗卫生保险政策及社会保险相关内容的研究。保险公司医务工作的实务则包括投保体检、医务核保查定及对被保险人集团死亡率的研究、经验生命表的修订等，同时还应包括保险公司体检机构的管理及体检医师制度的完善。

二、在实际应用中的异同

（一）应用目标不同

临床医学的目标：一是治病救人，提高确诊率、降低死亡率；二是促进健康，提高生活质量；三是一般非营利事业。

保险医学的目标：一是确保被保险人群的实际死亡率和精算假设死亡率（包括患病率）相符，实现公司利润。二是确保不同的风险以不同的费率承保，实现客户的公平待遇。三是协助营销人员顺利完成销售，实现佣金回报。值得注意的是，这里讲保险医学应用是在商业保险领域内，不能和不以追求利润为目标的社会保险（低保障、广覆盖、救助贫弱）的功能混为一谈。

（二）应用的服务对象不同

临床医学的服务对象是患者和医院。保险医学的服务对象是客户、营销员和公司股东。强调临床医学与保险医学服务对象的不同，有助于人们对应用保险医学于保险实务的核保理赔人员的工作职责有全面正确的认识。核保员的主要工作职责：一是实现客户的公平待遇，要求核保理赔人员有较高的核保专业水平；二是实现营销员的佣金回报，要求核保理赔人员有较强的销售支持理念；三是实现公司的销售利润，要求核保理赔人员有较高的核保专业水平及风险防范意识。保险公司的核保理赔人员在确保风险防范的前提下，也需致力于加强销售支持工作。

（三）对疾病和死亡率的关注点不同

临床医学重点关注疾病诊断的准确性、治疗的有效性；在疾病风险方面临床医学关注疾病的绝对死亡率，绝对死亡率越大，风险越大。

保险医学重点关注疾病的长期预后、对未来患病率的影响；在疾病风险方面保险医学关注疾病的相对死亡率，相对死亡率越大，风险越大，评点越高。例如，A 男 39 岁，有心绞痛病史 4 年；B 男 60 岁，有心绞痛病史 4 年。谁的风险大？临床医学分析，A 男的绝对死亡率为 0.33%，B 男的绝对死亡率为 1.57%。很显然，B 男的风险大。站在保险风险的角度分析，考虑的是相对死亡率（相对死亡率＝预期死亡率/平均死亡率）。A 男相对死亡率为 275%，B 男相对死亡率为 200%。结果是 A 男的风险大，与临床医学的分析结果恰恰相反。正确认识这一不同点，在营销人员向客户解释承保风险时具有重要意义。

（四）在信息采集方面不同

临床医学信息量多而全面，患者乐于主动提供，配合度较高，临床信息可分多次取得，医生较少考虑费用问题，较少考虑患者的感受；临床医生可直接面见患者询问病史、症状、体征，并可根据病情需要进行全面的辅助检查（包括各类创伤性检查），信息较全面、真实。

保险医学信息量少而单一，客户被动告知，配合度较低，核保员需考虑费用，需考虑客户及代理人的感受，核保信息要求尽量一次索取；核保员一般不直接面见客户，只能通过各类单证间接获得信息，检查项目有限，不能进行创伤性检查，信息较片面、存在误差。掌握保险医学在信息采集方面的特点，有助于规范核保员日常工作行为。例如，核保资料尽量一次性索取，尽量降低营销员的展业成本，避免因多次打扰客户而致业务丢失；核保员需辩证判读客户的体检报告（具有时间上的截断性）及填写的各类问卷（具有一定的客户主观性表述）。

（五）所作决定的内涵不同

临床医学的决定注重诊断的准确性，不能漏诊、误诊，追求每个患者诊断的准确性，疾病诊断可以分步给出，并可不断修正。

保险医学的决定多表现在核保方面，注重核保决定的可能性，要求遵循大数法则，追求总体决定的准确性、个体决定的合理性，核保决定只能一次性给出，不可更改。

（六）对健康正常定义使用的不同

临床医学认定为"正常"或"健康"的个体常常被保险医学认定为是"非健康"群体而需加费或延期承保，甚至拒保。例如，临床医学认为单纯肥胖并非不"健康"，无须特殊治疗，而保险医学则认为"非健康"可能要求加费；临床医学认为单纯吸烟并非不"健康"，无须特殊治疗，而保险医学则认为"非健康"可能要求加费；临床医学认为"癌症治疗5年不复发"为临床治愈，而保险医学会要求加费；临床医学认为乙肝病毒健康携带者是"健康"的，无须特殊治疗，而保险医学则认为"非健康"会要求加费。正确认识这一不同点，在避免引起矛盾与投诉方面具有十分重要的意义。

（七）对重疾定义使用不同

临床医学对于重大疾病的定义完全遵循临床医学对疾病的诊断标准，主要是为了满足医生准确诊断与治疗的需要。

保险医学对于重大疾病的定义除需满足临床医学对疾病的诊断标准外，还需同时满足保险条款所列特定条件、条款所要求的治疗手段、疾病所达严重程度或者后遗症，条款还会因产品设计需要对某些重大疾病作除外责任。例如，某保险公司"定期重大疾病保险"条款在"重症肌无力"这一重大疾病的定义使用上与临床医学就存在不同。"重症肌无力"临床医学的定义是：指一种自身免疫性的神经与肌肉接头功能障碍，导致肌无力和骨骼肌的易疲性。与神经肌肉接头胆碱能受体的抗体产生有关。保险医学的定义是：指一种神经与肌肉接头部位传递障碍的自身免疫性疾病，临床特征是局部或全身横纹肌于活动时易于疲劳无力，脑神经眼外肌最易累及，也可涉及呼吸肌、下肢近端肌群以致全身肌肉。须满足下列全部条件：（1）经药物或胸腺手术治疗一年以上无法控制病情，丧失正常工作能力；（2）出现眼睑下垂，或延髓肌受累引起发音困难、进食呛咳，或由于肌无力累及延髓肌、呼吸肌而致机体呼吸功能不正常的危急状态即肌无力危象；（3）症状缓解、复发及恶化交替出现，临床接受新斯的明等抗胆碱酯酶药物。

可以看出，临床医学对重症肌无力的定义完全遵循临床医学对疾病的诊断标准，无其他附加条件；保险医学对重症肌无力（重大疾病）的定义除要求满足临床医学的诊断标准外，还增设了严格的特定诊断标准及严重程度，即须满足三个条件——该重大疾病的特定诊断标准、符合要求的严重程度、除外责任等，以满足保险产品设计、定价、销售及理赔实际操性的需要。保险医学重疾定义的内涵比临床医学多，外延比临床医学少，即保险医学对重疾定义较临床医学严格很多，许多已达临床医学标准的重疾，因未达保险医学的标准而不予理赔。此点在实际操作中是许多纠纷的成因，值得我们关注。

第四节　保险医学在保险业务中的作用

保险医学是在保险领域内应用的医学学科，在保险经营的各个环节，即产品设计、产品销售、承保理赔、客户健康风险管理等，都起着极其重要的作用。其核心内容主要表现在医学理论和方法技能在保险实务中应用而产生的作用。主要有以下几点。

一、保险医学的发展对保险产品的设计和定价产生积极影响

保险医学对保险产品设计和定价的影响主要表现在人群患病率、死亡率降低和经验生命表内容调整方面。因为与保险医学紧密相连的现代医学发展使人类对影响寿命因素的认识不断加深，诊断和治疗疾病的手段及技术不断提高，各种先进的医疗设备被运用，如CT、核磁共振、伽玛刀、腹腔镜、高效抗生素等，为早期发现疾病，及时治疗疾病及治愈或控制疑难重症提供了有力的帮助，所以某些疾病死亡率下降，延长了患者的寿命。另外，现代医学发展在重视治疗疾病的同时，对于疾病的预防更为关注，预防医学突飞猛进，人群患病率及死亡率降低，社会人群的总体寿命延长。这样，保险医学将会把变化了的发病率、死亡率应用于保险产品的设计和产品费率的制定之中，经验生命表内容也会随之有所调整，从而使以人的生命和身体为保险标的的保险产品定价有了更准确精算的基础，给予客户公平合理的保费制度有更好的保障。

二、保险医学知识在销售支持工作中的作用

随着人身保险（特别是健康保险）的发展，保险产品越来越多，可承保的疾病也不断增加。随着社会的发展，人们的生存环境和职业环境也在不断变化。新的疾病，如新的职业病的产生，使保险营销人员面临较大的挑战。目前来看，保险医学知识的缺乏已成为营销人员开展业务的瓶颈。

1. 保险医学有利于营销人员正确解释疾病和疾病风险。现代的疾病种类越来越多，越来越复杂，与之对应的各种治疗手段也在不断完善，如以前没有发现的获得性免疫缺陷综合征（AIDS）及疯牛病、针对部分恶性肿瘤采取的骨髓移植、针对心脏疾病采取的心脏移植等，随着技术的完善，患者总数的增多，经一定时间后，定会被统计死亡率后列入新的保险产品。作为营销人员，只有学习保险医学的知识和技能才能对这些疾病和疾病的风险向客户作出正确的解释和说明，才有利于保险企业产品的销售和新产品的开发。

2. 保险医学有利于营销人员避免投诉和纠纷。在对保险医学与临床医学基本概念学习及比较分析中，我们认识到保险医学和临床医学学科理论和实际运用都存在较大区别，甚至在人身健康风险的分析方面得出的结论完全不同。而且在实际工作中出现的许多纠纷和投诉都是因老百姓混淆了保险医学与临床医学的区别，而惯用临床医学知识解释在保险活动中出现的各类问题而产生的。这就要求保险企业的营销员尽可能地学习保险医学的知识，在做保险业务的活动中运用保险医学知识向客户作出合理的说明，从而有效地避免投诉和纠纷，并提高保险产品的营销能力。

3. 保险医学有利于营销人员为客户提供健康管理服务。现代的医学模式是生物—心理—社会模式，新的健康的含义包括身心两方面的内容，一个身体没有疾病的人并不意味着他是健康的。现代社会科学技术高度发展，经济迅速增长，知识信息更新频繁，整个社会发展的节奏加快，人才竞争空前激烈。处于这样的时期，人们的工作、学习、生活充满着机会同时也潜伏着挫折，人们的精神较以往任何时候都紧张，因此对于生活在

现代社会的被保险人群体不能再像以往那样只注重疾病对身体上的健康危险因素，同时还应把注意力放到一个人的心理状态上。现代医学发展的历史已经告诉我们，人的心理及精神状态、行为方式对某些疾病的产生、发展、治疗效果均起着不容忽视的重要作用，对人的健康、疾病预后有很大影响。因此，营销人员应掌握保险医学的知识和技能，以便向客户宣传健康生活的理念，针对客户的疾病和健康情况指导健康的行为方式，控制疾病的恶化，加快身体的康复，有效地延长生命，从而为客户提供高附加值的健康管理服务，同时为公司和自己培养真诚的客户。

三、在控制风险、管理风险方面的作用

保险医学是人身保险业在经营过程中为防范自身风险，不断引入运用医学理论和技能的实践中产生和发展的。其核心的作用就是为人身保险的经营控制风险和管理风险。主要表现在：（1）保险医学知识有利于进行核保风险控制。核保工作本身就是进行风险控制，在此过程中，通过运用保险医学知识对已经承保保件进行归纳、总结，获取各种有统计学意义的相关信息。依据不同地区的不同疾病发病率、死亡率、医疗卫生条件等客观数据，来制定核保政策的严格与宽松以加强风险的管理，同时为新产品的开发提供重要依据。（2）保险医学知识和技能有利于提高体检结论的准确性。对投保体进行体检，保险企业可以建立体检中心或选择适当的特约医院来进行，并以此节省时间、降低成本。然而体检中心和医院的体检结果是运用临床医学的方法作出的，不能完全适应人身保险防范风险的需要，必须运用保险医学的理论和技能来分析，才能获得对体检者风险的正确判断，提高体检结论的准确性。（3）保险医学有利于开展医务咨询和培训活动。拥有保险医学知识的保险企业员工可为保险企业相关部门如核保、理赔、市场开发、客户服务提供医学咨询服务。开办医学教育讲座，增进员工的医学常识，提高其防范风险的工作质量。此外，为客户提供医学教育与培训服务，更可加强客户的健康意识，减少公司的理赔，同时有助于公司形象的提高。（4）保险医学有利于理赔风险控制。人身保险理赔是投保了人身保险的被保险人在发生了保险事故，被保险人或受益人向保险公司提出索赔申请后所进行的调查及保险金支付。人身保险的保险事故大致包括死亡、伤残、医疗等，故人身保险理赔调查即是对被保险人死亡的原因、伤残的程度及医疗费用的调查，而这些均与保险医学有极为密切的关系，也可以说理赔必须运用保险医学的理论与技术才能进行。保险医学的发展，特别是与此相连的法医学知识、技术水平的不断提高，对人身保险理赔的正确性及给付金额的准确性提供了极大帮助，保险医学的进步还将使理赔越来越接近于真实，防止诈保行为得逞，维护公司及全体客户的利益。

四、保险医学对保险市场的推动作用

随着保险医学（特别是现代医学）的不断发展，某些疾病被消灭，某些高死亡率疾病的危险程度被控制，而一些新型疾病被发现、被重视，又引发了新一轮的医学攻坚，如此循环往复。比如，以往引起人们恐慌的天花被灭绝，结核病被控制，而癌症患病率

则有所增长，艾滋病又成了人类的心腹大患，严重影响着人类的寿命。影响人类寿命的健康因素的不断更迭，保险市场需求也会随之发生变化。市场变化决定着产品的设计，因此，寿险公司的险种也会随之调整，同时产品的价格也会根据人群死亡率的改变而变化。因此，保险医学发展还会对保险市场、人身保险险种设计产生一定影响，推动保险市场的发展。

综上所述，保险医学对人身保险经营的诸多环节有极其重要的影响，保险医学在人身保险中所起的作用不言而喻，身处人身保险氛围的各个方面均不能忽视它，未来保险医学的发展必将对人身保险的发展产生积极的推动作用。

【本章小结】

本章共分四节，介绍了保险医学的起源与发展；重点论述了保险医学的概念、特征，并从学科理论和保险领域内的实际应用两方面表述了临床医学和保险医学的异同；结合人寿保险的特点概括性地阐述了保险医学在人身保险经营各环节中的重要作用。通过本章的学习，要求对保险医学这门学科有较全面的了解；从保险医学与临床医学的比较中，深刻认识保险医学在保险领域的重要作用，从而体会学好该课程的积极意义。

【思考题】

1. 保险医学的发展经历了哪几个发展时期？
2. 保险医学与临床医学的区别。
3. 保险医学在人寿保险经营各环节中的重要作用有哪些？

【参考文献】

［1］阎栗：《人寿保险核保概论》，北京，中国金融出版社，1998。
［2］艾孙麟、苏应雄：《保险医学基础》，成都，西南财经大学出版社，2005。

金融保险丛书
高等院校实务教程

第二章

疾病、衰老与健康

【学习目标】

- 了解疾病的一般概念：定义、发生原因、基本特征、转归、发生频度与危险测度等。
- 了解健康及健康影响因素。
- 掌握健康管理定义、主要内容及在保险业务中的应用。
- 熟悉衰老的原因和寿命的影响因素。

第一节　疾病

【案例】

他，老周，小琼的父亲，湖南攸县一位平凡的农民，身患尘肺Ⅲ期绝症。她，6岁的小琼，老周的女儿，体重只有27斤，罹患α地中海贫血。医生说，小琼在切脾手术之后，可以和正常孩子一样上学读书。父亲说，她命好，不必做骨髓移植，之前热心人筹的款够她手术。老母亲双目失明，女儿罹患α地中海贫血，自己尘肺Ⅲ期。当记者提及这些时，周传林只低着头，说："这就是命。"他说，省钱给孩子治病最要紧。为了省钱给孩子治病，连饭也不舍得多吃一点。《羊城晚报》记者去探访的时候，他正和女儿小琼两个人分一份盒饭——一份清炒豆角、一大盒米饭。面黄肌瘦的小琼迅速从豆角里把一点肉星儿挑出来吃了，老周等女儿吃饱后，才吃掉剩下的饭菜。6岁的小琼，看上去也就四五岁。老周说，不是不想给孩子加强营养，但是万一要手术，钱不够怎么办？老乡帮忙找的一个不到10平方米的小出租屋，一张床，几个凳子，就是他和小琼在广州的落脚之处。这个家庭的经历，如同小说。丧子丧妻，自己和女儿身患重症，老母亲双目失明……（摘自《羊城晚报》2010年9月6日星期一A03版）

疾病几乎会影响到每个个人、家庭以及社会。本节就疾病的一般概念进行介绍。

一、疾病的定义

疾病是人体在一定条件下，由致病因素所引起的一种复杂而有一定表现形式的病理过程。此时，在不同程度上，人体正常生理过程遭到破坏，出现一系列的临床症状，表现为对外界环境变化的适应能力降低，劳动能力部分或全部丧失，疾病是致病因素对人体的损害和人体对抗这些损害的防御、代偿等作用的体现。

一般把疾病区分为器质性疾病和功能性疾病两大类。器质性疾病是指在组织、器官中发现有形态学病变的疾病。器质性疾病的特点为：肉眼或显微镜下看到器官、组织结构发生了病理性改变；受累器官功能减退或丧失；病情严重，病程迁延，不易治愈；病灶逐渐扩大，严重者可引起死亡。如肿瘤的发生部位在消化道，就会出现食欲减退、消瘦、乏力、呕血、便血等恶性病质征象；发生在脑部，可因肿瘤的占位而出现头疼、头晕、肢体瘫痪等病变；肿瘤压迫生命中枢，就会出现心跳、呼吸停止而死亡。同样，冠心病可因心肌缺血、缺氧、梗死造成实质性损害，产生严重后果。功能性疾病只有功能和代谢障碍而无明显形态学上的改变。当然，功能性疾病是与器质性疾病相对而言，两者的区别并非绝对的，病情可以相互转化。例如，单纯性高血压，初期血压升高是单纯的，心、脑、肾均未受累及，此时为功能性的；但如未经治疗或虽经治疗仍控制不好，血压持续升高，并造成心、脑、肾等器官的实质性损害，那么，此时的高血压便转化成器质性病变了。

二、疾病发生的原因

一般来说，疾病发生的原因，即所谓病因，应当包括致病因子和条件（包括通常所谓诱因）两方面，它们在疾病的发生发展中起着不同的作用。

（一）致病因子

致病因子是指能够引起某一疾病的某种特定因素。例如，伤寒杆菌能引起伤寒，疟原虫能引起疟疾，等等。因此，伤寒杆菌就是伤寒的致病因子，疟原虫就是疟疾的致病因子。致病因子是引起疾病的必不可少的、决定疾病特异性的因素，没有这个因素，相应的疾病就不可能发生。

致病因子的种类很多，根据习惯，基本上可以分为如下几类。

1. 生物性因素。各种致病性微生物（如病毒、支原体、立克次体、细菌、螺旋体、真菌等）和寄生虫（如原虫、蠕虫等）是很常见的致病因子。这些因素致病力量的强弱，除了与其入侵机体的数量有关外，还取决于它们的侵袭力和毒力。所谓侵袭力是指这些因素穿过机体的屏障以及在体内散布、蔓延的能力。梅毒螺旋体能穿过完整的皮肤和黏膜，某些链球菌能产生透明质酸酶以水解而破坏结缔组织的完整性，因而都有较强的侵袭力。所谓毒力主要是指致病微生物产生外毒素或内毒素的能力。例如，白喉杆菌的侵袭力虽然不强，但因产生毒性很强的外毒素，故而是致病性很强的细菌。

致病微生物作用于机体后是否引起发病以及发病后的病情轻重，往往取决于一系列条件，其中，机体免疫功能低下是促使许多感染性疾病发生的重要条件，应当引起足够的重视。

2. 化学性因素。许多无机和有机化学物质具有毒性，称为毒物。一定剂量的毒物被摄入机体后即可引起中毒或死亡。毒性极强的毒物如氰化物、有机磷农药等，即使剂量很小，也可导致严重的损害或死亡。不少毒物对机体的某些器官系统有选择性的损害作用。例如，一氧化碳与血红蛋白有很强的亲和力，因而能选择性地作用于红细胞，形成碳氧血红蛋白而导致缺氧；升汞主要引起肾脏损害；四氯化碳主要损害肝脏；巴比妥类药物主要作用于中枢神经系统；等等。熟悉毒物的选择性毒性作用，对于理解中毒性疾病的发病机理和采取正确的治疗措施，都有重要的意义。

某些条件对于中毒性疾病的发生发展也起一定作用。例如，毒物对机体的影响，在一定程度上取决于机体对该毒物的排泄速度：阿托品可被机体较快地随尿排出，故一般不致发生蓄积作用；而机体排泄铅的速度很慢，因而长期食入非中毒剂量的铅可导致铅在体内蓄积而发生铅中毒。如果机体的排泄功能发生障碍，毒物在体内停留时间就将延长，机体受到的损害也将更为严重。由于正常的肝脏有强大的解毒功能，能使许多毒物减弱或解除毒性，因而肝脏功能的损害将减低机体对毒物的耐受能力。

3. 物理性因素。能损害机体的物理因素主要有机械暴力（引起创伤、震荡、骨折、脱臼等）、高温（引起烧伤或中暑）、低温（引起冻伤或全身过冷）、电流（引起电击伤）、激光（高能量激光由于热的作用可引起蛋白质变性和酶的失活）、大气压的改变（引起减压病等）、电离辐射（引起放射病）等。

物理因素是否引起疾病以及引起疾病的严重程度，主要取决于这些因素的强度、作用部位和范围、作用的持续时间等。例如，温度愈高，作用面积愈大，则引起的烧伤愈严重；同样强度的交流电通过肢体时，可只引起烧伤，但如通过心脏，则可引起心室纤维颤动而致死。在有些情况下，某些条件在发病中也起一定作用。例如，在空气干燥、风速较大而利于发汗散热的条件下，人体可以经受得住 50℃ ~60℃ 的环境高温，而在空气湿度大、风速小、不利于蒸发对流散热的条件下，30℃ ~ 35℃ 的气温就可能引起中暑。

4. 营养性因素。营养过多和营养不足都可引起疾病。长期摄入热量过多可以引起肥胖病，摄入某些维生素特别是维生素 A 和维生素 D 过多也可引起中毒。营养不足可以由营养物质摄入不足或消化、吸收不良所引起，也可以是需要增加而供应相对不足的结果。例如，生长发育旺盛的儿童和少年、孕妇和甲状腺功能亢进或长期发热的患者等，营养需要或营养物质的消耗显著增加，如不相应地增补，就易发生营养不足。营养不足常见类型是总热量不足，蛋白质不足，各种维生素、必需氨基酸和必需脂肪酸的不足。此外，其他营养素如水和无机物包括钠、钾、钙、镁、磷、氯和微量元素如铁、氟、锌、铜、钼、锰、硒、碘、铬、钴等的缺乏都可以成为疾病的原因，而其中许多物质如水、钠、钾、钙、镁、铁、铜、氟、硒等的过多，也可引起疾病。

氧虽然一般不列为营养因素，但比起所有营养因素来，氧更是机体绝不可缺的物质。缺氧可引起极严重的后果，严重的缺氧可在数分钟内导致死亡。然而，缺氧对机体的影响也取决于一些条件。例如，中枢神经系统的抑制、代谢率的降低、长期锻炼和适应等都能提高机体对缺氧的耐受性。氧吸入过多时，可以发生氧中毒，多见于高压氧或常压高浓度氧持续吸入时。

5. 遗传性因素。遗传物质的改变可以直接引起遗传性疾病，例如某种染色体畸变可以引起先天愚型或 Down 综合征，某种基因突变可以引起血友病等。遗传因素的改变也可使机体获得遗传易感性，必须加上一定环境因素的作用才能使机体发生相应的疾病。例如，某种基因突变可使红细胞葡萄糖 – 6 – 磷酸脱氢酶发生缺陷，以致红细胞还原型谷胱甘肽的含量较低，而还原型谷胱甘肽又为维持红细胞膜的稳定性所必需。这样的个体，在通常情况下还不致发生溶血；但当他们吃了过多的蚕豆或服用伯氨喹啉、磺胺等具有氧化作用的药物时，就可发生溶血。

6. 先天性因素。与遗传因素不同，先天性因素不是指遗传物质的改变，而是指那些能够损害正在发育的胎儿的有害因素。例如，孕妇如患风疹，则风疹病毒可能损害胎儿而引起先天性心脏病。

7. 免疫性因素。在某些个体，主要可能是由于遗传因素的影响，免疫系统对一些抗原的刺激常发生异常强烈的反应并从而导致组织、细胞的损害和生理功能的障碍。这种异常的免疫反应称为变态反应或超敏反应，异种血清蛋白、一些致病微生物等都可引起变态反应；甚至某些食物（如虾、牛乳、蛋类等）、某些花粉、某些药物（如青霉素等）在某些个体也可引起诸如荨麻疹、支气管哮喘甚至过敏性休克等变态反应性疾病。有些个体能对自身抗原发生免疫反应并引起自身组织损害，称为自身免疫性疾病。自身免疫性疾病的发生与遗传有密切关系。一些自身免疫性疾病如系统性红斑狼疮等多见于女性，因而其发生与女性激素的作用可能有一定的关系。各种原因引起的免疫缺陷病的共同特点是容易发生致病微生物的感染，细胞免疫缺陷的另一后果是容易发生恶性肿瘤。

8. 精神性因素。长期的忧虑、悲伤、恐惧等不良情绪和强烈的精神创伤在某些疾病的发生中可能起重要作用。例如，有人认为，某些人之所以发生高血压或消化性溃疡，可能与长期的精神过度紧张有关；长期的思想冲突或精神负担可使某些人发生神经衰弱，等等。在这方面，个体特点（条件）是非常重要的。同样的精神刺激，对有些人并无显著影响，而对另一些人却可造成长期的不良情绪，并可进而引起某些疾病。

（二）条件

在许多情况下，仅有致病因子对机体的作用，往往还不足以使疾病发生。例如，与同一感冒患者密切相处的许多人，虽然都可能受到感冒病毒的侵袭，但其中可能只有少数人发生感冒而大多数人并不发生。这里，感冒是否发生，就取决于某些条件是否具备。条件是指在疾病的致病因子作用于机体的前提下，决定疾病发生发展的因素。有些条件可使机体的抵抗力降低或易感性、敏感性增高，从而使机体在相应致病因子的作用下易于发病；有些条件则可使相应的致病因子能以更多的机会、更大的强度作用于机体而引起疾病。例如，免疫功能不足、过劳、月经期、过敏性鼻炎等条件能使机体对感冒病毒的抵抗力降低或易感性增高。因此，具备其中一个或一个以上条件的机体在接触感冒病毒后就易于发病，而不具备上述条件的机体（这是大多数）即使受到感冒病毒的侵袭，一般也不致发病。促使感冒发病的条件还有年龄因素（学龄前儿童感冒发病率较高）、季节因素（寒冷季节中感冒发病率较高）、与感冒患者相处特别密切而持续又较久等。

许多条件是一些自然因素，包括气象条件、地理环境等。例如，夏季和初秋天气炎热有利于肠道致病菌（伤寒杆菌、痢疾杆菌等）在外界环境中繁殖，也有利于苍蝇的孳生，从而使肠道致病菌易于传播；同时，炎热天气可能使人体消化液分泌减少和肠蠕动减弱，消化道的抵抗力因而降低，而且炎热季节中人们爱吃生冷食物，与肠道致病菌接触的机会可能增多。因此，炎热季节中容易发生消化道传染病如痢疾、伤寒等。冬春季天气寒冷，人们在室内停留时间较长，如通风不良、居住拥挤就有利于呼吸道致病微生物的传播，因而容易发生呼吸道传染病如麻疹、白喉、流行性脑脊髓膜炎等。我国血吸虫病主要见于长江两岸和南方湖沼水网地区，是由于这些地区适宜于中间宿主的大量繁殖，而水源又易被含有血吸虫卵的人畜粪便所污染的缘故。

也有许多条件属于社会因素。大量事实表明，社会制度、社会环境对人类疾病的发生发展有重大影响。新中国成立前，统治阶级残酷地剥削和压迫劳动人民，人民精神苦闷、生活贫困、营养不足，又加上过度劳累，因而对疾病的抵抗力很弱；同时，恶劣的卫生条件又使各种致病微生物、寄生虫得以大量繁殖孳生，各种劳动保护措施又十分欠缺。这些条件（社会因素）就决定了旧社会中各种传染病、寄生虫病的猖獗流行和工伤事故、职业病的大量发生，而娼妓制度的存在，又使性病广泛传播。新中国成立以后，我国人民在党中央的正确领导下，生活水平、劳动条件和卫生条件都逐步有所提高和改善，体质也不断增强。多年来，我国在党的卫生方针指引下，通过一系列强有力的措施，取得了卫生保健事业各方面的伟大成就。例如，新中国成立前在我国危害严重的烈性传染病鼠疫、天花等已经绝迹，黑热病早在20世纪50年代末就已基本消灭，血吸虫病也逐步得到控制，而娼妓制度的废除也使性病逐步趋于消灭，等等。但是，由于卫生管理制度不够完善以及医疗卫生设施的不足，某些社会因素尚未得到应有的控制，因而在疾病防治方面也还有不少问题有待解决。例如，随着工业发展而出现的废气、废水、废渣对环境的污染，饮食卫生管理不善以致病毒性肝炎和一些常见的消化道传染病如痢疾、伤寒等尚未得到充分的控制，都是值得重视的问题。

（三）诱因

所谓诱因或诱发因素是指能够加强某一疾病或病理过程的原因的作用，从而促进疾病或病理过程发生的因素。例如，昏迷患者容易发生上呼吸道带菌分泌物的吸入，因而昏迷可以成为肺炎的诱因。又如，肝性脑病发生的重要致病因子之一是氨中毒，而食管静脉破裂出血是肝性脑病的重要诱因，因为大量血液进入肠道后，其中蛋白质分解产物氨基酸经肠内细菌作用可产生大量的氨，因而可使血氨水平突然显著增高而诱发肝性脑病。

（四）区分的作用

区分致病因子和条件，对于许多疾病的防治具有重要的实际意义。根据不同情况，我们既可以侧重于采取在体内外消灭致病因子或防止其侵入机体的各种措施，也可以侧重于采取排除相应各种条件的措施，或者采取两者并重的办法，来达到防治疾病的目的。例如，目前对防止疟疾的流行来说，消灭致病因子（疟原虫）是主要的，因而采取的主要措施应当是彻底治疗疟疾现症患者，疟疾流行区居民普遍预防服药，消灭蚊虫和防止蚊虫叮咬等。对于消灭天花来说，全民接种牛痘疫苗，以排除对天花的免疫能力不足这个条件，却是最有效的措施。对于防止结核病的流行而言，则针对致病因子（结核杆菌）的措施如隔离和治疗开放性肺结核患者，乳牛结核病的防治和牛乳的消毒等，以及排除发病条件的措施如不断改善营养和居住条件，合理安排工作以及接种卡介苗以增强特异性免疫等，都有十分重要的意义，应当尽可能兼顾并重而不能有所偏废。

还应当注意的是，疾病发生发展中致病因子与条件是相对的，同一个因素可以是某一种疾病的致病因子，也可以是另一种疾病发生的条件，因此要阐明某一疾病的致病因子和条件以及认识它们在疾病发生中的作用，必须进行具体的分析和研究。

（五）疾病发生原因和疾病危险选择

疾病危险选择即疾病的核保，是对被保险人的疾病风险进行评估，然后决定是否承保以及承保条件的过程。疾病危险选择的依据是疾病的性质以及疾病对患者死亡率的影响。对这方面的判断，很大程度上依赖于疾病发生原因的分析，即疾病的致病因子和条件（包括诱因）的分析。

如生物性致病因子常引起传染性疾病，这类疾病需根据引起疾病的具体微生物的侵袭力和毒力来判断对机体的影响。下面以病毒性肝炎进行分析：病毒性肝炎是由多种肝炎病毒引起的传染病，传染性较强，传播途径复杂，流行面广泛，发病率较高。此病分甲型、乙型、非甲非乙型，但以前两者常见。甲型肝炎为急性疾病，治疗效果好，治愈率高。而乙型肝炎则可通过多种体液传播，如血液、唾液、尿液、乳汁等。有相当一部分乙肝患者治疗效果不理想转为慢性肝炎反复发作，甚至肝硬化、肝癌。鉴于此种情况，病毒性肝炎的危险选择参考结论为：（1）普通寿险：甲肝，治愈超过半年标准费率承保。乙肝，肝功能及肝脏 B 超检查正常以标准费率承保；肝功能轻度异常则需加费，明显异常或肝脏 B 超检查异常，延期承保或拒保。（2）重大疾病保险：一般加费承保；肝功能明显异常或肝脏 B 超检查异常，拒保。（3）住院费用型险种：一般附加不保事项，肝功能明显或肝脏 B 超异常，拒保。

肺结核的发病不仅需要结核杆菌的客观存在，还需要某些条件的存在，如机体体质较差、免疫力低下等。因此，既往肺结核患者危险选择时特别要关注的是该疾病复发的可能性。当患者体质下降、免疫力低下时，肺结核复发的可能性大大增加，因此，对于肺结核康复不足 6 个月，通常延期承保。接受适当的治疗，并且恢复正常工作已超过 6 个月以上可适当加费承保。

三、疾病的基本特征

疾病的发生发展是有规律可循的，我们称之为疾病的基本特征。

1. 疾病是有原因的。正如前面所述，疾病的发生必须有一定的原因，但往往不单纯是致病因子直接作用的结果，与机体的反应特征和诱发疾病的条件也有密切关系。因此研究疾病的发生，应从致病因子、条件、机体反应性三个方面来考虑。

2. 疾病是一个有规律的发展过程。在疾病发展的不同阶段有不同的变化，这些变化之间往往有一定的因果联系。掌握了疾病发展变化的规律，不仅可以了解当时所发生的变化，而且可以预计它可能的发展和转归，及早采取有效的预防和治疗措施。

3. 疾病可导致人体内发生一系列的功能、代谢和形态结构的变化，并由此而产生各种症状和体征。疾病导致人体发生的功能、代谢和形态结构的变化往往是相互联系和相互影响的，但就其性质来说，可以分为两类，一类变化是疾病过程中造成的损害性变化，另一类是机体对抗损害而产生的防御代偿适应性变化。

症状是指患者主观上的异常感觉，如头痛、恶心、畏寒、心悸、呼吸困难等。体征是疾病的客观表现，能用临床检查的方法查出，如肝脾肿大、心脏杂音、肺部啰音、神经反射异常等。值得注意的是，某些疾病的早期，可以没有症状和体征，如果进行相应的实验室检查或特殊检查，可发现异常，有助于作出早期诊断。

4. 疾病是完整机体的反应，但不同的疾病又在一定部位（器官或系统）有其特殊的变化。疾病导致的局部变化往往受到神经和体液因素调节影响，同时又通过神经和体液因素而影响全身，引起全身功能和代谢变化。所以认识疾病和治疗疾病，应从整体观念出发，辩证地认识疾病过程中局部和全身的相互关系。

5. 疾病使机体内各器官系统之间的平衡关系和机体与外界环境之间的平衡关系受到破坏，机体对环境适应能力降低，劳动能力减弱或丧失。因此，疾病治疗的着眼点应放在重新建立机体内外环境的平衡关系、恢复活动和劳动能力上。

健康保险所承保的疾病风险与我们通常所说的疾病有所不同，健康保险所承保的疾病风险应符合以下特征：（1）该疾病风险是由非明显的外来原因造成的；（2）该疾病风险是由非先天的原因造成的；（3）该疾病风险是由非长期的原因造成的。

四、疾病的转归

疾病经过一段时间的发生发展以后，可能会出现如下某种转归结果。

（一）完全恢复健康

完全恢复健康即痊愈，是指患者的症状和体征完全消退，各系统器官的功能、代谢和形态结构完全恢复正常，机体的自稳调节以及外界环境的适应能力、工作劳动能力也完全恢复正常。有的传染病痊愈后，机体还可获得免疫力。

（二）不完全恢复健康

不完全恢复健康是指疾病的主要症状已经消失，但机体的功能、代谢和形态结构变化并未完全恢复正常，而是通过代偿反应来维持正常的生命活动，可遗留下某些病理状态或后遗症。例如，心肌梗死恢复后形成瘢痕，风湿性心瓣膜炎治愈后留下心瓣膜狭窄或关闭不全等。截肢或器官切除后的状态也属于不完全恢复健康。

（三）死亡

死亡是指机体生命活动的终止。死亡可分为生理性死亡和病理性死亡两种。前者较为少见，它是由机体各器官自然老化所致，又称老死或自然死亡。病理性死亡是由各种严重疾病或损伤所造成的死亡。死亡的标志，以往沿用心跳和呼吸停止、反射消失的标准；现在认为死亡是机体作为一个整体的功能发生了永久性停止，实际上指包括大脑半球、间脑、脑干各部分在内的全脑功能发生了不可逆的永久性停止，即所谓脑死亡。临床上表现为深昏迷、脑干反射全部消失、无自主呼吸（靠呼吸机维持，呼吸暂停试验阳性）、脑电图平直，以及颅脑多普勒超声呈脑死亡形且观察 12 小时无变化，方可确认为脑死亡。

疾病的不同转归结果直接影响患者的医疗费用支出。对于大多数慢性疾病来说，其转归多为不完全康复，迁延时间较长，因此花费的治疗费用较高。从承保的角度来看，要特别注意此类疾病所带来的费用影响，避免经营赔付风险。从理赔的角度来看，未完全康复疾病在发生首年度赔付后，其第二年保单是否保证续保，如果可以续保，如何处理？有的公司采取无条件保证续保，也就是以后年度发生前一年度同样疾病的风险，同样可以获得赔付。有的公司则采取有条件续保的方法应对，即公司对客户后续年度发生的前一年度已发生的相同疾病风险不予赔付，而其他疾病风险照常赔付。不同的处理方法不仅影响客户的购买积极性，而且直接影响公司的稳定经营。

五、疾病发生频度与危险测度

疾病发生频度与危险测度评价指标较多，下面简要介绍几个。

（一）发病率

发病率是指一定时期内特定人群中某病新病例出现的频率。

$$发病率 = （一定时期某人群中某病新病例数／同期暴露人口数）× K$$

$$K = 100\%,1000‰,10000/万或100000/10万$$

计算发病率时，可根据研究的病种及研究的健康问题特点来选择时间单位。一般多以年为时间单位，常用 10 万分率来表示。

发病率的分子为新发病例数，新病例是指观察期间发生某病的患者，有时一个人在观察期间内可能多次发生同种疾病，可分别计算为几个新病例。分母中所规定的暴露人口也称危险人口，是指在观察期间内观察地区的人群中有可能会发生所要观察疾病的人。暴露人口才能作为分母，而那些不可能患该病的人，如研究传染病的发病率时已获得免疫者，不应包括在分母之内。由于在实际工作中暴露人口数不易获得，一般使用年平均人口数。

发病率是一个重要和常用指标，对于死亡率极低或不致死的疾病尤为重要，反映患该病的风险，直接测定发病风险。

发病率的准确度受很多因素的影响，如报告制度不健全、漏报、诊断水平不高等，在比较不同地区人群的发病率时，应考虑年龄、性别构成不同，进行发病率的标化。

（二）患病率

患病率也称现患率、流行率。患病率是指在特定时间内一定人群中某病新旧病例数所占的比例。

$$患病率 = （特定时期某人群中某病新旧病例数／同期观察人口数）× K$$

$$K = 100\% ,1000‰,10000/ 万或 100000/10 万$$

影响患病率的因素很多，但患病率主要受发病率和病程的影响，当某地某病的发病率和病程在相当长的时间内保持稳定时，则患病率（P）、发病率（I）和病程（D）三者之间存在下述关系：

$$患病率 = 发病率 \times 病程,即 P = I \times D$$

患病率对于病程短的疾病价值不大，而对于病程长的一些慢性病的流行状况能提供有价值的信息，可反映某地区人群对某疾病的疾病负担程度。可依据患病率来合理地计划卫生设施、人力物力及卫生资源的需要，研究疾病流行因素，监测慢性疾病的控制效果。

（三）治愈率

治愈率表示接受治疗的患者中治愈的比例，反映疾病诊治的疗效情况。

$$治愈率 = （一定时期内治愈患者数/同期接受治疗的总人数）\times 100\%$$

一般情况下，某病治愈率越低，说明该病越危险，反之则相反。

（四）生存率

生存率又称存活率，是指患某种病的人（或接受某种治疗措施的患者）经 n 年的随访，到随访结束时仍存活的病例数占观察病例的比例。

$$n 年生存率 = （随访满 n 年的某病存活病例数 / 随访满 n 年的该病病例数）\times 100\%$$

生存率常用于评价某些慢性病如癌症、心血管疾病等的远期疗效。应用该指标时，应确定随访开始日期和截止时间。开始日期一般为确诊日期、出院日期或手术日期；截止时间可以是 3 年、5 年、10 年，即计算 3 年、5 年或 10 年的生存率。

（五）死亡率

死亡率是指某人群在一定时间内死于所有原因的人数在该人群中所占的比例。死亡率是测量人群死亡危险最常用的指标。其分子为死亡人数，分母为该人群年平均人口数。常以年为单位。

$$死亡率 = （某人群某年总死亡人数 / 该人群同年平均人口数）\times K$$
$$K = 1000‰ 或 100000/10 万$$

死于所有原因的死亡率是一种未经调整的死亡率，称为粗死亡率。按疾病的种类、年龄、性别、职业、种族等分类计算的死亡率称为死亡专率。

（六）病死率

病死率是指在观察期内，某病患者因某病而死亡的比例，反映该病的严重程度。

$$病死率 = （观察期间因患某病而死亡的人数/同期患该病的总人数）\times 100\%$$

通常情况下，某病病死率越高，该病越危险。

对疾病发生频度与危险测度评价指标进行深入研究是保险医学的一项重要内容，也是保险经营的重要数理基础之一。

如发病率和病死率指标可以表明保险公司承保的疾病风险的高低。通常来说，短期内发病率或病死率过高（或极不稳定）的疾病风险不宜作为保险公司的承保风险，因为它会对保险公司经营造成不良影响。而某种疾病发病率过低，同时其病死率也极低，这类疾病往往不足以引起投保人的重视。如果保险公司承保的疾病风险大多属于这一类，投保人就会认为此险种作用不大，购买的欲望不强烈。

疾病发生频度与危险测度指标还是相关险种定价的依据。如同生命表在寿险精算中的地位一样，重大疾病发生率也是重大疾病保险厘定费率和评估准备金的主要依据。一般来讲，重大疾病发生率越高，重大疾病保险费率越高。

六、疾病的负担

疾病的负担是疾病对个人、家庭和社会造成的危害的总称，包括生物、心理和社会等多个层次。

如图2－1所示，疾病负担是多层次、多维度的。比如，癌症这类疾病可能造成患者个体早死或失能，失能又包括生理方面的、心理方面的或社会方面的，各方面又是相互影响的，像女性乳腺癌全切术后造成患者乳房生理方面影响，大多数患者因此产生心理自卑，或多或少也会影响到其社会适应能力。由于疾病负担的复杂性，这里仅简要介绍疾病的经济负担。

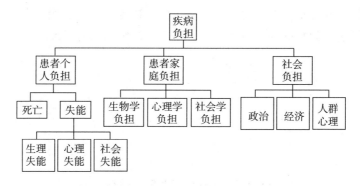

图2－1 疾病负担的构成

疾病经济负担是指疾病给社会或家庭带来的经济损失，以及为了防治疾病而消耗的经济资源，可分为疾病的直接经济负担和间接经济负担。

疾病的直接经济负担是指社会或家庭为防治疾病而消耗的经济资源，是劳动力的维持和培养费用的重要组成部分。直接的经济负担包括医疗卫生人员与医疗卫生机构为防治疾病提供医疗保健服务所消耗的经济资源，以及患者或服务对象为接受医疗保健所消耗的经济资源。

疾病的间接经济负担是指疾病、伤残、死亡带来的经济损失，间接的经济负担包括因患病对个人、家庭以及社会带来的经济损失。它意味着劳动力有效工作时间的减少，工作能力的降低；这也是个人、家庭的损失，包括亲友精神负担加重致使工作效率降低所带来的经济损失等。

目前，由疾病带来的经济损失有相当一部分是无法计算的，我们只可能通过可以计算的资源和经济损失来推算疾病的经济负担。

直接的经济负担可通过下面两个数据来计算：（1）提供医疗保健的费用；（2）接受医疗保健的其他费用。提供医疗保健的费用包括医药费、就诊费、住院费、护理费、预防经费等，接受医疗保健的费用包括患者与陪护人员的差旅费、伙食费、营养费等。其中，与保险公司关系密切的是医药费和住院费等。

间接经济负担的计算包括：

1. 用工资率乘以疾病损失的有效工时（人年）。伤残可导致部分或完全丧失劳动力。部分丧失劳动力可以折算为全日等值劳动力数乘以年平均工资；过早死亡，按期望寿命年来计算。

2. 以人均国民收入或平均每一劳动力创造的国民收入为依据来计算。

3. 亲属（尤其是成人）因照料患者而损失的劳动时间等。

4. 职业病还有国家支付的劳保费用等。

5. 计算患者死亡的间接经济负担的方法。（1）现值法：用期望寿命年×工资率。（2）隐含法：根据现行的一些规定，用人寿保险的赔偿费来估算。（3）培养费用法：计算将一个人培养成劳动力所需费用，作为患者死亡的经济损失。具体使用何种方法计算，要根据具体情况分析。一般来说，未成年人或参加工作不久的青年人，用培养费用法计算患者死亡的间接负担似乎比较容易为人们所接受。但是，用培养费用法计算熟练工人和知识分子过早死亡的损失就低估了这些人死亡所造成的损失。

第二节　健康

【案例】

南民，中发电气（上海十大民营企业，2005 年销售额达 20 多亿元）董事长，为"睁开眼上班，闭上眼下班"，闯荡上海滩的拼命三郎。2004 年已发现有病状，患有糖尿病、高血压，而他像一部机器快速运作，不顾自己的健康。2006 年 1 月 21 日这位英才突发脑血栓，与世长辞，享年 36 岁。

萧亮中，中国社科院边疆史地研究中心学者，有杰出贡献的年轻科学家，因过度的劳累和生活压力，以及不善于调解自己内心郁积的焦虑，于 2005 年 1 月 5 日凌晨在睡梦中突然辞世，享年 32 岁。

这两位年轻才俊，在他们事业如日中天的时候，却因失去了健康而突然辞世，不得不令人深思。健康对于我们来说是何等的重要，可我们又知道多少呢！什么是健康以及影响健康的因素，是本节讲述的内容。

一、健康的概念

健康是人类永恒的话题，作为万物之灵的人，谁都想活得健康，度过幸福而短暂的一生。但疾病往往悄悄缠身，使人感到生、老、病、死的痛苦和人生旅途的艰难，有的人因此而英年早逝，有的成了长期"专职"病患者，给家庭、社会增加负担。随着时代的发展，疾病谱也越来越宽，新病、奇病、时代病、富贵病不断袭来，经常困惑着现代人。人们在与疾病不断抗争中，慢慢地认识到健康不单纯是肉体无痛无病，还与精神状态有着密切的联系。

于是健康概念不断发展，由过去单一的生理健康（一维）发展到生理、心理健康（二维），又发展到生理、心理、社会适应良好（三维），再发展到生理、心理、社会适应良好、道德完善（四维），这个四维健康新概念是 1990 年世界卫生组织最新概括的。健康指身体健康、心理平衡，同时社会适应能力、道德完善都处于完美状态，即身心健康。世界卫生组织还提出了健康的十大标准：（1）精力充沛，能从容不迫地应付日常生活和工作；（2）处事乐观，态度积极，乐于承担任务，不挑剔；（3）善于休息，睡眠良好；（4）应变能力强，能适应各种环境变化；（5）对一般感冒和传染病有一定的抵抗力；（6）体重适当，体态均匀，身体各部位比例协调；（7）眼睛明亮，反应敏锐，眼睑不发炎；（8）牙齿洁白，无缺损，无疼痛感，牙龈正常，无蛀牙；（9）头发光洁，无头屑；（10）肌肤有光泽，有弹性，走路轻松，有活力。

二、影响健康的因素

人类的健康取决于多种因素的影响和制约。目前，人们认为影响健康的主要因素有四种：环境因素、生物遗传因素、行为和生活方式因素及医疗卫生服务因素。其中生活方式因素和医疗卫生服务因素均属于环境因素中的社会环境因素，但由于这两种因素对人类健康具有突出的影响，所以将其置于突出的位置并与环境因素和生物遗传因素相提并论。因此，在分析影响健康的因素时，可以从环境因素和生物遗传因素两大方面进行描述。

（一）环境因素

环境是指围绕着人类空间及其直接或间接地影响人类生活的各种自然因素和社会因素之总和。因此，人类环境包括自然环境和社会环境。

1. 自然环境。自然环境又称物质环境，是指围绕人类周围的客观物质世界，如水、空气、土壤及其他生物等。自然环境是人类生存的必要条件。在自然环境中，影响人类健康的因素主要有生物因素、物理因素和化学因素。

自然环境中的生物因素包括动物、植物及微生物。一些动物、植物及微生物为人类的生存提供了必要的保证，但另一些动物、植物及微生物却通过直接或间接的方式影响甚至危害人类的健康。

自然环境中的物理因素包括气流、气温、气压、噪声、电离辐射、电磁辐射等。在自然状况下，物理因素一般对人类无危害，但当某些物理因素的强度、剂量及作用于人体的时间超出一定限度时，会对人类健康造成危害。

自然环境中的化学因素包括天然的无机化学物质、人工合成的化学物质及动物和微生物体内的化学元素。一些化学元素是保证人类正常活动和健康的必要元素；一些化学元素及化学物质在正常接触和使用情况下对人体无害，但当它们的浓度、剂量及与人体接触的时间超出一定限度时，将对人体产生严重的危害。

2. 社会环境。社会环境又称非物质环境，是指人类在生产、生活和社会交往活动中相互间形成的生产关系、阶级关系和社会关系等。在社会环境中，有诸多的因素与人类健康有关，如社会制度、经济状况、人口状况、文化教育水平等，但对人类健康影响最大的两个因素是行为和生活方式因素与医疗卫生服务因素。

行为是人类在其主观因素影响下产生的外部活动，而生活方式是指人们在长期的民族习俗、规范和家庭影响下所形成的一系列生活意识及习惯。随着社会的发展、人们健康观的转变以及人类疾病谱的改变，人类行为和生活方式对健康的影响越来越引起人们的重视。合理、卫生的行为和生活方式将促进、维护人类的健康，而不良的行为和生活方式将严重威胁人类的健康。特别是在我国，不良的行为和生活方式对人民健康的影响日益严重，吸烟、酗酒、吸毒、纵欲、赌博、滥用药物等不良行为和生活方式导致一系列身心疾病日益增多。

医疗卫生服务是指促进及维护人类健康的各类医疗、卫生活动。它既包括医疗机构所提供的诊断、治疗服务，也包括卫生保健机构提供的各种预防保健服务。一个国家医疗卫生服务资源的拥有、分布及利用将对其人民的健康状况起重要的作用。

（二）生物遗传因素

生物遗传因素是指人类在长期生物进化过程中所形成的遗传、成熟、老化及机体内部的复合因素。生物遗传因素直接影响人类健康，对人类诸多疾病的发生、发展及分布具有决定性影响。

第三节 健康管理

【案例】

美国的夏威夷医疗保险服务公司从 1990 年开始引入了一项名为"健康通行证"的健康管理计划，到 2001 年，已有 21.36 万人参加了此项计划。该计划的目标是帮助客户降低健康风险，通过健康行为的改变改善长期健康状况，从而减少医疗费用。该计划实行 10 年间，保险公司获得的经济效益相当显著：参与者比不参与者平均每年少支出 200 美元，总计每年节约达 440 万美元，这也意味着保险公司每年因健康管理计划减少了巨额赔付。由此我们可以看出，健康管理对于从事与人身风险相关经营的保险企业具有重要的意义。

帮助保险工作人员掌握健康管理的概念、内容、在保险行业内的应用是本节的目的。

一、健康管理的概念

健康管理是 20 世纪 50 年代末最先在美国提出的概念，其核心内容是医疗保险机构通过对其医疗保险客户（包括疾病患者或高危人群）开展系统的健康管理，达到有效控制疾病的发生或发展，显著降低出险概率和实际医疗支出，从而减少医疗保险赔付损失的目的。美国最初的健康管理概念还包括医疗保险机构和医疗机构之间签订最经济适用处方协议，以保证医疗保险客户可以享受到较低的医疗费用，从而减轻医疗保险公司的赔付负担。

随着业务内容的不断充实和发展，健康管理逐步发展成为一套专门的系统方案和营运业务，并开始出现区别于医院等传统医疗机构的专业健康管理公司，作为第三方服务机构与医疗保险机构或直接面向个体需求，提供系统专业的健康管理服务。

目前国内健康管理提供的服务大概有以下几类：第一类是以健康体检为主，主要是一些医院或依托于医院的健康管理公司，但是只注重体检，很少进行干预和健康指导；第二类是以健康评估为主的健康管理，特点是技术含量高，但是目前缺乏权威性和统一的标准；第三类是以预约挂号、就诊指引、绿色通道为主，特点是技术含量低，容易被其他主体模仿和复制；第四类以健身、预防、保健为主，人群不固定，没有明显的针对性，无法形成管理的连续性和全面性；第五类以销售保健品和相关器械为主，能提供健康管理的量化的用品，有的也销售运动器械和保健品，大多公司经营不尽如人意。

根据国内外发展现状，我们认为健康管理是对个体或群体的健康进行全面监测、分析、评估，提供健康咨询和指导以及对健康危险因素进行干预的全过程（见图 2－2）。健康管理的宗旨是调动个体和群体及整个社会的积极性，有效地利用有限的资源来达到最大的健康效果。健康管理的具体做法就是为个体和群体（包括政府）提供有针对性的科学健康信息并创造条件采取行动来改善健康。

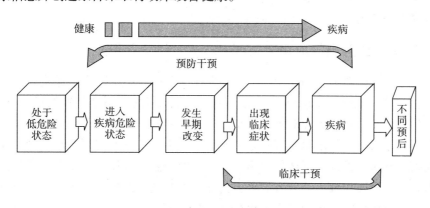

图 2－2　健康管理

二、主要内容

健康管理包括以下内容：首先是收集健康信息，即收集个人或群体的健康及生活方式相关的信息，发现健康问题，为评价和干预管理提供基础数据；其次是健康危险因素评价，即对个人或群体的健康现状及发展趋势作出预测，以达到健康警示的作用，并为干预管理和干预效果的评价提供依据；最后是健康促进干预管理，即通过个人或群体健康改善的行动计划，对不同危险因素实施个性化的健康指导，这是最实质性的、最重要的一个环节，也是整个健康管理过程的核心。通过上述过程达到改善健康状况，防治慢性非传染性疾病的发生和发展，提高生命质量，降低医疗费用的目的。

第一步，健康状况的信息采集，即寻找、发现健康危险因素的过程。信息采集的途径包括日常生活调查、正常体检（健康体检）和因病检查等方式。采集的信息中既有患者的年龄、性别、身高、体重等基本情况，也有体检时身体各系统的功能状况，实验室检查的血糖、血脂等一些重要指标，还包括家族史、膳食习惯（如谷类、肉类、干豆类以及咸菜、酒类等摄入情况）、生活方式（如吸烟、睡眠、体力活动、锻炼、精神及社会因素等）等多方面资料。通过健康信息采集，全面收集个人健康状况信息，为被管理者建立健康档案，进行健康危险因素的分析和评价，及早发现健康危险因素，为制订健康促进计划提供基础资料。

第二步，健康状况的评价和预测，即认识健康危险因素的过程。根据采集到的被管理者的各种信息，对其健康状况进行评估，确定处于何种健康状况，并系统分析存在的危险因素及其发展变化趋势，为促使其改变不良的生活方式、降低危险因素做好前期工作。

第三步，健康促进、行为干预、咨询指导，即解决健康危险因素的过程。根据评估、预测结果，制订个性化的健康计划，并督促实施，把健康理念和健康计划转化为健康行为，指导被管理者采取正确的生活方式和行为来减少发病危险。这是整个健康管理过程的核心内容。在此过程中，要通过各种途径，与被管理者保持联系，对其给予及时的咨询和科学指导，并对其健康状况的改变及时了解，定期进行重复评估，给个人提供最新的健康维护方案。

三、在保险业务中的应用

健康管理在保险业务中的作用，主要体现在帮助保险机构减少被保险人出险（患病和伤害）的概率，从而减少赔付。当然，健康管理所需的费用是从投保费用中支付的。在美国，健康管理公司的服务对象是大众，而直接客户最常见的却是健康保险公司。健康保险公司对于其客户的健康管理服务主要是外包给第三方的健康管理公司，而并非由保险公司直接提供。保险公司选择和第三方健康管理公司合作，对于提升产品的附加价值、降低医疗险的赔付成本，效果显著。据美国霍普金斯医学会的统计，由于健康管理公司的出现，健康保险公司的直接医疗开支降低了30%。

健康管理可以为保险核保提供许多有关客户人群的基础性健康方面信息。核保首先必须对准客户人群进行风险评估，而健康管理的第二步就是根据采集到的被管理者的各种信息，对其健康状况进行评估，确定处于何种健康状况，并系统分析存在的危险因素及其发展变化趋势，所以两者业务有许多共同之处，对于共同的服务对象，核保就可以借鉴健康管理所采集到的信息以及分析结果，作出准确客观的核保结论。

健康管理还可以促进保险公司产品销售。目前，国内保险市场竞争激烈，各家保险公司各出奇招。基于客户越来越重视自身的健康状况，某些保险公司在营销过程中为客户提供许多增值服务，如开办高级健康讲座，提供免费体检，为 VIP 客户预约挂号、就诊陪同、急救服务等。

第四节 衰老与寿命

【案例】

李某，男，64 岁，是某保险公司终身寿险和附加住院医疗的被保险人。在保险合同的有效期内，被保险人李某到某医院住院治疗，出院后带病历和住院费用清单到保险公司索赔。理赔人员查阅其病案后到医院调查发现，李某是因近年来感觉腰腿乏力，牙齿松动，头发花白，记忆力减退等原因住院治疗，医院诊断为年老退行性病变，属自然衰老现象。针对这一情况，保险人没有予以保险金支付。

请思考为什么保险公司不予赔付。

提示：衰老属人类自然变化过程，不属商业健康保险的责任范畴。该案的关键是判断被保险人的临床表现是否属于年老自然常态的表现。

一、衰老

衰老是多细胞生物随着时间的推移而产生的一种自发性的必然过程，一般是指随着年龄的增长而产生的一系列生理学和解剖学方面的变化，表现为组织改变、器官老化及其功能适应性和抵抗力的减退。临床表现为一系列的老征，即代谢率降低，视力、听力、记忆力减退，齿松发落，心肺功能、免疫功能下降。形态表现为皮肤皱缩、毛发灰白稀少、牙齿脱落、脊柱弯曲、行动迟缓、肌肉萎缩、腹壁增厚、腰围增大、脸上长老年斑等。衰老的原因很多，主要包括以下几方面。

（一）衰老是由于人体细胞核里的基因停止了活动所造成

随着年龄增长，基因按一定的时间程序停止活动，这样，组织细胞也就停止了生长，而进入衰退与老化过程，即细胞凋亡（多细胞有机体为保持自身组织稳定、调控自身细胞的增殖和死亡之间的平衡，由基因控制的细胞主动性死亡过程）。

（二）自由基导致衰老

自由基是具有未配对电子的原子、原子团及分子，是参与人体内氧化还原反应最重要、最广泛的反应成分和中间产物，有极强的活性。生物体内随时会出现自由基，引起一些过氧化反应，使细胞内的生物大分子联合成不易溶解的物质，妨碍细胞代谢营养的运输，造成机体的衰老。研究证实，体内代谢或外源性因素产生的自由基均可诱导细胞凋亡。例如，电离辐射通过直接辐射水分子产生羟自由基导致细胞内大分子的氧化损伤，使蛋白质氧化、DNA 链断裂、细胞膜起苞、脂质氧化等；细胞内源性和外源性一氧

27

化氮（NO）的增加可直接损伤 DNA 而导致细胞凋亡。

（三）内分泌衰退引起衰老

随着年龄的增长，人体下丘脑、垂体、胸腺、性腺、甲状腺等内分泌腺体退化，引起衰老。可能存在一种促进衰老的激素，有人叫它"死亡激素"。

还有以下一些关于衰老的解释：（1）免疫功能降低是衰老的原因；（2）DNA 复制过程中发生的错误累积成灾，引起衰老；（3）体细胞发生突变启动了衰老；（4）体内胶原纤维、弹性纤维、酶和 DNA 交联造成衰老；（5）细胞线粒体 DNA 损伤引起衰老；（6）细胞代谢失调导致衰老；（7）细胞染色体端粒缩短引起衰老；（8）中医认为五脏虚损是衰老的重要原因。

总的来说，对于衰老的多种解释大体上可归为两类：一类认为衰老主要是由遗传因素决定的，一类认为衰老主要是由环境改变导致机体损伤积累所造成的。不管怎么说，有一点是清楚的，那就是遗传和环境都在人的衰老过程中发挥了重要的作用。环境通过氧化反应和其他一些反应不断使身体老化，这是一个自然的过程，是身体长期正常运转不可避免的后果。在商业健康保险产品中，一般将自然常态的衰老作为免责范围。

二、寿命

所谓寿命，是指从出生经过发育、成长、成熟、老化以至死亡前机体生存的时间，通常以年龄作为衡量寿命长短的尺度。由于人与人之间的寿命有一定的差别，所以，在比较某个时期、某个地区或某个社会的人类寿命时，通常采用平均寿命。平均寿命常用来反映一个国家或一个社会的医学发展水平，它也可以表明社会经济、文化的发达状况。

人类的自然寿命与哺乳动物的自然寿命有共同之处。一般认为，生物的最高寿命约为性成熟期的 8~10 倍，而人类的性成熟期为 14~15 岁，按此推算，人类的最高自然寿命应是 112~150 岁。还有一种说法，根据细胞传代次数来推算，实验研究证明，人体细胞体外分裂传代 50 次左右，按平均每次分裂周期 2.4 年推算，人类的平均寿命应是 120 年。根据上述推算，人类的自然寿命在 100 岁以上是确切无疑的。

但为什么自古至今，大多数人不能活到 100 岁呢？其原因很多，归纳起来，大体上有以下几方面因素。

（一）种族、国家、社会因素

从某种意义上说，人类的平均寿命是现代文明的重要标志。在生产力低下的 4000 年前的青铜器时期，人的平均寿命只有 18 岁，古罗马时代为 23~25 岁。以后，随着生产的发展和科技进步，平均寿命愈来愈高。以日本为例，在 18 世纪中叶，人的平均寿命是 35 岁；1953 年，平均寿命男性为 50.6 岁、女性为 53.9 岁；1965 年，男性为 67.74 岁、女性为 72.92 岁；1995 年，平均寿命男性为 76.57 岁、女性为 82.98 岁。而非洲最贫穷国家的人口平均寿命只有 40 岁左右，如中非国家乌干达 1993 年人口平均寿命只有 43 岁。这说明经济水平与寿命的关系很密切。1996 年，世界卫生组织公布，1995 年世界人均寿命超过 65 岁，比 1985 年约增加 3 岁。发达国家的人均寿命超过 75 岁，发展中国家为 64 岁，不发达国家为 62 岁。

（二）环境因素

自然环境优美不仅有益于身体健康，而且可以美化人的生活和心灵，是健康、幸福、长寿的摇篮。例如，世界著名的五大长寿地区——前苏联高加索、巴基斯坦罕萨、厄瓜多尔卡理、中国新疆的南疆和广西的巴马，都是环境优美、温度适宜、青山绿水、空气清新、水源洁净的地区。从城乡分布来看，农村老年人多于城区，山区多于平原地区。这都与自然环境有关。一般来说，农村无污染、空气新鲜，而城市特别是工矿区工业废水、废气和废渣，污染环境，恶化了自然环境，易导致疾病的发生。

（三）遗传因素

遗传对寿命的影响，在长寿者身上体现得比较突出。一般来说，父母寿命长的，其子女寿命也长。德国科学家的一份调查报告表明，他用 15 年时间调查了 576 名百岁老人，发现其父母死亡的平均年龄比一般人长 9～10 岁。广东省对百岁老人的调查结果发现，有家庭长寿史者占 84.6%。1992 年，世界卫生组织宣布，影响每个人的健康与寿命的诸多因素中，15% 取决于遗传因素。

（四）饮食、营养因素

饮食、营养与长寿密切相关。我国内地长寿地区百岁老人的饮食结构大都为低热量、低脂肪、低动物蛋白、多蔬菜类型。随着社会的进步，人的寿命不断得到延长。人均寿命增长的幅度，除了医疗条件的改善使一些疾病得到有效的防治外，也与营养科学与技术提供了多方面的贡献是分不开的，即与食品营养、食品安全与质量以及平衡饮食有很大的关系。近年来，随着经济的发展，我国居民饮食结构发生了很大的变化，20 世纪 90 年代初与 80 年代相比，肉类消费量增加了 80% 以上，肉、蛋、脂肪消费量较高的地区，癌症、心脑血管病和糖尿病等死亡率明显偏高，这从另一个侧面说明饮食结构的变化给寿命带来的影响。

（五）心理（或精神）因素

人的心理、情绪与健康长寿有着密切的关系。经常处于心理紧张状态的人，往往容易罹患疾病。相反，乐观、豁达和坚毅无畏的精神，则能增强人体的抗病能力。因为过度紧张会使心跳加速、血压升高、呼吸急促、胃肠等脏器供血不足等，时间一长，就容易引发脑血管破裂或造成致命性的心肌梗死，有的可出现消化道痉挛、疼痛等。过于忧愁，也会罹患疾病，影响寿命。

（六）生活方式因素

由不健康的生活方式导致的疾病是世界上人类最大的死亡原因。在发达国家，70%～80% 的人死于心脏病、脑卒中、高血压和肿瘤，这些所谓"生活方式疾病"，至今已占其死亡率 50% 以上。不健康的生活方式，主要是吃得太油、太咸、太甜，以及饮烈性酒、大量抽烟、贪图享受、长期过夜生活和较少运动，甚至赌博、纵欲、吸毒等。

（七）疾病因素

疾病是影响寿命诸因素中最重要的因素。疾病作为死因的顺位，随着时代的进步、科学技术的发展而不断地变化着。例如 20 世纪初，危害生命的主要疾病是传染病、肺炎、结核病等;现在,对人类生命威胁最大的是心脑血管疾病、肿瘤、意外伤害等;而且有一些疾病,如免疫缺陷性疾病、老年性痴呆、艾滋病等,对人类的健康和生命的确构成了很大的威胁。

综合分析上述影响寿命的诸多因素,哪些因素是主要的?世界卫生组织1992年宣布:每个人的健康与寿命,60%取决于自己,15%取决于遗传因素,10%取决于社会因素,8%取决于医疗条件,7%取决于气候(如酷暑或严寒)的发生。因此,健康长寿主要取决于自己,生命掌握在自己手中。

【本章小结】

本章共分四节,分别阐述了疾病与健康的概念。疾病的发生原因,包括生物、化学、物理、营养、遗传、先天、免疫、精神八大致病因素。但发病与否还与人体的自身条件相关联。内外致病因素的作用与人体自身的条件相结合,疾病会表现出基本的特征和转归。人们对于健康的认识已发展到"生理—心理—社会适应良好—道德完善"(四维)的阶段。对于影响健康的因素,即环境、生物遗传因素给予更大的关注。特别是针对这些因素依据健康的理念,对人们进行健康管理,降低疾病的发生率、死亡率和疾病的负担,在保险领域表现出越来越重要的作用。人的生命表现出生长、衰老、死亡的自然过程,掌握衰老与寿命的知识,了解生命过程各自的生理表现,有利于人身保险的核保核赔工作。

【思考题】

1. 简述疾病、健康、健康管理、衰老、寿命的概念。
2. 简述疾病的发生原因,简述健康影响因素和寿命影响因素。
3. 简述健康管理的主要内容和在保险业务中的应用情况。

【参考文献】

[1] 吴艾竞:《保险医学基础》,北京,中国金融出版社,2009。
[2] 艾孙麟、苏应雄:《保险医学基础》,成都,西南财经大学出版社,2005。
[3] 陈君石、黄建始:《健康管理师》,北京,中国协和医科大学出版社,2007。

金融保险丛书
高等院校实务教程

第三章

人体系统组成与生理功能

【学习目标】

- 掌握人体骨骼形态结构名称。
- 掌握心脏结构名称及其保险应用。
- 掌握内脏系统、脉管系统、神经系统的组成与生理功能。
- 了解感觉器的组成。

构成人体结构和功能的基本单位是细胞。形态结构相似、功能相近的细胞群借细胞间质结合在一起构成组织（如上皮组织、结缔组织、神经组织、肌组织等）。几种不同的组织构成具有一定形态、功能的结构称器官（如心、肝、肾等）。许多功能相关的器官连接在一起，完成一系列的生理功能的结构称系统。人体可分为运动、呼吸、消化、泌尿、生殖、心血管循环、神经、感觉器和内分泌等系统。各系统在神经体液的调节下，彼此联系，相互协调，互相影响，共同构成一个完整的有机体。

人体解剖学的基本术语有如下几种。

1. 解剖学姿势：身体直立，两眼平视正前方，上肢自然下垂于躯干两侧，下肢并拢，手掌和足尖向前。

2. 方位术语：近头顶者为上，近足底者为下；近腹者为前，近背者为后；距正中矢状面近者为内侧，远者为外侧；在四肢，前臂的内侧又称为尺侧，外侧又称为桡侧；小腿内侧又称为胫侧，外侧又称为腓侧；就空腔脏器而言，距其腔内近者为内，远者为外；以体表为准，近体表者为浅，离体表远者为深。

3. 轴：上下方向，垂直于水平的轴为垂直轴；前后方向，与垂直轴直角相交的轴为矢状轴；左右方向，与垂直轴垂直相交的轴为冠状轴（见图3-1）。

4. 面：将人体分为左右两半的切面为矢状面，通过正中线的为正中矢状面；将人体分为前后两半的切面称为冠状面（额状面）；将人体分为上下两半的切面称为水平面（横切面）（见图3-1）。

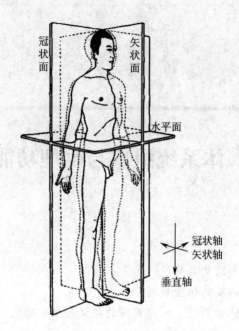

图3-1 人体的面和轴

第一节 运动系统

【案例】

周某，男性，34岁，给自己投保寿险附加医疗保险。体检医师在体检过程中发现该客户右侧下肢肌肉萎缩，询问病史，周某曾于两年前因意外伤害导致右侧股骨大转子骨折，目前钢钉已取。核保评定：寿险标的通过，医疗保险右股骨治疗责任免除。

请思考为什么要作医疗保险右股骨治疗责任免除的核保决定。

提示：

1. 周某2年前曾发生过意外。

2. 周某右侧下肢肌肉出现了萎缩。这是以人体运动系统的知识作出的核保评定。

运动系统由骨、骨连结和骨骼肌组成，构成人体的基本轮廓，对人体起支持、保护和杠杆运动的作用。它们在神经系统的支配和其他系统的调节配合下，形成统一的整体，可完成各种随意运动，以适应外界环境的需要。由于每块肌肉两端多附着于骨，至少跨过一个关节，于是肌肉收缩时，以跨过的关节为轴，使被附着的骨相互靠近或远离而产生运动。人的骨、骨连结、骨骼肌任何一部分受到意外伤害或因炎症感染、发生肿瘤等，较严重的后果是可能影响其正常功能，有的甚至引起残疾。

一、骨学

成人骨共有 206 块，按其所在的部位可分为颅骨（29 块）、躯干骨（51 块）和四肢骨（上肢骨 64 块、下肢骨 62 块）三部分（见图 3 - 2）。

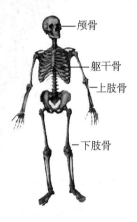

图 3 - 2　全身骨骼图

（一）骨学总论

1. 骨的形态分类。按照形态，骨可分为长骨、短骨、扁骨和不规则骨四类（见图 3 - 3）。

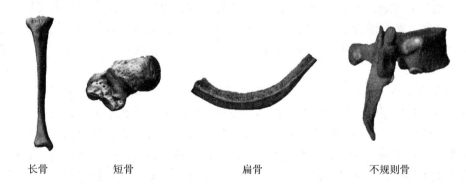

长骨　　　　　短骨　　　　　　扁骨　　　　　　不规则骨

图 3 - 3　骨的形态

（1）长骨：呈长管状，分一体两端。长骨中部细长称为体或骨干，体内的腔称骨髓腔，容纳骨髓。骨的两端膨大称为骺，骺表面有光滑的关节面。骨干与骺邻接的部分称干骺端。

（2）短骨：呈立方形，分布于连接牢固并有一定灵活性的部位，如手的腕骨和足的跗骨。

（3）扁骨：呈板状，主要分布于颅顶、胸部和盆部，对其内部器官起保护作用。

（4）不规则骨：形状不规则，主要分布于躯干、颅底和面部。

2. 骨的构造。骨是由骨质、骨膜和骨髓三部分构成（见图 3 - 4）。

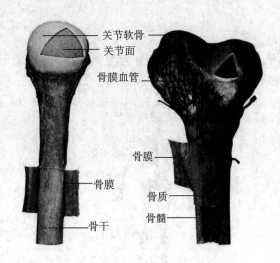

图 3-4 骨的构造

（1）骨膜：覆盖于骨表面的一层致密结缔组织的纤维膜。富含血管、神经和淋巴管，对骨的营养、生长和感觉具有重要作用，因此骨折如合并骨膜损伤或坏死，将严重影响骨的愈合，伤残的可能性也会增加。

（2）骨质：是骨的实质，分为骨密质和骨松质。骨密质致密坚硬，耐压性较大，分布于骨的表面；骨松质呈海绵状，由骨小梁交织排列而成，位于骨的内部。

（3）骨髓：充满于长骨的髓腔和骨松质腔隙内的软组织，分红骨髓和黄骨髓。红骨髓有造血功能，黄骨髓含有大量的脂肪组织。一般5岁以前所有骨髓均为红骨髓，之后红骨髓主要分布于长骨的两端、短骨、扁骨和不规则骨的松质内，如肋骨、胸骨和椎骨等处。

3. 骨的化学成分及物理特性。骨的化学成分包括有机质和无机质。有机质由骨胶原纤维和黏多糖蛋白组成，使骨具有韧性和弹性；无机质主要是钙盐，使骨具有硬度。人的一生中，骨的无机质与有机质不断变化，年龄愈大，无机质的比例愈高，因此年幼者骨易变形，年长者易发生骨折。因老年人骨骼疏松较易因意外事故导致骨折，在核保过程中对于老年客户需要从严审核。儿童一般为青枝骨折，老年人骨折病情较重，伤残可能性相比儿童要大。

（二）躯干骨

成人躯干骨包括24块椎骨、1块骶骨和1块尾骨、12对肋和1块胸骨。

1. 椎骨。椎骨在未成年前有32~34块，即颈椎7块、胸椎12块、腰椎5块、骶椎5块、尾椎3~5块。青春期后5块骶椎融合成1块骶骨，30~40岁尾椎融合成1块尾骨。

（1）椎骨的一般形态（见图3-5）。典型椎骨由位于前方呈矮圆柱形的椎体和后方弓状的椎弓构成。椎体和椎弓围成椎孔，所有椎孔相连成椎管，容纳脊髓。椎弓与椎体连接部分较细称椎弓根，其上方有较浅的椎上切迹、下方有较深的椎下切迹，相邻的椎上切迹、椎下切迹围成椎间孔，孔内有脊神经根和血管通过。椎弓的后部为椎弓板，从

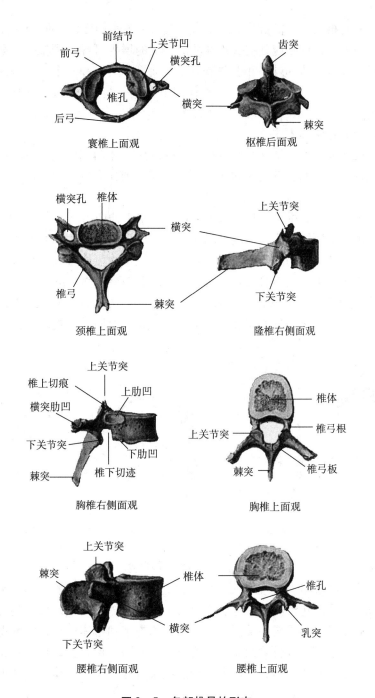

图 3-5 各部椎骨的形态

椎弓板上发出 7 个突起：正中向后伸出的一个棘突、向两侧突出的一对横突、两侧向上的一对上关节突和向下的一对下关节突。

（2）各部椎骨的主要特征。

①颈椎：椎体小，椎孔较大，呈三角形，上下关节面基本呈水平位。横突上均有孔

称为横突孔，内有椎动脉、静脉走行。成年人第 3~7 颈椎椎体上面两侧多有向上的突起称椎体钩，与上位颈椎相应处构成钩椎关节，它的增生可导致颈椎病。第 1 颈椎又名寰椎，呈环形，没有椎体、棘突和上关节突，由前弓、后弓和两个侧块构成，前弓后面正中有齿突凹。第 2 颈椎又名枢椎，由椎体向上伸出一齿突，与寰椎的齿突凹相关联。第 7 颈椎又名隆椎，棘突长，末端不分叉，低头时在颈后正中线摸到的隆起为隆椎的棘突，是计数椎骨的骨性标志。

②胸椎：椎体似心形，椎孔相对较小，呈圆形。椎体两侧的上、下和横突末端有小的关节面，分别称上肋凹、下肋凹和横突肋凹。棘突细长向后下方倾斜，彼此掩盖呈叠瓦状。

③腰椎：椎体最大，椎弓发达，棘突呈板状，水平伸向后。

④骶骨：由 5 个骶椎合成，呈倒置的三角形。底向上，底的前缘突出称骶骨岬。骶骨前面有 4 对骶前孔。背面隆凸粗糙，有 4 对骶后孔。由骶椎椎孔连接成骶管。骶管向下有开口于骶骨背面下部的骶管裂孔，裂孔两侧向下的突起称骶角。

2. 肋。肋包括肋骨和肋软骨，共 12 对。上 7 对肋软骨都与胸骨相连；第 8~10 对肋软骨前端逐个与上一条肋软骨相连；第 11 对、第 12 对肋骨前端游离，称浮肋（见图 3-6）。

第 1 肋骨　　　第 6 肋骨　　　第 2 肋骨　　　第12肋骨

图 3-6　各肋骨的形态

3. 胸骨。位于胸前正中，全部可从体表摸到，自上而下分为胸骨柄、胸骨体和剑突三部分（见图 3-7）。胸骨柄上缘有颈静脉切迹。柄和体连接处形成微向前凸的角，称胸骨角，它是确定第 2 肋重要的骨性体表标志。体检医师在体格检查中发现客户有胸骨压痛，需加做血常规等，以排除白血病的可能性。专职核保人员结合胸骨压痛，综合考虑客户其他检查如全身体格检查、病史问卷、健康告知、血常规检查等，识别其有无白血病风险。

（三）上肢骨

上肢骨由上肢带骨和自由上肢骨组成。

1. 上肢带骨：包括肩胛骨和锁骨。

（1）锁骨：位于胸廓前上方，呈"⌒"形，全长均可在体表摸到（见图 3-8）。内

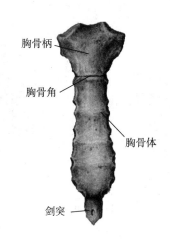

图 3 - 7　胸骨（前面）

侧端粗大为胸骨端，外侧端扁平为肩峰端。锁骨骨折容易发生在锁骨中外 1/3 交界处。

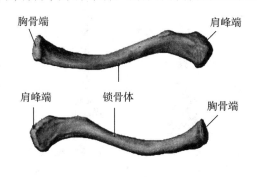

图 3 - 8　锁骨

（2）肩胛骨：位于胸廓后外侧的上方，呈三角形。前面有大而浅的窝称为肩胛下窝，后面上方有一向前外上方突出的骨嵴称肩胛冈，冈的外侧端扁平称肩峰，冈的上、下各有一窝分别称为冈上窝和冈下窝。肩胛骨上角平对第 2 肋，下角对第 7 肋或第 7 肋间隙（见图 3 - 9）。

2. 自由上肢骨：包括肱骨、尺骨、桡骨、腕骨、掌骨和指骨。

（1）肱骨：上端膨大呈半球形的为肱骨头。肱骨头周围稍细的部分称解剖颈，肱骨头外侧和前方有大结节和小结节，其下方稍细的部分称外科颈，较易发生骨折。肱骨下端内侧形如滑车称肱骨滑车，外侧呈球形称肱骨小头。肱骨滑车后上方的大窝称鹰嘴窝，肱骨小头外侧和肱骨滑车内侧各有一突起分别称外上髁（见图 3 - 10）。

（2）尺骨：居前臂内侧，尺骨上端前面半圆形深凹称滑车切迹，在其前下方和后上方各有一突起，分别称冠突和鹰嘴，冠突外侧有桡切迹，冠突下方粗糙隆起称尺骨粗隆。尺骨下端球形称尺骨头，其后内侧向下的突起称为尺骨茎突（见图 3 - 11）。

（3）桡骨：位于前臂外侧，上端膨大称桡骨头，头方略细称桡骨颈，颈的内下侧有凸起的桡骨粗隆；下端内侧面有尺切迹，外侧部向下突出称桡骨茎突（见图 3 - 11）。

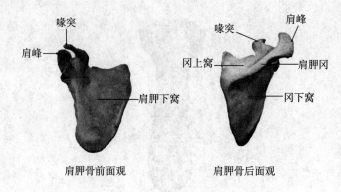

肩胛骨前面观   肩胛骨后面观

图 3 - 9   肩胛骨

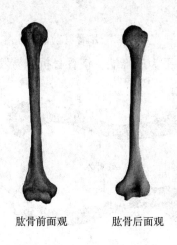

肱骨前面观   肱骨后面观

图 3 - 10   肱骨

（4）腕骨：共 8 块，近侧列由桡侧向尺侧依次为手舟骨、月骨、三角骨和豌豆骨。远侧列为大多角骨、小多角骨、头状骨和钩骨。

（5）掌骨：共 5 块，其近侧端为底，中间为体，远侧端为头。由外侧向内侧依次为第 1～5 掌骨（见图 3 - 12）。

（6）指骨：共 14 块，除拇指两节外，余均 3 节。由近侧至远侧依次为近节指骨、中节指骨和远节指骨。每节都分底、体和头三部分（见图 3 - 12）。

（四）下肢骨

下肢骨包括下肢带骨和自由下肢骨。

1. 下肢带骨。即髋骨，是不规则骨，由髂骨、坐骨和耻骨三者愈合而成。在三骨愈合处的外侧面形成深陷的髋臼，下部有一大孔称闭孔（见图 3 - 13）。

（1）髂骨：位于髋骨的后上部，分肥厚的体和扁阔的翼两部分。翼上缘肥厚形成弓形的髂嵴，髂嵴前端为髂前上棘，后端为髂后上棘。髂前上棘后方 5～7cm 处向外突起成为髂结节。在髂前、后上棘的下方各有一薄锐突起分别称为髂前下棘和髂后下棘，髂后下棘下方有深陷的坐骨大切迹。

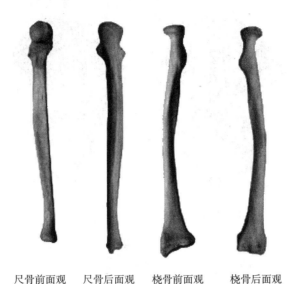

尺骨前面观　　尺骨后面观　　桡骨前面观　　桡骨后面观

图 3 – 11　尺骨和桡骨

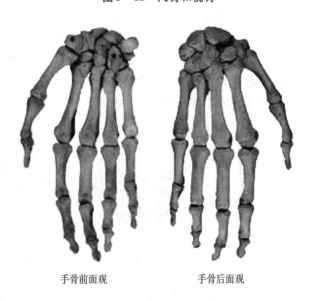

手骨前面观　　　　　　　手骨后面观

图 3 – 12　手骨

（2）坐骨：位于髋骨后下部，分体和支两部分。坐骨最低部肥厚粗糙隆起称坐骨结节，可在体表触及。坐骨体后缘有尖形的坐骨棘，其上方、下方分别有坐骨大切迹、小切迹。

（3）耻骨：位于髋骨前下部，分体和上、下两支。耻骨体与髂骨体结合处粗糙隆起为髂耻隆起，由此向前内伸出耻骨上支，其末端急转向下形成耻骨下支。耻骨上支的上缘锐薄，称耻骨梳，向前终于耻骨结节，为重要体表标志。耻骨上下支相互移行处的内

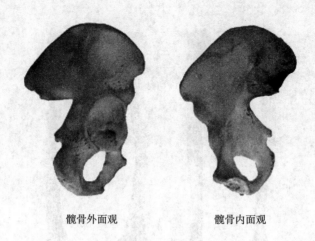

髋骨外面观　　　　　　　　　髋骨内面观

图 3 – 13　髋骨

侧、椭圆形的粗糙面称耻骨联合面。

2. 自由下肢骨。包括股骨、髌骨、胫骨、腓骨、跗骨、跖骨和趾骨。后三部合称足骨。

（1）股骨：是人体最长最结实的长骨，分为一体两端。上端球形的膨大为股骨头。头下外侧较细的部分称股骨颈。颈、体交界处上外侧的方形隆起为大转子，内下方隆起为小转子。大、小转子之间前面有转子间线，后面有转子间嵴。股骨体后面纵形骨嵴为粗线，此线向上延续成粗糙的臀肌粗隆。下端形成两个膨大，称内侧髁和外侧髁，两髁间有髁间窝，两髁侧面的突起称内上髁、外上髁（见图 3 – 14）。

股骨前面观　　　股骨后面观　　　髌骨前面观　　　髌骨后面观

图 3 – 14　髌骨和股骨

（2）髌骨：是人体最大的一块籽骨，位于膝关节前方，包于股四头肌肌腱内，略呈三角形，上宽下窄，前面粗糙后面光滑（见图 3 – 14）。

（3）胫骨：位于小腿内侧，上端膨大向两侧突出形成内侧髁和外侧髁，两髁上面各有关节面，两髁上关节面之间的骨性隆起称髁间隆起。上端与体移行处的前面有胫骨粗隆。下端膨大形成内踝，下端下面和内踝外面的关节面与距骨滑车相关联，下端内侧面有腓切迹与腓骨相连（见图 3 – 15）。

（4）腓骨：上端膨大称腓骨头，下端膨大为外踝（见图 3 – 15）。

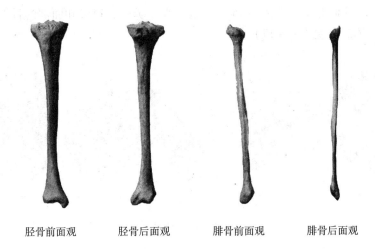

胫骨前面观　　　胫骨后面观　　　腓骨前面观　　　腓骨后面观

图3－15　胫骨和腓骨

（5）跗骨：有7块，属短骨，分成前、中、后三列。后列为跟骨和距骨，跟骨后端有跟结节。距骨上面有距骨滑车。中列为足舟骨。前列为内侧楔骨、中间楔骨和外侧楔骨及骰骨（见图3－16）。

（6）跖骨：有5块，其后端为底，中部为体，前端为头（见图3－16）。

（7）趾骨：共14块，各节趾骨的名称和结构均与手指骨相同（见图3－16）。

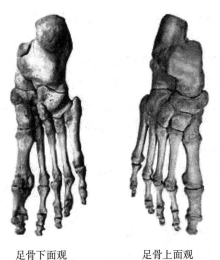

足骨下面观　　　　　足骨上面观

图3－16　足骨

（五）颅

1. 颅的组成。颅位于脊柱的上方，由23块扁骨和不规则骨组成，分为脑颅和面颅两部分。脑颅骨包括成对的顶骨和颞骨，不成对的额骨、蝶骨、枕骨和筛骨，共8块，围成颅腔，容纳脑。面颅骨包括成对的上颌骨、颧骨、鼻骨、泪骨、腭骨及下鼻甲骨，不成对的犁骨、下颌骨及舌骨，共15块，构成眶、鼻腔、口腔和面部的骨性支架。

2. 颅的整体观（见图3-17）。

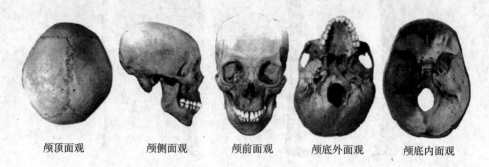

颅顶面观　颅侧面观　颅前面观　颅底外面观　颅底内面观

图3-17　颅骨

（1）颅顶面观：颅的上面称颅盖，有三条缝，即位于额骨与两侧顶骨的冠状缝、两顶骨之间的矢状缝以及两侧顶骨与枕骨之间的人字缝。

（2）颅侧面观：由额骨、蝶骨、顶骨、颞骨及枕骨构成。侧面中部有外耳门，外耳门后下方的突起即乳突。在颞窝内有额骨、顶骨、颞骨和蝶骨四骨交界处所构成的翼点。颞窝下方的窝称颞下窝，窝内有三角形裂隙，其深部称翼腭窝。此窝向外通颞下窝；向前借眶下裂通眶；向内借蝶腭孔通鼻腔；向后借圆孔通颅中窝，借翼管通颅底外面，向下经腭大孔通口腔。

（3）颅前面观：前面可见一对容纳眼球的眶和位于其间的骨性鼻腔，下方为由上颌骨、下颌骨围成的口腔。

①眶分为底、尖和四壁，眶尖部有视神经孔，眶下壁有眶下沟、管、孔。

②骨性鼻腔外侧壁有向下突出的三个骨片，自上而下分别称为上鼻甲、中鼻甲和下鼻甲。各鼻甲下方的间隙，分别称为上鼻道、中鼻道和下鼻道。鼻腔周围有四对鼻旁窦，分别开口于鼻腔。其中额窦、上颌窦和前筛窦、中筛窦开口于中鼻道；后筛窦开口于上鼻道；蝶窦开口于蝶筛隐窝。

（4）颅底外面观：颅底外面前部由上颌骨和腭骨水平板围成的部分称骨腭，中部是蝶骨的翼突，后部正中有一大孔，称枕骨大孔，其前外方分别有破裂孔、颈静脉孔、颈动脉管外口等结构。

（5）颅底内面观：由前向后分三个窝。

①颅前窝：由额骨眶部、筛骨的筛板和蝶骨小翼构成。正中线上由前向后有额嵴、盲孔、鸡冠等结构。筛板上有筛孔通鼻腔。

②颅中窝：由内蝶骨体和大翼、颞骨岩部等构成。中央是蝶骨体，上面有垂体窝，窝前外侧有视神经管。垂体窝和鞍背统称蝶鞍。其两侧，由前向后，依次有眶上裂、圆孔、卵圆孔和棘孔等。

③颅后窝：主要由枕骨和颞骨岩部后面等构成。窝中央有枕骨大孔。还有枕内隆凸、横窦沟、乙状窦沟和舌下神经管等结构。

二、骨连结

（一）骨连结概述

1. 骨连结的概念：骨与骨之间借结缔组织相连结称为骨连结。

2. 骨连结的分类。

（1）无腔隙连结：在骨与骨的连结面上没有腔隙。此种连结根据连接组织不同又分纤维连结、软骨连结和骨性结合。

（2）有腔隙连结：在骨与骨的连结面上有明显的腔隙。此种连结活动性较大，成为肢体运动的枢纽，又称关节。

3. 关节的结构（见图3-18）。

（1）关节的基本构造。

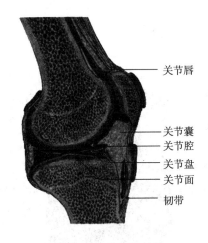

图3-18　关节的结构

①关节面：是参与组成关节的各相关骨的接触面。凸出者为关节头，凹者为关节窝，关节面上被有关节软骨，关节软骨具有弹性，能减少关节面的摩擦，缓冲震荡和冲击。

②关节囊：为纤维结缔组织组成的囊性腔，包在关节的周围，封闭关节腔。可分为外层的纤维膜和内层的滑膜。

③关节腔：为关节囊滑膜层和关节面共同围成的密闭腔隙，腔内有少量滑液，呈负压，对维持关节的稳固有一定作用。

（2）关节的辅助结构。

①韧带：由致密结缔组织构成，分为囊内韧带和囊外韧带，可加强关节的稳固性和限制关节的运动。

②关节盘和关节唇：关节盘是指位于两骨关节面之间的纤维软骨，其周缘附于关节囊，将关节分为两部，关节盘使两关节面更为适应，增加了关节的稳固性和运动的多样性。关节唇是附于关节窝周缘的纤维软骨环，它加深关节窝，增大关节面，增加了关节的稳固性。

③滑膜襞和滑膜囊：某些关节的滑膜层折叠突入关节腔形成滑膜襞，滑膜呈囊状膨

出形成滑膜囊，起充填和减少摩擦的作用。

保险实务中，客户外伤导致关节结构损伤，势必影响关节的活动，甚至引起伤残，因此，伤残鉴定时需要考虑关节结构损伤情况。

4.关节的运动形式。

（1）屈和伸：沿冠状轴上的运动，相关关节的两骨之间角度变小为屈，反之为伸。

（2）收和展：沿矢状轴上的运动，内收是向正中面靠拢的运动，反之为外展。

（3）旋转：沿垂直轴上所作的运动，骨的前面转向内侧称旋内，转向外侧称旋外。在前臂，手背转向前方的运动称旋前，反之称旋后。

（4）环转：冠状轴和矢状轴上的复合运动，骨的近端在原位转动，远端作圆周运动。

（二）躯干骨的连结

1.脊柱。

（1）椎骨间的连结（见图3-19）。

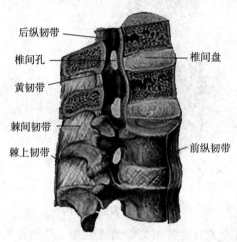

图3-19　椎骨间的连结

①椎体间的连结。

Ⅰ.椎间盘：是连接相邻两个椎体间的纤维软骨，由中央的髓核和周边的纤维环构成。纤维环由多层同心圆排列的纤维软骨构成；髓核由富有弹性的胶状物构成。成年人共有23个椎间盘，第一、第二颈椎之间和骶、尾骨之间没有，其余椎体之间都由椎间盘相连。椎间盘具有承受压力、减缓冲击、保护脑和脊髓、允许脊柱向各个方向运动的功能。如果因过度劳损及暴力因素使纤维环破裂，则髓核就会突出，以致压迫神经，形成"椎间盘突出症"。椎间盘突出压迫脊髓，影响神经信号传递，可能导致感觉障碍或运动障碍，引起伤残。

Ⅱ.前纵韧带：紧贴各椎体前面，上起枕骨，下达第1或第2骶椎，有防止脊柱过伸的作用。

Ⅲ.后纵韧带：位于各椎体后面，纵贯脊柱全长，可限制脊柱过度前屈。

②椎弓间的连结。

Ⅰ.黄韧带：连接相邻两椎弓板之间的韧带，具有限制脊柱过度前屈的作用。

Ⅱ.棘间韧带：连接相邻两棘突之间的韧带，具有限制脊柱过度前屈的作用。

Ⅲ.棘上韧带：连接棘突尖端之间的纵形韧带，具有限制脊柱过度前屈的作用。

Ⅳ.横突间韧带：连接相邻两横突之间的韧带。

Ⅴ.关节突关节：由相邻椎骨的上下关节突的关节面构成，只能作轻微滑动。

③寰椎与枕骨及枢椎的关节。

Ⅰ.寰枕关节：由寰椎的上关节凹与枕骨的枕髁构成。头部在此关节可作屈伸运动和侧屈运动。

Ⅱ.寰枢关节：由寰椎和枢椎构成。头部在该关节可作回旋运动。

（2）脊柱的整体观（见图3-20）。

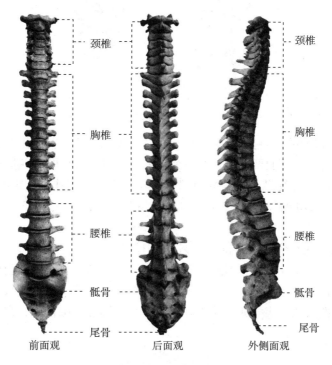

前面观　　　　　　后面观　　　　　　外侧面观

图3-20　脊柱全貌

①脊柱的形态与结构组成：脊柱由24个椎骨、1块骶骨、1块尾骨、23个椎间盘以及关节韧带组成。从前面观察脊柱，可见椎体从第2颈椎向下逐渐增大；从后面看，可见各部椎骨的棘突连贯成纵嵴，位于背部正中线上；从侧面观察，可见脊柱有颈、胸、腰、骶4个生理弯曲，其中颈曲和腰曲凸向前，胸曲和骶曲凸向后。

②脊柱的运动：脊柱可绕冠状轴作前屈后伸运动、绕矢状轴作侧屈动作、绕垂直轴作回旋运动，还可作环转运动。由于颈部、腰部运动灵活，故脊柱损伤多在颈部、腰部。按照神经系统分布位置，脊柱颈部损伤导致的瘫痪面积高于腰部损伤，因此保险业务中脊柱颈部损伤导致的伤残级别一般高于腰部损伤。

2. 胸廓（见图 3 – 21）。

（1）胸廓的连结（见图 3 – 21）。

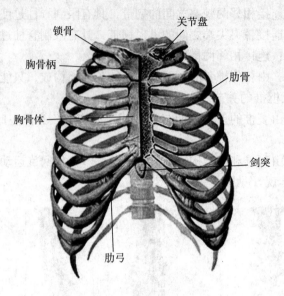

图 3 – 21　胸廓

①肋骨与椎骨的连结：包括肋头关节与肋横突关节，肋头关节由肋骨的肋头和相邻两个胸椎椎体旁的上、下肋凹构成。肋横突关节由肋结节与胸椎横突肋凹构成。

②肋软骨与胸骨的连结：肋骨的前端借助软骨与胸骨相连结，第 1 ~ 7 肋软骨直接与胸骨相连；第 8 ~ 10 肋软骨，各与上位肋软骨相连，形成肋弓；第 11 ~ 12 肋骨游离于腹壁肌层。

（2）胸廓的组成及形态结构特征：胸廓由 12 个胸椎、12 对肋骨和肋软骨、1 块胸骨及关节韧带组成。成人胸廓呈前后略扁的圆锥形，上窄下宽。儿童胸廓的横径与矢状径大小相近。体检医师核保时如发现成年客户胸廓呈扁平状，排除瘦长体型，需要考虑客户可能患有慢性消耗性疾病如肺结核等；成年客户胸廓呈圆桶状，往往提示其有严重肺气肿的可能。

（三）颅骨的连结

颅骨之间多借缝、软骨或骨直接连结，十分牢固。颞下颌关节是唯一可动的滑膜关节，由下颌骨的下颌头与颞骨的下颌窝和关节结节构成。颞下颌关节属于联合关节，两侧必须同时运动。此关节能作下颌骨上提、下降、前进、后退以及侧方运动。

（四）上肢骨连结

1. 胸锁关节：由锁骨的胸骨端和胸骨的锁切迹及第 1 肋软骨的上面构成。该关节绕矢状轴可作上下运动，绕垂直轴可作前后运动，绕冠状轴可作回旋运动；此关节允许锁骨外侧段向前、后运动 20° ~ 30°，向上、下运动 60°，但易发生脱位（见图 3 – 22）。

2. 肩锁关节：由锁骨的肩峰端与肩峰的关节面构成，关节活动度小。

3. 肩关节：由肱骨头与肩胛骨的关节盂构成，肩关节的运动十分灵活，能作屈、

图3－22　胸锁关节

伸、收、展、旋内、旋外和环转运动（见图3－23）。

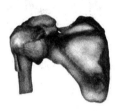

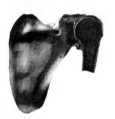

肩关节前面观　　　　肩关节后面观

图3－23　肩关节

4. 肘关节：由肱尺关节、肱桡关节、桡尺近侧关节3个单关节共同包在一个关节囊内所构成（见图3－24）。肱尺关节由肱骨滑车与尺骨滑车切迹构成，可绕冠状轴作屈伸运动；肱桡关节由肱骨小头与桡骨头关节凹构成，可作屈伸运动和回旋运动；桡尺近侧关节由桡骨环状关节面与尺骨桡切迹构成，只能作旋内、旋外运动。肘关节的主要运动形式是屈伸运动，其次是由桡尺近侧关节与桡尺远侧关节联合运动，完成前臂的旋内、旋外运动。肘关节的屈伸幅度，平均为135°～140°。

肘关节前面观　　　　肘关节后面观

图3－24　肘关节

5. 前臂骨连结：尺骨和桡骨借桡尺近侧关节、骨间膜和桡尺远侧关节相连结。骨间膜是连于桡骨、尺骨骨间缘之间的结缔组织膜。桡尺远侧关节由尺骨头的环状关节面和桡骨的尺切迹构成。桡尺近侧、远侧关节是联合关节，前臂在这两个关节上可回旋180°，以手掌的翻转为标志。

6. 桡腕关节：桡腕关节的关节窝由桡骨的腕关节面和关节盘组成。关节头由近侧列腕骨的舟骨、月骨和三角骨组成。该关节可作屈、伸、收、展和环转运动。除桡腕关节外，手的关节还有腕骨间关节、腕掌关节、掌指关节和手指间关节。其中，前两者活动范围很小。掌指关节可作屈、伸、收、展和环转运动。指间关节可作屈、伸运动。拇指腕掌关节由大多角骨与第 1 掌骨底构成的鞍状关节，可作屈、伸、收、展、环转和对掌运动。

（五）下肢骨连结

1. 骨盆：由骶骨、尾骨和两侧髋骨及其间的骨连结构成。骶髂关节由骶骨和髂骨的耳状面构成，骶髂关节具有相当大的稳定性，以适应支持体重的功能。骶结节韧带连在骶骨和坐骨结节之间，骶棘韧带连在骶骨和坐骨棘之间。耻骨联合由两侧的耻骨联合面借纤维软骨构成的耻骨间盘连结而成（见图 3 - 25）。

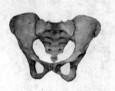

女性骨盆　　　　　　　　　男性骨盆

图 3 - 25　骨盆

2. 髋关节：由髋臼和股骨头构成。髋关节可作屈、伸、收、展、旋内、旋外和环转运动，但其运动幅度远不及肩关节（见图 3 - 26）。

髋关节前面观　　　　　髋关节后面观　　　　　髋关节冠状切面

图 3 - 26　髋关节

3. 膝关节：由股骨和颈骨的内侧髁、外侧髁及髌骨构成。膝关节主要作屈、伸运动，在半屈位时可作小幅度的旋内和旋外运动（见图 3 - 27）。

膝关节前面观　　　膝关节内部结构　　　膝关节后面观　　　右膝关节半月板上面观

图 3 - 27　膝关节

4. 踝关节：由胫骨、腓骨的下端与距骨滑车构成，主要可作背屈和跖屈的运动，在踝关节高度跖屈时，还可作轻度的侧方运动（见图 3 - 28）。

5. 除上述关节外，还有跗骨间关节、跗跖关节、跖趾关节和趾骨间关节。前两个关节运动幅度较小，后两个关节可作屈、伸运动。

6. 足弓：跗骨和跖骨连成的凸向上的弓称为足弓。分为前后方向上的内侧纵弓、外侧纵弓和内外方向上的横弓。横弓由骰骨、三块楔骨和距骨构成。足弓可增加稳固性和减小震荡等（见图 3 – 29）。

踝关节外侧面　　　　　　　　踝关节内侧面

图 3 – 28　踝关节　　　　　　　　　　　　　　图 3 – 29　足弓

三、骨骼肌

骨骼肌在躯体神经支配下收缩或舒张，进行随意运动。每块肌都是一个器官，都有一定的位置、形态、结构和血管、神经，大多附着于骨和关节的周围。

骨骼肌包括肌腹和肌腱两部分（见图 3 – 30）。阔肌的腱性部分呈薄膜状，称腱膜。肌的辅助装置包括筋膜、滑膜囊和腱鞘，具有保持肌的位置、减少摩擦和保护的作用。筋膜有浅筋膜和深筋膜，浅筋膜位于真皮之下，由疏松结缔组织构成，深筋膜由致密结缔组织构成，位于浅筋膜的深面，包被在肌的表面。滑膜囊为封闭的结缔组织小囊，位于腱与骨面接触处。腱鞘是包于肌腱外面的鞘管，位于肌腱活动度较大的部位分为纤维层和滑膜层，滑膜层又称为腱滑膜鞘。

肌在固定骨上的附着点，称为起点；移动骨上的附着点，称为止点。

肌的配布与关节运动密切相关，其规律是：在一个运动轴相对的两侧有两个作用相反的肌或肌群，这两个互相对抗的肌或肌群称为拮抗肌。例如，肘关节前方的屈肌群和后方的伸肌群。在运动轴的同一侧作用相同的肌，称为协同肌，如肘关节前面的各屈肌。

肌工作的方式有两种：一种是动力工作，如行走；另一种是静力作用，以维持身体的平衡、维持某种姿势，如站立、蹲下等。

车险人伤难免导致客户肌力有所下降或肌张力改变，达到一定程度需进行伤残鉴定，因此有必要了解肌力、肌张力的评级。

肌力检测：请受检者活动上肢，检查者右手置受检者前臂内侧，嘱受检者作屈肘动作；检查者右手置被检者前臂外侧，嘱其作伸肘运动，观察肌肉克服阻力的力量，即肌力。相同方法测试右前臂肌力，并与左侧作比较。请受检者双手紧握检查者食指和中指，检查者用力回抽，以比较双侧握力。

请受检者活动下肢，观察有无运动功能障碍。用手握住小腿，嘱受检者作屈腿动作；用手置于受检者胫骨下方并施加压力，请受检者对抗阻力作伸膝动作，检查肌力并

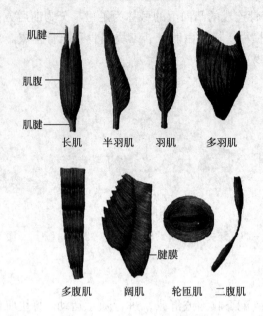

图 3 – 30　肌肉的形状

两侧对比。

肌力分级：

0 级：完全瘫痪。

1 级：肌肉可收缩，但不能产生动作。

2 级：肢体在床面上移动，但不能抬离床面。

3 级：肢体能抬离床面，但不能对抗阻力。

4 级：能对抗阻力动作，但较正常差。

5 级：正常肌力。

肌张力检测：在静息状态下，检查者触摸受检者肌肉的紧张度。触诊时肌肉坚实，被动运动时阻力增加者为肌张力增强；触诊时肌肉松软，被动运动时阻力小，关节过伸者为肌张力减弱。

第二节　内脏系统

内脏系统包括消化、呼吸、泌尿和生殖 4 个系统。

一、胸部的标志线

1. 前正中线：沿身体前面正中所作的垂直线。

2. 胸骨线：沿胸骨外侧缘所作的垂直线。

3. 锁骨中线：通过锁骨中点的垂直线。

4. 胸骨旁线：在胸骨线与锁骨中线之间的中点所作的垂直线。

5. 腋前线：沿腋前襞向下所作的垂直线。

6. 腋后线：沿腋后襞向下所作的垂直线。

7. 腋中线：沿腋前线和腋后线之间的中点所作的垂直线。

8. 肩胛线：通过肩胛骨下角的垂直线。

9. 后正中线：沿身体后面正中线所作的垂直线。

二、腹部的标志线和分区

（一）腹部标志线

上横线：通过两侧第 10 肋最低点间的连线。

下横线：通过两侧髂结节间的连线。

左、右垂直线：通过左、右腹股沟韧带中点与上述两条横线垂直相交的线。

（二）腹部分区

由上述两条横线和两条纵线将腹部分为三部九个区，左右两侧自上而下分别为左、右季肋区，左、右腹外侧区，左、右腹股沟区，中间自上而下分别为腹上区、脐区和腹下区（见图 3 - 31）。

临床上，有时可通过脐作横线与垂直线，将腹部分为左、右上腹和左、右下腹四个区。

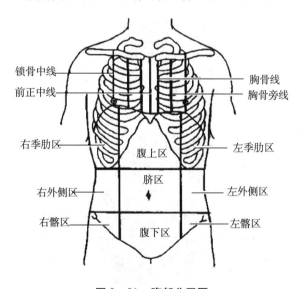

图 3 - 31　腹部分区图

三、消化系统的组成与生理功能

【案例】

高先生，男，48 岁，为自己投保寿险 10 万元、重大疾病保险 20 万元。体检结果：身高 175cm，体重 52kg，BMI：25，BP：125/85mmHg，大便常规：红细胞 3＋；腹部 B 超：慢性萎缩性胃炎，轻度脂肪肝，余（－）。

请思考该案将如何承保。

提示： 重点要考虑的是体检结果中大便常规：红细胞 3＋、慢性萎缩性胃炎，就这两项结果异常可以诊断出被保险人已是慢性胃病患者，且有出血现象。在此基础上被保险人体检结果异常还有轻度脂肪肝。这说明被保险人消化系统存在疾病。核保决定为 寿险高评点 200 加费承保，重疾险拒保。这样的核保决定是运用人体消化系统的医学知识作出分析后采取的。胃是消化管道的最重要的器官，肝是人体最大的消化腺，两个都有健康隐患，而且高某年龄偏大，免疫能力减低，慢性胃炎也有转化为胃癌的可能，所以重大疾病不能承保。

消化系统由消化管和消化腺组成。消化管是一条自口腔延至肛门的肌性管道，包括口腔、咽、食管、胃、小肠（十二指肠、空肠、回肠）、大肠（盲肠、阑尾、结肠、直肠）和肛门。其中，从口腔到十二指肠称为上消化道，空肠以下称为下消化道。消化腺分泌消化液，消化液中含有分解食物的消化酶，按照消化腺体积与位置的不同，将消化腺分为大消化腺（位于消化管壁外，如唾液腺、胰、肝）和小消化腺（位于消化管各段的管壁内的腺体，如唇腺、舌腺、食管腺、胃腺、肠腺等）（见图 3－32）。

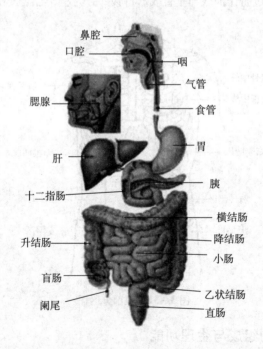

图 3－32 消化系统概观

（一）消化管

1. 口腔。口腔是消化管的起始部。口腔顶为硬腭和软腭，底为肌肉、黏膜和舌。人的一生有两套牙齿，即乳牙和恒牙。牙齿的发育是保险业务中评估儿童发育指标之一，乳牙20颗，恒牙32颗，正常儿童一般4~6月开始萌生乳牙，正常萌牙颗数为月龄－（4~6），1岁以后才萌牙或者萌牙颗数减少视为发育异常，往往提示有内在的疾病风险。舌是肌性器官，可分为舌体、舌根和舌尖三部分，其表面有味蕾，具有协助搅拌和吞咽食物、辅助发音、感受味觉的功能。

2. 咽。咽为前后略扁的漏斗形肌性管道，长约12cm，可分为鼻咽、口咽和喉咽。

3. 食管。食管是连接咽和胃的肌性管道，上起于咽的喉部，下与胃的贲门相连，长约25cm。食管全长有三个狭窄处：第一狭窄处位于与咽相接处；第二狭窄处在左支气管跨越食管前方处；第三狭窄处在食管穿过膈肌食管裂孔处。食管狭窄是异物容易滞留部位和肿瘤好发部位，因此误吸异物多停留在食管狭窄处，而且食道癌一般也好发于此处。

4. 胃。胃是消化管的膨大部分，有受纳和消化食物的功能。胃有前壁和后壁；其上缘为胃小弯，胃溃疡多发于此处；下缘为胃大弯；入口与食管相连，称为贲门；出口与十二指肠相连，称为幽门。胃可分为贲门部、胃底、胃体和幽门部四个部分。

5. 小肠。小肠是消化管中最长的部分，上起于胃的幽门，下接于大肠，长5~7m，可分为十二指肠、空肠和回肠三部分。小肠有对食物进行机械消化和化学消化并吸收营养物质的作用。消化性溃疡主要指发生在胃和十二指肠的慢性溃疡，其中十二指肠溃疡多发于十二指肠球部。

6. 大肠。大肠是消化管的下段，长约1.5m，上接回肠，末端终于肛门，可分为盲肠、结肠和直肠三部分。其中，盲肠带有阑尾，结肠又可分为升结肠、横结肠、降结肠和乙状结肠。大肠的主要作用是吸收食物残渣中剩余的水分。

（二）消化腺

1. 唾液腺。口腔的大唾液腺包括腮腺、下颌下腺和舌下腺。唾液腺的主要功能是分泌唾液。唾液有湿润口腔黏膜、杀菌、混合食物及对淀粉进行初步消化的作用。

2. 胰。胰是重要的消化腺，同时又是内分泌腺。胰位于胃的后方，横贴于腹后壁，呈长条形，分为头、体、尾三部分。胰的外分泌物称为胰液，含有胰淀粉酶、胰蛋白酶、胰脂肪酶等，能对糖类、蛋白质和脂肪进行化学消化。

3. 肝。肝是人体内最大的消化腺，也是人体内物质代谢和解毒的场所。肝所分泌的胆汁参与脂肪的消化。

4. 胆囊。胆囊位于肝脏面的胆囊窝内，呈梨形，可分为胆囊底、胆囊体、胆囊颈和胆囊管四部分。胆囊有贮存和浓缩胆汁的功能。输送肝细胞分泌的胆汁到十二指肠的管道称为胆道。

消化系统的主要生理功能是对食物进行消化、吸收，为机体提供营养物质和能量，此外还具有重要的内分泌功能和免疫功能。食物中所含的营养物质如蛋白质、脂肪和糖类都以结构复杂的大分子形式存在，须在消化道内经消化、分解成结构简单的小分子物质，才能被机体吸收和利用，而维生素、水和无机盐可以直接被吸收利用。消化是指食物中所含的营养物质在消化道内被分解成可吸收的小分子物质的全过程。消化方式包括机械性消化和化学性消化，前者是指通过消化道肌肉的舒缩活动，将食物磨碎，使之与消化液充分混合，并将食物不断向消化道远端推送的过程；后者则为通过消化液中含有的各种消化酶的作用，将食物中的大分子物质分解为结构简单、可被吸收的小分子物质的过程。正常情况下，两种消化方式的作用是紧密配合、互相促进、同时进行、共同完成对食物的消化。食物经消化后形成的小分子物质，以及维生素、无机盐和水通过消化道黏膜上皮细胞进入血液和淋巴的过程，称为吸收。未被吸收的食物残渣和消化道脱落的上皮细胞等进入大肠后形成粪便，经肛门排出。消化和吸收是两个相辅相成、紧密联系的过程。

四、呼吸系统的组成与生理功能

【案例】

周某为自己投保了寿险，后来被保险人因患"慢性支气管炎，肺气肿，肺心病"病故。家人申请理赔，保险公司理赔人员经过调查发现，被保险人周某死亡诊断书为"慢性支气管炎，肺气肿，肺心病"。理赔人员从医学方面分析，必须咳嗽、咳痰或伴喘息，每年发病持续三个月，并连续两年以上才能确诊为慢性支气管炎，若慢性支气管炎无并发症，则预后良好；如发病因素持续存在，迁延不愈，或反复发作，易并发阻塞性肺气肿，甚至肺心病而危及生命，所以肺心病是慢性肺病引起的。而被保险人是投保后一年因慢性病死亡，根据病情分析，被保险人投保前患慢性支气管炎嫌疑较大。调查人员首先到被保险人的住所附近的几家医院普查，终于查到被保险人于半年前在某厂矿医院因"慢性支气管炎急性发作，肺气肿，肺心病，呼衰Ⅱ型，心衰Ⅱ度"住院，并且病历记录"慢支"病史已达30余年，长年患病卧床。核查投保单健康告知栏，投保人在投保时没有如实告知被保险人的健康状况。根据《保险法》的规定，保险公司作出拒付保险金、不退还保险费、保险合同终止的处理。呼吸系统是人体最重要的系统，也是常见病、多发病的系统，与人身保险的核保核赔联系十分密切。

呼吸系统由呼吸道和肺两部分组成。呼吸道包括鼻、咽、喉、气管和各级支气管，临床上将鼻、咽、喉称上呼吸道，气管和各级支气管称下呼吸道（见图 3 – 33）。

（一）呼吸道

1. 鼻。鼻是呼吸道直接与外界相通的器官，包括外鼻及鼻腔。外鼻以骨与软骨为基础，覆以鼻翼肌及皮肤。鼻腔仅一部分位于外鼻内，其大部分位于口腔顶部。鼻腔被鼻中隔分为左右两腔，以一对鼻前孔通向外界，一对鼻后孔通向鼻咽部。鼻中隔完全居中的人非常少，大多数偏向一侧，因而左右两侧鼻腔多半不对称，核保时需根据鼻中隔偏移程度增加风险评点。鼻腔外侧壁结构较复杂。有三个突出的鼻甲，由上而下分别称为上鼻甲、中鼻甲和下鼻甲，各鼻甲外下方被遮蔽的裂隙分别称为上鼻道、中鼻道和下鼻道。鼻旁窦是鼻腔周围颅骨内含气的空腔，共四对，分别为上颌窦、额窦、蝶窦和筛窦。它们与鼻腔相通，开口于鼻道，里面衬的黏膜与鼻腔黏膜相连，故鼻腔黏膜发炎时

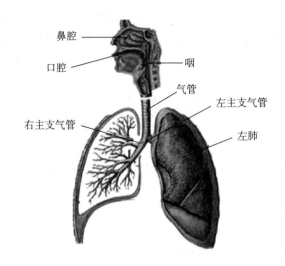

图 3 - 33　呼吸系统概观

可蔓延到鼻旁窦，引起鼻旁窦炎。鼻旁窦参与湿润和加温吸入的空气，并对发音起共鸣作用。由于鼻旁窦特殊的解剖结构，发生炎症渗出，液体不易引流出去，患有鼻旁窦炎的人不能完全康复，因此保险实务中需要增加相应风险评点。

2. 喉。喉不仅是呼吸道，也是发音器官，向上开口于喉咽部，向下与气管通连。喉是呼吸系统中构造比较复杂的器官，它是由软骨作支架，以关节、韧带和肌肉连结，内面衬以黏膜而构成。喉的软骨中以甲状软骨最大，它的中间向前方突出叫喉结。

3. 气管和支气管。气管和支气管是连接喉与肺之间的管道部分，由软骨、黏膜等构成，气管和支气管均以"C"形的软骨为支架，使管腔保持开放状态，保证呼吸功能的正常进行。气管上端起自喉环状软骨下缘，向下至胸骨角平面分为左、右主支气管为止。

（二）肺

肺是气体交换的器官，位于胸腔内，纵隔的两侧，左右各一。左肺有两叶，右肺有三叶。肺呈海绵状，富有弹性，内含空气。其表面覆有一层浆膜（胸膜脏层）。肺一般呈圆锥形，上部为肺尖，下部为肺底，面向纵隔的面为纵隔面，其中间有一凹陷，为肺门，是支气管、血管、淋巴管和神经出入肺之处。

肺主要是由肺内导管部（支气管树）和无数肺泡所组成。

肺的颜色随年龄与职业有所不同：小儿呈淡红色；成年人由于不断吸入尘埃而呈深灰色，并混有许多黑色斑点；老年人颜色最深，呈蓝黑色。肺内含有空气，比重小于 1，故入水而不沉。胎儿出生前死亡的肺，因未呼吸充气，比重大于 1，入水则下沉，保险实务中据此鉴定新生儿的死亡时间。

（三）胸膜和胸膜腔

胸膜为覆盖在肺表面，胸廓内面及膈上面的浆膜。覆盖在肺表面的叫胸膜脏层；覆盖在胸廓内面及膈上面的叫胸膜壁层。脏、壁两层在肺根部互相反折延续，围成两个完全封闭的胸膜腔。腔内仅有少量浆液，可减少两层胸膜间的摩擦，它是一个潜在腔。腔内压一般低于大气压,称为胸腔负压,它可使两层胸膜紧密相贴。因此,当胸腔扩大与缩小时,肺也随之扩大与缩小。外伤或车祸导致胸部损伤,如果损及胸膜,破坏胸膜腔的封闭性,可形成气胸。

（四）纵隔

车险人伤事故中有时会看到"纵隔损伤"的诊断,纵隔是左肺、右肺及纵隔胸膜间的全部器官。它的前界为胸骨,后界为脊柱胸段,上达胸廓上口,下至膈肌。纵隔上部主要含有胸腺、上腔静脉、主动脉弓及其分支、气管、食管、胸导管和迷走神经、膈神经等。纵隔中部主要有心包、心脏。后纵隔则包含有胸主动脉、奇静脉、主支气管、食管、胸导管等器官。

呼吸系统主要生理功能是进行机体和外界环境之间的气体交换,即呼吸,从外界环境摄取氧气,排出代谢所产生的二氧化碳。呼吸的全过程由三个环节组成。①外呼吸,即肺毛细血管血液与外界环境之间的气体交换过程。外呼吸又包括肺通气和肺换气两个过程。肺与外界环境之间的气体交换过程称为肺通气;肺泡与肺毛细血管血液之间的气体交换过程称为肺换气。②气体运输,即由循环血液将氧气从肺运输到组织以及将二氧化碳从组织运输到肺的过程,也可看成是肺与组织之间的气体交换过程。③内呼吸,即由组织毛细血管血液与组织、细胞之间的气体交换过程,也称组织换气,有时将细胞内的生物氧化过程也包括在内。呼吸的三个环节相互衔接并同时进行。

五、泌尿系统的组成与生理功能

【案例】

周某,男,35岁,想为自己投保重大疾病保险,保额30万元。在健康告知中周某谈到从去年年底开始,经常无明显诱因感觉身体乏力,未治疗;今年因左侧腰部疼痛难忍到医院打过吊针。该案周某是否可以承保。

提示:腰部是肾所在的部位,必须排除肾的疾病。后经医院检查发现肾脏占位病变,病理诊断"（左侧）肾脏下极透明细胞癌",不能承保。因为肾是人体泌尿系统最重要的器官,肾功能的丧失意味着生命的灭失。

泌尿系统由肾、输尿管、膀胱和尿道组成（见图3-34）。

（一）肾

肾是产生尿液的成对的实质性器官,形似蚕豆,左右各一,位于脊柱两侧紧贴腹后壁。肾脏大小、重量随年龄、性别而异。中国成年人肾的大小:长、宽、厚分别为10.5~11.5cm、5~7.2cm、2~3cm,重量:男性为100~140g,女性略轻。

肾外观表面为致密结缔组织构成的被膜,其实质切面分外周部的皮质和深部的髓质。皮质由肾小体及部分肾小管组成,髓质包含8~18个肾锥体。肾锥体顶部圆钝称为肾乳头,每一个肾乳头顶上有10~25个小孔,肾实质产生的尿液由此流入肾小盏,几个肾小盏汇合处为肾盂,尿液经此处流入输尿管。

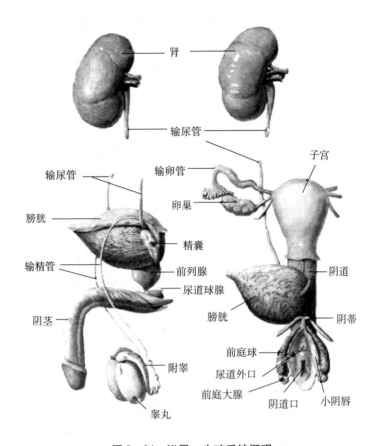

图3-34　泌尿、生殖系统概观

肾脏的主要生理功能为排泄代谢产物，调节水、电解质及酸碱平衡，同时具有内分泌的功能，主要有前列腺素、血管紧张素、促红细胞生成素等。肾脏具有较强的代偿调节能力，保险实务中发现客户肾功能检查异常，往往提示其内在肾功能早有问题。

（二）输尿管

输尿管是细长的肌性管道，上端与肾盂相连，在腹后壁沿脊柱两侧下行，进入小骨盆，下端在膀胱底的外上方斜行插入膀胱壁，开口于膀胱。在开口处有黏膜折皱，膀胱充满时由于膀胱内压力上升，输尿管开口因受压力而关闭，可以防止尿液向输尿管倒流。输尿管壁由三层组织组成，由内向外为黏膜、平滑肌层和外膜。输尿管平滑肌有缓慢收缩和舒张的蠕动，使尿液向膀胱方向推进。

输尿管全长有三个狭窄部：第一狭窄处在肾盂与输尿管移行处；第二狭窄处在小骨盆上口，跨越髂血管处；第三狭窄处位于与膀胱相接处，此三个狭窄处常为输尿管结石滞留部位。

（三）膀胱

膀胱为锥体形囊状肌性器官，位于小骨盆腔的前部。空虚时膀胱呈锥体形，充满时形状变为卵圆形，顶部可高出耻骨上缘。成人膀胱容量为300～500ml尿液。膀胱壁由三层组织组成，由内向外为黏膜层、肌层和外膜。肌层由平滑肌纤维构成，称为逼尿肌，逼尿肌收缩可使膀胱内压升高，压迫尿液由尿道排出。在膀胱与尿道交界处有较厚的环形肌，形成尿道内括约肌。括约肌收缩能关闭尿道内口，防止尿液自膀胱漏出。

（四）尿道

尿道是从膀胱通向体外的管道。男性尿道细长，约 18cm，起自膀胱的尿道内口，止于尿道外口，行程中通过前列腺部、膜部和阴茎海绵体部，男性尿道兼有排尿和排精功能。女性尿道粗而短，长约 5cm，起于尿道内口，经阴道前方，开口于阴道前庭。男女尿道结构的异常，使得女性尿路感染机会大于男性，因此保险实务中，女性尿路感染危险大于男性。

机体在新陈代谢过程中形成的废物通过循环系统运输至肾，在肾内通过肾小球的滤过、肾小管和集合管的重吸收以及肾小管和集合管的分泌三大环节形成尿液，再经输尿管输送至膀胱，当膀胱内尿液达到一定量，在神经系统支配下，经尿道排出体外。因此，泌尿系统主要功能是排泄机体代谢产物、调节水和电解质平衡、维持机体酸碱平衡。

六、生殖系统的组成与生理功能

【案例】

权某，女性，40 岁。投保寿险 10 万元，重疾 20 万元，住院险 2 份。健康告知：无特殊。体检结果：心肺（－）；血液检查项目均正常；妇科 B 超发现宫颈肌瘤 5cm×6cm；妇科检查发现子宫口内可见一 0.5cm×0.5cm 大小的增生物，有触血，色鲜红，余无异常。最终核保结论：延期至子宫肌瘤及子宫口增生物诊断明确后重新投保。

提示：学习掌握生殖系统的结构组成与生理功能的内容，是审核该案投保资料的关键。

男性和女性的主要区别在于生殖器。男性生殖系统由内生殖器和外生殖器组成。内生殖器包括睾丸、输送管道（附睾、输精管、射精管）和附属腺体（精囊、前列腺、尿道球腺）。男性尿道为排尿和排精的管道，睾丸是产生精子和分泌男性激素的器官。睾丸产生的精子先储存于附睾内，当射精时经输精管、射精管和尿道排出体外。精囊腺、前列腺和尿道球腺的分泌液参与组成精液。外生殖器包括阴茎和阴囊（见图 3-34）。

女性生殖器分为内生殖器和外生殖器。内生殖器由生殖腺（卵巢）和输送管道（输卵管、子宫和阴道）组成。女性外生殖器即女阴，包括阴阜、大阴唇、小阴唇、阴道前庭、阴蒂、前庭球和前庭大腺（见图 3-34）。

卵巢是产生卵子和分泌女性激素的管道，成熟的卵子突破卵巢表面的生殖上皮排至腹膜腔，经输卵管腹腔口进入输卵管，在管内受精后移至子宫，发育成胎儿。

生殖系统的主要生理功能为分泌性激素、产生生殖细胞、繁殖新个体，延续生命。

第三节 脉管系统

【案例】

李某为女儿购买了一份寿险，保额共计 8 万元。后女儿因先天性心脏病发作抢救无效身亡。李某向保险公司索赔。保险公司认为，李某的女儿在投保时就患有先天性心脏病而李某却未如实告知，按照保单的规定，保险公司有权拒赔。而李某认为，在保单未生效前曾在医院进行体检，未查出问题应该赔付。法院经审理认为，保险公司主张李某知道女儿患病，应提供证据，但保险公司未能提供。从医学理论上说，幼儿患有先天性心脏病未必都有明显症状，因此，对于保险公司有关李某未履行告知义务的主张不予采信。被保险人投保前在保险公司指定的医院按照规定程序进行了体检，因体检偏差导致的风险应由保险公司承担，保险公司应当履行给付保险金的义务。心脏是心血管系统血液流动的动力器官，心脏停止了跳动，生命就结束了。心脏的疾病导致的死亡在死亡原因中排在世界的前三位，发生的理赔案件也很多，更突出学习该章节内容的重要。

脉管系统包括心血管系统和淋巴系统。

一、心血管系统

心血管系统由心、动脉、毛细血管和静脉组成，血液在其中循环流动（见图 3 - 35）。

（一）心血管系统的组成

1. 心。心主要由心肌构成，是连接动脉、静脉的枢纽和心血管系统的"动力泵"，且具有内分泌功能。心的外面裹以心包，约 1/3 位于右侧，2/3 居于左侧。前方对向胸骨体和第 2~6 肋软骨；后方平对第 5~8 胸椎；两侧与胸膜腔和肺相邻；上有出入心的大血管；下方邻膈。

心内部被心间隔分为互不相通的左右两半，每半又各分为心房和心室，故心有 4 个腔：左心房、左心室、右心房和右心室。同侧心房和心室借房室口相通。左右心房之间的中隔为房间隔，房间隔在卵圆窝处最薄；左右心室之间的中隔为室间隔，由膜部与肌部组成，室间隔缺损多发生于膜部。房间隔缺损与室间隔缺损常属于一种先天性心脏病，在保险实务中通常列为除外责任。

心房接受静脉，心室发出动脉。在房室口和动脉口处均有瓣膜，它们颇似泵的阀门，可顺流而开启，逆流而关闭，保证血液定向流动。右房室口处有三个近似三角形的瓣膜称为三尖瓣，又名右房室瓣；左房室口周缘附着二尖瓣，又名左房室瓣；左心室流出的血流向主动脉，因此左心室出口称为主动脉口，此处有三个半月形的主动脉瓣；右心室流出的血流向肺动脉，因此右心室出口称为肺动脉口，此处有三个半月形的肺动脉瓣。临床上心脏瓣膜病多表现为瓣膜狭窄或关闭不全，必要时需行瓣膜扩张术或修复术或置换术。保险实务中，重大疾病险保险责任包含心脏瓣膜手术，其定义为治疗心脏瓣膜疾病，实际实施了开胸进行的心脏瓣膜置换或修复术。此定义中的瓣膜包括主动脉瓣、肺动脉瓣、二尖瓣、三尖瓣，介入治疗中的瓣膜球囊扩张术不需要开胸，属于微创手术，因此不属于重疾险保险责任。

主动脉手术为重大疾病险保险责任之一，其定义为治疗主动脉疾病，实际实施了开胸或开腹进行的切除、置换、修补病损主动脉血管的手术。主动脉指胸主动脉和腹主动脉，不包括胸主动脉和腹主动脉的分支血管。保险实务中客户容易误认为主动脉瓣手术属于主动脉手术范畴而要求索赔，根据心脏解剖知识，主动脉瓣与主动脉一字之差，但是前者属于心脏结构而非主动脉结构。

2. 动脉。动脉是运送血液离心的管道。动脉管壁较厚，可分3层：内膜菲薄，腔面为一层内皮细胞，能减少血流阻力；中膜较厚，含平滑肌、弹性纤维和胶原纤维，大动脉以弹性纤维为主，中小动脉以平滑肌为主；外膜由疏松结缔组织构成，含胶原纤维和弹性纤维，可防止血管过度扩张。动脉壁的结构与其功能密切相关。大动脉中膜弹性纤维丰富，有较大的弹性，心室射血时，管壁被动扩张；心室舒张时，管壁弹性回缩，推动血液继续向前流动。中小动脉，特别是小动脉中膜平滑肌可在神经体液调节下收缩或舒张以改变管腔大小，从而影响局部血流量和血流阻力。动脉在行程中不断分支，愈分愈细，最后移行为毛细血管。

3. 静脉。静脉是运送血液回心的血管。小静脉由毛细血管汇合而成，在向心回流过程中不断接受属支，逐渐汇合成中静脉、大静脉，最后注入心房。静脉管壁也可以分内膜、中膜和外膜3层，但其界线常不明显。与相应的动脉比较，静脉管壁薄，管腔大，弹性小，容血量较大。

4. 毛细血管。毛细血管是连接动、静脉末梢间的管道，管壁主要由一层内皮细胞和基膜构成。毛细血管彼此吻合成网，除软骨、角膜、晶状体、毛发、牙釉质和被覆上皮外，遍布全身各处。毛细血管数量多，管壁薄，通透性大，管内血流缓慢，是血液与组织液进行物质交换的场所。

（二）血液循环

人体的血液循环可分为大循环和小循环（见图3-36）。

1. 大循环。在神经体液调节下，血液沿心血管系统循环不息。血液由左心室搏出，经主动脉及其分支到达全身毛细血管，血液在此与周围的组织、细胞进行物质和气体交换，再通过各级静脉，最后经上下腔静脉及心冠状窦返回右心房，这一循环途径称大循环（又称体循环）。

2. 小循环。血液由右心室搏出，经肺动脉干及其各级分支到达肺泡毛细血管进行气体交换，再经肺静脉进入左心房，这一循环途径称小循环（又称肺循环）。

大循环和小循环同时进行，大循环的路程长，流经范围广，以动脉血滋养全身各部，并将全身各部的代谢产物和二氧化碳运回心；小循环路程较短，只通过肺，主要使静脉血转变成氧饱和的动脉血。

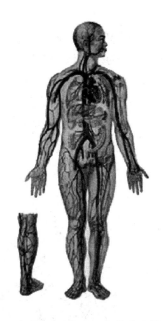

图 3 - 35 循环系统——血管分布模式

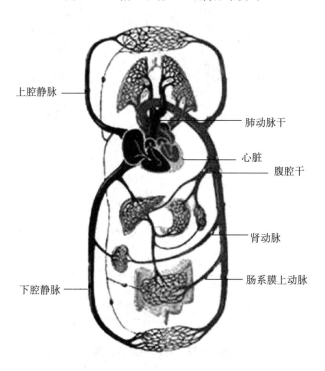

图 3 - 36 大小循环示意图

二、淋巴系统

淋巴系统包括淋巴管道、淋巴组织和淋巴器官。血液运行至毛细血管动脉端时，其中一部分液体成分进入组织间隙，成为组织液。组织液和组织细胞进行物质交换后，大部分在毛细血管静脉端被吸收回静脉，少部分进入毛细淋巴管称为淋巴液。淋巴液为无色透明的液体，沿淋巴管道向心流动，沿途经过连接于淋巴管道的淋巴结，最后注入静脉，故淋巴管道可视为协助静脉运输体液回心的辅助管道（见图3－37）。

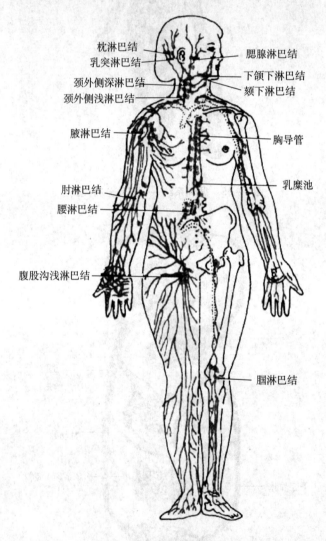

枕淋巴结
乳突淋巴结
颈外侧深淋巴结
颈外侧浅淋巴结
腋淋巴结
肘淋巴结
腰淋巴结
腹股沟浅淋巴结

腮腺淋巴结
下颌下淋巴结
颏下淋巴结
胸导管
乳糜池
腘淋巴结

图3－37　淋巴系统分布图

1. 淋巴管道。淋巴管道可分为毛细淋巴管、淋巴管、淋巴干和淋巴导管四级。

（1）毛细淋巴管：是淋巴管道的起始段，位于组织间隙内，比毛细血管通透性大，蛋白质、异物和细菌等大分子物质容易进入毛细淋巴管。

（2）淋巴管：由毛细淋巴管汇集而成，在全身各处分布广泛，根据走行位置可分为浅淋巴管和深淋巴管。

（3）淋巴干：淋巴管在向心回流途中逐渐汇合形成较粗大的淋巴干。全身共有 9 条淋巴干，它们是左右颈干、左右锁骨下干、左右支气管纵隔干、左右腰干和单个的肠干。

（4）淋巴导管：全身 9 条淋巴干最终分别汇合成两条淋巴导管，即胸导管和右淋巴导管。

①胸导管是全身最粗大的淋巴管道，接收左颈干、左锁骨下干和左支气管纵隔干的淋巴。胸导管收集两下肢、盆部和腹部、左半胸部、左上肢、左半头颈部的淋巴，其收集范围相当于人体 3/4 的淋巴。

②右淋巴导管由右颈干、右锁骨下干、右支气管纵隔干汇合而成，注入右静脉角。收纳上半身右半侧（约占全身 1/4 部位）的淋巴。

2. 淋巴组织。淋巴组织分为弥散淋巴组织和淋巴小结两类。除淋巴器官外，消化、呼吸、泌尿和生殖管道以及皮肤等处含有丰富的淋巴组织，起着防御屏障的作用。

3. 淋巴器官。淋巴器官包括淋巴结、胸腺、脾和扁桃体。

（1）淋巴结：淋巴结为大小不一的圆形或椭圆形灰红色小体。淋巴结按位置不同分为浅淋巴结和深淋巴结。浅淋巴结位于浅筋膜内，深淋巴结位于深筋膜深面。淋巴结多沿血管排列，位于关节屈侧和体腔的隐藏部位，如肘窝、腋窝、腘窝、腹股沟、脏器门和体腔大血管附近。淋巴结的主要功能是滤过淋巴、产生淋巴细胞和进行免疫应答。当人体某器官或部位发生病变（如炎症或肿瘤）时，局部淋巴结可引起反应而肿大，常可追查到其所收集的器官或部位的病变，故了解局部淋巴结的位置、收集淋巴的范围及其淋巴引流的方向有重要意义。如下肢发炎时，可引起腹股沟浅淋巴结肿大。患恶性肿瘤时，肿瘤细胞还可沿淋巴结转移到别处。保险实务中，如果发现客户淋巴结肿大，且近期进行性消瘦，承保时应高度怀疑恶性肿瘤可能，需从严核保。

（2）胸腺：胸腺是中枢淋巴器官，培育、选择和向周围淋巴器官（淋巴结、脾和扁桃体）和淋巴组织（淋巴小结）输送 T 淋巴细胞。胸腺还有内分泌功能。

（3）脾：脾是人体最大的淋巴器官，具有储血、造血、清除衰老红细胞和进行免疫应答的功能。脾位于胃和胰的左侧，恰与第 9～11 肋相对。正常时在左肋弓下触不到脾。保险实务中因脾功能亢进而做脾切除术时，应同时切除副脾；外伤致脾破裂，一般需做脾切除术，从而导致脾脏缺失，达到伤残。

（4）扁桃体：位于消化道和呼吸道的交会处，此处的黏膜内含有大量淋巴组织，是经常接触抗原引起局部免疫应答的部位。在舌根、咽部周围的上皮下有好几群淋巴组织，按其位置分别称为腭扁桃体、咽扁桃体和舌扁桃体。

脉管系统的主要功能是物质运输，即将消化系统吸收的营养物质和肺吸收的氧运送到全身器官的组织和细胞，同时将组织和细胞的代谢产物及二氧化碳运送到肾、肺、皮肤，排出体外，以保证身体新陈代谢的不断进行；内分泌器官和分散在体内各处的内分泌细胞（包括心、血管、血细胞）所分泌的激素以及生物活性物质也有赖于脉管系统输送，作用于相应的靶器官，以实现身体的体液调节。此外，脉管系统对维持身体内环境理化特性的相对稳定以及机体防御功能的实现等均有重要作用。

第四节 感觉器

【案例】

庄某，女性，30 岁，银行从业人员。体检双眼高度近视，左眼 1500 度，右眼 1200 度；其余检查均正常。在某公司投保意外险 10 万元，重疾险 20 万元，寿险 20 万元。

请思考保险公司该怎样作出核保决定。你认为下述核保决定对吗？意外险：拒保；健康险：对视网膜脱落造成的医疗、双目失明除外责任；寿险：全残责任中的双目失明，除外责任。

提示：庄某的风险是双眼高度近视，有可能发生视网膜脱落，甚至双目失明；也有可能因视力不好导致意外伤害事故发生。

感觉器官包括眼、耳、舌、皮肤等。

一、眼

眼是视觉器，有感知物体的形象、运动和颜色的功能。眼由眼球和眼的附属器官构成。

（一）眼球

眼球位于眶内。眼球壁从外到内可分为三层，即纤维膜、血管膜和视网膜。纤维膜前 1/6 无血管而透明，称为角膜；后 5/6 质地坚硬，不透明，称为巩膜。血管膜位于中层，由前而后可分为虹膜、睫状体和脉络膜三部分，虹膜的中央有一圆孔称为瞳孔。视网膜衬于血管膜的内面，其后部有感光细胞分布，因而有感光功能。眼的屈光物质包括角膜、房水、晶状体和玻璃体。眼的作用与照相机相似，晶状体相当于透镜，瞳孔相当于光圈，眼球的巩膜和脉络膜相当于暗箱，视网膜相当于感光底片。眼前的物体通过屈光物质以倒像的形式投影在视网膜上，使视网膜上的感光细胞产生冲动。冲动沿着视神经到达大脑后半球的视区，经过神经细胞的综合分析，形成机体对物体的主观感觉。

（二）眼的附属器官

眼的附属器官包括眼睑、结膜、泪器和眼外肌等，有保护眼球的作用，眼外肌还具有运动眼球的功能。

二、耳

（一）耳的结构

耳是位听器官，可分为外耳、中耳和内耳三部分。外耳有收纳和传导声波的作用，内耳中藏有听觉感受器与位觉感受器。

1. 外耳。外耳包括耳廓和外耳道。

2. 中耳。中耳由鼓膜、鼓室、咽鼓管和乳突小房构成。鼓室内有锤骨、砧骨和镫骨三块小听骨。

3. 内耳。内耳又称为迷路，可分为骨迷路和膜迷路。骨迷路由三个骨半规管、前庭和耳蜗构成。骨迷路与膜迷路之间的腔隙充满外淋巴，膜迷路内充满内淋巴。膜迷路由膜半规管、椭圆囊、球囊和蜗管构成。膜半规管、椭圆囊和球囊的内腔有位觉感受器，蜗管内有听觉感受器。

（二）听觉产生过程

耳廓接收的声波，经外耳道传送，振动鼓膜。鼓膜将空气振动转换成机械运动，使听小骨的小关节产生运动，镫骨将机械能转换成液体的波动，使迷路的外淋巴和内淋巴波动，蜗管内的听觉感受器将内淋巴波动的刺激转换为神经冲动，经听觉神经传导通路传到大脑皮质的听觉区，经大脑皮质的分析综合而产生听觉。

三、舌

舌是口腔中随意运动的器官，位于口腔底，以骨骼肌为基础，表面覆以黏膜而构成，具有搅拌食物、协助吞咽、感受味觉和辅助发音等功能。舌面上的黏膜表面有许多小的突起，称舌乳头。按其形状可分为丝状乳头、菌状乳头、轮廓乳头等。丝状乳头数量最多，呈白色丝绒状，具有一般感觉的功能。菌状乳头数量较少，为红色钝圆形的小突起，散在于丝状乳头之间，内含有味蕾，司味觉。轮廓乳头最大，有 7 ~ 11 个，排列在界沟的前方，乳头中央隆起，周围有环状沟，沟壁内含有味蕾，司味觉。

四、皮肤

皮肤被覆人体的表面，总面积在成年人约为 1.54 平方米。皮肤由表皮和真皮构成，其深面有皮下组织，此外还有毛发、皮脂腺、汗腺、指（趾）甲等附属结构。感受器是机体感受刺激的装置，根据感受器所在部位和所接受刺激的来源，可分三类。

（1）外感受器，分布在皮肤、黏膜、视器和听器等处，接受来自外界环境的刺激，如触、压、痛、温度、光、声等物理和化学的刺激。

（2）内感受器，分布在内脏和血管等处，接受来自内环境的物理和化学刺激，如压力、渗透压、温度、离子及化合物浓度等。

（3）本体感受器，分布在肌、肌腱、关节和内耳觉器等处，接受机体运动和平衡时产生的刺激。

第五节　神经系统

【案例】

　　徐某，25 岁，某保险公司团体建筑施工人员意外伤害保险的被保险人。在保险合同有效期内，徐某在建筑工地被推土机推下的石块砸伤腰部，致使双下肢不能活动，1 个月后徐某单位安全员到保险公司索赔，要求保险公司按全残给付保险金。

　　请思考该案如何处理。

提示：

1. 徐某腰部损伤是否伤害了中枢神经？
2. 是否有双下肢肌肉萎缩？

　　神经系统由脑、脊髓以及附于脑和脊髓的周围神经组成（见图 3-38）。神经系统是人体结构和功能最复杂的系统，由数以亿万计的高度相互联系的神经细胞所组成，在体内起主导作用。其机能是：①控制和调节其他系统的活动，使人体成为一个有机的整体。例如，当体育锻炼时，除了肌肉强烈收缩外，同时也出现呼吸加深加快、心跳加速、出汗等一系列的变化，这些都是在神经系统的调节和控制下完成的。②维持机体与外环境间的统一。如天气寒冷时，通过神经调节使周围小血管收缩，减少散热，使体温维持在正常水平。神经系统通过与它相连的各种感受器，接受内外环境的各种刺激，经传入神经元传至中枢（脊髓和脑）的不同部位，经过整合后发出相应的神经冲动，经传出神经元将冲动传至相应的效应器，以产生各种反应。因此，神经系统既能使机体感受到外环境和机体内环境的变化，也能调节机体内环境和外环境的相互关系，使机体能及时作出适当的反应，以保证生命活动的正常进行。

一、神经系统的区分

（一）脑和脑神经

1. 脑。脑位于颅腔内，是中枢神经系统的高级部分。脑可分为大脑、小脑、间脑、中脑、脑桥和延髓。医学上一般常将间脑、中脑、脑桥和延髓称为脑干。

（1）大脑：大脑是中枢神经系统的高级部位，由左右大脑半球构成。大脑半球的内部由灰质和白质构成。灰质位于半球表面，又称为大脑皮质。大脑皮质是人体躯体和内脏的感觉和运动中枢，也是语言和思维的高级中枢。皮质的深面为白质，又称大脑髓质。

（2）小脑：小脑略呈卵圆形，上面较平坦，下面显著隆突，可分为正中的蚓部和两侧的小脑半球。小脑蚓部的主要功能是调节肌张力，协调随意运动；小脑半球的主要功能是维持身体的平衡。

（3）脑干：脑干包括间脑、中脑、脑桥和延髓。脑干是维持基本生命活动的高级中枢。

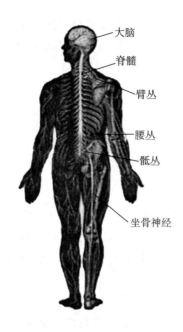

大脑

脊髓

臂丛

腰丛

骶丛

坐骨神经

图 3 - 38　神经系统

2. 脑神经。脑神经是与脑相连的周围神经，共有 12 对。与脑相连，主要分布于头面部，其中第 10 对迷走神经还分布到胸、腹腔脏器。

（二）脊髓和脊神经

1. 脊髓。脊髓是中枢神经系统的低级部分，位于椎管内，呈扁圆柱形。脊髓的功能：脊髓通过脊神经前后根、脊髓灰质和固有束完成脊髓的反射，即脊髓节段反射和节段间的反射，例如腱反射、屈肌反射等较简单的反射。此外，脊髓在脑的各级中枢控制和调节下，通过上下行纤维束来完成其功能。

2. 脊神经。脊神经是与脊髓相连的周围神经，共 31 对。

（三）内脏神经

内脏神经是神经系统的一部分。它主要分布于心血管及内脏，管理心肌、平滑肌和腺体的活动；同时向大脑皮质传导心血管及内脏的感觉冲动。内脏神经对人体的新陈代谢等生命活动起着重要的调节作用。内脏神经又称为植物性神经。内脏神经分为中枢部和周围部；按其功能性质又可分为内脏运动神经和内脏感觉神经，其中内脏运动神经又可分为交感神经和副交感神经。

二、神经系统的组成

神经系统的基本组织是神经组织，神经组织由神经元和神经胶质组成。

1. 神经元。神经元又称神经细胞，是神经系统机构和功能的基本单位，它们通过突触联系形成复杂的神经网络，完成神经系统的各种功能性活动，其主要功能是接受和传递信息，有些神经元还能分泌激素，将神经信号转变为体液信号。

2. 神经胶质。神经胶质是神经胶质细胞的简称，它是神经系统的重要组成部分，广泛分布于中枢和周围神经系统，是中枢神经系统的间质或支持细胞。除了对神经元起支持、保护、营养和修复等作用外，它还有许多神经递质的受体和离子通道，因而对调节神经系统活动起着十分重要的作用。

第六节　内分泌系统

【案例】

　　王某，女性，29 岁。投保万能险附加重大疾病保险，体检时发现颈前正中有结节样增生，触诊甲状腺Ⅱ度肿大，甲状腺彩超诊断结果为结节性甲状腺肿。T_3、T_4、TSH 结果均正常。核保评点：甲状腺功能正常，结节性甲状腺肿。核保决定给予延期。

　　提示：该案的核保决定由人体内分泌系统中甲状腺结节性肿大而作出，因甲状腺功能正常，故没有予以拒保。可以看出，运用内分泌系统的组成和生理功能的知识是该案核保的依据。

　　内分泌系统是神经系统以外的另一重要调节系统，它是由身体不同部位和不同构造的内分泌腺和内分泌组织构成的，其功能是对机体的新陈代谢、生长发育和生殖活动等进行体液调节。内分泌系统包括甲状腺、甲状旁腺、肾上腺、松果体、胸腺、胰腺及垂体等（见图 3-39）。

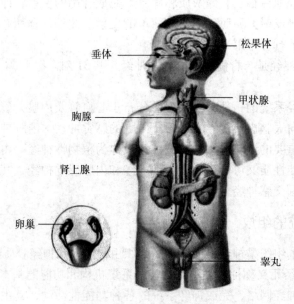

垂体　　松果体　　甲状腺　　胸腺　　肾上腺　　卵巢　　睾丸

图 3-39　内分泌系统

一、垂体

垂体是机体内最重要的内分泌腺，可分泌多种激素，调控其他多种内分泌腺。远侧部和结节部合称为垂体前叶，能分泌生长激素、促甲状腺激素、促肾上腺皮质激素和促性腺激素，后三种激素分别促进甲状腺、肾上腺皮质和性腺的分泌活动。生长激素具有促进骨和软组织生长的功能，在骨骼发育成熟后期可引起肢端肥大症。垂体后叶包括中间部和神经部。神经垂体能贮存和释放加压素（抗利尿素）及催产素。加压素作用于肾，增加对水的重吸收，减少水分由尿排除；催产素有促进子宫收缩和乳腺泌乳的功能。

二、甲状腺

甲状腺位于颈前部，棕红色，呈"H"形，分为左右两个侧叶，中间以甲状腺峡相连。甲状腺分泌的甲状腺激素能促进机体新陈代谢，促进机体的生长和发育，特别是维持骨骼系统的正常发育与功能。保险实务中，甲状腺素分泌过多，引起甲状腺功能亢进，此病不能完全康复，而且累及其他系统如消化系统、心血管系统等，承保时需谨慎处理。甲状腺素分泌不足引起甲状腺功能低下，此病同样不能完全康复，需从严核保。

三、甲状旁腺

甲状旁腺是两对扁椭圆形小体，棕黄色，形状及大小略似黄豆。甲状旁腺的功能是调节钙磷代谢，维持血钙平衡。如甲状腺手术不慎误将甲状旁腺切除，则可引起血钙降低、手足抽搐，肢体出现对称性疼痛与痉挛；若甲状旁腺功能亢进，则可产生骨质疏松并易发生骨折。

四、肾上腺

肾上腺位于腹膜后间隙内脊柱的两侧，左右肾的上内方，与肾共同被包裹在肾筋膜内。肾上腺实质分为皮质和髓质两部分。肾上腺皮质约占肾上腺体积的90%，可分泌调节体内水盐代谢的盐皮质激素、调节糖类代谢的糖皮质激素、影响性行为和副性特征的性激素。肾上腺髓质约占肾上腺体积的10%，可分泌肾上腺素和去甲肾上腺素，肾上腺髓质激素能使心跳加快，心收缩力加强，小动脉收缩以维持血压和调节内脏平滑肌的活动等。

五、松果体

松果体为连于丘脑上部的松果形体，儿童时期极为发达，七岁左右逐渐萎缩。松果体主要分泌褪黑素，抑制促性腺激素的释放，调节生殖系统的发育及动情周期、月经周期的节律。在儿童时期，松果体病变引起其功能不足时，可出现性早熟或生殖器官过度发育；若分泌功能过盛，可导致青春期延迟。

六、胰岛

胰岛是胰的内分泌部，为许多大小不等、形状不定的细胞群，其周围为薄膜包裹，散在于胰腺实质内，以胰尾为最多，胰体胰头部较少，成人胰岛总数为 180 万 ~ 200 万个。胰岛分泌的激素有胰岛素和胰高血糖素，主要调节血糖浓度，胰岛素分泌不足可引起糖尿病。

七、胸腺

胸腺位于胸骨柄后方，属淋巴器官，兼有内分泌功能。新生儿和幼儿的胸腺甚为发达，重 10 ~ 15g；性成熟后胸腺发育至最高峰，重达 25 ~ 40g，由淋巴组织组成；此后逐渐萎缩、退化，成人的胸腺通常被结缔组织所替代，但胸腺遗迹一直到老年均可辨认。胸腺可分泌胸腺素和促胸腺生成素等具有激素作用的活性物质。胸腺素可将来自骨髓、脾等处的原始淋巴细胞转化为具有免疫能力的 T 淋巴细胞，参与细胞免疫反应。促胸腺生成素可使包括胸腺细胞在内的淋巴细胞分化为参与免疫反应的细胞。

八、生殖腺

睾丸是男性生殖腺，位于阴囊内，可产生精子和男性激素。男性激素由精曲小管之间的间质细胞产生，经毛细血管进入血液循环，其作用是激发男性第二性征的出现并维持正常的性功能。

卵巢为女性生殖腺，左右各一，可产生卵泡。卵泡壁的细胞主要产生雌激素和孕激素。卵泡排卵后，残留在卵巢内的卵泡壁变成黄体，黄体的主要作用是分泌孕激素和雌激素。雌激素的作用是刺激子宫、阴道和乳腺的生长发育，出现并维持第二性征。孕激素则能使子宫内膜增厚以准备受精卵的种植，同时使乳腺逐渐发育以准备授乳。

【本章小结】

在神经体液的调节下，人体的运动、消化、呼吸、泌尿、生殖、心血管循环、神经、感觉器和内分泌九大系统彼此联系，相互协调，互相影响，共同构成一个完整的有机体。

运动系统由骨、骨连结和骨骼肌组成，构成人体的基本轮廓，对人体起支持、保护和杠杆运动的作用。

内脏系统包括消化、呼吸、泌尿和生殖四个系统。

消化系统包括口腔、咽、食管、胃、小肠、大肠和肛门。消化系统主要对食物进行消化、吸收，为机体提供营养物质和能量，此外，消化系统还具有重要的内分泌功能和免疫功能。

呼吸系统由呼吸道和肺两部分组成，呼吸道包括鼻、咽、喉、气管和各级支气管。呼吸系统主要是进行机体和外界环境之间的气体交换即呼吸，从外界环境摄取氧气，排出代谢所产生的二氧化碳。

泌尿系统由肾、输尿管、膀胱和尿道组成，其主要功能是排泄机体代谢产物、调节水和电解质平衡、维持机体酸碱平衡。

生殖系统由内生殖器和外生殖器组成，但在具体结构上男性生殖系统和女性生殖系统存在较大区别。生殖系统的主要生理功能为分泌性激素、产生生殖细胞、繁殖新个体，延续生命。

脉管系统包括心血管系统和淋巴系统。心血管系统由心、动脉、毛细血管和静脉组成；淋巴系统包括淋巴管道、淋巴组织和淋巴器官。脉管系统的主要功能是物质运输，同时还对维持身体内环境理化特性的相对稳定以及机体防御功能的实现等具有重要作用。

感觉器官包括眼、耳、舌和皮肤等。感觉器是机体探索世界、认识世界的初步器官。

神经系统由脑、脊髓以及附于脑和脊髓的周围神经组成。神经系统是人体结构和功能最复杂的系统，在体内起主导作用。神经系统既能使机体感受到外环境和机体内环境的变化，也能调节机体内环境和外环境的相互关系，使机体能及时作出适当的反应，以保证生命活动的正常进行。

内分泌系统包括甲状腺、甲状旁腺、肾上腺、松果体、胸腺、胰腺及垂体等，内分泌系统主要对机体的新陈代谢、生长发育和生殖活动等进行体液调节。

【思考题】

1. 客户无外伤但胸骨压痛，贫血貌，承保时应高度怀疑的疾病是什么？

2. 客户发生骨折，儿童与老人相比伤残可能性高者为谁？为什么？

3. 张某车祸致颈椎损伤，刘某车祸至腰椎损伤，鉴定伤残时，伤残级别高者为谁？为什么？

4. 成年人胸廓正常形态是什么？如客户胸廓呈圆桶形，提示可能患有的疾病是什么？

5. 客户投保重疾险，保险责任包括主动脉手术而无心脏瓣膜手术，客户行主动脉瓣修复术能否进行索赔？为什么？

6. 张某车祸致上肢只能水平移动，而且不能对抗阻力，其肌力为几级？如果触摸其上肢肌肉无任何紧张感，其肌张力变化如何？

7. 客户张某1岁半才萌生乳牙，承保时相比正常人有无额外风险？为什么？

8. 客户体检发现颈部淋巴结明显肿大，而且近期进行性消瘦，如果此客户购买重疾险，能否按标准体承保？为什么？

【参考文献】

[1] 盖一峰:《人体结构学》,北京,中国医药科技出版社,2009。

[2] 蔡玉文:《组织学与胚胎学》(新世纪第二版),北京,中国中医药出版社,2007。

[3] 宁勇:《血液学检验》,北京,高等教育出版社,2008。

[4] 冯京生、杨耀琴、周作民:《组织胚胎学》,南京,江苏科学技术出版社,2008。

[5] 马文丽:《医学分子生物学》,北京,高等教育出版社,2008。

[6] 魏建强、王纪三、云峰等:《实用临床外科诊断治疗学》,天津,天津科学技术出版社,2008。

[7] 杜庆生、魏成和、庞惠珍:《保险医学实用手册》,北京,中国金融出版社,2005。

[8] 孙春霞、蔡勇:《保险与精神医学》,北京,中国检察出版社,2000。

金融保险丛书
高等院校实务教程

第四章

保险业务中免责条款常用的医学术语

【学习目标】
- 掌握保险业务中免责条款中涉及的疾病名称、定义。
- 掌握保险业务中免责疾病在保险业务中的应用。
- 了解保险业务中免责疾病的预防。

保险是一种以经济保障为基础的金融制度安排，是风险处理传统且有效的措施，其可保风险必须具备不确定性。通过对不确定事件发生的数理预测和收取保险费的方法，建立保险基金，以合同的形式，由大多数人来分担少数人的损失，实现保险购买者风险转移和理财计划的目标。因此在人身保险条款中，具有预知性和发生确定性的疾病和手术通常作为免除责任，如先天性疾病、单纯遗传性疾病、矫形外科手术、地方性疾病等。

2009 年新《保险法》第十七条规定，对保险合同中免除保险人责任的条款，保险人在订立合同时应当在投保单、保险单或者其他保险凭证上作出足以引起投保人注意的提示，并对该条款的内容以书面或者口头形式向投保人作出明确说明；未作提示或者明确说明的，该条款不产生效力。新《保险法》要求保险人解说免责条款，因此从保险业务出发，有必要对常见除外责任中的疾病和手术进行界定与阐述，有利于开展保险拓展业务，作出合理的承保结论与理赔结论。

第一节　先天性疾病

【案例】

张某为其 3 岁的女儿购买了某公司 10 年期教育两全保险，保险公司经体检后同意承保，客户也按期缴纳保费，1 年后其女儿在玩耍时突然死亡，死亡原因为"先天性心脏病，房间隔缺损"，家人向保险公司索赔，保险公司根据先天性心脏病为除外责任作出拒赔。

请思考保险公司为什么拒赔。

提示：

1. 什么是先天性疾病，与理赔有何关系？
2. 保险公司对承保前存在的风险一般不承担保险责任。

一、定义

过去多数保险公司免责条款中包括先天性疾病，现在很多保险公司免责条款中包括先天性畸形、变形或染色体异常，有些保险公司继续将先天性疾病作为责任除外。两者之间区别何在？

先天性疾病是指一出生时就具有的疾病（症状或体征）。这些疾病是指因人的遗传物质（包括染色体以及位于其中的基因）发生了对人体有害的改变而引起的，或因母亲怀孕期间受到内外环境中某些物理、化学和生物等因素的作用，使胎儿局部体细胞发育异常，导致婴儿出生时就存在的一个永久性的解剖学、组织学、生物化学和功能方面的异常，多数都是不可逆性的，如风疹病毒感染引起的畸形、先天性髋关节脱位等。此定义强调先天性疾病是出生前已形成的，因此不包括在分娩过程中形成的疾病。常见的分娩过程形成的疾病主要有脑组织损伤、骨折、颅内出血、神经损伤等疾病。这些疾病所导致的畸形也不能称为先天性畸形。

先天性畸形是因胚胎发育紊乱引起的以组织器官形态结构异常为主要特征的先天性疾病。先天性变形是指由于胎儿在子宫内受到机械性压迫而产生的形态异常。先天性变形应与先天性畸形区别，先天性畸形是胚胎发育过程中一种或多种组织形成不良的结果，而先天性变形一般是组织器官形成以后受外力影响而发生的形态异常，其组织结构是正常的。染色体异常是指染色体数目的变化和染色体结构的改变，又称为染色体畸变。染色体异常既可以导致胚胎组织结构的异常，也可以导致胚胎形态功能的异常，其强调的是由遗传性因素导致的先天性疾病。

从以上定义的阐述，不难看出先天性疾病包括了先天性畸形、变形与染色体的异常，保险公司这样改动扩大了保险责任，将免除责任进行精确定位，规范了保险理赔，有利于减少保险理赔纠纷。

二、病因

虽然在多数保险产品中先天性疾病（或先天性畸形、变形或染色体异常）作为免责，但是随着人们生活水平的提高，保险需求内容也有很大更新，因此多家保险公司纷纷推出了针对女性生育方面的保险产品，而在这些产品中先天性疾病（或先天性畸形、变形或染色体异常）是作为保险责任的。保险公司承保时需要对客户所怀胎儿进行先天性疾病（或先天性畸形、变形或染色体异常）风险的评估，因此有必要了解先天性疾病

（或先天性畸形、变形或染色体异常）的病因。而且了解其病因对于保险理赔过程中鉴定是否属于先天性疾病（或先天性畸形、变形或染色体异常）也有帮助。

先天性疾病（或先天性畸形、变形或染色体异常）的病因复杂，既有遗传因素，也有环境因素，还有遗传因素与环境因素相互作用以及原因不明。

（一）遗传因素

1. 染色体畸变。染色体畸变包括染色体数目的变化和染色体结构的改变。这类改变可由亲代遗传，也可由生殖细胞的异常发育引起。表现有：（1）染色体数目减少表现为单体型。单染色体的单体型胚胎几乎不能存活；性染色体的单体型胚胎的成活率仅有3%，且有畸形，如先天性卵巢发育不全，即 Turner 综合征。（2）染色体数目增多表现为三体型，如先天性愚型为21号染色体的三体型所引起；性染色体三体型（47，XXY）可引起先天性睾丸发育不全。（3）染色体的结构畸变，如5号染色体短臂末端断裂缺失，婴儿哭声似猫叫（喉软骨不全），即猫叫综合征。

2. 基因突变。基因突变是指染色体上基因的碱基组成或排列顺序发生变化，染色体组型不变，染色体外形未见异常，主要引起微观结构或功能方面的先天遗传性疾病，如苯丙酮酸尿症、镰刀状细胞贫血、软骨发育不全、小头畸形、多囊肾、肾上腺肥大等。

（二）环境因素

1. 生物因素。生物性致畸因子可穿过胎盘屏障直接影响胚胎发育，或作用于母体和胎盘，使母体发热、酸中毒、缺氧等，干扰胎盘的转运功能，损伤胎盘屏障，诱发胚胎发育异常。现已确定的生物性致畸因子有风疹病毒、巨细胞病毒、单纯疱疹病毒、弓形体、梅毒螺旋体等，如感染风疹病毒可引起心脏先天畸形、先天性白内障等。

2. 化学因素。某些药物和环境污染物有致畸作用。目前已知600余种化学物质可致胚胎畸形，如镇静药、抗肿瘤药、治疗精神病的药物、尼古丁、乙醇、肝素、激素等；环境污染物中某些食品添加剂、防腐剂、农药，某些重金属如汞、铅、镉等有致畸作用。

3. 物理因素。目前已确认的对人类有致畸作用的物理因子有射线、机械性压迫和损伤等。大剂量 X 线、β 线、γ 线照射都可引起畸形，如腭裂、脊柱裂等。

4. 其他致畸因子。酗酒、大量吸烟、缺氧、严重营养不良等均有致畸作用。孕期过量饮酒可引起多种畸形，称为胎儿酒精综合征，其主要表现是发育迟缓，小头、小眼等。

（三）环境因素与遗传因素的相互作用

在畸形的发生中，环境因素与遗传因素的相互作用是非常明显的，多数畸形是两者相互作用的结果。一方面表现在环境致畸因子通过引起胚体染色体畸变和基因突变而导致先天畸形，另一方面还表现在遗传因素可影响胚胎对致畸因子的易感程度。

（四）其他

先天变形可分为内因性变形和外因性变形。前者继发于畸形，如神经肌肉异常、局部组织生长不良、组织生长过度、空腔脏器阻塞等若干类型的畸形造成力学改变引起变形；后者是子宫压迫正常胎儿所造成的变形。外界压力可引起独立的局部变形，如变形足、先天性髋关节脱位、先天性姿势性脊柱侧凸等；也可引起一系列变形病，如羊水过少系列病、臀位变形系列病等。有些变形的发生，既有外因又有内因，如同样的足部位置异常，可由于外力压迫足部，也可由神经缺陷或肌肉异常引起。

三、临床表现

先天性疾病（或先天性畸形、变形或染色体异常）虽然是出生时就有的疾病，并不意味着保险公司承保时都能识别客户患有先天性疾病（或先天性畸形、变形或染色体异常），原因在于先天性疾病（或先天性畸形、变形或染色体异常）的表现是多样的。先天性疾病（或先天性畸形、变形或染色体异常）既可见于体表如唇裂、肢体畸形等，也可见于体内如先天性心脏病、先天性肥厚性幽门狭窄、先天性巨结肠等；既可以是较大的改变如两性畸形、联体、脏器缺失等，也可以是微观的改变如苯丙酮尿症、耳后头发卷曲等；既可以表现为结构的异常如房间隔缺损，也可以表现为形态的异常如扁平足，还可以表现为功能的异常如先天性甲状腺功能低下等。

先天性疾病（或先天性畸形、变形或染色体异常）复杂的临床表现给保险公司承保时识别客户风险带来很多困难，尤其是体内的发育异常与微观改变。而且，有些先天性疾病（或先天性畸形、变形或染色体异常）的发现是在成年后，客户容易误认为后天性疾病，从而引起理赔纠纷。因此，在保险业务中必须掌握先天性疾病（或先天性畸形、变形或染色体异常）的鉴定。

识别与鉴定客户是否患有先天性疾病（或先天性畸形、变形或染色体异常），既依赖于客户的如实告知，更需要核保核赔人员有扎实的医学专业素养与严谨细致的工作态度。

四、预防

随着社会的发展和生活水平的提高，人们不但希望寿险业务能为其提供经济保障，更希望少生病、不生病、长寿。如果保险公司能为客户提供健康管理、健康教育等附加值服务，将有助于提升保险公司形象、拓展保险业务。因此，保险业务人员掌握先天性疾病（或先天性畸形、变形或染色体异常）的预防知识有其必要性。

1. 遗传咨询。遗传咨询是由医务人员对患有遗传病或先天性疾病的患者、家属等相关人员提出的有关遗传病的各种问题进行解答，提出防治方法和应采取的措施，供患者在婚姻、生育等问题上作出正确选择。遗传咨询是防止遗传病和由遗传因素所致先天性疾病发生的重要措施。

2. 选择最佳生育年龄。调查研究发现，人的最佳生育年龄在 24～29 岁，因这一时期身体各器官系统的发育已完全成熟，各功能活动处于最优状态。

3. 加强孕期保健。孕期保健是防止环境因素致畸的重要措施。孕期应注意以下几方面。

（1）预防感染，尤其在妊娠前 8 周，避免感染生物性致畸因子，可进行免疫注射、远离感染源等。

（2）谨慎用药。孕期用药需严格选择，尤其在孕早期；若必须用致畸药物治疗，应中止妊娠。

（3）孕期要戒除烟、酒，并重视被动吸烟的危害。

（4）减免射线照射，因为对母体无害的照射剂量就可能影响胚胎发育。

（5）注意饮食搭配，合理营养。

4. 产前诊断。该诊断是指在妊娠期间对胎儿进行检查，以早期诊断各种疾病，尤其是遗传性疾病和先天畸形。主要方法有羊膜穿刺、早期绒毛绒毛活检、胎儿胎盘功能测定、胎儿镜检查、超声波显像检查、DNA 探针的应用。

五、先天性疾病在保险业务中的应用

先天性疾病（或先天性畸形、变形或染色体异常）是客户投保前已有的疾病，因此在人身保险产品中，先天性疾病（或先天性畸形、变形或染色体异常）通常为免除责任，客户因先天性疾病（或先天性畸形、变形或染色体异常）死亡或住院产生医疗费用，保险公司一般不承担保险责任。但是随着环境变化、人们生活水平的提高，出于保险市场的拓展，今后先天性疾病（或先天性畸形、变形或染色体异常）有可能作为很多人身保险的保险责任，而且目前就有部分险种已将其列为保障范围。

尽管先天性疾病（或先天性畸形、变形或染色体异常）一般为免除责任，但是根据 2009 年新《保险法》，如果保险人在销售保险产品时未作提示或明确，当客户因先天性疾病（或先天性畸形、变形或染色体异常）住院或死亡，保险公司应承担保险责任。因此，保险销售人员有如实解说先天性疾病（或先天性畸形、变形或染色体异常）的义务。

先天性疾病（或先天性畸形、变形或染色体异常）虽是出生时就有的疾病，但是如果病情轻微，无临床症状，不足以引起客户重视，未及时就诊，客户就有可能不知道自己患有先天性疾病，因此投保时做不到如实告知。新《保险法》要求客户如实告知，保险人对于投保人故意不履行如实告知义务和因重大过失未履行如实告知义务的处理措施不一，因此鉴定先天性疾病（或先天性畸形、变形或染色体异常）客户是故意隐瞒还是过失隐瞒有其必要性。对于客户投保时是否知道自己患有先天性疾病（或先天性畸形、变形或染色体异常），一方面可以调阅客户的病历资料，另一方面可以结合保险事故发生时疾病病情进行推断。如某 8 岁客户因病入院进行手术治疗，疾病诊断为"先天性心脏病，房间隔缺损"，出院后向保险公司索赔。保险公司工作人员查询投保信息得知此客户在半年前购买住院医疗险，健康告知无异常；调阅住院病历，提示客户 7 个月前因"运动后心悸、胸闷"住院，房间隔属于重度缺损，结合医学知识分析此客户房间隔重度缺损，非一朝一夕形成，而且在 7 个月前已出现了相应的临床症状如运动后心悸、胸闷，说明投保时已有严重房间隔缺损，其健康告知属于故意隐瞒。

对患有先天性疾病（或先天性畸形、变形或染色体异常）的被保险人，在承保时需要区分先天性疾病（或先天性畸形、变形或染色体异常）影响人体形态结构功能异常的程度与性质。如果畸形轻微或轻度变形，并不影响其他部位结构和功能的异常，而且也

不会影响健康与寿命，承保时需要降低其风险评点甚至可以作为标准体承保，如单纯多指、外翻足等。

客户因先天性疾病（或先天性畸形、变形或染色体异常）住院或死亡而向保险公司索赔时一般会遭到拒赔，客户对于拒赔结果一般难以接受，因此保险理赔人员需要耐心解释，做到合情合理，让客户心服口服。如张某，男，22岁，因"先天性心脏病、三尖瓣下移畸形"入院进行手术治疗，出院后要求索赔。保险公司以"先天性心脏病、三尖瓣下移畸形"属于"先天性畸形"范畴，按照合同约定，予以拒赔；客户认为先天性畸形应该出生时就有，而自己已经成年了，所患疾病不属于先天性畸形，应该获得理赔。

理赔过程中判断先天性畸形必须符合两个基本条件：（1）疾病出生时就已经存在；（2）有形态组织结构的异常。单纯从医学角度来区分先天性畸形并不困难，但是先天性畸形引起的形态组织结构异常程度轻时一般没有临床症状，这样的客户即使不进行治疗也有可能存活到成年，多数情况下在体检时才能发现异常。从保险原理上看，先天性畸形的形态组织结构异常程度再轻，与正常人相比，其出险机会也远大于正常人群；先天性形态组织结构异常是出生时已经存在，而保险所要保障的风险属于不可预测的未知风险。因此在理赔业务中，即使客户已成年，只要所患疾病属于先天性畸形，就不应该属于保险责任，按照合同约定，保险人可以不承担保险责任。

随着生活水平的提高，人们对保险的需求不仅仅停留在对保险事故导致的损失进行补偿上，还希望能对风险事故进行提早干预，因此保险人有必要了解先天性疾病（或先天性畸形、变形或染色体异常）的预防，而且对客户进行健康教育、健康管理等附加值服务，有助于提升保险公司形象。

第二节　遗传性疾病

【案例】

国安附加学生、幼儿住院医疗保险条款

......

第四条 责任免除

因下列情形之一，造成被保险人支出医疗费用的，本公司不负给付保险金责任：

一、主合同责任免除条款所列情形；

二、被保险人一般性体格检查、健康检查、疗养或康复治疗；

......

七、任何先天性疾病、先天性畸形、遗传性疾病、变形或染色体异常；

请思考遗传性疾病为什么通常作为除外责任。

提示：

1. 什么是遗传性疾病？
2. 遗传性疾病在人身风险中有什么特点？

一、定义

遗传性疾病指生殖细胞或受精卵的遗传物质（染色体和基因）发生突变或畸变所引起的疾病，通常具有由亲代代传至后代的垂直传递的特征，故常具有先天性、家族性等特点。

二、特征

1. 遗传物质发生了突变。遗传物质（基因和染色体）发生了突变（或染色体畸变）是遗传病发生的原因。

2. 突变发生在生殖细胞或受精卵中。突变发生在生殖细胞或受精卵中，这是遗传病的关键特征。不是任何细胞的遗传物质改变都可以传给下一代，所以必须强调生殖细胞或受精卵的遗传物质发生改变。

3. 垂直传递。遗传病不同于传染病的水平传递，而是具有上代往下代传递的特点，称垂直传递。但不是每个遗传病的家系中都可观察到这一现象，因为有的患者是首次产生突变的病例，是家系中的首例；有些遗传病特别是染色体异常的患者，由于活不到生育年龄或不育，以致观察不到垂直传递的现象。

遗传病常有家族性聚集现象，在遗传病患者家系中，亲缘关系越近，发病概率越高。单卵双生者具有相同的遗传物质基础，患同一种遗传病的概率比异卵双生者高。

4. 终身性积极防治可以改善病状或疾病进程，但不能改变遗传的物质基础。

三、分类

根据遗传性疾病发生原因、部位，其遗传的方式可以分为五类。

1. 单基因遗传病。由染色体上的单个基因突变而引起的遗传性疾病，包括分子病和遗传代谢病。分子病即人体内蛋白质分子结构异常所致的疾病，如血红蛋白病、某些凝血因子缺乏、补体系统缺陷及胶原蛋白异常等。遗传代谢病是因酶的先天缺陷所引起的疾病，如氨基酸、糖类及脂质代谢异常等。按遗传方式不同，单基因病还可分为常染色体显性遗传性疾病、常染色体隐性遗传性疾病、X连锁显性遗传性疾病、X连锁隐性遗传性疾病和Y连锁遗传性疾病。常见的单基因遗传病有多指（趾）、白化病、先天聋哑、小头白痴、血友病、色盲等。

2. 多基因遗传病。由多对基因控制的遗传病。这些基因单独对遗传性状作用小，称为微效基因，几种微效基因累加起来，就产生明显的表型效应。多基因遗传病受遗传因素和环境因素的双重影响，具有家族聚集现象，但没有单基因病遗传中所见到的系谱特点。多基因病在群体中的发病率高达15%～20%，包括一些先天畸形和常见病（如原发性高血压、冠心病、糖尿病、无脑儿、先天性心脏病和精神分裂症等）。

3. 染色体病。由染色体结构或数目异常引起的一类疾病。所谓数目、结构异常，包括染色体数目的增多或减少，染色体部分断裂后重排时出现的易位、缺失、倒位、重复等。染色体的各种畸变，使所载基因发生数量上或排列组合上的改变，遗传物质失去正常状态而引起疾病。由于每个染色体小片段中均含有多个基因，因而染色体畸变常涉及较多基因，致使机体多种器官结构和功能异常，故往往表现为综合征，其危害一般要比单基因病和多基因病严重。染色体病可分为两种：（1）常染色体病，如唐氏综合征、猫叫综合征；（2）性染色体病，如先天性卵巢发育不全综合征、先天性睾丸发育不全综合征。

4. 线粒体遗传病。是由于线粒体基因突变导致的疾病，伴随线粒体传递，呈细胞质遗传。由于精子的细胞质含量极少，受精卵的线粒体 DNA 几乎全部来自卵子，所以线粒体遗传病呈现出母系遗传的特点。现已发现 100 多种疾病与线粒体基因突变或结构异常有关，如糖尿病、帕金森病。

5. 体细胞遗传病。由体细胞内遗传物质发生突变引起的疾病。这种遗传物质的突变仅仅发生在特定的体细胞内，不涉及生殖细胞，所以此类疾病一般不会遗传给后代，如肿瘤等。

四、诊断

在进行遗传性疾病的诊断时，除与一般疾病的诊断一样根据临床症状、体征和病史（病程特点、始发年龄）进行分析外，还应根据遗传学特点，做好家系分析并应用遗传学检查手段（如细胞遗传学分析、生化检查和基因分析），进行综合分析后作出诊断。

（一）临床资料

1. 病史。遗传病多有家族聚集现象，因此病史采集极为重要。病史采集时应着重询问家族史、婚姻史、生育史以及环境因素。家族中父系、母系各成员的患病情况对于建立完整的系谱资料是非常有用的，但是要确保所收集的患者、家系成员的体征、症状和各成员亲缘关系的真实性和准确性；婚姻史着重收集家系有关成员的婚姻史、婚龄及配偶健康状况，以及是否近亲婚配；生育史重点收集生育年龄、妊娠次数、出生子女数目及健康状况（特别是有无流产史和流产时间）、死产史和早产史、新生儿死亡史和患病子女数；环境因素应重点询问妊娠早期有无病毒感染史或致畸因素接触史，患儿有无产伤、窒息史等。

2. 症状和体征。遗传病往往有其本身特异症候群，为诊断提供线索。由于大多数遗传病在婴儿或儿童期就有体征和症状表现，除观察外貌特征外，还应注意身体发育快慢、智力增进情况、性器官及第二性征发育是否正常。如精神发育不全、白内障和肝硬化，常提示为半乳糖血症的可能；伸舌、眼距宽、鼻梁塌陷的痴呆面容，常提示 21 三体综合征。

3. 系谱分析。系谱分析是根据遗传病具有家族聚集倾向的特性，以及具有遗传性的特点，通过调查先证者（首先发病到医院就诊的患者）家庭成员的患病情况，画出系谱，经过回顾性分析以确定疾病遗传方式的一种方法，是诊断遗传病的一项基本功。通过系谱分析可初步确定某种病的遗传方式，是单基因或多基因遗传病，以及是否是伴性遗传，是显性遗传还是隐性遗传。完整的、准确的系谱分析有助于找出患者或估计遗传病复发风险，在遗传咨询中是非常重要的。

（二）实验室检查

实验室检查对于遗传病的诊断具有极高的诊断价值，有些甚至是确诊遗传病变的主要方法。实验室检查包括细胞遗传学检查、生化检查及基因诊断检查。

1. 细胞遗传学的检查及诊断。适用于染色体异常综合征的诊断，可以直接地观察到染色体的形态结构，主要包括染色体检查和性染色质检查。染色体检查又称核型分析，是确诊染色体病的主要方法。

2. 生物化学检查。基因突变引起的某些单基因遗传性疾病，常由于蛋白质与酶的质和量的改变或缺如而引起一系列代谢障碍和异常，因此根据酶、蛋白质和代谢产物的生物化学定量、定性分析结果（如苯丙酮尿症患者的苯丙氨酸羟化酶缺乏，血中苯丙氨酸浓度增高，尿中苯丙酮酸增高等）即可作出诊断。生化检查是临床诊断单基因病的首选方法。

3. 基因诊断。基因诊断是利用 DNA 分析技术直接从基因水平（DNA 或 RNA）检测基因的缺陷而作出诊断的技术。其实施时较为复杂、花费较高，但其诊断准确，具有预见性，利于早采取措施。

五、遗传性疾病的预防

大多数遗传性疾病发病早且后果严重，目前又无有效的治疗方法，因此，预防遗传性疾病的发生和防止遗传患儿的出生，对改进人类的遗传素质具有重要的现实意义。

1. 避免近亲结婚。

2. 遗传咨询。这是指对遗传病患者及其家属所提出的有关问题，由医生或从事医学遗传学工作的专业人员就该类疾病的病因、遗传方式、诊断、治疗和预后以及患者同胞、子女复发风险等问题进行解答，并提出建议和指导，以供患者或其家属参考。

3. 进行遗传性疾病的筛查。

（1）产前孕妇血清筛查。筛查对象为 35 岁以下妊娠 7～20 周的一般孕妇，筛查方式有羊水检查、绒毛活检、超声检查、胎儿镜检、胎血监测等。

（2）新生儿筛查。新生儿筛查是在新生儿期，对某些遗传性疾病特别是先天性代谢病患儿及时进行症状前诊断，以便尽早开始有效的治疗，防止发病或减轻症状。

六、遗传性疾病在保险业务中的应用

在保险业务中，遗传性疾病一般为除外责任，保险公司对被保险人因患遗传性疾病身故或残疾或住院，是不负给付保险金责任的。遗传性疾病在保险条款中定义为生殖细胞或受精卵的遗传物质（染色体和基因）发生突变或畸变所引起的疾病，通常具有由亲代传至后代的垂直传递的特征。遗传性疾病的发病机制与结果是非常复杂的，有的遗传性疾病在医学上也很难断定其发病的原因，这就给保险公司的核赔工作带来一定的困难，保险公司如果处理不当，有可能直接影响到给付的质量和公司的信誉。

糖尿病、冠心病、原发性高血压等疾病属于多基因遗传性疾病，它们的发病机制与常染色体显性遗传所致的家族性高血脂症、不良的生活习惯（如高脂、高热量、高盐等饮食，吸烟）等多方面因素有关。由于保险条款中将遗传性疾病列为责任免除，患有糖尿病、冠心病等多基因遗传性疾病的客户投保时有可能以标准体或次标准体承保。但若干年后被保险人因多基因遗传性疾病身故或残疾或住院而向保险人索赔，保险公司将如何处理呢？按照合同约定，保险公司不应该给付保险金，但是医学研究证实很多疾病的发生有遗传性因素存在，从遗传性疾病定义与分类来看，那些疾病属于多基因遗传性疾病，如果单纯以遗传性疾病为免除责任拒赔，容易引发保险理赔纠纷、影响保险公司的信誉。

鉴于以上情况，为使保险活动双方当事人的合法权利都能得到保障，保险公司在设计保险条款时，在充分掌握一定的调研数据和文献资料的前提下，将有可能因遗传性引起的疾病列入责任免除时应该具体化，列举具体的遗传性疾病名称；承保时对遗传性疾病加以一定的合理限制条件，如对客户发病时间的限制、保险金额的限制以及保险收费标准浮动，限制的幅度根据客户年龄、疾病史、家族史和投保险种的责任期限等综合考虑分析裁定。

新《保险法》要求保险人向客户如实详细解释保险责任尤其是除外责任，因此保险销售人员应该了解遗传性疾病的定义，并且向客户如实解说遗传性疾病为免除责任。

对患有遗传性疾病的被保险人，承保时需要根据遗传性疾病的类别、影响人体形态结构功能异常的程度与性质来综合考虑。如果畸形轻微或轻度变形，并不影响其他部位结构和功能的异常，而且也不会影响健康与寿命，承保时需要降低其风险评点甚至可以作为标准体承保，如单纯多指等。此外，不能单纯根据遗传性疾病类别作出承保结论，如多基因遗传疾病中包含原发性高血压，不同客户患高血压病情不一，因此在保险业务中，有些以标准体承保，有些则以次标准体承保甚至拒赔；精神分裂症虽然也属于多基因遗传疾病，但是此病风险难以评估与控制，因此在保险业务中一般为拒保。

客户因遗传性疾病住院或死亡向保险公司索赔，保险公司一般会因遗传性疾病是除外责任而拒赔。客户对于拒赔结果一般难以接受，因此保险理赔人员应具备严谨的工作态度，实事求是，做到不惜赔、不滥赔，耐心说明拒赔理由，让理赔结果合情合理，让客户心服口服。如，客户张某，4 岁，受轻微外伤后出血不止抢救无效而亡，家人向保险公司索赔。保险公司查询投保信息得知客户购买的是定期寿险，合同约定遗传性疾病为免除责任；客户病历资料提示其死亡根本原因为甲型血友病大出血抢救无效而亡，结合医学知识确定甲型血友病属于遗传性疾病，作出拒赔处理。客户家人则认为其死亡原因为外伤导致出血，应该得到理赔。保险工作人员分析，正常人轻微外伤一般不会导致大出血，除非合并其他严重出血性疾病如血友病、白血病等，而且客户死亡病例讨论记录中明确其死亡根本原因为甲型血友病引起大出血，住院病案首页也明确说明死亡原因为甲型血友病。甲型血友病为 X 连锁隐性遗传病，属于单基因遗传性疾病，其出险机会远远大于正常人。根据保险原理，甲型血友病不属于可保风险，因此保险条款中通常列为免除责任，保险公司也不给付客户因甲型血友病等遗传性疾病死亡保险金。

遗传性疾病的特征与诊断相关知识点的掌握有助于保险理赔人员鉴别客户所患疾病是否属于遗传性疾病，从而理清是否属于保险责任，避免不必要的保险理赔纠纷。随着生活水平的提高，人们不仅仅满足于保险公司能对其损失进行经济补偿，更希望对风险事故进行提早干预，减少事故的发生。因此，保险工作人员掌握遗传性疾病的预防知识，为客户进行健康教育、健康管理等附加值服务，既可以减少客户遗传性疾病的发生、减轻客户躯体的痛苦与家庭经济负担，又有助于提升保险公司形象、拓展保险业务。

第三节　地方病

【案例】

2003 年 5 月 2 日，人寿保险公司营销员李某在湖南益阳地区销售住院医疗保险，客户赵某问："我想投保贵公司的'附加住院医疗保险'，但看到责任免除条款中提到地方病不承担保险责任，是不是我在我住的地方得了病就没有赔，要是这样，我买这保险又有什么用呢？"李某回答说："你理解错了，只要你买了这个保险，在什么地方得了病都有赔。"

请问这样回答对吗？应该怎样回答呢？

提示：

1. 要掌握什么是地方病的医学知识。

2. 地方病不承担保险责任的原因。

一、定义

地方病是指某些在特定地域内经常发生并相对稳定，与地理环境中物理、化学和生物因素密切相关的疾病。该病主要发生于广大农村、山区、牧区等偏僻地区，病区呈灶状分布，并且已成为一些地方致残、致贫、阻碍社会发展的主要因素。

二、基本特征

1. 病区内该类地方病的发病率、患病率都显著高于非病区，周围非地方病病区很少或没有该类疾病发生。

2. 非病区健康人口进入该地方病区也可患同类疾病，属于高危险人群。

3. 从地方病病区迁出的健康者（潜伏者除外）不会再患该类地方病，迁出的患者其症状也不再加重，并可能逐渐减轻甚至痊愈。

4. 地方病病区内的某些易感动物也可以罹患同类疾病。

5. 地方病病区的自然环境中存在着引起该类地方病的自然因素，发病与病区环境中某些元素的过剩、缺乏或失调密切相关。

6. 除掉某类地方病病区自然环境中的致病因子，地方病病区可转变为健康化地区。

三、流行规律

1. 地方病的发生与特定的地理环境有密切的关系。由于地质环境元素在短时间内变化不大，因此，该类地方病病区呈现相对稳定的特点。

2. 人群的发病无民族、年龄、性别等差异，各种人群都有同等发病机会，但受某些因素制约，可有发病程度的差异性。

3. 老、少、边、穷地区发病严重。这些地区多为山区，交通不便，文化落后，生活水平偏低，饮食单调，地质环境中缺乏或过多的元素难以通过饮食得以调节。

四、地方病的病因分类

按病因可分为自然疫源性地方病、地球化学性地方病和病因不明地方病三类。

1. 自然疫源性地方病。该病病因为微生物和寄生虫，故又称为生物源性地方病，如鼠疫、乙型脑炎、森林脑炎、流行性出血热、血吸虫病、疟疾、肺吸虫病等。生物源性地方病的发生与接触致病因子的机会、宿主的生活习性和传播媒介的滋生条件密切相关，因而在分布地区和流行季节方面有不同的特点。如森林脑炎仅见于林区，血吸虫病多见于南方水乡。

2. 地球化学性地方病。这是由于地球表面各种化学元素分布不均匀，不同地区的水或土壤中某种元素或化合物过多、不足或比例失调，通过食物和饮水作用于人体所产生的疾病。常见的有元素缺乏性地方病如碘缺乏病，元素过多性地方病如地方性氟中毒、地方性砷中毒、地方性硒中毒等。一般来说，元素缺乏性地方病分布规律为山区高于平原，内陆高于沿海，而且越是山高沟深的地区，发病越严重；而元素中毒性地方病常与地貌因素有关，如一些火山地带易出现地方性氟中毒。另外，此类地方病与当地交通不便、经济和文化落后、生活水平较低、食品种类少等也有较大关系。

3. 病因不明地方病。某些地方病病因虽有各种学说，但无定论，如大骨节病、克山病等。

五、预防

中国是世界上地方病病种最多、分布最广的国家之一，也是世界上受地方病危害最严重的国家。地方病已成为一些地方致残、致贫、阻碍社会发展的主要因素，因此加强地方病的防治有重大意义。

1. 积极开展健康教育，主动参与防治工作，动员群众主动预防和治疗，树立长期预防观念和自我保健意识。

2. 加强病因预防，补充环境和机体缺乏的元素。如在妇女妊娠前或妊娠初期应补充足够的碘，以预防地方性克汀病、亚临床克汀病、先天性甲状腺功能低下症及发育性疾病；补硒可预防大骨节病和克山病，降低大骨节病的发病率，也可使克山病发病率明显下降，并可预防其恶性发作。

3. 限制环境中过多的元素进入机体，如防止氟、砷、碘等元素的过度摄入。

4. 杀灭宿主使宿主长期大面积下降是消灭自然疫源地的根本控制措施。

5. 杀灭媒介昆虫是防治生物源性地方病的重要措施。化学药物（敌敌畏、敌百虫、除虫菊类药物）对蚤、螨、蜱均有效；此外，还应加强个人防护（涂抹驱避剂）及注意环境卫生。

6. 消毒是杀灭传播因素中病原体的重要手段，对预防鼠疫、布鲁氏菌病是必不可少的措施。

7. 预防接种。通过生物制品接种，刺激机体产生特异性免疫力。鼠疫活菌疫苗接种后，其免疫力只有半年；布鲁氏菌活菌疫苗和森林脑炎灭活疫苗的免疫力能维持 1 年；Q 热灭活疫苗的免疫力较为持久。

六、地方病在保险业务中的应用

中国地方病分布广，罹患者多，受威胁人口更多。由于地方病在某些特定地区发病率、患病率很高，出险机会远远大于正常人群，属于可知风险，保险公司承保具有很大风险，因此有些保险产品将其作为责任免除。销售这些保险产品时，业务人员需要如实解说地方病不属于保险责任，以免引起不必要的理赔纠纷；核保过程中，对于地方病病区的被保险人应高度怀疑地方病可能，采取相应的检查手段或问卷或生存调查等方法，以识别客户患有地方病风险，作出合理的核保结论。如客户来自山区，而该地区土壤、饮用水严重缺乏碘，承保时应仔细评估碘缺乏病风险。碘缺乏病是由摄碘不足而引起的一系列病症如甲状腺肿大、克汀病、先天畸形等，通过调查当地饮用水含碘情况，了解客户摄碘量，检验客户尿液含碘量，结合临床表现，可以鉴定客户是否有碘缺乏病，从而承保时将碘缺乏病列为除外责任，必要时根据病情轻重作出拒保处理。

目前在中国地方病病区，当地政府制定了地方病防治条例，如青海、内蒙古、山西等地，在这些条例中，确定了所在地区的具体地方病名称，如《山西省地方病防治条例》中明确规定当地的地方病包括碘缺乏病、地方性氟中毒、地方性砷中毒、大骨节病、克山病、布鲁氏菌病、鼠疫；《陕西省地方病防治条例》中规定的地方病包括碘缺乏病、大骨节病、克山病、地方性氟中毒及布鲁氏菌病和鼠疫。同时，地方病防治条例规定地方病病种的增加或者减少以及病（疫）区的确定，由省人民政府卫生行政管理部门根据法律法规的规定和地方病流行、控制的情况提出，报省人民政府批准后公布，并实行病（疫）情报告制度。因此，保险理赔人员进行地方病的鉴定，一方面可以查询地方病防治机构的病（疫）情记录，另一方面根据地方病的特征、流行规律、客户临床表现及相关检查综合考虑并判断。如保险理赔过程中需要调查客户投保时是否患有地方性氟中毒，如果客户投保时确诊了地方性氟中毒，按照当地法律法规规定，其患病信息在当地疾病控制中心或相关部门应有所登记，保险理赔工作人员可以到相应机构进行调查，找到客户患有地方病证据，从而作出合理理赔结论。

随着社会科学技术的发展，许多地方病得到有效防治，很多地方病的发生呈散发状，失去了其地方特性；同时随着经济发展、环境污染的加剧，出现了一些新的地方病。因此，保险工作人员不能片面地以地方特性来判断地方病，必须根据社会发展动态的识别评估地方病的风险，推出更多的针对地方病保障的保险产品。

第四节　　职业病

【案例】

惠州 2011 年 10 月 13 日电（马云霞）：13 日，广东省惠州市职业病防治院院长彭建明透露，电子、制造业发达的广东惠州企业职业病危害比较严重。全市在册的 4 万多家生产企业中，有 1.5 万多家企业有严重职业病危害，约占总数的 38%，直接接触危害因素工人有 25 万多人。

——来源于中国新闻网

来自国家安全生产监督管理总局的信息显示，我国职业病危害正在由城市工业区向农村转移，由东部地区向中西部转移，由大中型企业向中小型企业转移，职业病危害分布越来越广。全国约有 83% 的中小企业存在不同程度的职业危害，近 34% 的中小企业职工接触尘毒有害作业。

——来源于金黔在线

上述资料说明，职业病在我国仍很严重并表现出新的特点。基于此，商业保险企业在保险产品中开始将职业病作为保险责任范围，但一般的健康保险产品还做不到这一点。为什么呢？

提示：

1. 什么是职业病？
2. 职业病产生的条件。
3. 职业病风险发生的必然性。

一、定义

在人们生产过程、劳动过程和生产环境中存在的可直接危害劳动者健康的因素称为职业性有害因素，职业性有害因素作用于人体的强度与时间超过一定限度时，人体不能代偿其所造成的功能性或器质性病理改变，出现相应临床征象，并影响劳动能力，这类疾病通称为职业病。

二、特点

1. 病因明确。即有明显的职业危害因素，在控制病因或作用条件下，可以消除或减少发病。

2. 病因多可定量检测，接触有害因素的水平与发病率及病损程度有明确的接触（剂量）—反应（效应）关系。

3. 在同一生产环境下的人群中常有一定的患病率，很少出现个别病例。

4. 如能早期诊断，进行合理处理，预后较好，康复较易。大多数职业病目前尚无特效治疗办法，只能对症处理，故发现愈晚，疗效愈差。

三、职业病的种类

在立法意义上，职业病是指政府行政部门所规定的法定职业病，其定义为企业、事业单位和个体经济组织（以下统称用人单位）的劳动者在职业活动中，因接触粉尘、放射性物质和其他有毒、有害物质等因素而引起的疾病。

根据2002年5月1日实施的《中华人民共和国职业病防治法》（以下简称《职业病防治法》）的规定，目前我国法定职业病包括10大类115种，具体如下：

1. 职业中毒。劳动者在劳动生产过程中接触对人体产生有害的化学物质而发生的中毒称为职业中毒。常见的职业中毒有铅、汞、锰等化合物中毒等。

2. 尘肺。由长期吸入生产性粉尘并有粉尘在肺内阻留而引起的以肺组织弥漫性纤维化为主的全身性疾病称为尘肺。尘肺的显著特征是肺泡结构永久性破坏。长期吸进煤粉尘，形成煤尘肺；长期吸进游离二氧化硅粉尘，形成矽肺；长期吸进结合型二氧化硅，形成碳酸盐肺；长期吸入其他粉尘则形成煤矽肺、铝尘肺等。这些尘肺病使人体肺器官的抵抗力逐渐减弱，对劳动者的健康危害很大，晚期容易酿成肺气肿、肺源性心脏病而危及生命。这类职业病发病率较高，是我国当前主要的职业病。

3. 职业性皮肤病。职业性皮肤病是由职业劳动条件引起的皮肤及其附属器和口腔黏膜暂时性或永久性生理功能失常和病变。在我国主要有接触性皮炎、光敏性皮炎、电光性皮炎、黑变病、痤疮、溃疡、化学性皮肤灼伤等。

4. 职业性放射性疾病。职业性放射性疾病是指用人单位的劳动者在职业活动中，由接触放射性物质，受到辐射损伤而引起的疾病。在我国主要有外照射急性放射病、外照射亚急性放射病、外照射慢性放射病、内照射放射病、放射性皮肤烧伤、放射性肿瘤等。

5. 物理因素所致职业病。主要有中暑、减压病、高原病、航空病、手臂振动病。

6. 生物因素所致职业病。主要有炭疽、森林脑炎、布氏杆菌病。

7. 职业性眼病。主要有化学性眼部烧伤、电光性眼炎、职业性白内障（含放射性白内障、三硝基甲苯白内障）。

8. 职业性耳鼻喉口腔疾病。主要有噪音聋、铬鼻病、牙酸蚀病。

9. 职业性肿瘤。主要有石棉所致肺癌、间皮瘤，联苯胺所致膀胱癌，苯所致白血病，氯甲醚所致肺癌，砷所致肺癌、皮肤癌，氯乙烯所致肝血管肉瘤，焦炉工人肺癌，铬酸盐制造业工人肺癌。

10. 其他职业。主要有金属烟热、职业性哮喘、职业性变态反应性肺泡炎、棉尘病、煤矿井下工人滑囊炎。

四、职业病的诊断

职业病的诊断和处理是一项严肃的、政策性和科学性很强的工作，直接关系到劳动人民的健康和劳动保护政策的贯彻，同时也关系到国家或企业的利益。根据2002年5月1日实施的《职业病防治法》和《职业病诊断与鉴定管理办法》的规定，职业病的诊断应由省级卫生行政部门批准的医疗卫生机构承担，并由三名以上取得职业病诊断资格的执业医师进行集体诊断。作出诊断后必须向当事人出具职业病诊断证明书，并按规定向所在地区卫生行政部门报告。劳动者可以选择用人单位所在地或本人居住地的职业病诊断机构进行诊断。

职业病的诊断应当依据职业病诊断标准，结合职业病危害接触史、工作场所职业病危害因素检测与评价、临床表现和医学检查结果等资料，进行综合分析作出。

五、职业病在保险业务中的应用

卫生部《2009年全国职业病报告情况》显示，截至2009年年底，全国累计报告职业病72万余例。也有专家指出，由于现在发布的职业病新发病例数是从覆盖率仅达10%左右的职业健康监护中发现的，因此实际病例远远高于有关报告数字，专家估计尘肺病实际发生的病例数不少于100万人。中国现有存在有毒有害作业场所的企业约1600万家，其中在从事劳动过程中遭受不同程度职业病危害的劳动者高达2亿人，而37.8%的职业病患者未获赔偿。从以上数字可以看出中国职业病现状是令人揪心的，老百姓对于职业病有强烈的保险需求。

由于职业病在特定的职业环境中发病率很高，而且很多职业病具有不可逆性，一旦患上难以康复，寿险保险公司承保风险很大，难以控制，因此很多寿险公司将职业病作为除外责任。但是当前在中国经济高速发展的同时，劳动保护力度薄弱积累下来的职业病隐患进入高发期和矛盾凸显期，如何充分发挥保险对职业病的经济补偿优势、彰显保险保障功能，值得保险公司探讨。

《职业病防治法》规定了用人单位应当按照国家有关规定，安排职业病患者进行治疗、康复和定期检查；职业病患者的诊疗、康复费用，伤残以及丧失劳动能力的职业病患者的社会保障，按照国家有关工伤社会保险的规定执行；职业病患者除依法享有工伤社会保险外，依照有关民事法律，尚有获得赔偿权利的，有权向用人单位提出赔偿要求。2010年12月修订的《工伤保险条例》明确规定职工患有职业病认定为工伤，治疗工伤所需费用符合工伤保险诊疗项目目录、工伤保险药品目录、工伤保险住院服务标准的，从工伤保险基金支付；同时规定职工住院治疗工伤的伙食补助费，以及经医疗机构出具证明，报经办机构同意，工伤职工到统筹地区以外就医所需的交通、食宿费用从工伤保险基金支付。从以上规定不难看出，职工只要确诊了职业病就可以认定为工伤，享受工伤保险待遇，其诊疗、康复、伙食补助费以及必要的交通费、食宿费按照工伤保险管理办法进行报销，由职业病导致伤残或劳动能力的丧失也会获得国家或用人单位赔偿。商业保险作为社会保险的有效补充，按照性质属于自愿保险，因此商业保险产品设计必须通过价格与保障范围来吸引客户。针对国内老百姓强烈的职业病保障需求，商业保险公司应围绕职业病进行充分调研，掌握客观、庞大的职业病数据，比对社会保险中职业病保障范围，开发出适应保险市场发展的职业病保险产品。

目前商业保险中只有少数产品将职业病作为保险责任，如商业雇主责任险与商业工伤责任险。雇主责任险是指被保险人所雇佣的员工在受雇过程中从事保险单所载明的与被保险人业务有关的工作而遭受意外或患与业务有关的国家规定的职业性疾病，所致伤、残或死亡，被保险人根据《劳动法》及劳动合同应承担的医药费用及经济赔偿责任，包括应支出的诉讼费用，由保险人在规定的赔偿限额内负责赔偿的一种保险。这些产品虽然将职业病列为保险责任，但是对于客户投保前所患的职业病是作为除外责任的，因此在保险业务中识别职业病、降低客户职业病的发病风险有其重要性。这不仅依赖于客户对其职业病以及从事的具体职业如实告知，更需要核保人员严谨细致的工作态度。在保险业务中需要从客户职业环境、从事岗位工作内容、工作年限、有无防护措施以及对职业病危害的认识程度等方面综合分析考虑客户患职业病风险的大小，并进行相应的检查以识别客户职业病风险。如客户张某在私人煤窑从事地下采煤10年，作业时防护措施简单，自身对职业病危害缺乏认识，根据以上信息，可以推测张某可能患有尘肺，核保时应进行胸部X线检查以排除尘肺可能。

《职业病防治法》规定县级以上地方人民政府卫生行政部门负责本行政区域内的职业病统计报告的管理工作并上报。《职业病诊断与鉴定管理办法》规定职业病诊断机构应当建立职业病诊断档案并永久保存，档案内容应当包括职业病诊断证明书、职业病诊断过程记录（包括参加诊断的人员、时间、地点、讨论内容及诊断结论）、用人单位和劳动者提供的诊断用的所有资料、临床检查与实验室检验等结果报告单、生产环境现场调查笔录及分析评价报告。职业病统计报告与职业病诊断档案记录了职业病客户患病信息，因此在保险理赔过程中，调查地方职业病统计报告与职业病诊断档案，可以了解客户职业病信息，找到客户患职业病的证据，确定保险责任。

目前，由于用人单位不愿意提供职业病诊断相关的材料，职业病的诊断成为一件难事，这也导致潜在和累计的职业病患者很多。识别这些人群职业病的风险需要综合考虑其从事的工种、年龄、接触职业性有害因素的情况、同工种人群的发病情况、临床表现以及辅助实验室检查，然后作出判断。

保险公司部分产品将职业病作为保险责任，而多数职业病一旦发生很难逆转，造成人身的伤害、死亡，也导致理赔风险增加，因此保险公司需要加强客户职业病的劳动教育，使客户了解预防职业病的基本知识、掌握职业性有害因素对健康的影响和防护方法、树立自我保护意识、养成良好的卫生习惯和行为生活方式、降低职业病的发病风险，做到客户与保险公司双赢。

第五节　法定传染病

【案例】

2003 年 SARS（传染性非典型肺炎）在中国大面积流行，在 SARS 流行早期，涉及 SARS 有关的赔付责任问题，内地各保险公司通常采取避而不答的态度，香港、台湾的保险公司则反应迅速，积极应对。

针对 SARS 事件，香港的中银人寿保险公司特别申明，凡在 2003 年 4 月 2 日至 6 月 30 日期间，前 1000 名成功投保该公司"美满人生"保障系列计划，同时第一年保费在 5000 元以上的客户，均可免费获赠"非典型肺炎住院现金保障"；若客户不幸证实因 SARS 而需入住香港当地医院接受治疗的，在治疗期间将可获得每天 200 元的现金赔偿，每张保单最高赔偿额为 6000 元，以减轻客户在患病期间的经济负担。

台湾幸福人寿保险公司表示，无论是 1998 年之前还是之后购买的保单，凡是该公司医疗险保户，"一律提供 SARS 医疗理赔"。

请思考为什么上述保险公司要将传染性非典型肺炎作为增加的保险责任呢？

提示：

1. 保险企业设计的保险条款一般都将法定传染病列为除外责任。

2. 一般法定传染病具有流传广、伤害大等特点。

3. 现代医疗条件有了飞跃的发展，对不少的法定传染病诊断快，治疗效果好。

4. 商业保险要在社会保障方面承担更多的社会责任。当然，这也预示着保险业发展的新的增长点，表明学习这节的重要意义。

法定传染病指《中华人民共和国传染病防治法》中列为法定管理的传染病。保险业务中又称为特定传染病。

一、法定传染病种类

2004 年 12 月 1 日实施的《中华人民共和国传染病防治法》规定传染病分为甲类、乙类和丙类。

甲类传染病是指鼠疫、霍乱。

乙类传染病是指传染性非典型肺炎、艾滋病、病毒性肝炎、脊髓灰质炎、人感染高致病性禽流感、麻疹、流行性出血热、狂犬病、流行性乙型脑炎、登革热、炭疽、细菌性和阿米巴性痢疾、肺结核、伤寒和副伤寒、流行性脑脊髓膜炎、百日咳、白喉、新生儿破伤风、猩红热、布鲁氏菌病、淋病、梅毒、钩端螺旋体病、血吸虫病、疟疾。

丙类传染病是指流行性感冒、流行性腮腺炎、风疹、急性出血性结膜炎、麻风病、流行性和地方性斑疹伤寒、黑热病、包虫病、丝虫病，除霍乱、细菌性和阿米巴性痢疾、伤寒和副伤寒以外的感染性腹泻病、手足口病。

上述规定以外的其他传染病，根据其暴发、流行情况和危害程度，需要列入乙类、丙类传染病的，由国务院卫生行政部门决定并予以公布。

二、法定传染病在保险业务中的应用

2003 年，随着 SARS 进一步大面积的流行，国内多家保险公司适应市场发展的需求，在评估传染性非典型肺炎风险基础上，推出了针对"非典"的保险产品，促进了健康险业务发展，也提升了保险业的形象，但是 SARS 疫情对保险业也有不利的一面，如寿险新单业务下降、营销队伍发展受阻、相关业务受到冲击等。

SARS 作为一种人类前所未有的疾病，医学界对于 SARS 的分析研究尚无最终定论时，保险公司短期内很难像一般疾病那样有足够的数据资料进行风险估算，赔付率也难以测算，因此很多保险公司在 SARS 流行早期难以推出相对应的保险产品。SARS 流行中后期，许多保险公司虽然推出了针对 SARS 的保险产品，但是相对于保险市场的需求，其产品的推出显得滞后。

2004 年《中华人民共和国传染病防治法》将 SARS 列为法定的乙类传染病，SARS 作为法定传染病之一给保险业务带来的影响，值得保险业吸取经验教训。随着经济发展、居住环境改变、人们行为生活方式等变化，有些传染病或将消灭，不再是法定传染病；有些新出现的传染病，因其病情严重而列为新的法定传染病。当新的传染病出现、尚未纳入法定传染病范围之内时，保险公司赔还是不赔？赔付质量的好坏势将影响保险公司信誉。

鉴于以上情况，保险公司设计条款时，应充分围绕法定传染病调研，掌握法定传染病的调研数据和文献资料，对有可能引起大面积流行、病情进展迅速的传染性疾病列入责任免除时应该具体化，列举具体的法定传染性疾病名称；承保时对法定传染性疾病加以一定的合理限制条件，如对客户发病时间的限制、保险金额的限制以及保险收费标准浮动的限制。目前，由于法定传染病流行面积大，病情严重，保险公司承保风险难以评估，因此保险公司有些产品将其列为除外责任，如旅游人身意外伤害保险附加急性病身故保险、住院医疗保险等。对于那些前所未有、医学界毫无分析研究的传染病，尽管在其流行后国家将其列为法定传染病，但是在其流行时期、尚未纳入法定传染病范畴时，保险公司如何应对值得探讨。

法定传染病分为三类，类别不同，病情不一，风险程度也有差异，如果将所有的法定传染病都列为除外责任，对于客户而言有失公平。因此，承保时需要对不同法定传染病加以精确风险评估分析，综合考虑传染病的流行传播速度、传播途径、患病率、病死率以及预防治疗措施等方面，作出具体合理的承保结论。目前，有些保险产品免除条款中包含法定传染病，有些保险产品将甲类、乙类法定传染病列为免责，但是都未将法定传染病具体化。

《中华人民共和国传染病防治法》规定疾病预防控制机构、医疗机构和采供血机构及其执行职务的人员发现法定传染病疫情或者发现其他传染病暴发、流行以及突发原因

不明的传染病时，应当及时上报，因此保险公司可以从疾病预防控制机构登记的传染病信息了解到客户是否患有法定传染病、患病时间以及具体病名，核实客户是否如实告知情况，确定保险理赔责任。

尽管法定传染病不在寿险公司赔付范围，但有些被保险人事实上因法定传染病死亡，得不到正确诊断，或有关人员有意回避这些疾病，增加了寿险公司理赔调查的难度。因此，理赔人员掌握地区传染病谱、传染病疫情有助于提升理赔效率、防范道德风险。

目前，我国防治传染病的工作力度不强，许多工作尚不到位，难以适应疾病预防、控制的新形势，不能满足人民群众日益增长的卫生健康需求，因此保险公司在法定传染病方面具有广阔市场。

第六节　矫形和整形

【案例】

住院医疗险条款

……

2.4 责任免除　因下列情形之一导致被保险人发生住院或手术的，我们不承担给付保险金的责任，本合同在约定的期限内继续有效：

（1）在中国大陆（见7.12）以外的国家或地区接受治疗；

（2）未书面告知的既往症（见7.13）、本合同特别约定的除外疾病；

……

（7）疗养、康复治疗（见7.15）、心理治疗、美容、矫形、视力矫正手术、牙齿治疗（见7.16）、安装假肢、非意外事故所致的整容手术。

请思考：

1. 在商业住院医疗险条款中矫形与整形为何作为除外责任。

2. 购买意外伤害医疗险的客户因外伤导致肢体畸形，其矫形费用是否属于理赔范围，为什么？

矫形是指通过手术恢复人体正常形态结构。对于意外伤害或疾病导致骨、关节、肌腱、神经、血管等器官组织结构变形而进行的矫正手术，大多数保险公司将其列为除外责任，也有部分保险产品将其列为保险责任。对于先天性疾病、遗传性疾病导致的畸形、变形而进行的矫正手术，保险公司通常将其作为免除责任，因为先天性疾病、遗传性疾病是投保前就具有的风险，其产生的矫形费用不属于可保风险，如先天性马蹄内翻足、髋关节脱位、脊柱侧弯、肌斜颈等疾病的矫形。可见界定畸形、变形原因对于保险责任的确定非常有意义。由于先天性疾病、遗传性疾病在本章第一节、第二节已有详细介绍，此处不再解释。

整形是指运用外科理论和技术，以组织移植为主要治疗手段，为患者恢复功能、改善形态。其治疗范畴主要有：

1. 凡浅表部位的先天性畸形，影响功能或形态者。如头皮缺损、颜面裂、先天性斜颈、先天性上睑下垂、乳房缺损、外生殖器缺损或畸形多指（趾）、短指、并指（趾）及关节畸形等。

2. 后天性缺损与畸形。由外伤（包括手术）、感染等引起的组织缺损或功能障碍而需整复治疗者。

3. 其他如面神经瘫痪、褥疮、体表肿瘤等疾病需整形外科手术予以修复者。

4. 美容整形。美容整形是指对具有正常解剖结构及生理功能的人体进行形体的美学修正和再塑造，如隆胸、双眼皮手术、除皱等。

被保险人整形前的病理变化、生理结构功能是原有的，属可知性风险。整形手术所有费用是必然发生的费用支出，不具有可保性，尤其为了追求美进行的美容整形手术，因此整形所产生的费用一般不属于保险责任。但是，不同客户做整形手术的必要性是不同的，如客户因疾病导致鼻中隔严重偏曲、严重影响身体健康而进行的整形手术，另一客户为了追求美而进行鼻中隔整形术，两者同属整形术，但是赔付结论有所不同，前者是由后天疾病导致，其手术费用发生是不明确的，后者的解剖结构属于正常，其手术必要性小，发生的费用是明确的。因此，在保险理赔中对于所有整形手术不能一概而论，需要结合实际情况，根据保险条款与保险基本原则作出合理的结论。如因意外伤害导致的整形与康复费用，虽然属于整形，但是此整形与意外伤害有因果关系，应列为意外伤害事故赔付的连续责任内。保险业务中如果将整形与矫形手术绝对化而拒赔，客户发生相应保险事故时容易产生争议。为了避免不必要的保险理赔纠纷，设计保险条款时有必要将矫形和整形条款内容具体化、明朗化和规范化；处理矫形或整形拒付案件时一定要谨慎，查明事实，找出确凿的证据，做到拒付有理有据。发出拒付通知书时，一定要仔细斟酌，用词准确，不能产生歧义；同时还要耐心做好客户的解释工作，让客户对拒付结果心服口服。

随着人们生活水平的提高，矫形、整形的需要性越来越大，尤其是美容整形，保险公司应适应保险市场需求，开发更多的针对矫形与整形的保险产品。

第七节　精神病

【案例】

肖某，女，35岁，某保险公司"人身意外伤害保险卡"的被保险人，保额10万元。在保险合同有效期内，肖某在家跳楼身亡。理赔调查未发现他杀现象，公安部门认定属自己跳楼身亡。后经查访了解到肖某曾患有精神病并在医院调阅既往病历得到证实。邻居调查中得知肖某近期精神不正常，正在发病中。因此，保险公司承担保险责任，给付了保险金。

请思考为何肖某跳楼身亡还要给付保险金。

提示：

1. 什么是自杀，符合自杀的条件有哪些？
2. 精神病患者跳楼是否属于自杀？

《民法通则》第五十八条规定无民事行为能力人实施的民事行为无效，限制民事行为能力人依法不能独立实施的民事行为无效。因此，保险业务中投保人必须是具有民事行为能力的人，对于无民事行为能力人或限制民事行为能力人，可以先由其法定代理人或监护人投保，待其具有完全民事行为能力时再更换投保人。如果投保人患有各种精神疾病，不具有完全民事行为能力，那么其所签订的保险合同会因为主体资格不符合《保险法》、《民法通则》和《经济合同法》的有关规定而不具有法律效力，属于无效保险合同。所以核保过程中需要鉴定患有精神病的客户是否具有民事行为能力。

判定精神病客户的民事行为能力，要根据医学标准和法律标准（辨认能力）加以判断。《民法通则》第十三条规定，不能辨认自己行为的精神病患者是无民事行为能力人，由他们的法定代理人代理民事活动；不能完全辨认自己行为的精神病患者是限制民事行为能力人，可以进行与他的精神健康状况相适应的民事活动，其他民事活动由他的法定代理人代理，或者征得他的法定代理人的同意。辨认能力是指对自己行为的社会意义、性质及后果的辨别与认识能力。辨认能力的高低对于鉴定精神病患者民事行为能力至关重要。由于民事行为能力是以长时间持久的理智活动为前提，所涉及的民事法律问题不仅指某一具体的民事案件和民事行为，还指现在和今后的民事行为，所以，无民事行为能力的疾病类别中通常不包括短暂性精神障碍。因此，如果短暂性精神障碍客户投保时精神正常，其签订的保险合同具有法律效力。

《保险法》第三十三条规定，投保人不得为无民事行为能力人投保以死亡为给付保险金条件的人身保险，保险人也不得承保。因此，精神病客户如果不能完全辨认自己行为，不能作为以死亡为给付保险金条件的人身保险的被保险人。

由于多数精神病患者对自己行为缺乏辨认能力与控制能力，有些精神疾病，病程很长，长期迁延不愈，并容易复发，保险公司承保时风险很大，对于已有精神病客户通常是拒保，精神病通常列为人身保险的免除责任。目前，中国老百姓保险意识并不是很强，难免发生逆选择与道德风险，带着精神病来投保，也不会如实告知，因此识别客户有无精神病不能完全依赖客户的告知，需要掌握对精神病的辨别能力与相关信息的收集能力。在业务中可以通过调查客户家人、邻居、同事以及医疗机构相关记录，查找精神病证据；还可以通过与客户的交流判断其辨别能力的高低。

责任免除的确定对于保险核赔是很重要的一项工作。精神病患者发生保险事故是否适用除外责任条款给理赔工作带来不少的麻烦。保险条款中通常有以下免责：投保人故意伤害、杀害被保险人，被保险人故意犯罪等。对于既往有精神病的客户，当其发生故意伤害、杀害被保险人或故意犯罪或自杀等保险事故时，其精神状态正常与否对于确定保险责任至关重要。如果保险事故发生时，其意识清楚，对自己行为具有辨认能力与控制能力，那么在审核保险责任时需要将其视为正常人，其发生的保险事故则不属于保险责任。而当事故发生时，精神病发作，对自己行为无辨认能力与控制能力，则应将其视为非正常人，（在排除带病投保因素条件下）保险人应承担该事故的保险责任。

【本章小结】

人身保险产品中免责条款常包括先天性疾病、遗传性疾病、地方病、职业病、法定传染病、矫形与整形以及精神病等。新《保险法》要求保险人有如实解释免责条款的义务，因此保险从业人员需掌握以上疾病相关知识点。

先天性疾病是指一出生时就具有的疾病（症状或体征）。这些疾病是指由人的遗传物质（包括染色体以及位于其中的基因）发生了对人体有害的改变而引起的，或母亲怀孕期间受内外环境中某些物理、化学和生物等因素的作用，使胎儿局部体细胞发育异常，导致婴儿出生时就存在的一个永久性的解剖学、组织学、生物化学和功能方面的异常，多数都是不可逆性的。对先天性疾病的定义、原因、临床表现、预防等知识点的掌握，有助于开展先天性疾病的核保与理赔。

遗传性疾病指生殖细胞或受精卵的遗传物质（染色体和基因）发生突变或畸变所引起的疾病，通常具有由亲代传至后代的垂直传递的特征，故常具有先天性、家族性等特点。遗传性疾病分为单基因遗传病、多基因遗传病、染色体病、体细胞遗传病、线粒体遗传病五大类，保险实务中关于遗传性疾病的核保核赔需要根据具体情况具体分析。

地方病是指呈地方性发病特点且相对稳定并经常发生的疾病，分为自然疫源性地方病、地球化学性地方病和病因不明地方病三类。其发病有其流行特征，随着生活方式改变、环境变迁，地方病的流行特点也发生了很大改变，在保险实务中对于地方病的核保核赔需要将地方病的医学知识与社会环境紧密结合。

职业病为企业、事业单位和个体经济组织的劳动者在职业活动中，由接触粉尘、放射性物质和其他有毒、有害物质等因素而引起的疾病。目前我国法定职业病包括10大类115种。职业病的诊断和处理是一项严肃的、政策性和科学性很强的工作，因此保险实务中还需掌握国家对于职业病的相关政策。

法定传染病指《中华人民共和国传染病防治法》中列为法定管理的传染病，保险业务中又称为特定传染病。法定传染病分为甲、乙、丙三大类，保险实务中有些免责条款中注明甲、乙两类法定传染病为免除责任，有些则将法定传染病列为免责。

矫形是指通过手术恢复人体正常形态结构。整形是指运用外科理论和技术，以组织移植为主要治疗手段，为患者恢复功能、改善形态。矫形与整形通常为免除责任，但是随着生活水平的提高，人们对美的追求，矫形与整形有望列为保险责任。

精神病通常为免除责任，保险实务中关于精神病患者投保都有相关规定。当精神病患者发生保险事故，鉴定是否属于故意还是意外需要了解客户对其行为有无辨认能力与控制能力，以避免不必要的保险纠纷。

【思考题】

1. 保险业务中免责条款涉及的疾病有哪些？

2. 先天性疾病的定义、鉴定以及常见先天性疾病名称。先天性疾病拒付案件如何开展理赔调查工作？

3. 遗传性疾病的定义、分类。遗传性疾病拒付案件如何处理？

4. 地方病的定义、鉴定以及常见地方病名称。如何识别、评估客户地方病的风险？

5. 社会保险中关于职业病的保障有哪些？职业病的高危人群有哪些？

6. 法定传染病的定义、分类以及常见法定传染病的名称。保险公司如何应对新出现、大面积流行的传染病？

7. 患精神病的客户能投保吗？为什么？保险事故发生后，如何鉴定精神病客户的行为是故意还是意外？

8. 能力拓展训练：

材料一　雇主责任保险条款

……

保险责任

第三条　在本保险合同期间内，凡被保险人的雇员，在其雇佣期间因从事保险单所载明的被保险人的工作，而遭受意外事故或患与工作有关的国家规定的职业性疾病所致伤、残或死亡，对被保险人因此依法应承担的下列经济赔偿责任，本公司依据本保险合同的约定，在约定的赔偿限额内予以赔付：

（一）死亡赔偿金；

（二）伤残赔偿金；

（三）误工费用；

（四）医疗费用。

……

责任免除

第四条　本公司对下列各项不负赔偿责任：

（一）被保险人的雇员由于职业性疾病以外的疾病、传染病、分娩、流产以及因上述原因接受医疗、诊疗所致的伤残或死亡；

……

根据上述材料进行思考并回答下列问题：

1. 在上述条款中，职业病属于雇主责任险的保险责任，但是对投保前已有的职业病不承担保险责任，而职业病起病隐匿，承保时从哪些方面评估客户具有患职业病的风险?

2. 人身保险产品中，职业病通常为除外责任，随着中国受职业病影响人数增多，保险公司针对职业病该如何面对?

材料二

2011 年 9 月 21 日，世界卫生组织（WHO）确认，新疆和田发生脊髓灰质炎（小儿麻痹症）输入性疫情，病毒来自巴基斯坦。截至 9 月 7 日，新疆累计报告 9 例脊髓灰质炎确诊病例，其中 1 例死亡，其余 8 例仍在治疗和康复中。

2011 年 9 月 29 日上午，北京市卫生局通报：北京确认 3 例脊髓灰质炎野病毒隐性感染者。3 人都是 8 月 20 日之后到北京读书的新疆和田地区学生。隐性感染者大多数不发病，但他们排泄的粪便带有病毒，可传染给他人。因此，这三位学生正进行医学观察。

——来自浙江在线新闻网站

根据上述材料针对下列问题写出自己的对策：

1. 旅游是很多家庭及个人的度假方案，随着旅游热的兴起，保险公司设计旅游保险产品时如何规避传染病、地方病的承保风险?

2. 脊髓灰质炎是否属于法定传染病? 如果是，当客户因此病身故，请给出理赔思路。

3. 当脊髓灰质炎大面积流行时，保险公司如何应对?

【参考文献】

［1］盖一峰：《人体结构学》，373～376 页，北京，中国医药科技出版社，2009。

［2］蔡玉文：《组织学与胚胎学 》（新世纪第二版），240～269 页，北京，中国中医药出版社，2007。

［3］宁勇：《血液学检验》，321～323 页，北京，高等教育出版社，2008。

［4］冯京生、杨耀琴、周作民：《组织胚胎学》，230～232 页，南京，江苏科学技术出版社，2008。

［5］马文丽：《医学分子生物学》，228～250 页，北京，高等教育出版社，2008。

［6］杜庆生、魏成和、庞惠珍：《保险医学实用手册》，91～101 页，北京，中国金融出版社，2005。

［7］孙春霞、蔡勇：《保险与精神医学》，57～99 页，北京，中国检察出版社，2000。

金融保险丛书
高等院校实务教程

第五章

体检在保险业务中的应用

【学习目标】
- 掌握体检在保险业务中的应用原则、体检结果的判读原则及误差原因。
- 熟悉保险实务常用体检项目结果异常的临床意义及保险实务判读。
- 通过对案例的分析、学习，形成正确的体检结果判读及风险评估思路。

第一节　体检在保险业务中的应用概述

【案例】

　　某寿险公司核保部为了加强风险管控、提高核保服务水平，正在讨论体检规则的修订。

　　A 说：核保部最重要的职能就是风险管控，我们所能采取的措施就是加强体检，我建议提高随机体检的比例，由目前的 0.5% 提高到 2%。

　　B 说：我不同意 A 的观点，提高了体检的比例，也不一定就能发现异常。我的建议是，增加体检项目。比如目前需要体检三项的，可以增加到七项甚至十项。这样就能通过体检发现异常，将存在健康异常但不告知的被保险人发现。

　　C 说：目前，业务部门对我们的规则意见挺大，说别的公司 30 岁的被保险人投保40 万元不需要体检，在我们公司投保 30 万元就需要体检，希望我们公司能提高体检额度。我觉得对业务部门的这种意见和需求无须理会。每家公司有每家公司的特点，哪能要求我们和别的公司一样呢。

　　请针对 A、B、C 的意见，谈一下自己的想法。

　　保险合同的订立应遵循最大诚信原则，其表现为保险人的说明义务，投保人的如实告知义务。但现实中，保险人与投保人存在明显的健康信息不对称，投保人会将不利于自身的健康异常隐瞒。据统计，目前国内寿险健康告知阳性率仅 2%，因此体检作为风险防范的手段在保险核保中被广泛引用。

在保险理赔环节，掌握医学检验相关知识，有利于准确界定保险责任、识别有无病历造假、防范保险欺诈等。

一、体检项目的设定原则

（一）成本控制原则

保险人获取健康信息主要通过客户告知，体检仅作为辅助手段，同时体检费用通常需要保险公司承担，故保险公司在设定体检项目时，需考虑成本与收益之间的平衡，一般简单地讲，体检付出的成本应小于因体检发现异常而能够避免的损失。如体检花费 10 万元，发现异常单能为公司减少损失 8 万元，则表明体检项目设置存在问题，体检成本过高。

实际工作中，因保险公司数据统计分析能力有限，能够进行成本效益分析的公司较少。

成本控制，主要体现为成本节约，保险公司一般采取如下措施：

1. 设定免体检额度，控制体检比例，即在某年龄段、某保额额度之下，可不予体检。目前国内各寿险公司的体检比例不超过 5%。

2. 不同额度设定不同的体检项目，一般保额越高体检项目越多。

3. 非常规体检项目，需客户自费，如心脏超声检查为非常规体检项目，若需体检，则需要客户自己承担体检费用，否则保险公司将不接受其投保申请。

如表 5 - 1 所示，某寿险公司针对不同年龄、不同保额设定了不同的体检项目。

表 5 - 1　　　　　　　　　　　某寿险公司体检规则表

保额分段	年龄段			
	0 ~ 17 岁	18 ~ 40 岁	40 ~ 50 岁	50 岁以上
0 ~ 10 万元	免	免	免	项目 A
10 万 ~ 20 万元	—	免	免	项目 A + 项目 B
20 万 ~ 30 万元	—	免	项目 A	项目 A + 项目 B
30 万 ~ 50 万元	—	项目 A	项目 A + 项目 B	项目 A + 项目 B + 项目 C

（二）简便、易接受原则

1. 保险公司体检项目设定应简单、应用广泛。保险公司分支机构遍布全国，若设置的体检项目复杂，应用不广泛，则会导致有些体检机构无法提供相应检查。

2. 体检项目应方便、快捷，易被客户接受。如常规体检项目不应设定有创伤性的检查如穿刺、组织活检等。

3. 体检一般不超过两次。保险公司一般将此列为核保员的作业准则。如初次客户查体异常，复查或进一步检查后，仍异常，此时核保员应就此作出风险评估，不应进一步检查，以免客户反感而撤销投保申请。

（三）市场竞争性原则

目前国内寿险公司竞争激烈，体检项目设定在考虑公司风险承受能力的同时，需注意保持市场竞争性，以免影响业务发展。如 A 公司寿险 30 万元免体检，B 公司寿险 40

万元免体检，就会导致部分 A 公司 30 万 ~40 万元的客户，为避免体检而转投 B 公司。

二、医学检验的特性

（一）医学检验的正常值

人类因为彼此的个体不同，即便每个人都接受相同的检验，其检验的结果也会各不相同。这种检验结果差异的原因，除了年龄、性别与检验操作方法不同外，最重要的就是每位受检者个体的差异。如果将每位受检者的年龄与性别因素省略，假设每一位受检者都是同一年龄、同一性别，并且也都是使用同一种方法作同一检验的话，则检验的结果将会因受检者的个体差异出现如图 5 – 1 所示的状况。

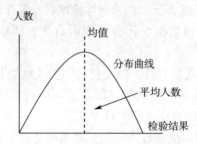

图 5 – 1 个体差异形成的检验结果

大多数的受检者都是落在平均值的两侧，呈现常态分配的形状。均值附近的数量是最多的。如果对这些受检者用同样的方法再检验一次，则有些第一次检验结果落在平均值附近者，第二次的检验结果可能会落在距平均值较远的地方；同样，第一次落在钟形边缘的人其第二次的检验结果可能会落在距平均值较近的地方；当然也会有部分受检者两次检验结果都呈相同的分布。

这种用以衡量每位受检者的检验结果与此受检者集团的平均值离散程度的参数，统计学上称为"标准差"。每一种分布曲线都各有其自己的标准差，按照统计学上的概率，临床检验结果呈现的标准差意义如图 5 – 2 所示。

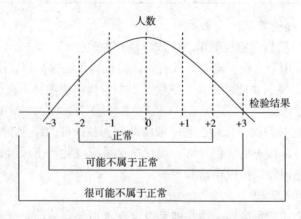

图 5 – 2 临床检验结果的标准差意义

按此标准差的意义，临床检验通常是将健康受检者的检验"正常值"界定在人数分布较多的 +2 ~ -2（95.4%）之间，以作为疾病诊断的正常范围，所以，所谓的"正常值"也就是以正常健康人为受检者所测得的数值。通常正常值都有一个上下限的范围，超过这个界限就是"异常值"。

"正常值"其实是人为设定的，现在医学教科书均将正常值称为"参考值"或"参考范围"。

（二）健康者与罹病者的检验结果分布

健康者的检验结果呈钟形分布，同样，对相同年龄与性别的罹病者而言，其检验结果的分布曲线也是呈现同样的钟形。理想的健康者与罹病者的检验结果分布曲线应分别落在正常值的两侧。如图 5 - 3 所示。

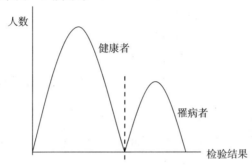

图 5 - 3 健康者与罹病者检验结果理想分布

在这个理想的分布图中，如果检验结果落在正常值的左侧，则受检者必定是健康的，反之，若检验结果落在右边的话则必定是罹病者。

实际上，只有真阳性、真阴性这种理想分布的情形是不存在的，健康者与罹病者的检验结果的实际分布曲线如图 5 - 4 所示。

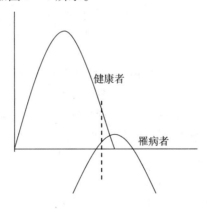

图 5 - 4 健康者与罹病者检验结果实际分布

从实际的分布图 5 - 4 中可以很直观地看到部分健康人群的检验结果落在正常值的右边，也就是我们所说的"假阳性"（健康者的检验结果为阳性）；而部分罹病者的检验结果落在正常值的左侧，成为"假阴性"（罹病者的检验结果为阴性）。

正是这种实际分布的图形给保险实务中医务核保体检结果的判读带来了很大的困扰，核保人员需要结合客户整体情况进行评估，而不能仅仅凭体检结果是否处于正常范围而确定健康与否。

（三）敏感性与特异性

任何一种医学检验均有其敏感性与特异性。

敏感性是指以某种测定的方法，能对某种物质测得的最低浓度值，愈敏感的方法能测定的物质浓度愈低。换言之，在医学检验中，敏感性是指对于某项检查项目而言，有病的人能被检查出阳性的比例，其计算公式为敏感性＝真阳性/（真阳性＋假阴性）。

特异性是指以某种测定方法，可使得测定物质产生反应而不会受到其他物质的干扰。对于某项检验项目而言，特异性是指健康者检查结果为阴性的比例，其计算公式为特异性＝真阴性/（真阴性＋假阳性）。

任何一个检验项目都没有100%的敏感性和100%的特异性，要提高检验项目的敏感性势必就会降低它的特异性，反之则相反。

正常值范围是根据检验项目的目的而设定的，同时检验结果正常范围的设定也影响该检验的敏感性与特异性。

当检验的目的是在健康人群中筛选患病者的话（如人寿保险的投保人群），正常范围就要设定得宽一些，使特异性最大，从而降低假阳性的比例。当实行检验的目的是以患病者为对象，欲找出健康者时，则此范围就不应设置太宽，以加大检验项目的敏感性。

因此，作为保险公司的核保人员，在进行体检结果判读时，必须清楚临床医学的检验正常值范围往往以加大检验的敏感性为目的，从而使医生不会漏过患病者，虽然加大敏感性会导致假阳性的比例升高，但临床医生可以通过了解患者的病史、症状及多项检查来排除假阳性。

（四）影响检验结果的因素

许多因素会影响检验结果，使其出现异常，但这种异常并不反映受检者的健康状况，而是受检验的外部环境、受检者的生理差异等因素的影响。了解这些影响因素对正确解读检验结果有很大帮助。

1. 生理因素。影响检验值的生理因素主要包括以下方面：年龄与性别、运动、饮食、药物等。如女性的血红蛋白、尿酸、血肌酐等数值平均约比男性低15%～20%，剧烈运动后可能会出现轻微蛋白尿，高蛋白质食物的摄入会影响尿素氮的水平等。

2. 检验样本的异常。检验样本采集后如时间放置太久或保存不当均会影响检验结果，如尿标本放置时间过长会使尿糖水平降低，发生标本溶血会对ALT、AST等多项结果造成影响。

3. 随机误差现象。检验值的正常范围是根据统计学上的95%可信度而制定的，因此，就任何一项检验而言，100位受检者中就有5位会呈现不正常的结果。检验项目越多，随机差异的概率越高。

4. 检验的方法及精确度。实验室仪器设备、检验试剂、操作人员的技术水平等均会影响检验的结果。一些对检验精确度要求较高的项目，如糖化血红蛋白，在大医院作的结果可信度会比小医院要高。又如 B 超的检查，与操作人员的技能关系较大。

（五）检验结果的判读

由于医学检验的局限性及多种因素均会对检验结果产生影响，所以医学检验的结果并非可直观地反映出被保人的健康状况。需要对检验结果进行分析，评估每一个结果所代表的真正意义（见图 5 - 5）。

	有病	无病
阳性	有病的人且检验结果为阳性 真阳性	无病的人但检验结果为阳性 假阳性
阴性	有病的人但检验结果为阴性 假阴性	无病的人且检验结果为阴性 真阴性

图 5 - 5 检验结果的分析评估

每一个检验结果都可能出现图 5 - 5 中的四种情况，作为保险公司核保人员应该分析检验值最可能代表的意义。当检验结果为真阳性或真阴性时，依此结果作出的核保决定是适当的，而当检验结果为假阳性或假阴性时，照此结果作出的决定就是不当的，可能过轻或过重。所以在判读检验结果时，核保人员的任务就是剔除假阳性和假阴性，作出最恰当的决定。

要合理准确地判断体检结果需遵循以下的原则：

1. 明确检查的目的。当检查的目的纯粹由于年龄、保额规定时，阳性的检查结果有假阳性的可能；当检查的目的是由于被保人的既往症或其他有针对性的检查时，阳性的检查结果往往预示着真阳性。

例 1：30 岁的男性投保 100 万元寿险，身高 170cm，体重 84kg，体检项目除 ALT 及 AST 轻度偏高外，其余结果均正常。

例 2：30 岁的男性投保 10 万元寿险，告知有乙肝病毒携带，身高 175cm，体重 65kg，体检 ALT 及 AST 轻度升高，两对半中 1、4、5 阳性。

两个例子中，被保人均有肝功能异常，这是否说明两个被保人都有肝脏疾病呢？

从检查的目的来看，例 1 中的被保人由于保额的关系接受体检，其既往并无肝炎病史，所以肝功能异常也许并不代表被保人有肝脏疾病。其肝功能异常，应为超重所致。例 2 中，被保人接受检查的原因是由于其乙肝病史，而本次体检出现肝功能异常正反映了被保人肝脏的慢性炎症反应，提示有肝细胞损害。

2. 检查项目的有效性。检查项目的有效性，即检查项目对评估某个健康缺陷是否为最恰当的。例如，评估被保人糖尿病的控制情况，检查项目只做尿糖及空腹血糖，即使两项均正常也不能说明被保人的糖尿病控制理想。

在保险实务中，如果检查的项目不能对症，则对正确评估风险无所助益，往往还会误导核保决定。

3. 发病率与预测值。发病率是指特定群体中某种疾病的发病概率。预测值是指检验结果对患病或未患病的预测价值，又称为预估值或诊断价值。

当检验结果为阳性时（包含真阳性与假阳性），确定真正患病者的比例，称做阳性预测值，计算公式为阳性预测值＝真阳性／（真阳性＋假阳性）。

当检验结果为阴性时（包含真阴性与假阴性），确定真正未患病者的比例，称做阴性预测值，计算公式为阴性预测值＝真阴性／（真阴性＋假阴性）。

发病率会影响检验结果的预测值，发病率越低，阳性预测值越低，阴性预测值越高。

假设1：在一般人群中，冠心病的发病率为4%，有1000人接受运动心电图检查，该检查对冠心病的敏感性为85%，特异性为80%。

假设2：在有心绞痛症状的人群中，冠心病的发病率为80%，同样有1000人接受运动心电图检查，该检查对冠心病的敏感性仍为85%，特异性为80%。

则假设1，有冠心病的人数为40人（1000×4%），其中真阳性为34人（40×85%），假阴性为6人（40－34）；无冠心病的人数为960人（1000－40），其中真阴性为768人（960×80%），假阳性为192人（960－768），由此得出：

阳性结果的预测价值＝真阳性／（真阳性＋假阳性）＝34／（34＋192）＝15%

阴性结果的预测价值＝真阴性／（真阴性＋假阴性）＝768／（768＋6）＝99%

则假设2，有冠心病的人数为800人（1000×80%），其中真阳性为680人（800×85%），假阴性为120人（800－680）；无冠心病的人数为200人（1000－800），其中真阴性为160人（200×80%），假阳性为40人（200－160），由此得出：

阳性结果的预测价值＝真阳性／（真阳性＋假阳性）＝680／（680＋40）＝94%

阴性结果的预测价值＝真阴性／（真阴性＋假阴性）＝160／（160＋120）＝57%

从上面的两个假设我们看到，在一般人群中，由于疾病的发病率较低，所以阳性的检查结果其预测价值也很低，只有15%，但阴性结果的预测价值却很高，几乎每个检验结果为阴性的受检者其阴性结果均为真阴性。这个人群可以理解为保险公司的被保险人群，该人群中绝大多数的人都是健康者，从这一群体中筛选患病者时，阳性的检验结果其假阳性的概率非常高。而在患病人群中情形恰好相反，阳性检验结果的预测价值非常高，但阴性结果的预测值则大大低于一般人群。

阳性预测值的主要应用是临床医学，偏重于在特定疾病的感染群体中挑选出可能的患病比例；而阴性预测值偏重检验结果为正常的比例，因此在人寿保险中不应花费大量成本找出极少数可能的患病者。阴性预测值主要应用在人寿保险的核保复检作业上，经过复检，可使得假阳性反应的健康受检者有可能再分布于正常的常态曲线中。

4. 检验结果的异常度。一般来说，实验室误差或生理因素等引起的检验结果的假阳性反应通常不会偏离正常值范围太远，而检验结果的异常度越高，其为真阳性的概率越高。

如两个被保险人查体，其空腹血糖检查结果分别为6.5mmol／L与10mmol／L，则第一个被保险人其结果可能为假阳性，需要进一步明确，第二个被保险人假阳性可能性极小，患有糖尿病的概率极大，可直接按照糖尿病进行风险审核。

5. 阳性检验结果的关联性。阳性检验结果的关联性越强，真阳性的可能性越高。

如两个被保险人接受肝功能检查以确定是否有肝脏疾病：第一个被保险人，ALT、

AST 均正常，GGT1.3 倍正常值；第二个被保险人，ALT 2 倍正常值，AST、GGT 均1.5 倍正常值。则第二被保险人检验结果真阳性的可能性高，而第一个人的检验结果真阳性的可能性低。

第二节　体格检查在保险业务中的应用

【案例】

被保险人，40 岁，男性，投保终身寿险 30 万元，重大疾病保险 20 万元，健康告知无既往病史，无烟酒嗜好。按照规则查体，体检结果如下：身高 180cm，体重 98kg，血压三次分别为 165/105mmHg、160/100mmHg、160/100mmHg，腹部 B 超显示脂肪肝，余血糖、血脂等均无异常。否认高血压病史及治疗史。

请给出核保审核思路。

体格检查（physical examination）是医生用自己的感官或辅助器具（听诊器、血压计等）对患者进行系统观察和检查，获取机体正常或异常征象的临床诊断方法。

体格检查因简单、价廉、无创伤性，被保险公司列为常规体检项目之一。同时因体格检查不同于实验室检查，其结果同检查者技能及责任心等密切相关，在保险实务中，体格检查结果往往需要结合实验室检查结果，综合进行风险评估，如查体听诊心脏出现杂音，则需要进一步进行心脏超声检查等。

体格检查内容繁多，一般为医生采取视、触、扣、听、嗅五诊，从头到足，对患者进行全面的检查。

保险体格检查，对象是普通的投保者，除体重、身高、血压等几项外，其他项目阳性率极低。保险体格检查主要目的为筛选，根据体格检查的异常提示，采取进一步的核保手段。故本节仅对体重指数、血压作一论述。

一、体重指数检查

体重指数（body mass index，BMI）＝体重（单位 kg）/身高^2（单位 m），是目前国际上常用的衡量人体胖瘦程度以及是否健康的一个标准。

【参考值】

世界卫生组织（WHO）提出以下标准：BMI≥25 为超重，BMI≥30 为肥胖，低于19 为偏瘦。

亚洲标准一般为 BMI≥23 为超重，BMI≥25 为肥胖，低于 17 为偏瘦。

【临床意义】

1. 体重指数偏高，常见于肥胖症。

2. 体重指数偏低，常见于恶性肿瘤、胃肠道疾病（溃疡性结肠炎、吸收障碍性疾病）、内分泌疾病（甲状腺功能亢进症）、神经性厌食等。一部分人的体重可低于平均水平但仍很健康。

【核保判读】

1. 体重指数偏高，称为肥胖，保险实务中，在死亡率方面，没有其他相关风险因素的情况下，超重导致的额外死亡率很低，因此实际中可以将标准费率评点的 BMI 值放得相对宽松。如 BMI 为 28 时，若其他检查均正常，可按标准体承保。

2. 肥胖会增加糖尿病、高血压、心脑血管疾病的风险，同时体检时常伴有高血脂、脂肪肝等。在一般检查发现 BMI 异常时，会加查血压、血糖、血脂、肝肾功能等，予以综合评点。

3. 体重指数过低除疾病外，在实务中常见于年轻女性，为美丽而节食或长期体重过低，若身体无其他异常，对此可考虑不予评点。

4. 对近期（6 个月）内体重下降超过 5%（不是由于饮食改变或未明原因），应谨慎核保或予以延期，直至原因明确。

5. 对体重指数低于平均值 40% 或更多的低体重者应延期承保，直至做了彻底检查且已确定病因。

二、血压检查

血压（blood pressure，BP）通常指动脉血压或体循环血压，是重要的生命体征。

【测量方法】

测量血压一般采取间接测量法，即袖带加压法，以血压计测量，常用汞柱式血压计。间接测量法简便易行，但易受多种因素影响，如情绪激动、紧张、运动等。

操作规程如下：

（1）测量血压的环境应安静、温度适当。测量前至少休息 5 分钟。测前半小时禁止吸烟，禁饮浓茶或咖啡。避免紧张、焦虑、情绪激动或疼痛。

（2）被测者一般采取坐位或仰卧，测右上臂，全身肌肉放松；不应将过多或太厚的衣袖推卷上去，挤压在袖带之上。肘部应置于心脏同一水平上。

（3）将气袖均匀紧贴皮肤缠于上臂，其下缘应在肘窝上 2 ~ 3cm。将听诊器胸件置于袖带下肘窝处肱动脉上，轻按使听诊器和皮肤全面接触，不能压得太重。

（4）向袖带内充气，边充气边听诊，使肱动脉搏动声消失，再升高 20 ~ 30mmHg，然后缓慢放气。以听到第 1 个响声时水银柱凸面高度的刻度数值作为收缩压；以声音消失时的读数为舒张压。

（5）记录测量的血压为收缩压与舒张压（mmHg）。目前，部分医生或病历记录，以千帕 kPa 为血压计量单位。毫米汞柱和千帕的换算关系如下：1mmHg = 0.133kPa，1kPa = 7.5mmHg。

【血压标准】

正常成人血压标准的制定经历了多次改变。1999 年 10 月中国高血压联盟公布的中国高血压防治指南标准如表 5 - 2 所示。

表 5 – 2   成人血压水平的定义和标准

类别	收缩压（mmHg）	舒张压（mmHg）
理想血压	<120	<80
正常血压	<130	<85
正常高值	130~139	85~89
1级高血压	140~159	90~99
2级高血压	160~179	100~109
3级高血压	≥180	≥110
单纯收缩期高血压	≥140	<90

注：当收缩压和舒张压分属不同分级时，以较高的级别作为标准。

【临床意义】

1. 高血压。高血压绝大多数是原发性高血压，约有不到5%继发于其他疾病，如慢性肾炎。高血压是动脉粥样硬化和冠心病的重要危险因素，同时高血压也会导致脑血管意外、肾动脉硬化、尿毒症等并发症。

2. 低血压。凡血压低于90/60mmHg时称低血压。见于严重病症，如休克、心肌梗死等。也有体质的原因，可无症状，常见于年轻女性。

3. 脉压改变。收缩压与舒张压之差称为脉压。脉压大于40mmHg，为脉压增大，见于甲状腺功能亢进、主动脉瓣关闭不全等；若脉压小于30mmHg，则为脉压减小，可见于主动脉瓣狭窄、心包积液及严重衰竭患者。

【核保判读】

1. 保险实务中，体检时血压异常，一是体检时发现，无既往病史，另一种是曾有高血压病史，经治疗或未治疗者。

体检发现血压高，应测量3次，每次间隔15分钟左右，取3次平均值作为当前血压值。并需关注尿常规是否正常，若存在蛋白尿或管型尿时，则存在肾功能损害的可能，需谨慎核保。

对有高血压病史者，需充分收集病史，要求客户提供病历、填写高血压病问卷，从中了解发病原因、有无继发因素、血压最高值、治疗手段、药物种类、剂量及应用规律等。

2. 对规律服药后血压值的确定与未服药者血压计算的方法是一样的。现代医学观点认为高血病患者如能进行合理的个体化的治疗，很好地控制血压水平在140/90mmHg以下，其并发症发生率将明显下降，甚至可达到健康者水平，而且新的抗高血压药物的副作用越来越小，因此规律服药、血压控制良好、无并发症的基本可与健康体一样评点。

若条件允许能收集到客户较为详细的血压变化及控制情况，则按照以下公式计算客户的血压值，作为查阅核保手册评点表的血压值。评点血压值为客户最近3个月血压平均值的2倍加上3个月之前2年内血压的平均值，然后除以3。2年之前的血压值不具有评点意义。

例如：被保险人发现高血压2年，未系统治疗，血压测量平均值为150/105mmHg。半年前开始规律服药，近3个月血压控制正常，血压平均值为135/85mmHg，心脏B超示无左心室肥大，无其他异常，如何评点。

按照高血压评点，计算被保险人血压值，按照上述公式：

收缩压（135×2+150）÷3=140mmHg

舒张压（85×2+105）÷3=92mmHg

按照被保险人血压140/92mmHg，查阅核保手册高血压评点表，即可得出核保结论。

3. 由于影响血压的因素很多，高血压的复检对核保的功能实在助益不大，而且耗费成本。尤其是对体检才发现血压较高的被保险人，原则上应避免同意血压复检的要求，因为通常复检的血压会比之前测量低，而又无法确定其是否曾接受治疗后再来复检。除非核保员已经找到一些可以佐证的资料，才可同意被保险人复检。

表5-3为寿险公司常见体检表。

表5-3　　　　　　　　　　　寿险公司常见体格检查表

体　格	身　高		cm	体　重	kg	医生签字
	胸　围	呼气　　cm 吸气　　cm		腹　围	cm	
血　压	收缩压/舒张压	第一次	第二次	第三次	医生签字
		mmHg	mmHg	mmHg	
心　率	第一次　　　　次/分 （请量足一分钟）	备注	1. 血压超过140/90mmHg请测量3次 2. 心律不齐请加做心电图 3. 如心率低于60次/分，请客户轻度运动后再次测量心率	医生签字
	复测　　　　次/分			
内　科	心脏			
	肺部			
	腹部			
	肝脏		胆囊	
	肾脏		脾脏	
	神经系统		其他	
	医生签字			
外　科	甲状腺		四肢关节	
	脊柱		乳腺	
	淋巴结		肛门	
	泌尿生殖系统		皮肤瘢痕	
	其他		医生签字	
口腔科			医生签字	
耳鼻喉科			医生签字	
眼　科	裸视	左： 右：	矫正	左： 右：	晶状体	左： 右：
	外眼		辨色力		眼底	
	医生签字					
妇　科				医生签字	

第三节　血常规在保险业务中的应用

【案例】

被保险人，49岁，女性，投保费用型住院险，保额1万元。体检结果：血常规中血白细胞$3 \times 10^9/L$，复查血白细胞$2.9 \times 10^9/L$。问卷告知其为家畜饲养人员，经常打灭蝇药。

请给出核保审核思路。

血液由血浆和血细胞组成，参与机体各项生理功能活动，在病理情况下，血液系统的疾病或其他组织器官的病变，都会直接或间接导致血液发生变化。血常规检查主要是针对血液中红细胞、白细胞、血小板数量和形态的检查，是临床上最常用和较重要的检验项目之一，也被保险公司列为常规的体检项目之一。

（一）红细胞与血红蛋白

【参考值】

红细胞与血红蛋白参考值如表5-4所示。

表5-4　　　　　　　　　　　红细胞与血红蛋白参考值

人群	红细胞数	血红蛋白
成年男性	$(4.0 \sim 5.5) \times 10^{12}/L$	$120 \sim 160g/L$
成年女性	$(3.5 \sim 5.0) \times 10^{12}/L$	$110 \sim 150g/L$
新生儿	$(6.0 \sim 7.0) \times 10^{12}/L$	$170 \sim 200g/L$

【临床意义】

1. 红细胞及血红蛋白增多。

（1）相对性增多。血浆容量减少，血浆中水分丢失，血液浓缩，使红细胞容量相对增加，如严重呕吐、腹泻、大量出汗、大面积烧伤、慢性肾上腺皮质功能减退等。

（2）绝对性增多。生理性增加见于胎儿及新生儿、高原地区居民；病理性增加见于阻塞性肺气肿、肺源性心脏病，肾癌、肝细胞癌、卵巢癌、肾盂积水、多囊肾等，真性红细胞增多症。

2. 红细胞及血红蛋白减少。以血红蛋白为标准，成年男性血红蛋白小于120g/L，成年女性低于110g/L，即可认为存在贫血。血红蛋白值在正常参考值至90g/L为轻度贫血；在$90 \sim 60g/L$为中度贫血，$60 \sim 30g/L$为重度贫血，低于30g/L为极度贫血。

（1）生理性减少。婴儿出生3个月起至15周岁以前，因发育较快，其红细胞及血红蛋白可较正常人低10%~20%；妊娠中后期孕妇和老年人的红细胞及血红蛋白也较正常人低。

（2）病理性减少。见于各种贫血，如缺铁性贫血、再生障碍性贫血、急慢性失血、各种原因导致的溶血性贫血等。

【核保判读】

1. 红细胞的数目易受被保险人性别、年龄、运动情形、海拔高度等因素影响，需要结合血红蛋白变化一起判读。

2. 对红细胞及血红蛋白减少，可按其原因及危险条件，赋予不同的核保结论。保险实务中，常见贫血为女性的轻度缺铁性贫血，可作为临界标准体或轻度加费承保。

3. 红细胞及血红蛋白增高，保险实务中查体所见一般为轻度增高，可不予考虑；对增高明显，不明原因者，可予以延期。

（二）白细胞计数

白细胞包含中性粒细胞、嗜酸性粒细胞、嗜碱性粒细胞、淋巴细胞和单核细胞 5 种，其参考值见表 5-5。分析白细胞变化意义时，需计算各类型白细胞的绝对值，才有诊断参考价值。

【参考值】

成人（4~10）$\times 10^9$/L。

新生儿（15~20）$\times 10^9$/L。

6 个月~2 岁（11~12）$\times 10^9$/L。

【临床意义】

通常白细胞数高于 10×10^9/L 称白细胞增多，低于 4×10^9/L 为白细胞减少。外周血中主要组成是中性粒细胞和淋巴细胞，故白细胞的增多或减少，主要受中性粒细胞影响，同时白细胞增多或减少同中性粒细胞增多或减少有着相同的意义。

表 5-5 　　　　　　　　　　　　白细胞分类计数及其临床意义

细胞名称	参考值（$\times 10^9$/L）	增多	减少
中性粒细胞	2~7.5	感染、粒细胞白血病、应激（广泛组织损伤或坏死、急性失血）、急性中毒等	病毒感染、再生障碍性贫血、物理化学因素等（如射线、药物）
嗜酸性粒细胞	0.02~0.5	哮喘、寄生虫病、皮肤病（湿疹、银屑病等）、某些恶性肿瘤	临床意义较小
嗜碱性粒细胞	0~0.1	慢性粒细胞白血病、骨髓纤维化症、慢性溶血及脾切除后	无临床意义
淋巴细胞	0.8~4	病毒感染（麻疹、病毒性肝炎）、慢性淋巴细胞白血病、淋巴瘤、移植排斥反应等	肾上腺皮质功能亢进、艾滋病、再生障碍性贫血等
单核细胞	0.12~0.8	结核病、感染性心内膜炎、血液病（单核细胞白血病、骨髓增生异常综合征等）	一般无重要临床意义

【核保判读】

对白细胞增多或减少，若为轻中度，若知其病因可按病因评点，若病因不知，可考虑加费承保或延期；对重度增加或减少，不论病因是否知晓，均应延期承保或拒保。

（三）血小板计数

血小板是血液中一种碟形结构的物质，具有凝血和止血的重要作用。

【参考值】

（100～300）×10^9/L。

【临床意义】

1. 血小板减少。可见于再生障碍性贫血、放射性损伤、急性白血病、原发性血小板减少性紫癜、脾肿大等。

2. 血小板增多。可见于骨髓增生性疾病（慢性粒细胞白血病、真性红细胞增多症等）、反应性血小板增多症（可见于急性感染、急性溶血、某些癌症患者）。

【核保判读】

1. 血小板减少。按照病因评点，若病因未明，一般予以延期。保险实务中，常见血小板减少为既往血小板减少性紫癜病史，此时应根据既往病史、目前血小板计数、发作时间、发作次数、是否复发等综合评价。

2. 血小板增多。按照病因评点，若未知病因，轻度增多，常不予考虑；重度增多者，应予以延期。

第四节　尿常规在保险业务中的应用

【案例】

被保险人，51岁，男性，投保寿险保额10万元，附加提前给付重疾6万元，既往无投保经历。健康告知无任何异常。规则体检，阳性结果为：尿潜血2＋，2～9个/HP。余无异常。复查后尿潜血1＋，泌尿系统B超无异常。

请给出核保分析思路。

尿液是血液经过肾小球滤过、肾小管和集合管重吸收和排泄所产生的代谢产物，因此尿液的组成和性状可反映机体的代谢状况。保险业务中，通过尿常规检查，可对泌尿系统疾病进行筛查，如泌尿系统的炎症、结石、肾功能异常等，同时也可筛查其他系统疾病，如糖尿病。

尿液常规检测包括：一般性状检查——尿量、气味、外观等；化学检测——尿蛋白、尿糖、尿酮体等；尿沉渣（显微镜）检测——细胞、管型、结晶体等。目前，尿液检查已基本被尿液干化学分析法和尿沉渣分析法所取代，可快速准确地打印出数据结果。

保险实务中，重点关注葡萄糖、尿蛋白、潜血是否正常。此三项异常者，常需复查或进一步加查其他项目（见表5-6）。

表 5 - 6　　　　　　　　　　　　　　尿常规检测结果报告单

干化学项目				沉渣镜检项目			
项目名称	结果	参考值	单位	项目名称	结果	参考值	单位
葡萄糖	—	—		红细胞计数	0.00	0 ~ 8	个/μl
胆红素	—	—		白细胞总数	0.00	0 ~ 8	个/μl
酮体	—	—		透明管型	0.00	0 ~ 3	个/μl
尿蛋白	—	—		病理性管型	阴性	—	
亚硝酸盐	—	—		滴虫	阴性		个/μl
潜血	10 (＋－)			黏液丝	阴性		
pH	4.50	5.5 ~ 6.5		结晶	阴性		
尿胆原	正常	0 ~ 3	EU/dL	真菌	阴性		
颜色	淡黄			上皮细胞计数	0.00		
清晰度	清晰	—		细菌	阴性		

（一）葡萄糖

正常人尿中可有微量的葡萄糖，当血糖浓度超过肾糖阈（一般为 8.88mmol/L）或血糖虽未升高，但肾糖阈降低时，将导致尿中出现大量葡萄糖。

【参考值】

定性试验阴性。

【临床意义】

1. 血糖增高性糖尿。如糖尿病、甲状腺功能亢进、肝硬化、胰腺炎等。

2. 血糖正常性糖尿。血糖浓度正常，但肾糖阈值下降产生糖尿，又称肾性糖尿，常见于慢性肾炎、肾病综合征等。

3. 暂时性糖尿病。生理性糖尿病，如大量进食糖类后；应激性糖尿，如颅脑外伤、脑出血后，可出现暂时性高血糖和糖尿。

【核保判读】

尿糖阳性，不一定血糖高，若可同时检查血糖则最好，若不能，则需要进一步检查空腹血糖等项目，以确定尿糖原因。

（二）尿蛋白

【参考值】

定性试验阴性。

【临床意义】

1. 生理性蛋白尿。指泌尿系统无器质性病变，尿内暂时出现蛋白尿，程度较轻，持续时间短，诱因解除后消失。如机体在剧烈运动、发热、寒冷、精神紧张等刺激下所致血流动力学改变，肾血管痉挛、充血，导致肾小球毛细血管通透性增加而出现的蛋白尿。

2. 病理性蛋白尿。常见于肾小球肾炎、肾病综合征，糖尿病、高血压等继发的慢性肾小球损害性疾病，肾盂肾炎、间质性肾炎等疾病。

3. 假性蛋白尿。尿中混有大量血、脓、黏液等成分会导致蛋白定性试验阳性，如膀胱炎、尿道炎、尿道出血及尿内掺入阴道分泌物时。

【核保判读】

保险实务中，因查体发现尿蛋白阳性的极少，若尿蛋白阳性，同时患有高血压，应谨慎评点。

（三）酮体

【参考值】

阴性。

【临床意义】

1. 糖尿病性酮尿。酮尿是糖尿病性昏迷的前期指标，此时多伴有高糖血症和糖尿。

2. 非糖尿病性酮尿。高热、严重呕吐、长期饥饿、禁食、酒精性肝炎、肝硬化等因糖代谢障碍而出现的酮尿。

【核保判读】

尿常规出现酮尿较少见，出现一般也仅为"＋"。在没有尿糖或高血糖的情况下，酮尿常常是由脱水引起的，通常可以忽略。

（四）pH

【参考值】

pH 约为 6.5，波动在 4.5～8.0 之间。

【临床意义】

1. 尿 pH 降低。见于酸中毒、高热、痛风、糖尿病等。

2. 尿 pH 增高。见于碱中毒、尿潴留、膀胱炎等。

【核保判读】

尿 pH 为 7.0 时，存在体检时尿液标本被更换为水的可能。

（五）尿胆红素与尿胆原

【参考值】

尿胆红素阴性；尿胆原阴性或弱阳性。

【临床意义】

1. 尿胆红素增高。见于急性黄疸性肝炎、阻塞性黄疸等。

2. 尿胆原增高。见于肝细胞性黄疸、溶血性黄疸等。

【核保判读】

尿胆红素与尿胆原异常时，不能单独评点，需结合肝功能、肝胆 B 超检查，综合考虑。

（六）尿红细胞

【参考值】

玻片法 0～3 个/HP；定量检查 0～5 个/μl。

【临床意义】

尿沉渣镜检红细胞大于 3 个/HP，称为镜下血尿。常见于急性肾小球肾炎、慢性肾炎、肾结石、泌尿系统肿瘤、肾盂肾炎、多囊肾、急性膀胱炎等。

【核保判读】

老年人，尤其是老年男性，出现血尿总是不正常的，风险审核时需谨慎。

（七）尿白细胞

【参考值】

玻片法 0~5 个/HP；定量检查 0~10 个/μl。

【临床意义】

若有大量白细胞，多为泌尿系统感染，如肾盂肾炎、膀胱炎、尿道炎等。

【核保判读】

少量（最高为每高倍镜视野 20 个）白细胞可以忽略。对于过去没有相关病史的女性，其脓尿可以忽略。

（八）管型

管型是蛋白质、细胞或碎片在肾小管、集合管中凝固而形成的圆柱形蛋白聚体，一般只有在尿中出现蛋白的情况下产生。

【分类及临床意义】

1. 透明管型。为无色透明、内部均匀的圆柱状体。正常人可偶见。在运动、重体力劳动、发热时可一过性增多。在肾病综合征、慢性肾炎、恶性高血压和心力衰竭时可见增多。

2. 颗粒管型。为肾实质病变崩解的细胞碎片、血浆蛋白及其他有形物凝聚于蛋白上而成，颗粒总量超过正常管型的 1/3。可见于慢性肾炎、肾盂肾炎、急性肾小球肾炎后期等。

3. 细胞管型。细胞含量超过管型体积的 1/3，称为细胞管型。按其所含细胞可命名为红细胞管型、白细胞管型、肾小管上皮细胞管型等。可见于肾小球性血尿、肾盂肾炎、间质性肾炎等。其中红细胞管型是指管型内含有多个红细胞，而当红细胞裂解成红棕色颗粒后，则称为血液管型。红细胞管型与血液管型均提示肾内出血，可见于急慢性肾小球肾炎、急性肾小管坏死、肾梗死、肾移植排异反应等。

4. 其他管型。还有蜡样管型、脂肪管型、细菌管型等。

【核保判读】

保险实务中，不伴有蛋白尿的透明管型通常可予忽略。

第五节　血糖在保险业务中的应用

【案例】

被保险人 45 岁，男性，投保两全寿险，保额 20 万元。规则体检：BMI = 27，空腹血糖 6.8，血压、血脂等均无异常。

请给出核保思路。

血糖主要是指血液中的葡萄糖，正常情况下，血液中的葡萄糖相对稳定。检测血糖在保险实务中主要有以下目的：（1）发现被保险人早期糖代谢障碍；（2）明确血糖异常被保险人的具体糖代谢障碍状况；（3）查看患糖尿病的被保险人血糖控制程度。

一、空腹血糖检测

空腹血糖（fasting blood glucose，GLU）是诊断和筛查糖代谢紊乱最常用和最重要的指标，在保险业务中，因其价廉、简便等优势，被列为常规体检项目。

【参考值】

①葡萄糖氧化酶法：3.9~6.1mmol/L；②邻甲苯胺法：3.9~6.4mmol/L。

【临床意义】

1. 增高。①糖尿病或空腹血糖过高，若空腹血糖在7.0mmol/L以下，尚未达到糖尿病诊断标准，称为空腹血糖过高或空腹血糖受损；②内分泌疾病，如巨人症、肢端肥大症、甲状腺功能亢进症等；③应激性因素，如颅脑损伤、心肌梗死等；④药物影响，如噻嗪类利尿剂、口服避孕药等；⑤其他，如妊娠呕吐、麻醉、脱水等；⑥生理性增高，如饱食、高糖饮食、剧烈运动、情绪紧张等。

2. 降低。空腹血糖低于3.9mmol/L时为血糖减低。①饥饿、长期营养不良、长期剧烈运动；②胰岛素过多，如胰岛素用量过多、口服降糖药过量等；③肝糖原贮存缺乏性疾病，如重型肝炎、肝硬化、肝癌等。

【核保判读】

保险实务中，体检发现血糖高，需结合血糖异常程度及其他检查结果（身高、体重、血压、血脂等），综合评判血糖高是否为真阳性。若现有资料无法明确诊断，应复查空腹血糖并加查餐后2小时血糖、糖化血红蛋白等相关项目，以明确血糖异常是处于空腹血糖受损、糖耐量异常还是糖尿病阶段。

对明确糖尿病的被保险人，若血糖控制良好，可加费承保，重大疾病及医疗险拒保。

二、口服葡萄糖耐量试验

口服葡萄糖耐量试验（oral glucose tolerance test，OGTT），临床上常用来明确诊断空腹血糖正常或稍高，偶有尿糖，但糖尿病症状又不明显的患者。

现多采用WHO推荐的75g葡萄糖标准，分别检测空腹血糖和口服葡萄糖后30分钟、1小时、2小时、3小时的血糖和尿糖。正常人口服一定葡萄糖后，暂时升高的血糖刺激胰岛素分泌增加，使血糖在短时间内降至空腹水平，此为耐糖现象。若口服葡萄糖后血糖短期内急剧升高或升高不明显，但短时间不能降至空腹水平，此为糖耐量异常或糖耐量降低。

因OGTT试验需多次采血及耗时较长等原因，在保险实务中，一般将餐后2小时血糖值视为简化的OGTT试验，即让被保险人进食并计时，在15分钟左右进餐完毕，2小时后采血，观察血糖水平。

【参考值】

空腹血糖 3.9 ~ 6.1mmol/L；口服葡萄糖 30 分钟至 1 小时，血糖达到高峰 7.8 ~ 9.0mmol/L，峰值不超过 11.1mmol/L；2 小时不超过 7.8mmol/L，3 小时恢复至空腹水平。各时间点尿糖均为阴性。

【临床意义】

1. 诊断糖尿病。空腹血糖大于 7.0mmol/L，OGTT 2 小时空腹血糖大于 11.1mmol/L，则可诊断为糖尿病。

2. 判断糖耐量异常。空腹血糖小于 7.0mmol/L，OGTT 2 小时空腹血糖 7.8 ~ 11.1mmol/L，血糖恢复正常的时间延长至 3 小时以后，同时伴有尿糖阳性，则为糖耐量异常。

3. 平坦型糖耐量曲线。空腹血糖降低，口服葡萄糖后血糖上升不明显，2 小时血糖仍处于低水平状态。常见于胰岛 B 细胞瘤、肾上腺皮质功能亢进症、腺垂体功能减退症等。

4. 储存延迟型糖耐量曲线。口服葡萄糖后，血糖急剧升高，峰值提早出现，而 2 小时血糖又低于空腹水平。常见于胃切除或严重肝损害。

5. 鉴别低血糖。①功能性低血糖：空腹血糖正常，口服葡萄糖后峰值及出现时间均正常，但 2 ~ 3 小时出现低血糖。见于特发性低血糖症。②肝源性低血糖：空腹血糖低于正常，峰值提前并高于正常，2 小时血糖仍高于正常，且尿糖阳性。常见于广泛性肝损伤、病毒性肝炎等。

【核保判读】

保险实务中，很少采用标准 OGTT 试验，一般仅根据餐后 2 小时血糖进行判断。若餐后 2 小时血糖处于 7.8 ~ 11.1mmol/L，则直接按照糖耐量异常评点。

根据有关统计，糖耐量异常者，约 1/3 恢复正常，1/3 维持现状，1/3 转为糖尿病。

三、糖化血红蛋白检查

糖化血红蛋白（glycohemoglobin，GHb）是血液中血红蛋白和血糖结合的产物，因血红蛋白结合的成分不同，又分为 HbAla（与磷酰葡萄糖结合）、HbAlb（与果糖结合）、HbAlc（与葡萄糖结合），其中 HbAlc 含量最高，是目前临床最常检测的部分。由于糖化过程非常缓慢，一旦形成不再解离，且不受血糖暂时波动的影响，故 GHb 对血糖、尿糖波动较大者有特殊诊断价值，同时可用于评价糖尿病的控制程度。

【参考值】

HbAlc4% ~ 6%。

【临床意义】GHb 水平取决于血糖水平及其持续时间，其代谢周期与红细胞基本一致，故能反映近 2 ~ 3 个月的平均血糖水平。

1. 评价糖尿病控制程度。GHb 增高提示近 2 ~ 3 个月糖尿病控制不良，GHb 越高，病情越重。

2. 筛查糖尿病。HbAlc 小于 8%，可排除糖尿病；大于 9%，预测糖尿病准确性 78%；大于 10%，预测准确性为 89%。

【核保判读】

1. 对告知糖尿病病史，或血糖等检查明确为糖尿病患者的被保险人，加查 GHb，根据 GHb 水平，判断被保险人血糖控制水平，若 GHb 正常，可降低评点。

2. 因空腹血糖较容易受短期内因素影响（如饮食、口服降糖药物等），在查体发现血糖异常时，保险实务一般要求复查血糖并加查 GHb。复查若空腹血糖正常，GHb 升高，则提示被保险人血糖 2～3 个月内血糖均高于正常，按照血糖异常评点；若空腹血糖、GHb 均正常，可考虑轻度或不予核保评点。

第六节　血脂在保险业务中的应用

【案例】

被保险人，女，52 岁，已婚。投保寿险附加提前给付重疾，保额 10 万元，无既往投保经历。健康告知无异常。体检结果：BMI 26，血脂偏高——TG 2.03mmol/L，CHO 7.2mmol/L，HDL 0.98mmol/L，余未见明显异常。

请给出核保思路。

血脂同心脑血管疾病，尤其是冠心病的发病密切相关，在保险实务中，血脂被列为常规检查项目之一，主要用来评估未来可能的危险发展状况。

一、总胆固醇检测

胆固醇（cholesterol，CHO）是脂质的组成成分之一。胆固醇中 70% 为胆固醇脂、30% 为游离胆固醇，总称为总胆固醇（total cholesterol，TC）。CHO 以可溶性脂蛋白的形式存在，约 3/4 存在于低密度脂蛋白（LDL）中，1/4 存在于高密度脂蛋白（HDL）中。人体约含 140g 胆固醇，其中 10%～20% 直接从食物中摄取，其余主要由肝脏和肾上腺等组织自身合成。

【参考值】

胆固醇合适水平小于 5.20mmol/L，边缘水平 5.23～5.69mmol/L，升高大于 5.72mmol/L。

【临床意义】

1. TC 增高。动脉粥样硬化所致心、脑血管疾病；家族性高胆固醇血症、糖尿病、甲状腺功能低下、胆道梗阻、肾病综合征、长期吸烟饮酒等。

2. TC 减低。甲状腺功能亢进、严重肝脏疾病（肝硬化、急性肝坏死）、营养不良、低胆固醇饮食、药物（雌激素、钙拮抗剂）、慢性贫血、恶性肿瘤等。

【核保判读】

1. TC 作为动脉粥样硬化的一种危险因素，但不够特异，在保险实务中，若条件允许，常结合 LDL 和 HDL，作为评判动脉粥样硬化疾病风险的更可靠指标。

2. 老年人的胆固醇水平会升高，随着年龄的增长，高胆固醇血症作为冠状动脉疾病风险因素的意义会降低。故对老年人的风险评点会降低。

二、甘油三酯检测

甘油三酯（triglyceride，TG）由肝、脂肪组织和小肠合成。TG 直接参与胆固醇和胆固醇脂的合成，是机体的能量来源之一，也是动脉粥样硬化的危险因素之一。

【参考值】

合适水平小于 1.70mmol/L，升高大于 1.70mmol/L。

【临床意义】

1. TG 增高。冠心病、原发性高血脂症、糖尿病、甲状旁腺功能低下、肾病综合征、高脂饮食等。

2. TG 减低。营养不良、β 低脂蛋白血症、严重肝脏疾病、甲状腺功能亢进症等。

【核保判读】

1. TG 受饮食影响较大，极易波动。若进食高脂、高糖和高热饮食后，外源性 TC 会明显增加。一般在空腹 12 ~ 16 小时采血测定，可排除或减少饮食的影响。若被保险人查体仅 TG 明显增高，胆固醇正常，可考虑为受饮食短期影响，若被保险人告知体检前一晚存在高脂饮食，可同意其复查。

2. 老年人 TG 水平会升高。

三、高密度脂蛋白检测

高密度脂蛋白（HDL）是血清中颗粒密度最大的一组脂蛋白，其蛋白质和脂肪各占50%。HDL 主要作用是将肝脏外组织中的 CHO 转运到肝脏进行分解代谢。HDL 水平增高有利于清除外周组织的 CHO，防止动脉粥样硬化发生。

【参考值】

合适水平大于 1.04mmol/L，减低小于 0.91mmol/L。

【临床意义】

1. HDL 增高。HDL 增高可防止动脉粥样硬化，降低冠心病的发病；还可见于慢性肝炎、肝硬化等。

2. HDL 减低。动脉粥样硬化、肥胖、缺乏锻炼、糖尿病、高甘油三酯血症、慢性肾功能衰竭、肾病综合征等。

【核保判断】

保险实务中，一般根据总胆固醇与高密度脂蛋白的比值，来评估动脉硬化发生的风险，一般比值低于 3.4 为非常好，超过 5.5 为不好，超过 7.4 为非常不好。若非常不好时，核保员应要求加查心电图等，以进一步判断心脏功能情况。

四、低密度脂蛋白检测

低密度脂蛋白（LDL）是富含 CHO 的脂蛋白，是动脉粥样硬化的危险性因素之一。

【参考值】

合适水平小于 3.12mmol/L；升高大于 3.64mmol/L。

【临床意义】

1. LDL 增高。冠心病风险增加；肥胖症、高脂蛋白血症、甲状腺功能减退症、肾病综合征等。

2. LDL 减低。无 β 脂蛋白血症、甲状腺功能亢进症、低胆固醇饮食、运动、肝硬化等。

【核保判读】

保险实务中，结合总胆固醇、甘油三酯、高密度脂蛋白，综合评估，给予被保险人科学合理的风险评点。

第七节　肝功能在保险业务中的应用

【案例】

被保险人，男，42 周岁，已婚。投保寿险附加提前给付重疾，保额 20 万元，无既往投保经历。健康告知无异常。体检结果：身高 170cm，体重 85kg，B 超提示轻度脂肪肝，血脂正常，乙肝五项正常，ALT 80U/L、AST 100U/L、GGT 正常，其余项目无异常。无吸烟、饮酒等不良嗜好。

请给出核保思路。

肝脏是人体内最大的腺体，功能繁多，约 1500 余种，其基本功能有物质代谢功能，还有分泌、排泄、生物转化及胆红素代谢等功能。

因肝脏功能繁多，影响肝脏的疾病也多，临床上诊断肝功能的检测项目已超过了 200 多种。

在保险业务中，因检测对象是普通的投保者，非健康异常的患者，同时出于成本的考虑，目前保险公司肝功能检查仅将肝酶列为常规查体项目。在肝酶异常时，核保员可根据具体情况作出风险评估或进一步加查其他项目。

一、血清氨基转移酶

氨基转移酶简称转氨酶，是一组催化氨基酸与 α－酮酸之间氨基转移反应的酶。用于肝功能检查的主要是丙氨酸氨基转移酶（alanine aminotransferase，ALT）和天门冬氨酸氨基转移酶（aspartate aminotransferase，AST）。

ALT 主要分布于肝脏，其次是骨骼肌、肾脏、心肌等组织中；AST 主要分布在心肌，其次在肝脏、骨骼肌和肾脏组织中。正常时血清中 ALT、AST 含量很低，在肝细胞受损时，ALT、AST 释放入血浆，使血清中酶活性升高。

【参考值】

ALT 10~40U/L；AST 10~40U/L；ALT/AST≤1。

【临床意义】

1. 急性病毒性肝炎。ALT、AST 均显著增高，可达正常上限的几十倍，甚至上百倍，但 ALT 升高更明显，ALT/AST＞1。

2. 慢性病毒性肝炎。转氨酶轻度升高或正常，ALT/AST＞1。若 AST 升高较 ALT 显著，则 ALT/AST＜1，提示慢性肝炎进入活动期可能。

3. 酒精性肝病、药物性肝炎、脂肪肝、肝癌等非病毒性肝病，转氨酶轻度升高或正常，且 ALT/AST＜1。酒精性肝病 AST 显著升高，ALT 几近正常。

4. 肝硬化。转氨酶活性取决于肝细胞进行性坏死的程度，终末期肝硬化转氨酶活性正常或降低。

5. 肝内外胆汁淤积，转氨酶活性通常正常或轻度上升。

6. 急性心梗。急性心梗6~8小时，AST 增高，18~24小时达到高峰，其上限可达参考值上限的4~10倍，4~5天后恢复。

7. 其他疾病。如骨骼肌疾病（皮肌炎、进行性肌萎缩）、肺梗死、肾梗死等，转氨酶轻度升高。

【核保判读】

1. 保险实务中，ALT、AST 一般为轻度升高，在评估其风险时，应综合其病史、其他项目检查资料，如乙肝五项、腹部 B 超、血脂等，给出合理结论。

2. 依据现有资料无法作出合理评估时，应予以复查并针对性加查其他项目。

3. 转氨酶在有显著肝脏疾病者中趋于升高，但其检验对于提示肝脏疾病不具有特异性。其异常并不代表肝脏异常，有可能为其他疾病所致，如上述的心梗、骨骼肌疾病等。

二、γ-谷氨酰转移酶

γ-谷氨酰转移酶（γ-glutamyl transferase，GGT）主要存在于细胞膜和微粒体上，肾脏、肝脏和胰腺含量丰富，但血清中 GGT 主要来自肝胆系统。GGT 在肝脏中广泛分布于肝细胞的毛细胆管一侧和整个胆管系统，因此当肝内合成亢进或胆汁排出受阻时，血清中 GGT 增高。

【参考值】

GGT 小于50U/L。

【临床意义】

1. 胆道阻塞性疾病。原发性胆汁性肝硬化、硬化性胆管炎等所致的慢性胆汁淤积；肝癌时由于肝内阻塞，诱使肝细胞产生多量 GGT，同时癌细胞也合成 GGT，均可使 GGT 明显升高，可达参考值上限的10倍以上。

2. 急慢性病毒性肝炎、肝硬化。急性肝炎时，GGT 呈中等度升高；慢性肝炎、肝硬化的非活动期，酶活性正常，若 GGT 持续升高，提示病变活动或病情恶化。

3. 急慢性酒精性肝炎，药物性肝炎。GGT 可呈明显或中度以上升高（300～1000U/L），ALT 和 AST 仅轻度增高，甚至正常。酗酒者当其戒酒后 GGT 可随之下降。

4. 其他。脂肪肝、胰腺炎、胰腺肿瘤、前列腺肿瘤等 GGT 也可轻度增高。

【核保判读】

1. 在保险实务中，GGT 常用来判断被保险人是否存在酒精诱发的肝脏疾病。如果告知仅应酬性饮酒，转氨酶正常，但 GGT 升高明显，则告知不可信，应存在长期酗酒或酒精诱发的肝脏损害。

2. 在脂肪肝时 GGT 会轻度升高，同时脂血症标本可引起 GGT 轻微升高。

第八节　肾功能检查在保险业务中的应用

肾是重要的生命器官，主要功能是生成尿液，维持体内的代谢平衡，同时也兼有内分泌功能，如产生肾素、红细胞生成素等。

肾功能检查是判断肾脏疾病严重程度和预测预后、确定疗效等的重要依据，但尚无早期诊断价值。虽肾功能检查无早期诊断价值，但为了防止逆选择，同时终末期肾病为重大疾病保险内的疾病之一，保险公司仍将肌酐及尿素氮列为检查项目，但其检出阳性率极低。

一、血肌酐的测定

血肌酐（serum creatinine，Scr）由外源性和内生性两类组成。内生性肌酐是体内肌肉组织代谢的产物，机体内每 20g 肌肉代谢可产生 1mg 肌酐。外源性肌酐是肉类食物在体内代谢后的产物。血中肌酐主要由肾小球滤过排出体外。在外源性肌酐摄入量稳定的情况下，血中的浓度取决于肾小球的滤过能力。当肾实质损害时，肾小球滤过率降低到临界点后，血肌酐浓度就会明显上升。血肌酐敏感性优于尿素氮，但并非早期诊断指标。

【参考值】

血肌酐为 88.4～176.8μmol/L；血清或血浆肌酐，男性 53～106μmol/L，女性 44～97μmol/L。

【临床意义】

1. 血肌酐增高。见于各种原因引起的肾小球滤过功能减退，如急性肾衰竭、慢性肾衰竭。

2. 鉴别肾前性和肾实质性少尿。器质性肾衰竭血肌酐通常超过 200μmol/L；肾前性少尿，如心力衰竭、脱水、肝肾综合征等所致的有效血容量下降，使肾血流量减少，血肌酐浓度上升多不超过 200μmol/L。

3. 老年人、肌肉消瘦者肌酐可能偏低，一旦血肌酐上升，就要警惕肾功能减退。

【核保判读】

血肌酐因受身高、体重、性别等影响，若仅轻度异常，可予以复查，若复查正常，可不予评点；若中重度异常，原因已明或原因未明均应谨慎核保。

二、血尿素氮的测定

血尿素氮（blood urea nitrogen，BUN）是蛋白质代谢的终末产物，主要经肾小球滤过随尿排出，肾小管也有排泌，当肾实质受损害时，肾小球滤过率降低，致使血浓度增加，因此可通过测定血尿素氮，粗略观察肾小球滤过功能。

【参考值】

成人 3.2~7.1mmol/L；婴儿、儿童 1.8~6.5mmol/L。

【临床意义】

血尿素氮增高见于：

1. 器质性肾功能损害。各种原发性肾小球肾炎、肾盂肾炎、间质性肾炎、肾肿瘤、多囊肾等所致的慢性肾衰竭。

2. 肾前性少尿。如严重脱水、大量腹水、肝肾综合征等，此时 BUN 升高，但肌酐升高不明显，BUN/Cr（mg/dl）>10:1，称为肾前性氮质血症。

3. 蛋白质分解或摄入过多。如急性传染病、高热、上消化道大出血、大面积烧伤、严重创伤、甲状腺功能亢进、高蛋白饮食等。但此时血肌酐一般不升高。

血尿素氮降低见于：

1. 肝脏疾病，如肝功能衰竭。

2. 酗酒、营养不良、蛋白质摄入量过低等。

【核保判读】

尿素氮测定值会因饮食、蛋白质摄取量及年龄变动而产生差异，单独使用血尿素氮数值来评估肾脏功能并不可靠，应结合其他相应体检结果评估考虑。

在核保风险评估上，尿素氮测定值在正常上限 2 倍以上才提示被保险人肾功能显著不良，应予以拒保。

第九节 病毒标志物在保险业务中的应用

【案例】

被保险人，男，48岁，已婚。投保寿险附加提前给付重疾，保额30万元，无既往投保经历。健康告知无异常。体检结果：乙肝五项——HBsAg（+）、HBeAb（+）、HBcAb（+），ALT 56U/L，AST 42U/L，腹部 B 超无异常，AFP（−），余无明显异常。

请给出核保分析思路。

病毒标志物检查，在保险实务中主要为乙型肝炎标志物检测、丙型肝炎病毒标志物检测。

一、乙型肝炎病毒标志物检测

乙型肝炎病毒标志物检查，俗称"乙肝两对半"或"乙肝五项"检查，包括乙肝病毒表面抗原测定、乙肝病毒表面抗体测定、乙肝病毒 e 抗原测定、乙肝病毒 e 抗体测定及乙肝病毒核心抗体测定五项。通过乙肝五项检查，可确诊乙型肝炎、了解乙肝的传染性、疫苗注射是否产生抗体等。我国为乙肝大国，病毒携带者约占 10%，保险实务中一般将乙肝表面抗原列为查体项目，若检出为阳性者，则加查乙肝五项。

（一）乙型肝炎病毒表面抗原测定

乙型肝炎病毒表面抗原（hepatitis B virus surface antigen，HBsAg）是 HBV 中 Dane 颗粒外层的脂蛋白膜囊，本身不具有传染性。

【参考值】

阴性。

【临床意义】

1. 乙型肝炎潜伏期，发病 3 个月不转阴，易发展成慢性乙肝或肝硬化。

2. 乙肝病毒携带者。HBsAg 常伴随乙肝病毒的存在，是已感染乙肝病毒的标志。

（二）乙型肝炎病毒表面抗体测定

乙型肝炎病毒表面抗体（hepatitis B virus surface antibody，抗 – HBs 或 HBsAb）是机体对 HBsAg 产生的一种抗体，对 HBsAg 有中和作用。

【参考值】

阴性。

【临床意义】

1. 曾被乙肝病毒感染，已产生抗体，具有一定的免疫力。

2. 注射过乙型肝炎疫苗，已产生抗体。

（三）乙型肝炎病毒 e 抗原测定

乙型肝炎病毒 e 抗原（hepatitis B virus e antigen，HBeAg）是 HBV 核心颗粒中的一种可溶性蛋白质，具有抗原性。

【参考值】

阴性。

【临床意义】

1. HBeAg 阳性表明乙型肝炎处于活动期，具有较强传染性。

2. HBeAg 持续阳性，表明肝细胞损害较重，且可转为慢性乙型肝炎或肝硬化。

3. HBeAg 如从阳性转为阴性，则表示病毒停止复制。

（四）乙型肝炎病毒 e 抗体测试

乙型肝炎病毒 e 抗体。（hepatitis B virus e antibody，HBeAb）是病人或携带者经 HBeAg 刺激后所产生的一种特异性抗体，常继 HBeAg 后出现在血液中。

【参考值】

阴性。

【临床意义】

1. HBeAb 阳性表明大部分乙肝病毒被清除，复制减少，传染性降低。

2. 急性期 HBeAb 即阳性者，易进展为慢性乙型肝炎；慢性活动性肝炎出现阳性者可进展为肝硬化；HBeAg 与 HBeAb 均阳性，且 ALT 升高时，可进展为原发性肝癌。

（五）乙型肝炎病毒核心抗原检测

乙型肝炎病毒核心抗原（hepatitis B virus core antigen，HBcAg）存在于 Dane 颗粒的核心部分，是一种核心蛋白，其外面被乙肝表面抗原所包裹，一般情况下血清中不易检测到游离的 HBcAg。

【参考值】

阴性。

【临床意义】

HBcAg 阳性，提示患者血清中有感染性的 HBV 存在，含量越多，复制性越强，传染性越强。

（六）乙型肝炎病毒核心抗体检测

乙型肝炎病毒核心抗体（hepatitis B virus core antibody，抗 – HBc）是 HBcAg 的抗体，可分为 IgM、IgG 和 IgA 三型。

1. 抗 – HBc 总抗体测定。

【参考值】

阴性。

【临床意义】

抗 – HBc 检出率比 HBsAg 更敏感，可以作为 HBsAg 阴性的敏感指标。

2. 抗 – HBcIgM 测定。

【参考值】

阴性。

【临床意义】

抗 – HBcIgM 是乙型肝炎近期感染的指标，也是 HBV 在体内持续复制的指标，并提示患者血液有传染性。

3. 抗 – HBcIgG 测定。

【参考值】

阴性。

【临床意义】

抗 – HBcIgG 是既往感染 HBV 的指标，不是早期诊断的指标，常用于流行病学的调查。

（七）乙型肝炎病毒 DNA 测定

【参考值】

阴性。

【临床意义】

HBV－DNA 是乙型肝炎的直接诊断证据，阳性表明 HBV 复制及有传染性。

【核保判读】

1. 在保险实务中，若被保险人告知为乙肝病毒携带者，需要求被保险人进行乙肝五项和肝功能项目的检查，年龄偏大者需加做腹部 B 超，若病毒携带时间较长，必要时需加查 AFP。

2. 若被保险人告知曾因乙型肝炎住院时，因住院治疗患者反复发作、多次住院可能性较大，需要求提供病历，再结合最近一次的体检报告，予以合理评点。

3. 对于乙肝病毒携带者，早些年寿险、重疾核保结论一般为加费承保。近几年社会呼吁消除对乙肝病毒携带者的歧视，同时政府已在就业等环节，废除乙肝五项检查，一些保险公司也改变了既往的评点标准，在出具核保结论时，寿险一般予以标准体承保，重大疾病轻度加费。

表 5－7 为 HBV 标志物可能的检测结果及分析。

表 5－7　　　　　　　　　　　　HBV 标志物检测与分析

HBsAg	HBsAb	HBeAg	HBeAb	HBcAg	抗 HBcIgM	检测结果分析
+	－	－	－	－	－	HBV－DNA 处于整合状态 乙肝病毒携带者
－	+	－	－	－	－	病后或接种疫苗后获得性免疫
+	－	+	－	－	－	急性 HBV 感染早期 HBV 复制活跃
+	－	+	－	+	+	一、三、五阳性，俗称大三阳，急性或慢性 HBV，复制活跃
+	－	－	+	+	+	一、四、五阳性，俗称小三阳，急性或慢性 HBV，复制减弱
+	－	－	+	+	－	HBV 复制终止
－	+	－	+	+	－	HBV 感染恢复阶段
+	+	+	－	+	+	不同亚型 HBV 再感染
－	－	+	－	+	－	HBsAg 变异的结果
－	－	+	－	－	－	既往 HBV 感染，未产生抗体
+	+	－	+	－	－	表面抗原、e 抗原变异

二、丙型肝炎病毒标志物检测

丙型肝炎病毒（hepatitis C virus，HCV）是一种 RNA 病毒，临床上诊断 HCV 感染主要为 HCV – RNA、抗 – HCV IgM 和抗 – HCV IgG 测定。

丙型肝炎病毒检测，若为阳性，提示 HCV 感染，在保险实务中，其核保评点较谨慎，一般寿险、重大疾病保险予以拒保。

（一）丙型肝炎病毒 RNA 测定

【参考值】

阴性。

【临床意义】

HCV – RNA 阳性提示 HCV 复制活跃，传染性强；转阴提示 HCV 复制受到抑制，预后较好。

（二）抗 – HCV IgM 测定

【参考值】

阴性。

【临床意义】

IgM 主要用于早期诊断，持续阳性可作为转为慢性肝炎的指标，或提示病毒存在并复制。

（三）抗 – HCV IgG 测定

【参考值】

阴性。

【临床意义】

IgG 阳性表明已有 HCV 感染，但不能作为感染的早期指标。

第十节　病理检验在保险业务中的应用

【案例】

被保险人，47 岁，男性，两年前投保重大疾病 10 万元，现因疾病住院，其最终诊断为：根据其临床表现及相应的检查诊断为恶性淋巴瘤。病理学检查结果可见低分化肿瘤细胞。

请思考其疾病是否属于重大疾病的保险责任。

提示：重大疾病保险中恶性肿瘤的定义为恶性细胞不受控制的进行性增长和扩散，浸润和破坏周围正常组织，可以经血管、淋巴管和体腔扩散转移到身体其他部位的疾病。

经病理学检查结果，临床诊断属于世界卫生组织《疾病和有关健康问题的国际统计分类》（ICD–10）的恶性肿瘤范畴。

下列疾病不在保障范围内：

（1）原位癌。

（2）相当于 Binet 分期方案 A 期程度的慢性淋巴细胞白血病。

（3）相当于 Ann Arbor 分期方案 I 期程度的何杰金氏病。

（4）皮肤癌（不包括恶性黑色素瘤及已发生转移的皮肤癌）。

（5）TNM 分期为 T_1、N_0、M_0 期或更轻分期的前列腺癌。

（6）感染艾滋病病毒或患艾滋病期间所患恶性肿瘤。

病理学是研究疾病的病因、发病机制、病理变化结局和转归的医学基础学科。为认识和掌握疾病本质和发生发展的规律以及疾病的诊治和预防提供理论基础。作为保险公司的"两核"人员，掌握和学习病理学知识，可以提高对疾病本质及转归预后的认识，从而更好地评估风险及界定责任。

常见的病理学研究方法有以下几种：

1. 尸体剖检。简称尸检，对死者的遗体进行病理解剖和后续的显微镜观察，以确定诊断、查明死因，提高临床医疗水平。在保险中，尸检更多的作用是理赔，根据尸检报告确定死因，以界定是否属于保险责任范围。

2. 活体组织检查。简称活检，用局部切除、钳取、细针穿刺、搔刮和摘除等手术方法，从活体内获取病变组织进行病理诊断。在保险实务中，活检报告或术后病理报告，往往在投保客户提供的既往病历中体现。在投保查体发现异常时，因活检具有一定的创伤性，保险公司很少要求客户进行活检，一般采取非创伤性措施（如影像学检查）进一步获取资料。

3. 细胞学检查。通过采集病变处的细胞，涂片染色后进行病理诊断。保险中常用的为阴道脱落细胞学检查，可用来早期发现宫颈恶性肿瘤。

重大疾病保险中，恶性肿瘤是最重要的病种之一；投保查体发现肿块、肿物或既往告知肿瘤病史者也常见。熟练掌握肿瘤病理学知识，对今后从事保险"两核"工作具有重要意义。

肿瘤是指机体在各种致瘤因素作用下，细胞生长调控发生严重紊乱，导致机体细胞克隆性异常增殖而形成的新生物，常表现为局部肿块。

一、肿瘤的命名

1. 一般原则。

（1）良性肿瘤命名：来源组织或细胞类型名称＋"瘤"，如腺瘤、平滑肌瘤。

（2）恶性肿瘤命名：来源上皮组织名称＋"癌"，如鳞癌；来源间叶组织名称＋"肉瘤"，如纤维肉瘤。

2. 特殊情况。

（1）有些肿瘤形态类似某种幼稚组织，称为"母细胞瘤"，如骨母细胞瘤、肾母细胞瘤。

（2）白血病、精原细胞瘤等。

（3）有些恶性肿瘤直接称为"恶性……瘤"，如恶性黑色素瘤。

（4）以人名加"病"或"瘤"的习惯名称来命名，如尤文氏瘤。

（5）以肿瘤细胞的形态命名，如透明细胞肉瘤。

（6）畸胎瘤，是性腺或胚胎剩件中的全能细胞发生的肿瘤，常发生于性腺，一般含有两个以上胚层的多种成分，结构混乱。

二、肿瘤的分级和分期

1. 对恶性肿瘤进行分级是为了描述其恶性程度。根据恶性肿瘤分化程度、异型性及核分裂数来确定恶性程度的级别。三级分级法：Ⅰ级为高分化，分化良好，属低度恶性；Ⅱ级为中分化，属中度恶性；Ⅲ级为低分化，属高度恶性。

2. 肿瘤的分期代表恶性肿瘤的生长范围和播撒程度。肿瘤的分期目前有不同的方案，其主要原则是根据原发肿瘤的大小、浸润的深度、范围以及是否累及邻近器官、有无局部和远处淋巴结的转移、有无远处转移等来确定肿瘤发展的程期或早晚。采用 TNM 分期系统。

T（tumor）指肿瘤原发灶的情况，随着肿瘤体积的增加和邻近组织受累范围的增加，依次用 $T_1 \sim T_4$ 来表示。

N（node）指区域淋巴结受累情况。淋巴结未受累时，用 N_0 表示。随着淋巴结受累程度和范围的增加，依次用 $N_1 \sim N_3$ 表示。

M（metastasis）指远处转移（通常是血道转移），没有远处转移者用 M_0 表示，有远处转移者用 M_1 表示。

3. 肿瘤的分级和分期对制订治疗方案和估计预后有参考价值，特别是对肿瘤的分期更为重要，但是必须结合各种恶性肿瘤的生物学特性以及患者的全身情况等综合考虑。

三、肿瘤对机体的影响

1. 良性肿瘤。因其分化较成熟，生长缓慢，停留于局部，不浸润，不转移，故一般对机体的影响相对较小，主要表现为局部压迫和阻塞症状。其影响主要与其发生部位和继发变化有关。

2. 恶性肿瘤。恶性肿瘤由于分泌不成熟、生长较快，浸润破坏器官的结构和功能，并可发生转移，因而对机体的影响严重。恶性瘤除可引起与上述良性瘤相似的局部压迫和阻塞症状外，发生于消化道者更易并发溃疡、出血，甚至穿孔等。有时肿瘤产物或合并感染可引起发热。肿瘤累及局部神经还可引起顽固性疼痛等症状。

四、癌前病变、非典型增生及原位癌

1. 癌前病变指某些具有癌变潜在可能性的病变，如长期存在，即有可能转变为癌。

主要有大肠腺瘤、慢性子宫颈炎伴子宫颈糜烂、乳腺纤维囊性病、慢性萎缩性胃炎伴肠上皮化生、溃疡性结肠炎、皮肤慢性溃疡、黏膜白斑。

2. 非典型增生指细胞增生并出现异型性，但还不足以诊断为恶性的状况。

3. 原位癌指限于上皮层内的癌，没有突破基膜向下浸润。癌细胞只出现在上皮层内，而未破坏基膜，或侵入其下的间质或真皮组织，更没有发生浸润和远处转移，所以原位癌有时也被称为"浸润前癌"或"0 期癌"。

正因为原位癌没有形成浸润和转移，不符合癌症的特点，所以它并不是真正的"癌"。如果能及时发现，尽早切除或给予其他适当治疗，完全可以达到治愈的目的。所以原位癌未被列入重大疾病恶性肿瘤的责任范围之内。

常见的原位癌有皮肤原位癌、子宫颈原位癌、胃原位癌、直肠原位癌、乳腺导管内癌和乳房小叶间原位癌。

五、常见肿瘤举例

1. 上皮组织的良性肿瘤。

（1）乳头状瘤：见于鳞状上皮、移行上皮。镜下为每一乳头的轴心由血管和结缔组织间质构成。

（2）腺瘤：由腺上皮发生的良性肿瘤，多见于甲状腺、卵巢、乳腺、涎腺和肠等处。根据腺瘤的组成成分或形态特点，又可分为管状腺瘤、绒毛状腺瘤、囊腺瘤、纤维腺瘤、多形性腺瘤等类型。

2. 上皮组织的恶性肿瘤。

（1）鳞状细胞癌：简称鳞癌，肉眼看常呈菜花状，也可形成溃疡；镜下看分化好的鳞状细胞癌，在癌巢的中央可出现层状的角化物，称为角化珠或癌珠，细胞间可见细胞间桥。分化较差的鳞状细胞癌无角化珠形成，细胞间桥少或无。

（2）腺癌：见于胃肠、胆囊、子宫体等。当腺癌伴有大量乳头状结构时称为乳头状腺癌；腺腔高度扩张呈囊状的腺癌称为囊腺癌；伴乳头性生长的囊腺癌称为乳头状囊腺癌；分泌大量黏液的腺癌称为黏液癌或胶样癌，常见于胃肠和大肠。

（3）移行上皮癌：发生于膀胱、输尿管或肾盂的移行上皮。

3. 间叶组织的良性肿瘤。

（1）脂肪瘤：最常见的部位为背、肩、颈及四肢近端的皮下组织。镜下结构与正常脂肪组织的主要区别在于有包膜。很少恶变，手术易切除。

（2）血管瘤：以皮肤为多见。多为先天性发生，故常见于儿童。肉眼看无包膜，呈浸润性生长。可以自然消退。

（3）淋巴管瘤：由增生的淋巴管构成，内含淋巴液。淋巴管可呈囊性扩大并互相融合，内含大量淋巴液，称为囊状水瘤，此瘤多见于小儿。

（4）平滑肌瘤：多见于子宫，如子宫平滑肌瘤，其次为胃肠。

（5）软骨瘤：自骨膜发生者，称骨膜软骨瘤；发生于手足短骨和四肢长骨骨干的骨髓腔内者称为内生性软骨瘤。肿瘤位于盆骨、胸骨、肋骨、四肢长骨或椎骨时易恶变；

发生在指（趾）骨者极少恶变。

4. 间叶组织的恶性肿瘤。

（1）脂肪肉瘤：成人最多见的肉瘤。多发生于大腿及腹膜后的软组织深部。极少从皮下脂肪层发生，极少是由脂肪瘤恶变而来。

（2）横纹肌肉瘤：较常见，恶性程度很高。生长迅速，易早期发生血道转移，预后极差。好发于头颈部、泌尿生殖道及腹膜后。主要发生于 10 岁以下的婴幼儿和儿童。

（3）平滑肌肉瘤：多见于子宫及胃肠。恶性程度高者，手术后易复发，可经血道转移至肺、肝及其他器官。

（4）骨肉瘤和软骨肉瘤：骨肉瘤起源于骨母细胞，软骨肉瘤起源于软骨细胞，均为常见的骨恶性肿瘤。

5. 其他肿瘤。

（1）视网膜母细胞瘤：来源于视网膜胚基的恶性肿瘤，绝大多数发生在 3 岁以内的婴幼儿。预后一般不好，偶见自发性消退。转移一般不常见。

（2）恶性黑色素瘤：高度恶性的黑色素细胞肿瘤，多见于皮肤。预后大多很差。

第十一节　超声检查在保险业务中的应用

【案例】

被保险人，47 岁，女性，已婚。投保两全终身寿险 10 万元，附加提前重疾 10 万元。职业为家庭主妇。健康告知无异常。无既往病史，规则查体，妇科 B 型超声示：子宫肌瘤，大小 2cm×3cm，血常规正常，余均无异常。

请给出核保思路。

超声检查是指利用超声波的特性及人体器官组织的声学特性，即超声波在人体组织中传播时，经过不同器官、组织，由于每层界面的声阻抗不同而发生不同程度的反射或散射，这些反射或散射形成的回声，经过接收、放大和信息处理而形成声像图，借以进行疾病诊断的技术。

超声检查由于无创伤、无痛苦、无辐射影响等优点，已被广泛应用于内科、外科、妇科、儿科和眼科等疾病的诊断。同时超声检查由于可以对微小病变进行早期发现、准确定位，具有较高的诊断和健康筛查价值，也被保险公司广泛应用于保险实务中。

保险实务中对达到一定年龄或保额的被保险人一般会要求进行腹部超声检查或妇科超声检查。

一、超声检查注意事项

进行超声检查时，为了取得清晰的图像，必须做好检查前的准备工作。一般腹部 B 超应空腹进行，经腹妇产科和盆腔部位的检查应适度充盈膀胱，俗称"憋尿"，以免气体干扰。

常规采取侧卧位，露出皮肤，涂布耦合剂，探头紧贴皮肤进行扫查。

观察分析超声图像，可从以下内容入手：脏器的形态轮廓是否正常，有无肿大或缩小；边界和边缘回声；内部结构特征；后壁及后方回声；周围回声强度；毗邻关系；脏器活动情况；脏器结构的连续性；血流的定性分析及定量分析。

二、常见脏器超声图像解读

1. 肝脏。正常超声图像：右叶前后径8～10cm，最大斜径10～14cm；左叶厚度不超过6cm，长度不超过9cm。肝实质表现为均匀一致的弥漫细小点状中等度回声。肝血管表现为血管壁回声较强，血管腔无回声。肝门区可见门静脉及左右分支，门静脉壁较厚，回声增强，肝静脉壁较薄，回声较低，平直走向汇入下腔静脉。

在保险实务中，肝脏超声检查结果异常常见于脂肪肝、肝囊肿、肝海绵状血管瘤、肝硬化及肝细胞癌，其超声图像如下：

（1）脂肪肝：肝大，肝实质回声增强，表现为"光亮肝"，肝轮廓不清，变圆钝。肝内血管变细、减少。肝内血管与肝实质回声水平接近，回声反差消失。

（2）肝囊肿：病灶表现为圆形或类圆形的均匀无回声暗区。囊壁清晰，厚度约1mm，前壁和后壁均呈弧形、光滑高回声，比周围肝组织回声强，侧壁回声失落，囊肿后方回声增强。

（3）肝海绵状血管瘤：为常见的肝良性肿瘤，肿瘤单发占90%，10%为多发，直径从2mm至20cm不等，超过5cm者称为巨大海绵状血管瘤。超声表现为圆形或类圆形肿块，境界清楚，边缘可见裂开征。肿瘤多表现为强回声，少数为低回声，或呈高低混杂的不均匀回声。

（4）肝硬化：超声显示肝脏萎缩、边缘角变钝，回声弥漫性增强呈粗颗粒状，并可见肝内门静脉变细、僵直、迂曲并显示模糊，门静脉末梢甚至不能显示，提示肝脏纤维化，肝血流量明显减少。

（5）肝细胞癌：超声显示肝实质内单发或多发的圆形或类圆形团块，多数呈膨胀型生长，致局部肝表面隆起。肿块内部表现为均匀或不均匀的弱回声、强回声或混杂回声。肿瘤周围可见完整或不完整的低回声包膜。少数肿瘤周围血管受压，在肿瘤周围形成窄环状低回声带。

2. 胆系。正常超声图像：胆囊呈圆形、类圆形或长圆形，长径不超过9cm，前后径不超过3cm，壁厚2～3mm。胆囊腔均匀无回声，胆囊壁为边缘光滑的强回声。胆囊后方回声增强。

保险实务中，胆系超声常见异常为胆囊炎、胆石症。

胆石症与胆囊炎：胆结石超声表现为胆囊或胆管内形态稳定的强回声团并后方出现无回声的暗带；改变体位扫查，强回声团随体位的改变而移动；合并急性胆囊炎时胆囊可能增大，慢性胆囊炎时胆囊多缩小，胆囊壁增厚，钙化，边缘毛糙、回声增强。

3. 胰腺。正常超声图像：胰腺多为蝌蚪形（胰头粗，体尾逐渐变细），其次为哑铃型（头尾粗、体部较细）。胰腺内部呈均匀细小光点回声。胰头厚度小于2.5cm，胰体、尾厚度在1.5cm左右。

保险实务中，胰腺超声常见的异常为急慢性胰腺炎及胰腺癌。

（1）急性胰腺炎：胰腺增大、增厚（胰头大于3.0cm，胰体尾大于2.5cm），多为弥漫性，也可为局限性，边界常不清楚。

（2）慢性胰腺炎：胰腺轻度变大或萎缩变小轮廓多不规则，胰腺实质回声多呈不均匀性增强。

（3）胰腺癌：常是首选的检查手段。胰腺多呈局限性增大，内见异常回声肿物，轮廓不规则，边界模糊，肿瘤组织可向周围组织呈"蟹足状"浸润。内部多呈低回声，可不均匀，肿瘤坏死液化时出现无回声区。胰头癌可压迫胆总管使肝内外胆管扩张及胆囊增大。肿瘤可推压或侵犯邻近血管及器官。

4. 脾。正常超声图像：脾正常厚度不超过4cm，长度不超过11cm，脾门处静脉内径小于0.8cm；脾实质呈均匀中等回声，光点细密。

保险实务中，脾超声检查常见的异常为脾大，在脾大未明确病因时，一般应延期核保至原因明确。

5. 肾脏。正常超声图像：正常肾随扫查方向不同可呈圆形、卵圆形或豆形。肾的被膜为高回声线影，清晰、光滑。外周的肾皮质呈均匀弱回声，内部的肾锥体为三角形或圆形低回声，肾窦呈不规则密集高回声。

保险实务中，肾脏超声常见的异常为肾与输尿管结石、单纯性肾囊肿、多囊肾。

（1）肾结石：超声表现为肾窦区的点状或团状高回声，后方伴有声影。

（2）输尿管结石：超声表现为在扩张输尿管的下端可探及高回声，后方伴有声影。

（3）单纯性肾囊肿：单纯性肾囊肿，临床上一般多无症状，病理上为一薄壁充液囊腔，大小不等，可单发或多发。超声检查表现为肾实质内单发或多发类圆形液性无回声区，边缘光滑锐利，后方和后壁回声增强，病变可向肾外突出。

（4）成人型多囊肾：多为遗传性疾病，常合并多囊肝，病理上双肾布满大小不等的多发囊肿。超声检查可发现双肾部多发大小不等的囊肿，其回声、密度和信号特征均类似于单纯性肾囊肿，同时还能发现多囊肝的表现。

6. 膀胱。正常超声图像：正常充盈膀胱，腔内为均匀液性无回声区，周边的膀胱壁为高回声带，厚1~3mm。

保险实务中，膀胱超声常见的异常为膀胱炎症。超声图像为膀胱弥漫性增厚或局限性增厚。

7. 子宫。正常超声图像：子宫体呈均质中等回声，轮廓光滑；宫腔呈线状高回声；内膜为低回声或较高回声，其回声和厚度与月经周期有关。宫颈回声较宫体回声稍强且致密，内可见带状高回声的宫颈管。

保险实务中，最常见的子宫超声异常为子宫肌瘤。由于子宫肌瘤发病率高，投保健康险时，极易导致逆选择，目前部分保险公司要求40岁以上女性被保险人做常规妇科超声检查。

子宫肌瘤是子宫最常见的良性肿瘤，在绝经期前，其发生率为20%~60%。其超声表现为：子宫增大，形态不规则，多见于多发者；肌瘤结节呈圆形低回声或等回声；子宫内膜在壁内肌瘤时移向对侧且发生变形，黏膜下肌瘤时内膜显示增宽、回声增强或显示出瘤体。

医学统计数据显示，超声诊断子宫肌瘤，准确率可达93.1%。目前相关医学论文关于超声诊断子宫肌瘤与术后病理结果的对比，显示其准确率均超过90%。超声检查对子宫肌瘤的诊断仍是目前临床最实用、简便、理想的检查方法。故在保险核保中若查体超声显示为子宫肌瘤，可直接按照子宫肌瘤进行评点。

8. 卵巢。正常超声图像：卵巢大小在成人为4cm×3cm×1cm，内部回声强度略高于子宫，所含卵泡呈圆形液性无回声区，成熟的优势卵泡直径可达1.5～2.0cm。

保险实务中，常见的卵巢超声异常为卵巢囊肿与卵巢畸胎瘤。

（1）卵巢囊肿：超声表现为边缘光滑、壁薄且均一的圆形病变，分别呈液性无回声或水样密度。

（2）囊性畸胎瘤：超声表现为液性无回声区内有明显的强光点或光团，有时可见"脂—液"分层表现。

9. 乳腺。乳腺超声检查在保险实务中，一般为在体检中医生通过触诊发现乳腺肿块，核保人员所采取的进一步检查。

乳腺超声检查常见的异常为乳腺纤维腺瘤、乳腺增生性疾病、乳腺癌。

（1）乳腺纤维腺瘤：超声表现为肿块呈圆形或卵圆形，轮廓整齐，横径常大于纵径。内部呈均匀低回声，肿块后方回声正常或轻度增强。彩色多普勒显示肿块内多无明显血流信号。

（2）乳腺增生性疾病：超声表现为乳腺腺体增厚，结构紊乱，内部回声不均匀，回声光点增粗。

（3）乳腺癌：超声表现为肿瘤形态不规则，边缘不光滑，常呈蟹足样生长，与正常组织分界不清，无包膜回声，纵径通常大于横径。肿瘤内部多为不均匀的低回声。彩色多普勒显示肿块内有较丰富的高阻血流信号。

第十二节　放射检查在保险业务中的应用

【案例】

被保险人，男，42岁，已婚。投保寿险保额20万元，提前给付重疾保额20万元。既往无投保经历，职业为某投资公司经理，有吸烟习惯，吸烟15支/天，吸烟15年，不饮酒，无高风险运动及爱好。健康问卷：每日吸烟40支但已戒烟，曾出现胸闷、气急加剧等症状。投保体检：胸片提示肺气肿，普检、血尿常规、血生化、心电图及腹部B超均正常。

请给出核保思路。

医学上常见的放射检查为 X 线成像与 CT 成像。

X 线成像技术基本原理为 X 线因其自身的穿透性、荧光效应和感光效应，透过人体密度和厚度不同组织结构时，被吸收的程度不同，达到荧屏或胶片上的 X 线量出现差异，即产生了对比，从而形成明暗或黑白对比不同的影像，可用于进行疾病诊断。

CT 成像是用 X 射线束对人体层面进行扫描，取得信息，经计算机处理而获得该层面的重建图像。CT 所显示的图像是断层解剖图像，其密度分辨力明显优于 X 线图像，提高了病变的检出率和诊断的准确率。

尽管超声、CT 等对疾病的诊断有很大优越性，但并不能完全取代 X 线检查。X 线成像具有清晰、经济、简便等优点，仍是影像诊断学中使用最多和最基本的方法。

在保险实务中，达到一定保额时，已经将胸部 X 正位片列为体检项目之一。CT 检查由于费用昂贵，若因某种异常而需进一步明确诊断时，需由客户自费检查。

胸部 X 线摄影是胸部疾病最常用的检查方法，一般采取正位，检查时受检者站立后前位，前胸壁靠片，双臂尽可能内旋，X 线自背部射入。

胸部 X 线检查报告结果一般描述为：胸廓对称、两侧肋骨肋间隙正常，两肺野透亮度正常，未见明显实变影，肺纹理清晰，两侧肺门未见明显异常；膈肌光滑，两侧肋膈角锐利；心脏大小形态在正常范围。

在保险实务中，胸部 X 线摄影检查阳性率极低，在核保查体及核赔出险客户中，其常见的异常为肺部炎症、肺结核、肺气肿、肺癌。

一、肺部炎症 X 片影像表现

1. 大叶性肺炎。大叶性肺炎发病后 12～24 小时为充血期，X 线检查可无明显异常或仅有局部肺纹理增粗。发病后 24 小时左右，X 线表现为密度均匀增加的致密影，先沿肺叶周边开始，逐渐向肺门侧扩展。一般在体温开始下降后，病变逐渐消散。X 线表现为实变影密度降低，病变范围逐渐减少，多表现为散在、大小不等和分布不规则的斑片状致密影。炎症最后可完全吸收，或只留少量索条状影。

2. 支气管肺炎。病变多在两肺下野的内中带，形成散在斑片状影，边缘模糊不清，密度不均，并可融合成较大的片状影。支气管壁充血水肿致肺纹理增多、模糊。

3. 间质性肺炎。两中肺下野的内中带为好发部位。常表现为纹理增粗、模糊、交织成网状或小斑片状阴影，可伴有弥漫性肺气肿。

二、肺结核 X 片影像表现

肺结核为人型或牛型结核杆菌引起的肺部慢性传染病，近年来，其发病率呈上升趋势。

肺结核根据中华结核病学会 1998 年制定的标准，分为四类：原发性肺结核，血行播散性肺结核，继发性肺结核，结核性胸膜炎。

1. 原发性肺结核。X 线典型表现为"哑铃"状。包括原发浸润灶，多位于中上肺野，呈圆形、类圆形或局限性斑片状。淋巴管炎为从病灶向肺门走行的不规则状条索状阴影；肺门、纵隔淋巴结增大，并突向肺野。

2. 血行播散性肺结核。急性血行播散型肺结核 X 线表现为两肺弥漫性粟粒状阴影，特点为三均匀，即分布均匀、大小均匀、密度均匀；亚急性及慢性表现为双肺上、中肺野粟粒状的阴影大小不一、密度不等、分布不均，即三不均匀。

3. 继发性肺结核。为成年人结核中最常见的类型，分为两种类型，浸润性肺结核，病变多局限，X 线表现多种多样，主要征象为局限性斑片状影，大叶性干酪性肺炎、增殖性病变、结核球、结核性空洞等。慢性纤维空洞性肺结核，X 线表现为纤维空洞、肺叶变形、代偿性肺气肿、胸膜肥厚及粘连等。

4. 结核性胸膜炎。为不同程度的胸腔积液，慢性者有胸膜广泛或局限性肥厚，可见胸膜钙化。

三、肺癌 X 片影像表现

肺癌是指起源于支气管、细支气管肺泡上皮及腺体的恶性肿瘤，又称为原发性支气管癌。其死亡率目前居全身恶性肿瘤之首，由于临床多数肺癌发现已属中晚期，其五年生存率不到 13%。

根据肺癌发生部位可将其分为三型：中央型，肿瘤发生在肺段和段以上的支气管；周围型，肿瘤发生在肺段以下支气管；弥漫型，肿瘤发生在细支气管、肺泡或肺泡壁，呈弥漫性生长。

1. 中央型肺癌。早期 X 线常无异常表现，偶尔可有局限性肺气肿或阻塞性肺炎。中晚期 X 线主要表现为肺门肿块，呈分叶状或边缘不规则形，常同时伴有阻塞性肺炎或肺不张。

2. 周围型肺癌。早期 X 线常表现为肺内结节影，可有空泡征，多有分叶征或胸膜凹陷征。中晚期常表现为肺内球形肿块，有分叶、短细毛刺及胸膜凹陷征。

3. 弥漫型肺癌。X 线表现为两肺广泛分布的细小结节，也可表现为大片肺炎样改变，病变呈进行性发展，可融合成肿块状，在融合病灶内可见空气支气管征。

四、肺气肿 X 片影像表现

肺气肿是指终末细支气管以远的含气腔隙过度充气、异常扩大，可伴有不可逆性肺泡壁的破坏，分局限性和弥漫性阻塞性肺气肿。

局限性阻塞性肺气肿 X 线表现为肺部局限性透明度增加，其范围取决于阻塞的部位。一侧肺或一个肺叶的肺气肿表现为一侧肺或一叶肺的透明度增加，肺纹理稀疏，纵隔移向健侧，病侧膈肌下降。

弥漫性阻塞性肺气肿表现为两肺叶透明度增加，常有肺大泡出现，肺纹理稀疏。

第十三节 心电图检查在保险业务中的应用

【案例】

被保险人，女性，45 岁，投保两全寿险保额 10 万元，提前给付重大疾病保额 10 万元。告知无异常。查体结果：身高 165cm，体重 75kg，血压 140/90mmHg，心电图检查——V4、V5、V6 导联 ST 水平下移约 0.04mV，I、aVL、V4、V5、V6 导联 T 波低平，提示心电图 ST－T 改变。尿常规、血脂、血糖等均无异常。

请给出核保分析思路。

心电图是指利用心电图机从体表记录心脏每一心动周期所产生电活动变化的曲线图形。

心电图主要反映心脏激动的电学活动，因此对各种心律失常和传导障碍的诊断分析具有肯定价值；特征性的心电图改变和演变是诊断心肌梗死可靠而实用的方法；房室肥大、心肌受损、心肌缺血都可引起一定的心电图变化，有助诊断。

心电图检查由于价格低廉、应用广泛，同时对心脏疾病的筛查有其他检查不可替代的作用，目前已被保险公司列为常规体检项目之一。

心电图同其他实验检查相比，学习及掌握难度较大。本节仅对心电图基本知识及保险实务中常见的心电图异常情况作一介绍。未来从事"两核"工作，若遇到复杂心电图可咨询专业心电图医师。

一、心电图各波段的组成和命名

心脏的特殊传导系统由窦房结、结间束、房间束、房室结、希氏束、束支（分为左、右束支，左束支又分为前分支和后分支）以及蒲氏纤维构成（见图 5－6）。

正常心电图活动始于窦房结，在兴奋心房的同时经结间束传导至房室结，然后循希氏束、左右束支、蒲氏纤维顺序传导，最后兴奋心室。这种先后有序的电激动的传播，引起一系列电位改变，形成了心电图上的相应波段（见图 5－7）。

P 波：心脏的兴奋发源于窦房结，最先传至心房，最早出现的 P 波反映心房的除极过程。

PR 段：反映心房复极过程及房室结、希氏束、束支的活动。

PR 间期：反映自心房开始除极至心室开始除极的过程。

QRS 波群：幅度最大的 QRS 波群，反映心室除极的全过程。

ST 段及 T 波：心室除极后，心室的缓慢和快速复极过程分别形成了 ST 段和 T 波。

QT 间期：反映心室开始除极至心室复极完毕全过程的时间。

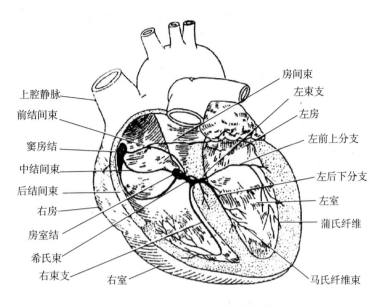

图 5 - 6　心脏特殊传导系统示意图

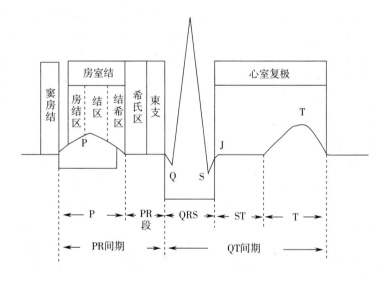

图 5 - 7　心脏特殊传导系统示意图

二、心电图的导联体系

在人体不同部位放置电极，并通过导联线与心电图机电流计的正负极相连。这种记录心电图电路连接方法称为心电图导联（见图 5 - 8）。

在长期应用临床心电图的过程中，已形成了一个由 Einthoven 创设而为目前大多数心电图工作者所采纳的国际通用导联体系，称为常规 12 导联体系。

肢体导联：包括双肢体导联 Ⅰ、Ⅱ、Ⅲ 及加压肢体导联 aVR、aVL、aVF。

胸前导联：属单极导联。探查时正电极应放于胸前固定的部位。

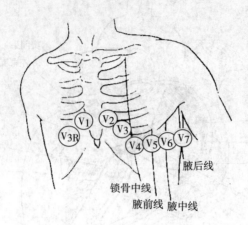

图 5 – 8　心电图的导联体系

三、心电图的测量和正常数值

心电图多描记在特殊的记录纸上，心电图记录纸由纵线和横线划分成 $1mm^2$ 的小方格。当走纸速度为 25mm/s 时，每两条纵线间表示 0.04 秒，当标准电压 1mV = 10mm 时，两条横线间表示 0.1mV（见图 5 – 9）。

1. P 波正常值。P 波的形态一般呈圆钝形。P 波在 I 、II 、aVF、V4、V5、V6 导联向上，aVR 导联向下，其余导联呈双向、倒置或低平均可。正常 P 波时间一般小于 0.12 秒。P 波振幅肢导一般小于 0.25mV，胸导一般小于 0.2mV。

2. PR 间期。PR 间期为 0.12 ~ 0.20 秒。在老人及心动过缓的情况下，PR 间期可略延长，但不超过 0.22 秒。

3. QRS 波群。时间正常成人小于 0.12 秒，多数在 0.06 ~ 0.10 秒。正常人 V1、V2 导联多呈 rS 型，V1 导联 R 波一般不超过 1.0mV，V5、V6 导联可呈 qR、qRs 或 R 型，且 R 波一般不超过 2.5mV。正常人 R 波 V1 至 V6 逐渐增高，S 波逐渐减小。在肢体导联，I 、II 、III 导联主波一般向上，aVR 导联主波向下。正常人 aVR 导联的 R 波一般小于 0.5mV，I 导联的 R 波小于 1.5mV，aVL 导联的 R 波小于 1.2mV，aVF 导联的 R 波小于 2.0mV。

4. ST 段。正常 ST 段多为一等电位线，有时可有轻微的偏移，但在任一导联，ST 段下移一般不超过 0.05mV；ST 段上台在 V1、V2 导联一般不超过 0.3mV，V3 不超过 0.5mV，在其余导联不超过 0.1mV。

5. T 波。在正常情况下，T 波的方向大多与 QRS 主波的方向一致。T 波方向在 I 、II 、V4、V5、V6 导联向上，aVR 导联向下，III 、aVL、aVF、V1、V2、V3 导联可以向上、双向或向下。若 V1 导联的 T 波方向向上，则 V2 ~ V6 导联就不应再向下。

除 III 、aVL、aVF、V1 ~ V3 导联外，其余导联 T 波振幅一般不应低于同导联 R 波的 1/10。T 波在胸导有时可高达 1.2mV ~ 1.5mV。

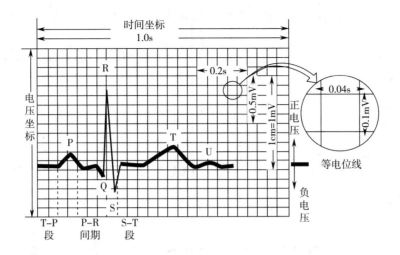

图 5 - 9　心电图测量和正常数值

四、保险实务中常见的心电图异常

心房、心室扩大和肥厚，是器质性心脏病常见的后果，当心脏肥大到一定程度时可表现在心电图上。但由于心电图存在一定的局限性，不能仅凭某一项指标而作出肯定或否定的结论。在作出房室肥大诊断时，需结合临床资料以及其他检查结果，比如在保险实务中，心电图提示房室肥大时，往往会要求加查心脏超声，综合分析，才能得出正确的结论。

1. 右房肥大。心电图表现为 P 波尖而高耸，其振幅≥0.25mV，P 波的宽度并不增加，在Ⅱ、Ⅲ、aVF 导联表现最突出，称为"肺型 P 波"（见图 5 - 10），常见于慢性肺源性心脏病及某些先天性心脏病。

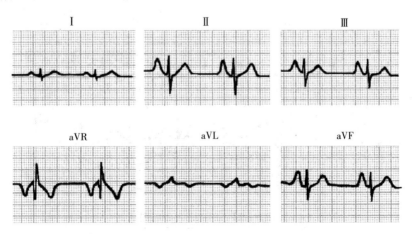

图 5 - 10　右房肥大心电图

2. 左房肥大。心电图表现为 P 波增宽 >0.11 秒，常呈双峰型，双峰间期≥0.04 秒，以在 V1 导联上最为显著，典型者多见于二尖瓣狭窄，故称为"二尖瓣型 P 波"（见图 5 – 11）。

　　P 波幅度改变在Ⅰ、Ⅱ、aVL 导联明显。V1 的 P 波终末部的负向波变深，Ptf 超过 – 0.04mm/s。

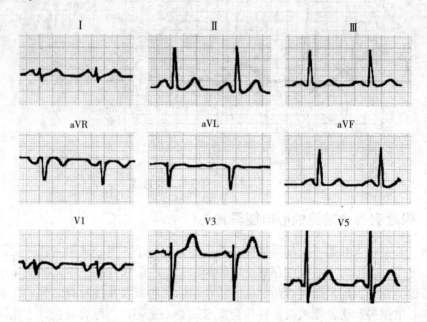

图 5 – 11　左房肥大心电图

　　3. 左室肥大。心电图表现为 V5 或 V6 的 R 波 > 2.5mV 或 V5 的 R 波 + V1 的 S 波 > 4.0mV（男性）或 > 3.5mV（女性）（见图 5 – 12）。

　　Ⅰ导联的 R 波 > 1.5mV，aVL 的 R 波 > 1.2mV 或Ⅰ导联 R 波 + Ⅲ导联 S 波 > 2.5mV。

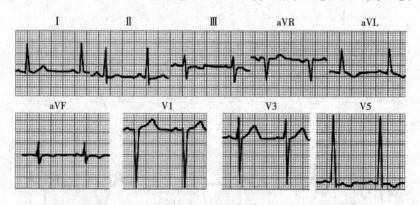

图 5 – 12　左室肥大心电图

　　4. 右室肥大。心电图表现为：V1（或 V3R）导联 R/S ≥ 1；V1 的 R 波 + V5 的 S 波 > 1.05mV（重症可 > 1.2mV）；电轴右偏，额面平均电轴 ≥ 90°（重症可 > 110°）；aVR 导联 R/S 或 R/q ≥ 1（或 R > 0.5mV）；少数病例可见 V1 导联呈 QS、qR 型（除外

心肌梗死）；ST - T 改变，右胸前导联（如 V1）T 波双向、倒置，ST 段压低（见图 5 - 13）。

符合上述阳性指标越多，以及超出正常范围越大者，诊断的可靠性也越大。

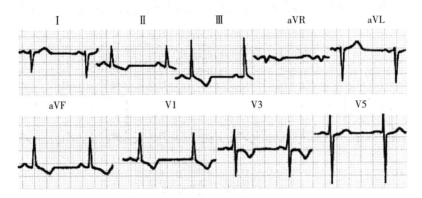

图 5 - 13 右室肥大心电图

正常人心脏起搏点位于窦房结，并按正常的顺序激动心房和心室，心脏激动的起源异常或传导异常，称为心律失常。对各种心律失常的诊断，目前尚未有任何其他方法能替代心电图。

1. 窦性心律及窦性心律失常。凡起源于窦房结的心律，被称为窦性心律。窦性心律一般属于正常或基本正常心律。

窦性心律的心电图特征（见图 5 - 14）为：

（1）有一系列规律出现的 P 波，且 P 波形态表明激动来自窦房结（P 波在 Ⅱ、Ⅲ、aVF 直立，在 aVR 倒置）。

（2）P ~ R 间期 > 0.12 秒。

（3）正常窦性心律频率为 60 ~ 100 次/min。

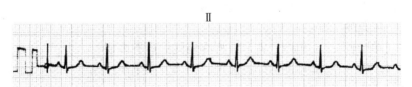

图 5 - 14 正常窦性心律

窦性心动过缓及窦性心律不齐（见图 5 - 15）：窦性心律的频率小于 60 次/min，同一导联上 P - P 间期差异大于 0.12 秒。保险实务中常见心律小于 60 次/min，但无其他异常者，一般大于 50 次/min 者，均可以标准体承保。

窦性停搏（见图 5 - 16）：在规律的窦性心律中，有时因迷走神经张力增大或窦房结自身原因，在一段时间内停止发放冲动。

心电图上在规则的 P - P 间隔中突然没有 P 波，而且所失去的 P 波之前与之后的 P - P 间隔与正常 P - P 间隔不成倍数关系。窦性静止后常出现逸搏。

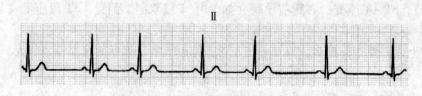

图 5－15　窦性心动过缓及窦性心律不齐

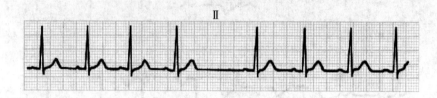

图 5－16　窦性停搏

2. 期前收缩。期前收缩是指起源于窦房结以外的异位起搏点提前发出激动，又称过早搏动或早搏，是临床上最常见的心律失常。

室性早搏（见图 5－17）：心电图表现为提早出现一个增宽变形的 QRS－T 波群，QRS 时限常 >0.12 秒，T 波方向多与主波相反。

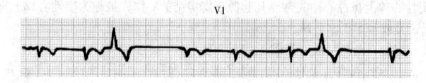

图 5－17　室性早搏

以下词语常被用在保险实务中，用以区分和评价室性早搏的严重程度。

偶发性：硬性定义为每分钟早搏少于 5 次。

频发性：每分钟早搏多于 5 次。

单源性（单形性）：心电图上室早波群有相同的形态表现。

多源性（多形性）：有不同的形态表现，因为有多个病灶或单一部位出现传导改变。

成对性：连续的两个室早。

三重性：连续的三个室早（若心室率低于 100 次/min，则不能描述为室性心动过速）。

二联律：每一个正常波群后紧跟一个室早。

三联律：每个室早后出现两个正常波群。

单纯性：单源性和偶发性。

复杂性：成对性、二联律、三联律、无持续的室性心动过速、多源性室早波群以及 R on T（R 在 T 波上）现象。

室性心动过速：3 个或更多的连续的室早波群，频率 >100 次/min。

房性早搏：心电图表现为提前出现一个变异的 P′波，QRS 波一般不变形，P′~R >
0.12 秒，代偿间歇常不完全。

部分早搏 P 波之后无 QRS 波，且与前面的 T 波相融合而不易辨认，称为房性早搏未
下传，P′~R 可以延长，P′波所引起的 QRS 波有时也会增宽变形，称房性早搏伴室内差
异性传导（见图 5－18）。

V1

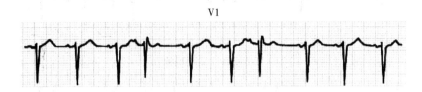

图 5－18 房性早搏伴室内差异性传导

3. 传导阻滞。心脏传导阻滞按发生的部位分为窦房传导阻滞、房内传导阻滞、房室
传导阻滞。

就阻滞程度，可分为Ⅰ度（传导延缓）、Ⅱ度（部分激动发生漏搏）、Ⅲ度（传导
完全中断）。就变化过程，可分为永久性、暂时性、交替性及渐进性。

窦房传导阻滞：普通心电图机尚不能直接描记出窦房结电位，故Ⅰ度窦房阻滞不能
观察到，Ⅲ度窦房阻滞难与窦性静止相鉴别。只有Ⅱ度窦房阻滞出现心房、心室漏搏间
歇，这一长间歇恰等于正常窦性 P~P 间距的倍数。此称二度Ⅱ型传导阻滞（见图 5－
19）。

Ⅱ

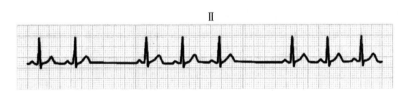

图 5－19 二度Ⅱ型窦房传导阻滞

房室传导阻滞：Ⅰ度房室传导阻滞，主要表现为 P~R 间期延长，在成人若 P~R ≥
0.21 秒，则可诊断为Ⅰ度房室传导阻滞（见图 5－20）。

Ⅱ

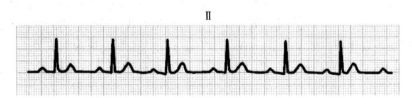

图 5－20 Ⅰ度房室传导阻滞

Ⅱ度房室传导阻滞，部分 P 波后 QRS 波脱漏，分两种类型。

Ⅰ型，也称 Morbiz Ⅰ型房室传导阻滞，表现为 P 波规律地出现，P~R 间期逐渐延长

（通常每次的绝对增加数多是递减的）。直至一个 P 波后脱漏一个 QRS 波群，漏搏后传导阻滞得到一定恢复，P~R 间期又趋缩短，之后又复逐渐延长，如此周而复始地出现，称为文氏现象（见图 5−21）。

aVR

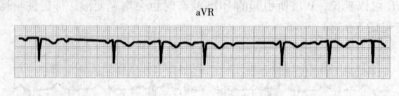

图 5−21　文氏现象

Ⅱ型，又称 Morbiz Ⅱ型，表现为 P~R 间期恒定（正常或延长），部分 P 波后无 QRS 波群（见图 5−22）。

Ⅱ

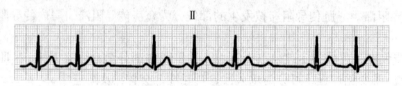

图 5−22　二度Ⅱ型房室传导阻滞

Ⅲ度房室传导阻滞，又称完全性房室传导阻滞，P 波与 QRS 波毫无相关性，各保持自身的节律，房率高于室率，常伴有交界性（多见）或室性逸搏（见图 5−23）。

Ⅱ

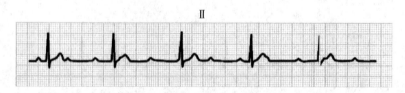

图 5−23　室性逸搏

束支传导阻滞，可根据 QRS 波群的时限是否大于 0.12 秒而分为完全性与不完全性束支传导阻滞。

完全性右束支传导阻滞：右束支细长，由单侧冠状动脉分支供血，故传导阻滞多见。心电图（见图 5−24）表现如下：QRS 波群时限≥0.12 秒；QRS 波前半部接近正常，后半部在多数导联，如Ⅰ、Ⅱ、aVL、aVF、V4、V6 等表现为具有宽而有切迹的 S 波其时限≥0.04 秒；aVR 导联呈 QR 型，其 R 波宽而有切迹，最有特征性变化的是 V1 导联，呈 rsR' 型的 M 波形；V1、V2 导联 ST 段轻度压低，T 波倒置。

完全性左束支传导阻滞：左束支粗而短，由双侧冠状动脉分支供血，不易发生传导阻滞，如有发生，多为器质性病变所致。

心电图表现为 QRS 时限≥0.12 秒；Ⅰ、V5、V6 导联 q 波减小或消失；V1、V2 导联常呈 QS 型，或有一极小 r 波，主波（R 或 S 波）增宽，顶峰粗纯或有切迹，后支较

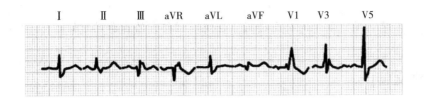

图 5 - 24　右束支传导阻滞

前支为迟缓；心电轴有不同程度的左偏趋势；ST - T 方向与 QRS 主波方向相反（见图 5 - 25）。

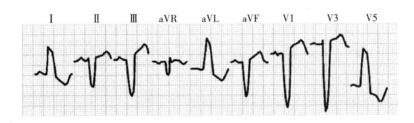

图 5 - 25　左束支传导阻滞

【本章小结】

通过本章学习，了解保险实务中常见的体检项目的设定及结果判断。同时通过案例的分析，培养正确的风险思维模式。

在体检项目中，体格检查、尿常规、心电图需重点掌握，其广泛应用于保险实务中的健康筛查。在检查发现异常后，根据异常提示内容，可进一步要求检查本章所学的其他体检项目，如血糖、肾功能、超声检查等。

在保险实务中，尤其是核保判读体检结果时，应结合各种信息资料，在任何时候都要牢记，核保人员面对的是人，而不仅仅是体检结果。

【思考题】

1. 根据以下某保险公司核保实务的案例，给出核保分析思路。

被保险人，44 岁，家庭主妇，2010 年 12 月，投保两全寿险 7 万元，15 年交费，年交 4000 余元，投保单健康告知无异常。查体普检：血压 135/90mmHg；尿常规正常；心电图 T 波低平。查体健康告知 2006 年 9 月因甲状腺病住院，并提供住院病历。

提供病历提示：2006 年 5 月因结节性甲状腺肿住院治疗 10 天。同时诊断为高血压病（3 级）。既往史提示高血压病病史 4 年，血压最高 190/136mmHg，间断服药血压控制在 130/95～110mmHg，入院时血压为 150/100mmHg，其母有高血压病史。

高血压问卷情况，2005 年发现血压 140/90mmHg，未服药治疗。冠心病问卷无异常。

2. 结合本章所学，就保险公司进行体检规则调整，给出你的建议。

【参考文献】

［1］陈文彬、潘祥林：《诊断学》（第 6 版），北京，人民卫生出版社，2004。

［2］吴恩惠、冯敢生：《医学影像学》（第 6 版），北京，人民卫生出版社，2008。

［3］李玉林：《病理学》（第 7 版），北京，人民卫生出版社，2008。

［4］余杰：《寿险核保原理与实务》，中国平安保险公司，1997。

金融保险丛书
高等院校实务教程

第六章

常见疾病在保险业务中的应用

【学习目标】

● 能够运用冠状动脉粥样硬化性心脏病、高血压、终末期肾病、糖尿病、贫血、病毒性肝炎、肿瘤等重要疾病的概念及临床特点、临床表现、诊断等知识进行核保风险分析以及核赔应用。能够运用骨折、脑内血肿、脾破裂等道路交通事故常见损伤疾病的概念、临床表现、诊断、预后等相关知识，进行车险人伤查勘核赔分析和运用。

● 掌握慢性支气管炎、消化性溃疡、急性肾小球肾炎、慢性肾小球肾炎、肾盂肾炎、高脂血症、高尿酸血症与痛风、乳腺增生、子宫肌瘤、卵巢肿瘤等常见疾病的概念及临床特点、临床表现、诊断知识，并进行核保风险分析以及核赔应用。

● 了解支气管哮喘、胰腺炎、胆石症、风湿性心脏病、泌尿系统结石、系统性红斑狼疮、脑卒中后遗症、严重帕金森病等疾病的概念及临床特点、临床表现、诊断知识，并进行核保风险分析或核赔应用。

第一节 呼吸系统疾病

【案例】

吴某，男，40岁，欲购买某保险公司重大疾病保险附加住院医疗保险。健康告知其有哮喘疾病病史。业务员在进行专项健康调查问卷中得知，吴某的哮喘是在运动后或体力劳动后产生，平卧则呼吸困难，高枕卧位、半卧位时缓解。

请思考：

1. 此种情况的哮喘能否按支气管哮喘进行评点？

2. 心源性哮喘与支气管哮喘的鉴别。

一、支气管哮喘

（一）概念及临床特点

支气管哮喘（以下简称哮喘）是由肥大细胞、嗜酸性粒细胞和 T 细胞共同参与的慢性炎症性气道疾病。这种慢性炎症通常引起反复发作的喘息、气急、胸闷或咳嗽等症状，常在夜间和（或）清晨发作、加剧。

哮喘的急性发作是指气促、咳嗽、胸闷等症状突然发生或明显加重，常伴有呼吸困难，偶尔可在数分钟内危及生命。

（二）流行病学特征

全球约有 1.6 亿患者。我国五大城市的资料显示同龄儿童的哮喘患病率为 3% ~ 5%。一般认为儿童患病率高于青壮年，老年人群的患病率有增高的趋势。成人男女患病率大致相同，发达国家高于发展中国家，城市高于农村，约 40% 的患者有家族史。

（三）预后

哮喘的转归和预后因人而异，与正确的治疗方案有密切的关系。儿童哮喘通过积极而规范的治疗，临床控制率可达 95%，轻症容易恢复；病情重，气道反应性增高明显，或伴有其他过敏性疾病则不易控制。

疾病早期，因病理的可逆性，很少发生器质性改变，同时预后较好；随着疾病的进展，哮喘长期反复发作，可以出现肺膨胀及肺气肿的改变，甚至导致肺源性心脏病的发生，此种改变预后不良。

（四）核保应用

1. 核保资料。

（1）需要提供病历资料，特别关注病历当中发作的频率和严重程度、夜间症状发作的频率、家族史或家族成员患病严重程度情况以及治疗方案。了解其个人史中关于过敏情况的描述，同时了解其居住环境及工作环境等。

（2）需要提供的实验室诊断资料：痰液检查、呼吸功能检查、支气管激发试验、动脉血气分析、胸部 X 线检查。必要时需提供心电图检查结果以确定是否存在肺心病的情况。

2. 核保分析。

（1）对于支气管哮喘的风险评估主要应从两方面进行：一方面是被保险人的哮喘严重程度，另一方面则是进展为肺气肿的可能性。

（2）与心衰引起的喘息样呼吸困难的鉴别。心衰引起的喘息样呼吸困难在过去称为心源性哮喘，发作时症状与哮喘非常类似，但是疾病的病因及发病机制却完全不同，疾病风险也完全不一样，因此核保结论也不一样。

心衰引起的喘息样呼吸困难与左心衰关系密切。其特征表现在：劳力性呼吸困难（呼吸困难由运动产生）、端坐呼吸（平卧则呼吸困难，高枕卧位、半卧位缓解）、夜间阵发性呼吸困难（入睡后因憋气而突然惊醒，被迫采取坐位呼吸）。因此，哮喘疾病问卷当中会特别涉及发作诱因、缓解情况方面的内容，便于对此两种疾病作出鉴别。

另外，心衰引起的喘息样呼吸困难在阵发性咳嗽时会出现粉红色泡沫痰，并且胸部X线检查可以发现增大的心脏以及肺部淤血的征象。因此，哮喘疾病问卷当中也会涉及发作伴随症状及胸部X线检查的结果。

（五）核赔应用

哮喘是一种常见的慢性间断性发作的呼吸道疾病，一般在门诊预防或治疗，症状较为严重时可以进行住院治疗，住院费用一般为 2000～5000 元，住院天数一般为 10～20 天。

医疗类型保险审核包括：（1）在产生的医疗费用中，重点关注的是与诊断不符的用药和大型检查的费用；（2）是否为投保前疾病。核赔人员可以从住院病历的现病史、既往史当中去查询，必要时可通过在患者居住附近医院检索被保险人的住院情况或通过当地社会基本医疗保险机构、新型农村合作医疗保险机构等方面进行调查。

二、慢性支气管炎

（一）概念及临床特点

慢性支气管炎是气管、支气管黏膜及其周围组织的慢性非特异性炎症。临床上以咳嗽、咳痰或伴有喘息为主要症状，每年发病持续 3 个月，连续 2 年或 2 年以上。

（二）流行病学特征

本病为我国常见病、多发病之一，发病年龄多在 40 岁以上，吸烟患者明显高于不吸烟患者。本病的患病率因地区、年龄、职业、环境卫生、吸烟习惯等不同而有较大差异。中国北方高寒地区患病率较南方湿热地区高；大气污染严重的大城市较郊区农村高；接触粉尘及有毒化工气体的工人较一般工人高；老年人较年轻人高。

（三）病因

慢性支气管炎的病因包括有害气体和有害颗粒、感染因素及其他因素。

1. 有害气体和有害颗粒，如香烟烟雾、粉尘、刺激性气体等。

2. 感染因素。病毒、支原体、细菌感染等是慢性支气管炎发生发展的重要原因之一。

3. 其他因素。免疫、年龄和气候等因素均与慢性支气管炎有关，如寒冷空气刺激、老年人免疫功能下降。

（四）临床表现

1. 分型。慢性支气管炎可分为单纯型和喘息型两种。单纯型的主要表现为咳嗽、咳痰；喘息型者除有咳嗽、咳痰外尚有喘息，伴有哮鸣音，喘鸣在阵咳时加剧，睡眠时明显。

2. 分期。按病情进展可分为三期：

（1）急性发作期：指在一周内出现脓性或黏液脓性痰，痰量明显增加，或伴有发热等炎症表现，或"咳"、"痰"、"喘"等症状任何一项明显加剧。

（2）慢性迁延期：指有不同程度的"咳"、"痰"、"喘"症状迁延一个月以上者。

（3）临床缓解期：经治疗或临床缓解，症状基本消失或偶有轻微咳嗽少量痰液，保持两个月以上者。

（五）预后

部分患者病情可以得到控制，不影响工作、学习；部分患者可以发展成为阻塞性肺疾病，甚至肺心病，预后不良。一秒用力呼气容积 FEV1 下降的百分数和持续性仍然是最重要的预后因素。

（六）核保应用

1. 核保资料。

（1）需要提供病历资料，特别关注症状发作频率、呼吸系统功能（肺功能试验），尤其是 FEV1 和（或）最大呼吸流量 PEF 数值、相关临床表现及症状、吸烟史和（或）当前吸烟状况等。

（2）需要提供的实验室诊断资料：胸部 X 线检查、呼吸功能检查及痰液培养检查，甚至根据不同情况需要提供心功能相关检查结果。

2. 核保分析。

（1）对于慢性支气管炎的风险评估可以从两方面进行：一方面是被保险人相关危险因素的掌握、慢性支气管炎的严重程度，另一方面则是并发相关疾病的情况。

慢性支气管炎严重程度分析详见表 6 - 1。程度越重，肺功能的损害越重，风险越大。

慢性支气管炎主要的危险因素包括年龄和吸烟。年龄较小、病情较轻的患者，处于可逆阶段（或非阻塞性肺疾病阶段），病情可以控制，不影响工作学习，此种情况风险较小。但随着年龄的增大，免疫功能的降低，再加上吸烟的嗜好，风险递增性加大。

在疾病关联性方面，反复、长期的慢性气道炎症，可以导致小支气管、支气管和（或）支气管终末分支扩张、肺气肿甚至出现肺源性心脏病的情况。如果并发此类情况，风险将大大增加甚至拒绝承保。

（2）根据慢性支气管炎临床表现特点可以看出，慢性支气管炎分为急性发作期、慢性迁延期、临床缓解期三期。核保人员在核保过程中应该注意临床缓解期被保险人带病投保的情况。

综上所述，慢性支气管炎很难根治，尽管病程长短不一，但最终都有可能导致肺功能不全。因此，对患有慢性支气管炎的被保险人，核保人员要作全面分析、判断，就其保险年限、险种、保险金额等进行分析、审核，防止风险的逆选择。

表 6 - 1　　　　　　　　　　　　慢性支气管炎严重程度分析表

	FEV1（或 PEF）占预测值的百分比	发病季节	临床表现
轻度	60% ~ 79%	冬季	因吸烟、感冒导致咳嗽及复发性呼吸系统感染。冬季冷空气对呼吸道的刺激有可能导致疾病的急性恶化。很少或无憋气的症状，但在大量体力活动后可出现轻度呼吸困难

	FEV1（或 PEF）占预测值的百分比	发病季节	临床表现
中度	40%～59%	冬夏季	吸烟、感冒导致咳嗽及复发性呼吸系统感染，并出现不同的胸部体征，如充气过度、哮鸣音等。很少出现憋气症状，但一般体力活动后出现呼吸困难
重度	<40%	持续性无明显季节区别	持续性症状和显著的咳嗽、哮鸣音并伴有胸部充气过度；可存在一些相关的表现，如发绀、水肿；达到入院治疗标准。轻微活动时出现呼吸困难

注：在缺少 FEV1 数值的情况下，可根据相应的临床表现以及功能受限的程度来确定严重程度。

（七）核赔应用

支气管炎有急性支气管炎和慢性支气管炎之分，慢性支气管炎还包括急性发作期、慢性迁延期、临床缓解期三期。症状较轻时，一般在门诊治疗，症状较严重或有并发症时可住院治疗，住院治疗费用因为抗生素的不同而差别较大，约为 2000～8000 元，住院天数一般为 10～20 天。

医疗类型保险审核包括：（1）抗生素费用的审核；（2）是否为投保前疾病。核赔人员可以从住院病历的现病史、既往史当中去查询，必要时可通过在患者居住附近医院检索被保险人的住院情况或通过当地社会基本医疗保险机构、新型农村合作医疗保险机构等方面进行调查。

三、慢性阻塞性肺疾病（COPD）

（一）概念及临床特点

慢性阻塞性肺疾病是一组以气流受限为特征的肺部疾病，气流受限不完全可逆，呈进行性发展，但是可以预防和治疗。

（二）流行病学特征

COPD 是呼吸系统疾病中的常见病和多发病，患病率和死亡率居高不下。近年来，对我国 7 个地区 20245 名成年人进行了调查，患病率占 40 岁以上人群的 8.2%。

（三）病因

吸烟是此病发病的重要因素，烟龄越长，吸烟量越大，COPD 患病率越高。同时，职业粉尘、化学物质、空气污染、感染因素均是重要的因素之一。

（四）临床表现

该病起病缓慢，病程长。主要的临床表现为：

1. 咳嗽、咳痰。咳嗽咳痰随着病程的发展常年不断甚至可以终身不愈，特点在于晨间咳嗽明显，夜间有阵咳或排痰。

2. 呼吸困难。病情迁延时，在咳嗽咳痰的基础上出现了逐渐加重的呼吸困难。最初仅在劳动、上楼或登山时有气促，随着病程发展，在平地活动时，甚至在静息时也感觉气短。当慢性支气管炎急性发作时，支气管分泌物增多，加重通气功能障碍，使胸闷气短加重，严重时可出现呼吸衰竭。

3. 肺气肿早期体征不明显，随着病情的发展可以形成桶状胸。

（五）预后

轻度气道阻塞患者的预后较好，中度和重度气道阻塞者，预后较差。极为严重的气道阻塞患者，30% 将在 1 年内死亡；95% 在 10 年内死亡。死亡原因为呼吸衰竭、肺炎、气胸、心律失常以及肺栓塞等。慢性阻塞性肺病患者发生肺癌的危险性增加。有些严重慢性阻塞性肺病患者可存活 15 年以上。

除 FEV1 降低，其他不良的风险因素包括高龄、持续吸烟、低氧血症等。对于吸烟者，死亡率取决于起病年龄、吸烟量及时间和当前吸烟状况。吸烟者与戒烟者相比，死亡率更高。

（六）核保应用

1. 核保资料。

（1）需要提供病历资料，特别关注病历当中发作的频率和严重程度、夜间症状发作的频率、药物治疗情况、家族史或家族成员患病严重程度情况。了解其个人史中关于过敏情况的描述，同时了解其居住环境及工作环境等。

（2）需要提供的实验室诊断资料：痰液检查、呼吸功能检查、支气管激发试验、动脉血气分析、胸部 X 线检查。

2. 核保分析。

（1）即使肺气肿不严重，但被保险人仍有吸烟习惯，或慢性支气管炎反复发作，则为递增性风险。

（2）有部分被保险人并无咳嗽、咳痰症状，但在肺功能检查时 FEV1/FVC < 70%，而 FEV1≥80% 预计值，在排除其他疾病后，也可以诊断为慢性阻塞性肺气肿。

（3）慢性阻塞性肺疾病严重程度分级标准。

Ⅰ级：轻度，FEV1/FVC < 70%、FEV1≥80% 预计值，有或无慢性咳嗽、咳痰症状。

Ⅱ级：中度，FEV1/FVC < 70%、50% 预计值≤FEV1 < 80% 预计值，有或无慢性咳嗽、咳痰症状。

Ⅲ级：重度，FEV1/FVC < 70%、30% 预计值≤FEV1 < 50% 预计值，有或无慢性咳嗽、咳痰症状。

Ⅳ级：极重度，FEV1/FVC < 70%、FEV1 < 30% 预计值或 FEV1 < 50% 预计值，伴慢性呼吸衰竭。

第二节 消化系统疾病

【案例】

张某，男，29 岁，在体检过程当中查出乙肝表面抗原阳性，但是肝功能、肝脏 B 超检查结果正常，综合分析诊断为乙肝病毒 "健康" 携带者，医生告诉他，此种情况无须治疗，正常的工作、学习和生活不受影响，注意休息。张某于是向某保险公司投保重大疾病保险附加住院医疗保险，保险公司经过综合评估后给予加费承保的核保意见。

请思考：

1. 张某无须治疗，又是 "健康" 携带者，为什么要加费承保？
2. 乙肝的健康风险如何进行评估？

一、病毒性肝炎

病毒性肝炎是由多种肝炎病毒引起的常见传染病，具有传染性强、传播途径复杂、流行面积广泛、发病率高等特点。目前，我国已有甲、乙、丙、丁、戊、己、庚等型，常见的为 5 种，即甲、乙、丙、丁、戊型。

（一）概念及临床特点

1. 甲型病毒性肝炎。甲型肝炎由甲肝病毒引起，是一种消化道传播的传染性疾病，主要是通过粪—口途径传播，病情相对较为良性，有一个短暂的潜伏期（2~6 周），一般持续 3~6 周；通常可完全康复。该型肝炎预后良好，一般不会引起肝脏慢性病变。

2. 乙型病毒性肝炎。乙型肝炎由乙肝病毒引起，是一种血液传播的传染性疾病，主要通过血液传播、体液传播、母婴垂直传播，病情相对比较复杂。部分患者可以变成慢性，成为慢性活动性肝炎或慢性迁移性肝炎，有的患者甚至可以演变为肝硬化及肝癌。

3. 丙型病毒性肝炎。丙型肝炎由丙肝病毒引起，是一种血液传播的传染性疾病，主要通过血液传播、体液传播、母婴垂直传播，起病隐匿，病情相对较轻，但慢性化率高，治疗效果差。部分患者可以变成慢性，有的患者甚至可以演变为肝硬化及肝癌。据统计，慢性丙型肝炎 20% 将变为肝硬化，肝硬化中又有 20% 将发展为肝癌。

（二）流行病学特征

1. 甲型病毒性肝炎。凡是未感染过甲型肝炎病毒的人，无论是儿童还是成人均是易感者。由于甲肝病毒感染与社会经济状况及个人卫生习惯密切相关，故在我国，15 岁以下的儿童及青少年最容易患甲型肝炎。成年时，患甲型肝炎者减少，老年人更少。在学校食堂和兵营等社区中较为流行，工作中接触污水的职业，如下水道清洁工和管道工存在较高的感染风险。人口密度过高和较差的环境卫生设施会加速这种疾病的传播。

2. 乙型病毒性肝炎。乙型肝炎是一个严重的公共卫生问题。全球 60 亿人口中，约 1/2 人口生活在 HBV 高流行区，约 20 亿人证明有 HBV 感染，3 亿～4 亿人为 HBV 慢性感染，其中 25%～40% 最终将死于肝硬化和肝癌。世界卫生组织报告，全球前 10 位疾病死因中乙肝占第 7 位，每年因乙肝死亡约 75 万例。

3. 丙型病毒性肝炎。我国一般人群抗－HCV 阳性率为 3.2%。各地抗－HCV 阳性率有一定差异，以长江为界，北方高于南方。抗－HCV 阳性率随年龄增长而逐渐上升，男女间无明显差异。

（三）病因

病毒性肝炎主要都是由各型肝炎病毒通过各种感染途径感染所致。

（四）临床表现

1. 甲型病毒性肝炎。甲肝病毒的潜伏期最短 15 天，最长 45 天，平均 30 天。感染了甲肝病毒后，有相当一部分人可无任何症状，甚至肝功能也正常，而直接过渡到恢复期，在体内产生甲型肝炎病毒抗体。另一部分人在感染了甲肝病毒后，经过 2～6 周的潜伏期，出现临床症状。根据临床症状轻重不同，可分为黄疸前期、黄疸期和恢复期三个阶段。

2. 乙型病毒性肝炎、丙型病毒性肝炎。乙肝的临床表现不是非常典型，但是对于黄疸、肝病面容、腹壁静脉怒张、蜘蛛痣、肝掌几种皮肤方面的改变，核保人员、生调人员在面见被保险人时应该予以重视。

（1）黄疸，尤其是巩膜和皮肤染成黄色。

（2）肝病面容：慢性肝炎或者肝硬化患者多表现为皮肤干枯、面色灰暗黝黑，部分慢性肝病患者面部及其他暴露部位可见皮肤色素沉着，面部尤其是眼眶周围色素沉着更为明显。

（3）腹壁静脉怒张：自脐部向四周放射的一簇曲张的腹壁静脉，又称"海蛇头"或"水母头"，是肝硬化门静脉高压的重要体征。

（4）蜘蛛痣：蜘蛛痣出现的部位多在上腔静脉分布的区域，如面、颈、手背、上臂、前胸和肩部等处，呈鲜红色，有一中心点，周围有辐射状细小血管扩张扭曲。直径有针头大到数厘米以上，用指尖或者火柴杆压迫蜘蛛痣的中心，其辐射状小血管网立即褪色，去除压迫后又重新恢复原来颜色。

（5）肝掌：慢性肝病患者的手掌两侧边缘（大小鱼际处）及手指末端呈斑状发红，加压后褪色称为肝掌。蜘蛛痣和肝掌多见于慢性肝炎或者肝硬化的患者，是慢性肝病的重要体征。

以上这些皮肤的改变在乙肝初期或者病情稳定时，很难发现，往往在病情较为严重时出现。早期发现病毒性肝炎的"金标准"还是进行血液肝炎病毒的检测。

（五）诊断

1. 甲型病毒性肝炎诊断。

（1）发病前 45 天内有吃不洁食物史或饮不洁生水或与甲肝急性患者有密切接触史。

（2）近 1 周左右出现无其他原因可解释的发热、乏力和纳差、恶心、呕吐等消化道症状，巩膜、皮肤黄疸。

（3）肝脏肿大，伴有触痛或叩痛体征。

（4）肝功能检查：谷丙转氨酶（ALT）明显异常，血清胆红素大于 17μmol/L，尿胆红素阳性。

（5）HAV 标志检测：血清抗 HAV – IgM 阳性或抗 HAV – IgG 双份血清呈 4 倍升高者。

2. 乙型病毒性肝炎诊断。

（1）肝功能异常，血清乙肝表面抗原、乙肝病毒去氧核糖核酸、去氧核糖核酸聚合酶均为阳性。

（2）有乙肝的临床症状，乏力，食欲减退，恶心，厌油腻，腹泻及腹胀，部分病例有黄疸发热。

3. 丙型病毒性肝炎诊断。丙型肝炎病毒的标志物为阳性，主要包括血清抗 – HCV（抗丙型肝炎病毒抗体）和 HCV – RNA（丙型肝炎病毒核糖核酸）。

（六）预后

1. 甲型肝炎。甲型肝炎一般来说预后很好，较易恢复，是一种自限性疾病。在托儿所和幼儿园中，感染甲型肝炎的儿童出现临床症状者不多，发生暴发性肝功能衰竭等症者更少。

随年龄增长，临床黄疸症状及病死率均上升。该病一般不复发，即使存在少数复发病例，也不会演变成为慢性肝病，由甲型肝炎引起肝硬化者临床罕见。

2. 乙型肝炎。急性乙肝是一种自限性疾病，若能早期诊断，采取适当的休息、营养和一般治疗，大多数患者可在 3～6 个月内自愈，急性肝炎预后较好。

如果一个成年人以前从来没有乙肝病史，突然患了乙肝，那么他只有 5%～10% 的可能会逐渐转为慢性，而剩余的 90%～95% 都是急性的，而且是完全有可能治愈的。其中，症状较为轻微者不需要任何治疗便可自愈。

诊断乙型肝炎或 HBsAg 阳性史超过 6 个月，现 HBsAg 和（或）HBV DNA 仍为阳性者，可以诊断为慢性 HBV 感染。慢性乙肝是一个很复杂的疾病过程，少量的急性乙肝未能彻底治愈，可以转变为慢性，但是绝大多数的慢性乙肝还是来自于先天和婴幼儿期的感染。

慢性乙肝按病情轻重，可分为轻度慢性肝炎、中度慢性肝炎和重度慢性肝炎。根据 HBV 感染者的血清、病毒学、生化学实验及其他临床和辅助检查结果，将慢性 HBV 感染分类为慢性乙型肝炎、乙型肝炎性肝硬化、无症状携带、隐匿性慢性乙型肝炎。

多数乙肝病毒携带者，病情稳定；少数乙肝病毒携带者可演变为发病状态。

3. 丙型肝炎。虽然丙型肝炎临床症状相对较轻，但易向慢性化转变，转氨酶常呈波浪状起伏升高。长潜伏期和轻型或无黄疸者，易发展为慢性，女性较男性易发展为慢性。在慢性活动性肝炎中，10%～20% 可发展为肝硬化；有时在急性起病后几个月至 1 年内，在无症状的情况下，不知不觉地演变为肝硬化，而且少数患者病情迅速发展，最后死亡。

丙型肝炎转化为慢性肝炎或肝硬化的一种最常见的情况，是患者通过生化和组织学检测初次康复2～3年后，又出现转氨酶缓慢升高或间歇升高，容易忽略而不被发现，最后多数演变为慢性肝炎和肝硬化。

（七）核保应用

1. 核保资料。需要血清学检查结果、肝功能化验结果、B超结果，了解感染时间的长短、治疗。如果为慢性肝炎，则需查甲胎蛋白。

2. 核保分析。

（1）对于有乙型肝炎、丙型肝炎的被保险人应该详细了解其病史、现症以及相关的检查结果。

（2）肝脏的代偿能力很强，慢性肝炎者尽管肝细胞损害明显，肝功能仍然可以完全正常。若只是强调肝功能未曾受损而忽略其潜在的危险，一旦出现肝功能异常则说明肝脏细胞损害已经达到较为严重的程度。

（3）感染年龄也是评价预后风险的一项重要指标。成年人感染后比婴幼儿、非成年人感染预后要好。

（4）乙型肝炎病毒标志物阳性，包括乙肝表面抗原（HBsAg）、乙型肝炎e抗原（HBeAg）阳性，但ALT、AST正常者，应该认为是乙型肝炎病毒携带者。

（5）在乙型肝炎流行地区，感染多发生在婴幼儿时期，成年后成为慢性乙型肝炎病毒携带者可能性大，并且远期有发生肝硬化、肝癌的可能。

（6）慢性乙型肝炎患者，其发生急性肝损害的频度和严重程度在一定程度上与以后发生肝硬化的严重程度相关。

（八）核赔应用

医疗类型保险审核包括：（1）病毒性肝炎有急慢性之分，也有轻重症之分，一般乙肝病毒携带者，慢性迁延性肝炎的未发作期，可在门诊治疗，急性或重症肝炎均需住院治疗；（2）住院费用因病毒性肝炎的类型和严重程度而差异很大，约为3 000～30 000元，急性暴发性重症肝炎可突破10万元；住院天数一般为30～60天；（3）针对慢性病毒性肝炎，注意从本次发病的病史、既往史以及肝部病变的程度来确定是否为投保前患有的疾病，核赔人员可以向患者及其邻居了解其检查诊断治疗情况，判断大概就医方向，在附近的医院病案室、血液生化室（两对半检测）进行检索。

二、消化性溃疡

（一）概念及临床特点

消化性溃疡是一个笼统的名词，经常见到的此类疾病包括胃溃疡和十二指肠溃疡。胃溃疡疼痛多表现为餐后痛，而十二指肠溃疡多表现为空腹痛或夜间痛。

（二）流行病学特征

消化性溃疡是全球性常见病。本病可发生于任何年龄，胃溃疡多见于中老年，十二指肠溃疡多见于青壮年。

男性患病比女性多。临床上，十二指肠溃疡比胃溃疡多见，两者之比约为2～3∶1，但有地区差异，在胃癌高发区胃溃疡所占的比例有所增加。

据统计，其总发病率为 10% ~ 12%。每 5 位男性和每 10 位女性当中，就有一个人可能在他（她）的一生中曾患有本病。

（三）病因

幽门螺杆菌为消化性溃疡的重要病因，非甾体类消炎药物、胃酸/胃蛋白酶对黏膜自身消化也是引起消化性溃疡的原因。同时，吸烟、遗传、急性应激也是原因之一。

（四）临床表现

多数消化性溃疡患者具有典型临床表现。症状主要特点是慢性过程、周期性发作和节律性疼痛。

1. 慢性过程。病程可以达数年甚至是数十年。

2. 周期性发作。发作与自然缓解相互交替，发作期可为数周或数月，缓解期则长短不一。

3. 节律性疼痛。胃溃疡疼痛多于餐后半小时至 2 小时出现，持续 1 ~ 2 小时，在下次进餐前疼痛已消失，即所谓"餐后痛"；十二指肠溃疡疼痛多于餐后 3 ~ 4 小时出现，持续至下次进餐，进食后疼痛可减轻或缓解，故叫"空腹痛"，有的也可在夜间出现疼痛，又叫"夜间痛"。

（五）预后

由于内科治疗的发展，预后情况比以前大有改善，死亡率显著下降。死亡主要见于高龄患者，死亡的主要原因是并发症的发生，特别是大出血和急性胃穿孔。

当原有溃疡疼痛节律改变、疼痛加重、食欲不振、近期内出现出血或贫血、抗溃疡药物治疗无效，均属于疾病进展或可能恶化的情况。

同时，溃疡的预后也可以根据胃镜及病理学检查结果进行判断。活动性溃疡周围黏膜常有炎症和水肿的病理改变，溃疡浅表者累及黏膜肌层，深者可达肌层甚至浆膜层。活动性高及溃疡深度较深者，出血和穿孔的可能性增大。溃疡愈合时，周围黏膜炎症、水肿消退，边缘上皮细胞增生覆盖溃疡面，其下的肉芽组织纤维化，形成瘢痕。此种溃疡出血和穿孔的可能性减少。

（六）核保应用

1. 核保资料。

（1）需要提供病历资料，特别关注上次出现症状的日期、复发的次数、潜在病因（如果是非甾体抗炎药物，此治疗的原因是什么）、饮酒情况，如果有幽门螺杆菌感染，则要考虑细菌是否已经根除及相关治疗情况（药物或外科手术治疗）。

（2）需要提供的实验室诊断资料：常用的有胃镜检查（确诊消化性溃疡的首选检查方法）、X 线钡餐检查、幽门螺杆菌检测。当鉴别胃泌素瘤时需要作胃液分析和血清胃泌素测定，当怀疑其癌变时需要作组织病理活检。

2. 核保分析。

（1）饮酒虽然并不是此病的确切病因，但酒精的摄入是引起消化性溃疡严重并发症出血或穿孔的重要因素。因此，在核保过程中，核保人员需要了解其生活习惯和工作性质，是否经常饮酒至关重要。

（2）少数胃溃疡可以发生癌变，十二指肠溃疡则很少发生癌变。因此，核保人员应特别注意胃溃疡与胃癌的鉴别。

胃良性溃疡（胃溃疡）与恶性溃疡（胃癌）的鉴别十分重要，且这两者的核保结论完全不一样，但两者的鉴别有时比较困难，当出现以下情况时应当特别重视：年龄在40岁以上出现上腹部不适或疼痛，进食后反而加重；节律性改变，疼痛加重，食欲不振；近期内出现出血或贫血；抗溃疡药物治疗无效。

当出现此种情况时，应该要求被保险人提供相应的胃镜检查结果。恶性溃疡的内镜特点为溃疡形态不规则（一般较大）、溃疡底部凹凸不平、溃疡边缘呈结节状隆起，周围皱襞中断、胃壁僵硬、蠕动减弱。

（七）核赔应用

消化性溃疡包括胃溃疡和十二指肠溃疡，两者之间在发病原因上差别不大，但是无直接证据表明患有胃溃疡的患者一定会患上十二指肠溃疡。例如，投保人在几年前曾经因为十二指肠溃疡住院治疗，但他在投保时没有如实告知保险公司，后来又因为胃溃疡住院。这种情况，一般不能算没有如实履行告知义务。

三、胰腺炎

（一）概念及临床特点

胰腺炎是一个笼统的名词，经常见到的此类疾病包括急性胰腺炎和慢性胰腺炎。

急性胰腺炎是多种病因导致胰酶在胰腺内被激活后引起胰腺组织自身消化、水肿、出血甚至坏死的炎症反应。临床上以急性上腹痛、恶心、呕吐、发热和血胰酶增高等为特点。

慢性胰腺炎是指由各种不同原因所致的胰腺局部、节段性或弥漫性的慢性进展性炎症，导致胰腺组织和（或）胰腺功能不可逆的损害。临床上以反复发作性或持续性腹痛、腹泻或脂肪泻、消瘦、黄疸、腹部包块和糖尿病等为特点。

（二）流行病学特征

急性胰腺炎的发病率因被调查的人群不同而异。酒精摄入较多的人群发病率较高，但在女性和老年人中的病因通常是胆源性的。此病的发病率目前呈上升趋势。我国慢性胰腺炎多见于中年男性，以30～60岁为多见，平均年龄46.6岁，男女比为2.6:1。

（三）预后

急性胰腺炎的病程及预后取决于病变程度以及有无并发症。轻症常在一周内恢复不留任何后遗症。重症病情凶险，预后差，病死率在20%～40%，经过积极抢救幸免于死亡者，多遗留不同程度的胰腺功能不全，极少数演变为慢性胰腺炎。

慢性胰腺炎经过积极治疗可以缓解症状，不易根治。晚期多死于并发症。极少数转变为胰腺癌。

对于40岁以上出现以下情况者，核保人员应增加胰腺癌患病的怀疑：持续性上腹部不适，特别是在进餐后加重伴食欲下降；不明原因的进行性消瘦；不明原因的糖尿病或糖尿病病情突然加重；多发性深静脉栓塞或游走性静脉炎；有胰腺癌家族史。

（四）核保应用

1. 核保资料。

（1）需要提供病历资料，特别关注疾病发作的频率、潜在病因、促发药剂是否已停用、治疗（药物或外科手术治疗）、包括糖尿病在内的并发症。

（2）需要提供的实验室诊断资料：血、尿淀粉酶测定（血淀粉酶超过正常值3倍可以确诊本病，其高低不一定反映病情轻重），血清脂肪酶测定（对病后就诊较晚的急性胰腺炎患者具有诊断意义），C－反应蛋白（CRP是组织损伤和炎症的非特异性标志物），生化检查，腹部平片，腹部B超，CT显像。

2. 核保分析。

（1）急性胰腺炎的发病往往来得非常突然，之前没有任何的前兆，但是这种急性发病与暴饮暴食及大量饮酒有一定关系，因此，在核保过程中，应该注意其生活习惯及工作性质。经常暴饮暴食、过度饮酒的人属于风险较高的人群。

（2）影响急性胰腺炎的预后因素包括年龄大、低血压、低蛋白血、低氧血症、低血钙及各种并发症。

持久的空腹血糖高于10mmol/L，反映胰腺坏死，提示预后不良；急性胰腺炎发病年龄在35岁以上，白细胞高于1.6万/mm^3，血糖高于11.12mmol/L，乳酸脱氢酶大于200国际单位，常提示预后不良；血钙低于1.5mmol/L以下，提示预后不良；暂时性低钙血症（＜2mmol/L）常见于重症急性胰腺炎。因此，对于曾经患有急性胰腺炎的被保险人，核保人员在核保时要特别注意收集相关实验室检查资料。

（3）对慢性胰腺炎要特别注意与胰腺癌的区别，如表6－2所示。

表6－2　　　　　　　　　　　　慢性胰腺炎与胰腺癌鉴别表

	慢性胰腺炎	胰腺癌
临床表现	无症状期与发作期交替出现，晚期主要表现为胰腺功能不全（吸收不良和糖尿病的表现）；腹痛为最主要的症状，可伴有发热、黄疸、消化不良和胰腺内外分泌功能不足的表现	腹痛、体重减轻、黄疸
实验室检查	血清淀粉酶及脂肪酶水平一般增高，粪便镜检可见脂肪滴及未消化的肌纤维；超声内镜的检查	糖抗原（CA199）是诊断中晚期胰腺癌最重要的肿瘤标志物；超声内镜的检查

慢性胰腺炎及胰腺癌均可无特异的临床症状和体征，且部分慢性胰腺炎和胰腺癌的临床表现、影像学特征等方面均较为相似，故至今仍未发现一种理想的鉴别方法，特别是慢性胰腺炎与早期胰腺癌的鉴别。

（五）核赔应用

患有急性胰腺炎，一般需要住院治疗，住院费用因是否手术及有无合并症而差别很大，约为10000～80000元，严重的坏死性胰腺炎可以超过10万元，住院天数一般为

15 ~ 45 天。急性单纯性胰腺炎一般不需要手术，急性坏死性胰腺炎行胰腺清创引流手术。

医疗类型保险审核包括：（1）关注抗生素和静脉高营养的费用；（2）区分急性胰腺炎发病原因是疾病或外伤，还是两者兼而有之，主要从是否受外伤、受伤部位、受伤的方式和程度等进行综合判定；另外，从手术记录中确定胰腺以及相邻脏器的受损情况，也可判断是否为外伤所致或外伤的参与度。

四、胆石症

（一）概念及临床特点

胆石症是胆囊与胆管任何部位发生结石的疾病，包括胆囊结石、肝外胆管结石和肝内胆管结石。

胆囊结石主要为胆固醇结石或以胆固醇为主的混合性结石，主要见于成年人，发病率在 40 岁以后随年龄增长而增高，女性多于男性。

肝外胆管结石分为原发性和继发性两种。原发性结石由胆道感染、胆道梗阻形成；继发性结石主要是由胆囊结石排进胆管并停留在胆管内形成。

肝内胆管结石又称肝胆管结石，是我国常见而难治的胆道疾病，其形成主要与胆道感染、胆道寄生虫等有关。

（二）流行病学特征

胆石症的发生率随年龄的增长而上升，在 50 多岁的女性中有 15% 患此病，在 80 多岁的女性中有 33% 患此病。男性的发病率较低，但也随年龄的增长而上升，70 多岁的男性中约有 13% 患有此病。

（三）预后

胆石症通过积极的治疗，预后良好，特别是经腹腔镜胆囊切除治疗，复发的可能性很小，为一种根治性手术。当合并胆囊穿孔、急性化脓性胆管炎、肝脓肿或急性出血坏死性胰腺炎等严重并发症时预后较差。

（四）核保应用

1. 核保资料。若为住院治疗，需要提供住院病历资料（包括病案首页、住院病志、首次病程、手术记录、病理报告及必要的化验检查报告）；若为门诊治疗，需要提供门诊检查、治疗记录。若客户患有胆石症，需要详细询问及获知如下内容：胆结石的部位是在胆囊还是在胆管；是否并发胆囊炎、化脓性胆管炎及胰腺炎；如何治疗；若为手术治疗，采用何种手术方法，术后情况如何。

2. 核保分析。

（1）在腹部疼痛方面，有的患者在进食过多或进食油腻食物后、工作紧张或休息不好时，感到上腹部隐痛，或者有饱胀不适、嗳气等，常被误认为是胃病，在进行健康告知时，以胃病告知，而出险时却是胆石症。因此，在核保时，对于这种有特征性的腹部疼痛应该要有所掌握和识别。

（2）胆石症若进行腹腔镜胆囊切除治疗，复发的可能性很小，为一种根治性手术，因此这类人群风险递减；但是当病理报告为胆囊上皮细胞有明显异型发生时，有癌变的风险。

（五）核赔应用

胆囊结石大多合并有慢性胆囊炎，内科保守治疗的效果不理想，一般需要住院手术治疗，常用的手术包括胆囊结石行胆囊切除术或胆总管探查术。住院费用因手术的方式不同而不同，传统的开腹手术费用约为 5000~8000 元，使用腹腔镜手术费用为 8000~10000 元，住院天数一般为 10~15 天。

医疗类型保险审核包括：（1）关注抗生素和静脉高营养大型检查的费用；（2）是否为投保前疾病。核赔人员可以从住院病历的现病史、既往史当中去查询。

第三节　循环系统疾病

【案例】

2008 年 3 月，陈某为自己投保了某公司重大疾病保险。2010 年 5 月，陈某因服用有毒的蘑菇导致急性腹部疼痛住院。蘑菇的毒性造成其心肌的缺血坏死，医院诊断为"急性中毒、急性心肌梗死"。2010 年 8 月，李某持医院的疾病诊断证明书以及相关检测结果向某保险公司提出索赔。

请思考：

1. 急性心肌梗死的赔付标准、赔付条件是什么？

2. 此种情况是否能够获得赔付？

一、冠状动脉粥样硬化性心脏病

（一）概念及临床特点

冠状动脉粥样硬化性心脏病指冠状动脉粥样硬化使血管腔狭窄或阻塞，和（或）因冠状动脉功能性改变（痉挛）导致心肌缺血缺氧或坏死而引起的心脏病，统称冠状动脉性心脏病，简称冠心病，也称缺血性心脏病。

冠心病包括隐匿型冠心病、心绞痛型冠心病、心肌梗死型冠心病、心力衰竭型冠心病、猝死型冠心病等。其中，经常见到的为心绞痛和心肌梗死。

心绞痛是冠状动脉供血不足，心肌急剧的、暂时的缺血与缺氧所引起的临床综合征，其临床特点为阵发性的前胸压榨性疼痛或憋闷感觉，主要位于胸骨后部，可放射至心前区和左上肢内侧，常发生于劳力负荷增加时，持续数分钟，休息或舌下含服硝酸甘油后消失。

心肌梗死是冠状动脉闭塞，血流中断，使部分心肌因严重持久缺血而发生的局部坏死。其特点为具有剧烈而持久的胸骨后疼痛、发热、白细胞增多、红细胞沉降率加快、血清心肌酶活力增高及进行性心电图改变，可发生心律失常、休克和心力衰竭，属严重类型。

（二）流行病学特征

冠状动脉粥样硬化性心脏病是动脉粥样硬化导致器官病变的最常见类型，也是严重危害人类健康的常见病。本病多发生在 40 岁以后，男性多于女性，以脑力劳动者为多。本病的患病率随饮食、生活习惯和工作性质而有明显差异。在我国，该病近年来出现增长的趋势，且发病人群逐渐年轻化。

（三）病因

本病是多病因的疾病，即多种因素作用于不同环节所致，这些因素称为危险因素，主要的危险因素包括：年龄；性别；血脂异常［以总胆固醇（TC）及低密度脂蛋白（LDL）增高最受关注］；高血压；吸烟；糖尿病和糖耐量异常；肥胖；从事体力活动少、脑力活动紧张、经常有工作紧迫感者；常进较高热量、含较多动物性脂肪、胆固醇、糖和盐的食物者以及性情急躁、争强好胜、不善于劳逸结合的 A 型性格者。

（四）临床表现

1. 心绞痛的临床表现包括以下方面。

（1）疼痛部位：典型疼痛部位位于胸骨后或左胸前区，可放射至左肩、左臂内侧达无名指和小指。

（2）疼痛性质：疼痛性质为钝痛，常有压迫、憋闷、紧缩、烧灼等不适感，重症发作时常伴出汗，偶可出现濒死感。

（3）诱因：劳力性心绞痛发生在劳动或情绪激动时，包括饱餐、排便均可诱发；卧位心绞痛常发生在平卧后 1～3 小时内，严重者在数十分钟内即可发生；自发心绞痛发作常无诱因；变异心绞痛常在午间或凌晨睡眠中定时发作。

（4）持续时间：一般为 3～5 分钟，重度可达 10～15 分钟，极少数大于 30 分钟。超过者需与心肌梗死鉴别。

（5）缓解方式：对于心绞痛而言，解除诱发因素可以较好地缓解疼痛，同时，舌下含服硝酸甘油 1～3 分钟即可完全缓解，一般不超过 5 分钟。卧位心绞痛立即坐起或站立即可缓解。

2. 心肌梗死的临床表现在疼痛部位、疼痛性质、诱因上与心绞痛没有特征性的区别，但在持续时间及缓解方式方面有较大区别。

（1）持续时间：持续时间较长，可达数小时甚至更长。

（2）缓解方式：含服硝酸甘油不能缓解。

（五）诊断

1. 心绞痛诊断标准。根据典型心绞痛的发作特点及特征性心电图改变（以 R 波为主的导联中，ST 段压低，T 波平坦或倒置，发作过后数分钟内逐渐恢复），含服硝酸甘油后缓解，结合年龄和存在冠心病的危险因素，除外其他原因所致的心绞痛，一般即可诊断。

2. 心肌梗死诊断标准。根据典型的临床表现，特征性的心电图改变（出现深而宽的

Q 波，抬高的 ST 段，T 波倒置）以及实验室检查（心肌酶或肌钙蛋白符合急性心肌梗死的动态性变化：2 ~ 8 小时开始升高，12 ~ 24 小时出现峰值，持续 5 ~ 10 天后消退，发病 90 天后，经检查证实左心室功能降低，左心室射血分数低于 50%），诊断本病并不困难。对年老患者，突然发生严重心律失常、休克、心力衰竭而原因未明，或突然发生较重而持久的胸闷或胸痛，都应考虑本病的可能。

（六）预后

1. 心绞痛的预后。稳定型心绞痛患者大多数能生存很多年，但有发生急性心肌梗死或猝死的危险。当出现血压增高、心率加快的变化预示病情进展，这些症状也常发生在心绞痛发作之前。

有室性心律失常或传导阻滞者预后较差，合并有糖尿病者预后明显差于无糖尿病者，但决定预后的主要因素为冠状动脉病变范围和心功能。

运动心电图实验中，在低运动量情况下 ST 段压低 ≥3mm，心率每分钟 < 120 次时，或伴有血压下降者，常提示严重的心肌缺血，发生急性心肌梗死或猝死的风险大大增加。

2. 心肌梗死的预后。心肌梗死的预后与梗死范围的大小、侧支循环的建立情况以及治疗是否及时有关。急性期住院病死率过去一般为 30% 左右，采用监护治疗后降至 15% 左右，采用溶栓疗法后再降至 8% 左右，住院 90 分钟内施行介入治疗后进一步降至 4% 左右。死亡多发生在第一周内，尤其在数小时内，发生严重心律失常、休克或心力衰竭者，病死率尤高。非 ST 段抬高性心肌梗死近期预后虽佳，但长期预后则较差，可由于相关冠状动脉进展至完全阻塞或一度再通后再度梗死或猝死。

（七）核保应用

1. 核保资料。

（1）需要提供病历资料，特别关注病历当中关于临床表现的描述，如胸痛的时间长短、胸痛的缓解方式、上次心绞痛发作的日期、发作频率；既往史中是否接受过搭桥、经皮冠状动脉成形术或支架治疗。

（2）需要提供的实验室诊断资料：常用的有心肌酶、肌钙蛋白的血液检查、心脏彩超、左心室射血分数、心电图，有必要再进一步提供冠状动脉造影术、放射性核素检查。

2. 核保分析。

（1）一般，该疾病的病程比较长，且与相关危险因素联系较为密切。因此，在核保过程中，这些危险因素越多，患有该病的可能性越大，危险性越高。

（2）冠心病与高血压、高血糖、高血脂之间存在明显的关联性，因此，在核保过程中，应该注意是否并发高血压、高血糖、高血脂的情况。

（3）该病的发展有一个由轻到重（Ⅰ ~ Ⅳ）的过程，在核保过程中可从以下几方面来分析其患病的严重程度，进行相应的风险选择。

Ⅰ级：一般体力活动（如步行和登楼）不受限，仅在强、快或持续用力时发生心绞痛。

Ⅱ级：一般体力活动轻度受限，快步、饭后、寒冷或刮风中、精神应激或醒后数小时内发作心绞痛，一般情况下平地步行200米以上或登楼一层以上受限。

Ⅲ级：一般体力活动明显受限，一般情况下平地步行200米，或登楼一层引起心绞痛。

Ⅳ级：轻微活动或休息时即可发生心绞痛。

（4）心绞痛与心肌梗死的鉴别，如表6-3所示。

表6-3　　　　　　　　　　　　心绞痛与心肌梗死鉴别表

	心绞痛	心肌梗死
疼痛情况	阵发性的前胸压榨性疼痛或憋闷	剧烈而持久的胸骨后疼痛
诱发因素	劳力负荷增加时持续数分钟	无明显诱因反复多次心绞痛后
缓解情况	服用硝酸甘油可以缓解	服用硝酸甘油很难缓解
实验诊断	心电图：以R波为主的导联中，ST段压低，T波平坦或倒置，发作过后数分钟内逐渐恢复	心电图：出现深而宽的Q波，抬高的ST段，T波倒置 血生化：肌红蛋白、肌钙蛋白肌酸激酶同工酶（CK-MB）

因此，要求核保人员详细询问被保险人相关情况，并结合相关实验室检查结果进行判定。

（八）核赔应用

1. 疾病或重大疾病类型保险核赔应用。

（1）不典型心肌梗死的核赔问题。现实中，许多急性心肌梗死病症会由于客户未及时就诊、就诊医院条件有限或客户故意隐瞒等情况，不一定具有条款规定的典型特征，出现一些非典型的病例，需要核赔人员认真分析，区别对待，在摸清事实的基础上进行核赔判断，不能一概拒之。对于临床已诊断为"急性心梗"的，只要相关检查指标证实确实存在心肌缺血并有心肌坏死的证据，尽管有部分指标不能完全满足，也可以考虑予以赔付。

（2）达不到条款要求的心肌梗死的核赔问题。达不到条款要求的心肌梗死，即"非ST段抬高型心肌梗死"。在具体案件资料中，被保险人有典型胸痛、胸闷表现，但心电图无ST段抬高，也无病理性Q波出现，反而在相应导联出现ST段压低的非心肌梗死心电表现。但血液化验结果显示心肌酶、肌钙蛋白均明显升高，又提示心肌确实存在急性坏死情形。同时，冠状动脉造影显示三支血管病变，右支狭窄程度达95%，进一步支持了临床确诊急性心肌梗死的诊断。面对这种情况，核赔人员需要完整收集被保险人的诊断资料、实验室检查结果、病历记录、治疗记录等，通过集体讨论研究，在以事实为依据的基础上，从有利于客户的角度出发进行核赔处理，而不能简单地一概拒赔。

2. 医疗类型保险核赔应用。

（1）心肌梗死一般紧急发病，均需住院严密监护，因治疗方法不同，住院天数及所发生费用相差较大，并发症是否发生也极大地影响实际费用。内科保守治疗，住院费用约10000～20000元，住院天数一般为28～35天；早期溶栓治疗，住院费用约为10000～20000元，住院天数一般为20～30天。PTCA的医疗支架材料成本较高，费用也较高，因所用数量不同，费用一般为20000～40000元，或者超过40000元；外科搭桥手术，住院费用约为50000～80000元，住院天数一般为20～40天。

（2）费用审核的关键点在于溶栓药物及医用支架材料的费用，突发心肌梗死之前一般患有高血压、冠心病等，是否属于既往病症也是审核的重中之重。核赔人员可以从心肌梗死诊断能否成立、心绞痛的持续时间、心电图和心肌酶的动态变化来确定。

二、高血压病

（一）概念及临床特点

高血压病又称原发性高血压，是以血压升高为主要临床表现伴有或不伴有多种心血管危险因素的综合征，通常简称为高血压。

高血压是多种心、脑血管疾病的重要病因和危险因素，影响重要脏器，如心、脑、肾的结构与功能，最终导致这些器官的功能衰竭，迄今仍是心血管疾病死亡的主要原因之一。

（二）流行病学特征

高血压患病率、发病率及血压水平随年龄增长而升高。高血压在老年人中较为常见，尤以单纯收缩压升高为多。我国高血压患病率总体呈明显上升趋势。患病率存在地区、城乡和民族的差别，北方高于南方，华北和东北属于高发区；沿海高于内地；城市高于农村；高原少数民族地区患病率高。男性、女性高血压患病率差别不大，青年期男性略高于女性，中年后女性稍高于男性。

（三）病因

原发性高血压的病因可分为遗传因素和环境因素两个方面。

1. 遗传因素。高血压是遗传易感性疾病，具有明显的家族聚集性。父母均有高血压，子女发病的概率高达46%，约60%高血压患者可询问到有高血压家族史。

2. 环境因素。

（1）高血压患病率以及血压增高的程度与钠盐平均摄入量显著相关，摄盐越多，血压水平和患病率越高。同时，高蛋白质摄入、饱和脂肪酸或饱和脂肪酸/多不饱和脂肪酸比值较高属于升压因素。饮酒与收缩压水平升高有密切关系，每天饮酒量超过50g乙醇者高血压发病率明显增高。

（2）脑力劳动者特别是从事精神紧张度高的职业者、长期生活在噪声环境中的人群高血压发病率增高。

3. 其他因素。

（1）体重超重或肥胖是血压升高的重要危险因素。体重常是衡量肥胖程度的指标，体格指数（BMI）＝体重（kg）/身高（m）的平方。亚洲标准一般为BMI≥23为超重，BMI≥25为肥胖，低于17为体重偏低。腰围反映向心性肥胖程度。在各种不同肥胖类型中，向心性肥胖者容易发生高血压。

（2）长期服用避孕药的妇女容易出现血压升高，但一般为轻度，并且可逆转，在终止避孕药后 3~6 个月血压常恢复正常。

（3）睡眠呼吸暂停低通气综合征（SAHS）。SAHS 患者 50% 有高血压，血压高度与 SAHS 病程有关。

（四）临床表现

早期高血压可表现为头痛、头晕、耳鸣、心悸、眼花、注意力不集中、记忆力减退、手脚麻木、疲乏无力、易烦躁等症状，这些症状多为高级神经功能失调所致，其轻重与血压增高程度不一致。

后期血压常持续在较高水平，并伴有脑、心、肾等靶器官受损的表现。如高血压引起脑损害后，可引起短暂性脑血管痉挛，使头痛头晕加重，一过性失明，半侧肢体活动失灵等，持续数分钟或数小时可以恢复，也可发生脑出血。对心脏的损害先是心脏扩大，后发生左心衰竭，可出现胸闷、气急、咳嗽等症状。当肾脏受损害后，可见夜间尿量增多或小便次数增加，严重时发生肾功能衰竭，可有尿少、无尿、食欲不振、恶心等症状。

该病的发展有一个由轻到重（Ⅰ~Ⅲ）的过程，在核保过程中可从以下几方面来分析其患病的严重程度，进行相应的风险选择。

Ⅰ期高血压：血压达到确诊水平，临床无心、脑、肾并发症表现，一般经休息或少量镇静剂即可使血压降至正常水平。

Ⅱ期高血压：血压达到确诊水平，加上下列任何一项者：体检、X 线、心电图、超声检查见有左心室肥大；眼底动脉变窄；蛋白尿和（或）血肌酐轻度升高；不应用降压药物，血压达不到正常水平。

Ⅲ期高血压：血压达到确诊水平，并有下列任何一项者：脑血管意外或高血压脑病；左心衰竭；眼底出血或渗出，有或无视神经乳头水肿；肾功能衰竭。

（五）诊断

在未使用抗高血压药物的情况下，收缩压 ≥140mmHg，和（或）舒张压 ≥90mmHg 即可诊断；目前正在使用抗高血压药物治疗，既往有高血压史，现测量血压虽未达到上述水平，也可诊断为高血压病。

（六）预后

高血压的预后不仅与血压升高水平有关，而且与其他心血管危险因素是否存在有关，同时是否存在靶器官损害也至关重要。

对于高血压患者而言，血压上升的程度越高，具有的危险因素越多，靶器官功能的改变越严重，对治疗的依从性越差，同时合并糖尿病、高血脂、心血管疾病、脑血管疾病者，预后较差。

靶器官损害发生后不仅独立于始动的危险因素，加速心、脑血管病发生，而且成为预测心、脑血管病的危险标记。

（七）核保应用

1. 核保资料。

（1）需要提供的资料：既往血压水平、用于评估确定血压变化的趋势、非同日 3 次血压测量结果、以往的治疗情况与效果、近期血压模式的变化尤其是持续性升高的情况、体格指数、家族史情况、吸烟、酒精摄取情况等。

（2）需要提供的实验室诊断资料：除了血压值以外，还需要提供心电图、尿常规、肾功能、眼底等检查结果，以了解靶器官受损情况。

2. 核保分析。高血压风险分析可以从血压控制水平、高血压原发与继发问题、高血压并发症的问题、高血压危险因素的了解等方面进行。

第一个方面：高血压的原发与继发问题。高血压可以是原发也可以继发于其他疾病，甚至是高风险疾病，如慢性肾小球肾炎、糖尿病性肾病、先天性肾病（多囊肾）、尿毒症等，而这些疾病往往比高血压本身带来的后果更为严重。

因此，高血压的问卷当中包含了所患高血压是否由其他疾病引起的内容。

第二个方面：血压控制水平。血压数值越高，患病时间越长，控制水平越差，对脏器、血管的损害越大；对降压治疗的依从性越差，血压在短时间内的波动越大，对脏器、血管的损害越大，发生脑卒中等其他危险情况的风险越高。

因此，高血压的问卷当中包含了对初患高血压的年龄、高血压水平、治疗情况、服用药物情况、血压监测情况的询问。

第三个方面：高血压并发症的问题。高血压能影响重要脏器，如心、脑、肾、眼的结构与功能，最终导致这些器官功能衰竭。被公认为心血管危险的重要标记包括左心室肥厚、颈动脉内膜中层厚度增加或粥样斑块、动脉弹性功能减退和微量蛋白尿等靶器官受损情况。

第四个方面：高血压危险因素的了解。

一是高血压与家族史、饮食习惯（高盐饮食、嗜酒）、体重超重（BMI 指数）、职业等因素有关。这些危险因素越多，患高血压的可能性越大；对于已经证实患有高血压的被保险人而言，这些危险因素越多，后续发生并发症的风险越大。因此，在核保过程中，核保人员应密切关注这些危险因素。

二是高血压与冠心病、高血糖、高血脂之间存在明显的关联性。因此，在核保过程中，核保人员应注意是否并发冠心病、高血糖、高血脂的情况。

（八）核赔应用

高血压为慢性病，一般门诊治疗，仅为控制血压目标值，合并其他心脑血管疾病时急症住院治疗。长期门诊治疗，费用因用药不同而有所不同，一般 200～1000 元/月，住院费用因合并其他心脑血管疾病也差异很大，约为 3000～20000 元，住院天数一般为15～30 天。

医疗类型保险审核包括：（1）抗高血压药物的费用；（2）投保前疾病是审核的重中之重，核赔人员可以从住院病历的现病史、既往史中查询，也可以从患者居住附近医院检索被保险人的住院情况，即使以非高血压疾病住院，也有血压的记录，同时，还可通过在被保险人居住附近医院检索其住院情况或通过当地社会基本医疗保险机构、新型农村合作医疗保险机构等方面进行调查；（3）先天性疾病和遗传性疾病均属于医疗类型保险责任免除内容，因此，核赔人员应注意遗传性高血压的审核。

三、风湿性心脏病

（一）概念及临床特点

风湿性心脏病、风湿性心瓣膜病简称"风心病"，是指急性风湿性心瓣膜炎遗留的慢性瓣膜病，也称慢性风湿性心脏病。

（二）流行病学特征

风湿热后约有近半数患者发生瓣膜病变，但5%的患者可无明显风湿热病史。患者多数为20~40岁的青壮年，女性稍多于男性，北方高于南方。

风湿性心脏瓣膜病中，以二尖瓣受累概率最高，主动脉瓣受累次之，三尖瓣受累较少见，肺动脉瓣受累极为罕见。

（三）预后

风湿性心脏病在代偿期，尚无明显的自觉症状，一般体力活动不受限制，只要积极防治链球菌感染、控制风湿活动，多数预后良好。如出现心功能不全症状，或并发心房颤动、心率失常、栓塞、急性肺水肿等严重病症，则预后不良，甚至导致死亡。

（四）核保应用

1. 核保资料。审核被保险人既往门诊、急诊及住院病历记录、手术记录，近期的心电图、超声心电图、24小时动态心电图检查结果，有无心律失常。

2. 核保分析。风湿性心脏病的风险分析，可以从左心功能不全的程度、发病年龄、APACHE评分量表等方面进行。

（1）左心功能不全的程度。有调查研究表明，患者从出现症状且确诊为风湿性心脏病的平均存活时间为36年左右，大多数死于心力衰竭加重。从相关性分析、死亡原因构成比可以得出如下结论：左心室功能不全的严重程度可能是风湿性心脏病患者一个重要的预后指标，而这一指标不能用左心室射血分数和左心室收缩末期容量来衡量。最为准确的指标是心脏超声检查中左心室舒张末期内径的大小。

（2）发病年龄。发病年龄较小者，左心室功能受累较重，而高龄者，左心室功能受累相对较轻。

（3）APACHE评分量表。急性生理学与慢性健康状况评分（APACHE）是目前临床上重症监护病房评价危重患者病情严重程度和预后的一种客观指标，由APS（急性生理学评分）、年龄评分和CPS（慢性健康状况）三部分组成。评分越高，病情越重，死亡率越高。

有研究报道显示，将其评分以60分作为界线，大于60分时，病死率为89.47%，而≤60分的风湿性心脏病患者的死亡率仅为3.47%。目前，国内大多数采用APACHEⅢ进行评估，国际上最新的已经采用APACHEⅣ评分系统进行评价。

因此，通过以上分析，核保人员应该了解既往风湿性心脏病被保险人的发病年龄、左心室功能情况以及入院 72 小时的 APACHE Ⅲ 评分资料。

（五）核赔应用

风湿性心脏病为慢性疾病，病史较长，常有几年甚至几十年的病史，往往住院治疗与门诊治疗交替存在。住院费用因是否进行心脏瓣膜置换术以及并发症而差别很大，约为 5000～50000 元，住院天数一般为 15～30 天。大多数风心病不需要手术治疗，心脏瓣膜病变严重影响到心功能时，可以进行心脏瓣膜置换手术。

医疗类型保险审核包括：（1）抗生素的使用和心脏内置材料的费用；（2）是否为投保前疾病，核赔人员可以从住院病历的现病史、既往史中查询，也可以向患者及其邻居了解其检查诊断治疗情况，判断大概就医方向，在附近的医院病案室、心脏彩超室进行检索，还可通过当地社会基本医疗保险机构、新型农村合作医疗保险机构等方面进行调查。

第四节　泌尿系统疾病

【案例】

李某，某保险公司重大疾病保险被保险人。2008 年 7 月，李某经医院诊断为"慢性肾功能衰竭"。医院在对其进行药物治疗的同时，为其进行了规律的透析治疗。

经过 3 个多月的治疗以后，病情稳定。李某向保险公司提出索赔。李某认为，自己都已经作了 3 个多月的透析治疗，花费不少，还要继续治疗。慢性肾功能衰竭就是尿毒症，只是不同的说法而已。如果不是尿毒症怎么会作透析呢？

请思考：

1. 尿毒症是否就是慢性肾功能衰竭？
2. 医院进行了规律的透析治疗，是否就证明其患有尿毒症？

一、急性肾小球肾炎

（一）概念及临床特点

急性肾小球肾炎简称急性肾炎，是以急性肾炎综合征为主要临床表现的一组疾病。其临床特点是急性起病，患者出现血尿、蛋白尿、水肿和高血压，并可伴有一过性氮质血症。

（二）流行病学特征

链球菌感染后肾小球肾炎最常发生于儿童和年轻的成人，但有 5% 的病例发生于 50 岁以上的患者。

（三）预后

绝大多数病例预后较好，尤其是儿童链球菌感染后所患的急性肾小球肾炎，近期和长期预后均良好，很少发生肾功能衰竭。

一般认为老年患者，有持续性高血压、大量蛋白尿或肾功能损害者预后可能较差，肾组织增生病变重，伴有较多新月体形成者预后差。

（四）核保应用

1. 核保资料。

（1）需要提供病历资料，特别关注病历当中血压的记录、病史、家族史、既往史。

（2）需要提供的实验室诊断资料：尿常规中红细胞、尿蛋白、免疫学检查（C_3）。

2. 核保分析。

（1）儿童链球菌感染后所患急性肾小球肾炎，近期和长期预后均良好，很少发生肾功能衰竭。因此，对有急性肾小球肾炎史的儿童被保险人，只要确实康复三个月后，复检血、尿常规、血尿素氮、肌酐以及血压均正常，可按标准体承保。

（2）既往有急性肾小球肾炎超过两次发病，半年后仍有持续大量蛋白尿，提示预后不良，风险较大。

（3）成人急性肾小球肾炎，愈后半年，血、尿常规、血压、肾功能都正常，呈递减性风险，正常的时间越长，风险越小。

（4）中度或以上的蛋白尿、血尿及中度以上的氮质血症，可按慢性肾小球肾炎进行评点。

（5）老年人急性肾小球肾炎容易出现氮质血症、贫血、心脏衰竭、肾病综合征等，预后不良，死亡率高，风险非常大。

（五）核赔应用

急性肾小球肾炎需要住院治疗，住院费用约为 4 000 ~ 10 000 元，住院天数一般为 30 ~ 60 天。

医疗类型保险审核包括：（1）抗生素费用和大型检查的费用；（2）住院时间较长，一般到治疗后期部分患者情况好转，可能会出现挂床治疗的情况。

二、慢性肾小球肾炎

（一）概念及临床特点

慢性肾小球肾炎简称慢性肾炎，发病方式各有不同，病情迁延，病情进展缓慢，可有不同程度的肾功能减退，最终将发展成为慢性肾衰竭的一组肾小球疾病。

（二）流行病学特征

慢性肾小球肾炎可发生于任何年龄，但以青中年为主，男性多见。多数起病缓慢，隐匿。

（三）病因

慢性肾炎的病因、发病机制和病理类型不尽相同，仅有少数是由急性肾炎发展所致。

（四）临床表现

1. 一般症状。可以出现乏力、疲倦、腰部疼痛或酸痛等，血压可正常或轻度增高。

2. 尿液异常。实验室检查多为轻度尿异常，尿蛋白常在 1~3g/d。

3. 肾功能损害。肾功能正常或轻度受损（肌酐清除率下降或轻度氮质血症），这种情况可持续数年甚至是数十年，肾功能逐渐恶化并出现相应的临床表现，如贫血、血压增高等，并逐渐进入尿毒症期。

（五）预后

慢性肾小球肾炎病情迁延，进展缓慢，最终将至慢性肾功能衰竭。病情发展速度个体差异很大，病理类型为重要因素，但也与是否重视保护肾脏、治疗是否恰当、是否避免恶化因素有关。

（六）核保应用

1. 核保资料。

（1）需要提供病历资料，特别关注病历中肾小球肾炎的类型、所有检查结果尤其是肾活组织检查/组织病理学报告、肾功能不全的程度、疾病的演变、治疗、当前的尿液分析、当前的肾功能、当前的血压。

（2）需要提供的实验室诊断资料：尿常规中红细胞、尿蛋白，肾功能检查（特别是肌酐水平）、肾脏 B 超检查。

2. 核保分析。慢性肾炎风险分析可以从临床表现、病理类型、肾功能损害情况、饮食等方面进行。

第一个方面：临床表现。单纯蛋白尿或镜下血尿，而无其他伴随症状者，一般预后较好；慢性肾炎出现持续性高血压者比无高血压的患者预后差；血压虽高，但经一般降压药物治疗血压即降到正常或稍高于正常水平者，预后较好；反之预后较差。有持续性贫血不能改善者，预后较差。

因此，核保人员进行核保时，应该了解被保险人患病时的具体临床表现及相关伴随症状。

第二个方面：病理类型。慢性肾炎可由多种病理类型引起，如病理类型为"微小病变或轻度局灶性肾炎"，则经过治疗可以痊愈；如病理类型为"膜增生性肾小球肾炎"，则预后相对较差；若病理类型为"肾小囊有新月体形成或肾小球硬化者"，表示病变较重，预后差。

因此，核保人员进行核保时，可以查看被保险人患病时的病理学报告单或病理类型诊断结果。

第三个方面：肾功能损害情况。肾功能受损情况可以通过血肌酐、血尿素氮水平进行监测，其水平越高，说明肾功能受损情况越重。当血肌酐值在 140~200μmol/L 之间，肌酐清除率在 55~80ml/L 之间时，视做轻度肾功能损害。肾功能正常或肾功能虽然受损，但经积极治疗能恢复正常者，预后相对较好；反之，若已发展到慢性肾功能衰竭尿毒症期，则预后差。

因此，核保人员进行核保时，应掌握被保险人患病时的肾功能检查结果。

第四个方面：饮食及其他因素。高蛋白饮食可加速慢性肾炎病情的发展。另外，钠盐摄入量越多，肾脏负担加重，浮肿、高血压等症状也会随之加重。因此，对饮食习惯的调查了解也是核保人员应该考虑的因素。

三、肾盂肾炎

（一）概念及临床特点

肾盂肾炎是肾脏及肾盂被细菌感染而引起的炎症，是泌尿系统感染的一部分。

（二）流行病学特征

由于女性尿道自身生理特点，20%~35%的女性在其一生当中因尿道感染逆行到肾盂，发生肾盂肾炎。

慢性肾盂肾炎多发生在30~50岁的女性，而且发病隐匿，不少人忽略了很多早期的症状，以至于首次到医院就诊时就已经到了晚期肾衰而需要透析或换肾。

（三）病因

尿道感染逆行所致，多为大肠杆菌。

（四）临床表现

1. 急性肾盂肾炎的临床表现。

（1）全身症状。发热、寒战、头痛等，体温可在38℃以上。

（2）泌尿系统症状。具有典型的尿频、尿急、尿痛的症状，同时出现排尿困难、下腹部疼痛等。

2. 慢性肾盂肾炎的临床表现。

（1）全身症状。全身症状不明显，表现也不典型。可出现程度不同的低热情况。

（2）泌尿系统症状。间歇性尿频、排尿不适、腰部酸痛、夜尿频多。病情持续发展可以成为慢性肾功能衰竭。

（五）预后

肾盂肾炎如果仅是单纯性尿路感染所致，预后良好，即使反复发作也很少导致肾功能衰竭，但复杂性尿路感染若复杂因素不消除，频繁发作可以引起肾实质损害，肾功能逐渐减退，最后导致肾衰。

（六）核保应用

1. 核保资料。

（1）需要提供病历资料，特别关注病历中肾小球肾炎的类型、所有检查结果尤其是肾活组织检查/组织病理学报告、肾功能不全的程度、疾病的演变、治疗、当前的尿液分析、当前的肾功能、当前的血压等。

（2）需要提供的实验室诊断资料：尿常规、必要时对有过病史的被保险人要求24小时尿蛋白定量、尿液细菌培养或尿液放射免疫球蛋白检查。

2. 核保分析。根据该病的预后分析，单纯性的尿路感染预后较好，所产生的医疗费用较低。复杂性尿路感染是在尿路结石、梗阻、肾钙沉积症、囊性肾病、尿路结构异常、膀胱输尿管反流或神经源性膀胱的基础上并发的尿路感染。此类感染所导致的肾盂肾炎，在上述因素没有消除的情况下，反复发作或迁延不愈，最终将导致肾功能的损害。

因此，核保人员在了解到被保险人既往肾盂肾炎病史时，应该注意询问引起该病的原因，以及目前的治疗结果。当然，由于目前抗生素类药物的不断涌现以及诊治水平的提高，由慢性肾盂肾炎引发肾功能衰竭的情况已少见，但是，反复发作的治疗过程会有相当多的医疗费用产生。

四、终末期肾病（或称慢性肾功能衰竭尿毒症期）

（一）定义

终末期肾病的定义分为慢性肾功能衰竭和尿毒症两个部分。

1. 慢性肾功能衰竭。慢性肾功能衰竭是指慢性肾病引起的肾小球滤过率降低以及与此相关的代谢紊乱和临床症状组成的综合征，简称慢性肾衰。慢性肾功能衰竭分为慢性肾功能衰竭代偿期、慢性肾功能衰竭失代偿期、肾功能衰竭期及尿毒症期四个阶段。

2. 尿毒症。尿毒症不是一个独立病种，而是各种晚期肾病共有的临床综合征。尿毒症是慢性肾功能衰竭的终末期。

（二）流行病学特征

流行病学调查表明，慢性肾病已经成为一个威胁全世界公共健康的主要疾病之一。从近年的统计来看，在发达国家中，普通人群中就有 6.5% ~ 10% 患有不同程度的肾脏疾病，其中美国慢性肾病患病率高达 10.9%、慢性肾衰患病率为 7.6%。

根据部分报告，我国慢性肾病的患病率为 8% ~ 10%，特别是存在于 40 岁以上人群。与其他疾病相比，慢性肾病表现得更为隐匿，早期可以完全没有症状或症状不明显。因为肾脏的代偿功能极其强大，即使肾脏功能已经损失 50% 以上，患者也可能没有任何症状，因此不能引起足够重视，导致很多患者就医时就已经发展为尿毒症。

（三）病因

主要病因包括以下几个方面：

（1）各型原发性肾小球肾炎。

（2）继发于全身性疾病，如糖尿病肾病、高血压肾病、系统性红斑狼疮性肾病、痛风、过敏性紫癜型肾炎等。

（3）遗传因素，如多囊肾、遗传性肾炎等。

原发性肾小球肾炎、高血压肾小动脉硬化、糖尿病肾病已经成为慢性肾衰的主要病因，尤其是后两种情况近年有明显增高趋势。双侧肾动脉狭窄或闭塞所引起的缺血性肾病是老年慢性肾衰竭的重要原因之一。

（四）临床表现

肾功能衰竭不同阶段有不同的临床表现。在肾功能衰竭早期，可以没有任何的症状，或仅有食欲不振、乏力、腰酸、夜尿频多、血压增高等表现，到了中期以后，这些症状明显加重，晚期则会出现昏迷、心衰、消化道出血等，甚至危及生命。

（五）诊断

各种原因引起的慢性肾脏结构和功能障碍（肾脏损伤病史 >3 个月），包括肾小球正常和不正常的病理损伤、血液或尿液异常，影像学检查异常，或不明原因的肾小球滤过率下降（肾小球滤过率 < 60ml/min）超过 3 个月，称为慢性肾病。

慢性肾衰竭可以分为肾功能衰竭代偿期、肾功能衰竭失代偿期、肾功能衰竭期、尿毒症期四个阶段，如表 6 - 4 所示。

表 6 - 4 我国慢性肾衰竭分期表

慢性肾衰竭分期	肌酐清除率（Ccr）（ml/min）	血清肌酐（Scr）（μmol/L）	血清尿素氮（BUN）（mmol/L）
肾功能衰竭代偿期	50 ~ 80	133 ~ 177	3.2 ~ 7.1
肾功能衰竭失代偿期	20 ~ 50	186 ~ 442	> 7.1
肾功能衰竭期	10 ~ 20	451 ~ 707	17.9 ~ 28.6
尿毒症期	< 10	≥707	> 28.6

尿毒症实验室检查参考指标：

1. 血液检查。

（1）血红蛋白一般在 80g/L 以下，终末期可降至 20 ~ 30g/L，可伴有血小板降低或白细胞偏高。

（2）动脉血气分析。晚期常有 pH 下降，ABSB（AB 为实际碳酸氢根，SB 为标准碳酸氢根。AB 是体内代谢性酸碱失衡重要指标，在特定条件下计算出 SB 也反映代谢因素。两者正常为酸碱内稳正常，两者皆低为代谢性酸中毒，两者皆高为代谢性碱中毒）及 BE（剩余碱）均降低，$PaCO_2$ 呈代偿性降低。

（3）血浆蛋白可正常或降低。

（4）电解质测定可出现异常。

2. 尿液检查。

（1）尿常规改变可因基础病因不同而有所差异，可有蛋白尿、红白细胞或管型，也可以改变不明显。

（2）尿比重多在 1.018 以下，尿毒症时固定在 1.010 ~ 1.012 之间。

（3）夜间尿量多于日间尿量。

3. 肾功能测定。

（1）肌酐清除率 < 10ml/min。

（2）血清肌酐≥707μmol/L。

（3）血清尿素氮 > 21.42mmol/L。

4. 影像学检查。

（1）B 超显示双肾体积缩小，肾皮质回声增强。

（2）核素肾动态显示肾小球滤过率降低及肾脏排泄功能障碍。

（3）核素骨扫描提示肾性营养不良。

（4）胸部 X 线可见肺淤血或肺水肿、心胸比例增大或心包积液、胸腔积液等。

（六）预后

慢性肾功能衰竭是进行性发展的疾病，具有不可逆性，预后不良。最终需要通过肾脏移植手术根治。肾脏移植手术治疗成功后，为了避免排斥反应发生，往往需要长期服用抗排斥药物。

（七）核保应用

终末期肾病或慢性肾功能衰竭尿毒症期由于风险较大，预后较差，因此常给予拒保的处理。但是，肾病发病隐匿，被形象地称为"隐形的杀手"或"沉默的杀手"，日常生活中，有不少肾脏病患者肾功能减退已进入尿毒症期而不自知，有的人正好利用这一特点故意带病投保。因此，在核保过程当中，核保人员可以根据相关方面的询问以及辅助检查发现早期肾病的"蛛丝马迹"。

对于怀疑者，首先应该进行最简单的尿常规检测，特别关注尿常规当中的尿蛋白、红细胞、隐血指标，如果有异常，特别是蛋白的异常，应该进行深入的检查，如肾功能的检测（特别关注肌酐、尿素氮）、肾脏的 B 超、CT 等。

（八）核赔应用

慢性肾功能衰竭与慢性肾功能衰竭尿毒症期的核赔标准问题：慢性肾功能衰竭并不等于慢性肾功能衰竭尿毒症期，慢性肾功能衰竭按照程度可以分为代偿期、失代偿期、衰竭期和尿毒症期。因此，尿毒症期是慢性肾功能衰竭的最后阶段。

《重大疾病类保险的疾病定义使用规范》中明确，终末期肾病（或称慢性肾功能衰竭尿毒症期）核赔时必须同时满足两个条件：（1）双肾功能慢性不可逆性衰竭，达到尿毒症期；（2）经过诊断后已经进行了至少 90 天的规律性透析治疗或实施了肾脏移植手术。

核赔人员可以通过疾病诊断证明书、临床表现、实验室检查判断慢性肾功能衰竭的分期。肾功能检测项目当中血清肌酐、血清尿素氮是检测肾小球滤过功能的敏感指标，核赔人员在核赔时应重点审查这些指标。

五、泌尿系统结石

（一）概念及临床特点

泌尿系统结石又称为尿石症，是泌尿系统的常见疾病之一，是肾、输尿管、膀胱及尿道等部位结石的统称。

（二）流行病学特征

泌尿系统结石多见于 20～40 岁，上尿路结石男女患病年龄相近而以男性患者较多见，下尿路结石多见于 20 岁以下青少年，尤以 1～10 岁儿童占多数，男性儿童发病率明显高于女性儿童。

（三）预后

1. 婴幼儿结石。对于食用奶粉而导致的婴幼儿结石，无症状或症状较轻的婴幼儿预后较好，因结石的特点是松散或泥沙样。对于出现肾结石的孩子，原则上不推荐外科治疗，而是采取内科保守疗法，结石直径＜4mm 时，通过给婴幼儿多饮水、勤排尿等方法，结石可自行排出。主要治疗方式很安全，不会产生并发症和后遗症。

如结石较大不能自行排出，可采取综合治疗手段将结石排出。当发生急性肾功能衰竭时，经过及时科学的救治，患儿也可以得到恢复。

患儿经过规范治疗，通过超声影像检查确定体内结石已经排出，血液生化检查肾功能正常，尿液中未见三聚氰胺的，不会造成永久性伤害。

中国卫生部在2008年9月15日作出的《关于食用三鹿牌奶粉婴幼儿泌尿系统结石医疗救治工作情况的通报》中说明，经过中华医学会组织专家分析认为，因食用三鹿牌奶粉致泌尿系统结石病情较轻的患儿预后较好；即使发生急性肾功能衰竭，如及时治疗，肾功能也可以恢复。

2. 成年人结石。对于成年人而言，结石排出预后好。结石形成后引起尿路梗阻、尿液滞留，导致肾盂、肾盏、输尿管积水，预后欠佳。最终导致肾萎缩，肾功能受损乃至丧失；尿路结石直接损伤尿路黏膜，引起充血水肿，甚至溃疡出血，预后欠佳；尿路梗阻易引发感染，重者可产生肾积液和肾周围炎等并发症，则预后欠佳。

（四）核保应用

1. 核保资料。

（1）需要提供病历资料，特别关注病历中病因、治疗情况、肾脏受损情况。

（2）需要提供的实验室诊断资料：血、尿常规、肾功能、肾脏B超、腹部CT平扫、肾核素扫描等。

2. 核保分析。

（1）无任何症状、体征，在健康体检时或偶然发现肾小结石，或有肾结石，经用药或手术排出，痊愈一年无新结石出现，可以考虑按标准体承保。

（2）肾小球肾炎、肾盂肾炎、泌尿系统结石鉴别，如表6-5所示。

表6-5　　　　肾小球肾炎、肾盂肾炎、泌尿系统结石鉴别表

		肾小球肾炎	肾盂肾炎	泌尿系统结石
病　因		β-溶血性链球菌感染所致	尿路感染所致	与饮食、代谢、环境等因素有关
临床表现	相　同	血尿	血尿	血尿
	不同（伴随症状）	水肿、蛋白尿、高血压、	尿频、尿急、尿痛（尿路刺激征）	腰部疼痛、胀痛、钝痛或绞痛，严重时可伴呕吐

因此，在对血尿这一症状进行询问时，应该涉及相关伴随症状的询问，例如是否有肾绞痛、腰痛、排石史，是否伴有尿频、尿急、尿痛等不适；同时应该参考要保人因血尿去医院就医的相关治疗、诊断结果以及腹部B超、静脉肾盂造影、腹部CT等相关检查结果。

（五）核赔应用

泌尿系统结石是一种常见的疾病，结石嵌顿时表现出剧烈的疼痛，泌尿系统结石一般在门诊进行排石或体外碎石治疗，手术治疗时需住院。住院费用因是否采取手术、采取手术的方法以及手术后效果而差异较大，约2000～8000元，住院天数一般为10～20天。

医疗类型保险审核包括：（1）抗生素费用和大型检查的费用；（2）首次发现泌尿系

统结石多因急性肾绞痛而就医，体检及反复发作的病例占少数，投保前疾病审核主要从住院病历的现病史、既往史中查询，既往症调查主要了解患者的就医习惯和方向，检索既往的诊治记录。

第五节　代谢类疾病

【案例】

李某，34 岁，男，私营洗浴中心老板（曾经经营夜总会）。欲购买某保险公司长期寿险附加住院医疗保险，保额 20 万元。

健康告知内容：吸烟 10 支/日、无既往症和现病史，无家族史。

体检报告内容：身高 175cm，体重 82kg。血压 109/85mmHg。血常规阴性，尿常规阴性，尿糖阴性。血液生化检查：BUN（－），Cr（－），ALT（－）。乙肝五项（－）。血脂：TC（＋），TG（＋）。空腹血糖 5.8mmol/L。

请思考：

1. 空腹血糖检测值是否正常？

2. 有哪些情况导致这样的血糖检测结果？

3. 如何评估此类情况？

一、糖尿病

（一）概念及临床特点

糖尿病是一组代谢性疾病，其特征是胰岛素缺乏或胰岛素抵抗或两者同时存在而导致的慢性高血糖症。

糖尿病根据其不同的病因可以分为 1 型糖尿病、2 型糖尿病、妊娠期糖尿病及其他类型糖尿病。各自的发病特点如下：

1. 1 型糖尿病特点。此病多发生在青少年，起病急，症状明显。当胰岛素严重缺乏或病情进展较快时，患者可以出现糖尿病酮症酸中毒，甚至危及生命。

2. 2 型糖尿病特点。此病可以发生在任何年龄，但多在 40 岁以后起病，发病缓慢，症状相对较轻，半数以上无任何症状，不少患者是因为慢性并发症或在体检时发现，很少发生糖尿病酮症酸中毒。

3. 妊娠期糖尿病特点。妊娠过程中初次发现的任何程度的糖耐量异常均可认为是妊娠期糖尿病。患病妇女分娩后血糖可恢复正常，但若干年后发生 2 型糖尿病的危险性增加。

（二）流行病学特征

糖尿病是常见病、多发病，其患病率正随着人民生活水平的提高、人口老龄化、生活方式改变而迅速增加，呈逐渐增长的流行趋势。我国现有糖尿病患者超过 4000 万人，居世界第二位。2 型糖尿病的发病正趋向低龄化，儿童发病率逐渐升高。

（三）病因

1. 1 型糖尿病：胰岛素细胞的破坏和功能的衰竭。

（1）风疹病毒、腮腺炎病毒、科萨奇病毒、心肌炎病毒等病毒感染与胰岛 β 细胞的破坏有密切关系。

（2）母乳喂养期短或缺乏母乳喂养的儿童此病的患病率增高，认为血清中存在的与牛乳制品有关的抗体可能参与胰岛 β 细胞的破坏。

2. 2 型糖尿病：遗传因素、环境因素、胰岛素抵抗。

（1）遗传因素。糖尿病是遗传倾向性疾病，遗传学研究表明，糖尿病发病率在血统亲属中与非血统亲属中有显著差异，前者较后者高出 5 倍。1 型糖尿病的病因中遗传因素的重要性为 50%，2 型糖尿病中其重要性达 90% 以上。

（2）环境因素。人口老龄化、现代生活方式、营养过剩、长期摄食过多、体力活动不足等。

在遗传因素及以上环境因素共同作用下而出现的肥胖症状，特别是中心性肥胖，是导致 2 型糖尿病发病的重要原因。

（3）胰岛素抵抗。指胰岛素作用的靶器官（主要是肝脏、肌肉和脂肪组织）对胰岛素作用的敏感性降低。

3. 妊娠期糖尿病。先前分娩过体重超过 9 磅的婴儿、先前分娩的婴儿或新生儿不明原因死亡、先前分娩的婴儿先天畸形以及反复感染等易导致妊娠期糖尿病。

（四）临床表现

糖尿病临床表现多为"三多一少"，即多饮、多食、多尿、体重减少，可以伴有皮肤瘙痒尤其是外阴瘙痒，并可导致眼、肾、神经、心脏、血管等组织器官的慢性进行性病变、功能减退及衰竭。

（五）诊断

糖尿病诊断应该包括三方面内容。

1. 是否有糖尿病。1999 年世界卫生组织（WHO）公布了糖尿病诊断新标准，得到中华医学会糖尿病学会认同，在中国正式执行。

（1）糖尿病。有典型糖尿病症状（多尿、多饮和不能解释的体重下降）者，任意血糖 ≥ 11.1 mmol/L 或空腹血糖（FPG）≥ 7.0 mmol/L，即可确诊为糖尿病。

（2）正常。空腹血糖（FPG）< 6.11 mmol/L，并且餐后 2 小时血糖（2hPG）< 7.77 mmol/L，即为正常。

（3）糖耐量异常。餐后 2 小时血糖（2hPG）> 7.77 mmol/L，但 < 11.1 mmol/L 时为糖耐量损伤（IGT）；空腹血糖（FPG）≥ 6.11 mmol/L，但 < 6.99 mmol/L 时为空腹血糖损伤（IFG）。

2. 哪种类型糖尿病。

（1）1 型糖尿病。一般 18 岁前起病，发病较急，糖尿病症状明显，需要胰岛素治疗才能控制病情。患者常出现酮症，尿酮体阳性，血胰岛素、C－肽水平低，甚至测不出，

体内胰岛 β 细胞抗体常持续阳性。

（2）2 型糖尿病。一般成年以后起病，由多基因遗传和环境因素（主要为运动不足和能量相对过剩）共同促发，家族史、不良生活方式、肥胖（尤其是中心性肥胖）、血脂异常、老年和糖耐量异常是其危险因素。

（3）妊娠期糖尿病。妊娠期间发生或首次发现的糖尿病。筛查时间一般选择在妊娠 24～28 周之间。对妊娠期糖尿病患者应在产后 6 周或更长一段时间重新进行糖耐量试验，大部分患者血糖可能恢复正常，但其在若干时间后发生糖尿病的机会可明显增加。

3. 是否有并发症。糖尿病急性并发症主要包括糖尿病酮症酸中毒、糖尿病高渗性昏迷、乳酸酸中毒、低血糖昏迷。糖尿病慢性并发症包括大血管病变（如冠心病、高血压等）、糖尿病肾病、糖尿病视网膜病变、糖尿病神经病变、糖尿病足等。

（六）预后

糖尿病的病程漫长，很难预测，预后取决于糖尿病的类型、控制的程度、是否存在并发症和家族史。

1. 1 型糖尿病预后取决于以下因素：

（1）病程。10 岁以下发病的患者，其死亡率大约是正常人的 9～10 倍。

（2）血糖控制的程度。即遵循治疗和血糖监测的程度。糖尿病很大程度上是由患者自我控制，有效的控制取决于每日血糖水平的监测，以及治疗、饮食和行为的调整。

（3）并发症的存在。蛋白尿（死亡率大约是非糖尿病人群的 10 倍）特别是微量蛋白尿是预后较差的早期标志。

2. 2 型糖尿病预后。2 型糖尿病的预后与并发症的发生、糖尿病的健康教育、医学营养治疗、体育锻炼、病情监测及是否能坚持规律的药物治疗有密切的关系。

3. 妊娠期糖尿病预后。妊娠期糖尿病是发展为 2 型糖尿病的风险因素，而且在以后的妊娠中，患糖尿病的风险也会增加。患有糖尿病的妇女，妊娠更容易出现危险。

（七）核保应用

1. 核保资料。

（1）需要提供病历资料，特别关注病历当中的诊断、治疗方法、有无并发症以及化验报告、糖尿病问卷、空腹血糖水平、糖化血红蛋白检查结果。

（2）需要提供的实验室诊断资料：血糖测定和 OGTT（口服葡萄糖耐量试验）、糖化血红蛋白测定。同时根据病情需要选用血脂、肝肾功能等常规检查，以及脑、眼科、神经系统和心脏的辅助检查。

2. 核保分析。糖尿病的风险分析可以从糖尿病血糖水平控制程度、糖尿病的类型、糖尿病的并发症、影响糖尿病预后的危险因素等方面进行。

第一个方面：糖尿病血糖水平控制程度。糖尿病血糖水平控制程度是糖尿病风险评估当中一个重要的风险因素。糖尿病血糖水平控制得好，可以明显减轻糖尿病对靶器官的损害程度，减少并发症的发生，从而降低糖尿病的风险。因此，在糖尿病问卷中涉及血糖和尿糖的监测问题。

第二个方面：糖尿病的类型。1 型糖尿病终身需要胰岛素治疗，2 型糖尿病则可以通过药物、饮食的调节进行控制。其相关风险可见糖尿病预后部分的叙述。因此，在糖尿病的问卷当中，包含首次发现糖尿病/血糖增高的时间以及糖尿病类型的确定。1 型糖尿病多数为青少年患者，2 型糖尿病虽然任何年龄均可，但主要在 40 岁以后起病。

第三个方面：糖尿病的并发症。糖尿病主要损害的靶器官包括心、脑、肾、视网膜，常见的并发症也是围绕这几个器官。

第四个方面：影响糖尿病预后的危险因素。吸烟、饮酒越多，风险程度越高。因此，在糖尿病问卷当中包括对吸烟、饮酒的询问。

（八）核赔应用

除妊娠期糖尿病和继发糖尿病外，糖尿病属于终身不可治愈疾病，需要长期治疗控制血糖，单纯糖尿病无并发症一般门诊治疗，门诊血糖控制不满意或者有严重并发症多数需住院治疗。门诊治疗费用为 300 ~ 2000 元/月，住院费用一次约为 2000 ~ 5000 元，住院天数一般为 15 ~ 30 天。

医疗类型保险审核包括：（1）抗生素费用和大型检查的费用；（2）是否为投保前疾病；（3）在意外伤害险、车险理赔实务中常遇到糖尿病患者外伤后易感染、骨折延迟愈合、加大伤残程度等，依据近因原则，虽不能直接明确核减因糖尿病所增加的损失费用，但可以扣除直接针对糖尿病的检查治疗费用。

二、高脂血症

（一）概念及临床特点

高脂血症是指血浆中脂质量和质的异常。高脂血症分为高胆固醇血症、高三酰甘油（又称甘油三酯）血症、混合性高脂血症、低密度脂蛋白胆固醇血症。

（二）流行病学特征

根据《中国居民营养与健康现状（2004 年）》报道，我国成人血脂异常患病率为 18.6%，估计患病人数 1.6 亿。

（三）病因

少数为全身性疾病所致，多数为遗传因素与环境因素共同作用的结果，与肥胖、高血压、冠心病、动脉粥样硬化、2 型糖尿病等密切相关。

（四）临床表现

一般的高脂血症可无任何症状和异常体征，最常见的临床表现为眼睑周围扁平状黄色瘤，严重的高三酰甘油血症可以产生脂血症眼底改变。

（五）诊断

关于高脂血症的诊断主要依靠实验室检查，其中最主要的是测定血浆（清）总胆固醇和甘油三酯的浓度，当血脂项目中甘油三酯、胆固醇、低密度脂蛋白超过参考值高值即可以诊断为高脂血症。

（六）预后

脂质在血管内皮沉积引起动脉粥样硬化，引起心脑血管和周围血管的病变。常与肥胖症、高血压、冠心病、糖耐量异常或糖尿病等疾病同时存在或先后发生。经过积极治疗、均衡饮食、改变不良生活习惯，一般而言，病情较为稳定。

（七）核保应用

1. 核保资料。

（1）需要提供相关资料，包括当前的血清总胆固醇、高密度脂蛋白（如果高密度脂蛋白水平未知，用三酰甘油）、是否存在其他心血管疾病的风险因素等。

（2）需要提供的实验室诊断资料：血脂分类化验报告。

2. 核保分析。高脂血症与动脉粥样硬化关系密切，胆固醇、三酰甘油、低密度脂蛋白的增加均是导致冠心病发病的危险因素。因此，对于核保人员而言，评估高脂血症被保险人的投保风险关键在于是否有冠心病以及有无其他心血管危险因素，结合血脂水平来评估心血管疾病的发病危险。

高脂血症的主要危险因素包括高血压、吸烟、低高密度脂蛋白血症（HDL－C < 1.04mmol/L 或 40mg/dl）、肥胖、早发性缺血性心血管病家族史、年龄。人群血脂异常危险分层详见表6－6。

表6－6　　　　　　　　　　人群血脂异常危险分层表

危险因素	危险分层［mmol/L（mg/dl）］	
血脂	胆固醇5.18~6.19（200~239）或低密度脂蛋白3.37~4.12（130~159）	胆固醇≥6.22（240）或低密度脂蛋白≥4.14（160）
无高血压且其他危险因素<3	低危	低危
高血压或其他危险因素≥3	低危	中危
高血压且其他危险因素≥1	中危	高危

三、高尿酸血症与痛风

（一）概念及临床特点

高尿酸血症与痛风是嘌呤代谢紊乱所致血尿酸增加而引起组织损伤的一组疾病。痛风除了高尿酸血症之外可表现为急性关节炎、慢性关节炎、痛风石、关节畸形、慢性间质性肾炎和尿酸性尿路结石。高尿酸血症只有出现上述临床表现时，才能称为痛风。

（二）流行病学特征

受地域（沿海城市相对较高发）、民族、饮食习惯的影响，高尿酸血症与痛风发病率差异较大。2004 年山东沿海地区流行病学调查显示高尿酸血症的患病率为 23.14%，痛风为 2.84%。临床多见于 40 岁以上男性，女性在更年期后发病。

（三）病因

体内尿酸的来源分为外源性和内源性两个部分。

外源性，即含有核蛋白的食物中核苷酸分解；内源性，即由体内氨基酸、磷酸核糖及其他小分子化合物合成的核酸分解代谢而来。内源性代谢紊乱是高尿酸血症发生更重要的原因。

当尿酸生成增多和（或）尿酸排出减少时，均可引起血中尿酸盐浓度增高。高尿酸血症是痛风的重要标志。

原发性高尿酸血症：少数由于遗传性酶缺陷引起，属遗传性疾病，多数伴有血脂异常、肥胖、糖尿病、高血压病、动脉硬化和冠心病等。

继发性高尿酸血症：由某些系统性疾病（如肾脏病、血液病）或药物（抗结核药物）引起。

（四）临床表现

高尿酸血症在痛风之前无明显临床症状。

痛风特征性的关节炎表现在：（1）多在午夜或清晨突然起病，多呈剧痛，数小时内受累关节出现红、肿、热、痛和功能障碍，第一跖趾关节最为常见；（2）初次发作常数日内自行缓解，受累关节局部皮肤呈现特有的脱屑和瘙痒；（3）秋水仙碱治疗后，关节炎症状可以迅速缓解；（4）痛风石的产生。

（五）预后

高尿酸血症和痛风是一种终身性疾病，无肾功能损害及关节畸形者，经过有效治疗可以维持正常的生活和工作。急性关节炎和关节畸形会严重影响患者生活质量，若有肾功能损害则预后不良。

（六）核保应用

1. 核保资料。

（1）需要提供相关资料，包括发病年龄、发病时临床表现、既往病史、既往用药史、治疗情况等。

（2）需要提供的实验室诊断资料：血尿酸水平、尿常规、肾功能、关节 X 线片、泌尿系统 B 超等。

2. 核保分析。高尿酸血症与痛风的风险分析可以从发作的频率、严重程度以及是否存在并发症或相关损害、原发性及继发性的鉴别及风险分析等方面进行。

第一个方面是取决于发作的频率、严重程度以及是否存在并发症或相关损害。

第二个方面则是原发性及继发性的鉴别及风险分析。

原发性及继发性两者的病因完全不同，带来的投保风险也不一样。因此，不能只按照痛风进行评点，而要认真分析是否继发于某种疾病或某种药物。这一点，在核保人员面对痛风被保险人时，显得尤为重要。

（七）核赔应用

痛风是一种常见的慢性疾病，早期或症状较轻时，可在门诊治疗，较严重时可住院治疗，病情反复发作，也可门诊与住院交叠进行。住院费用约为 3000～8000 元，住院天数一般为 15～20 天。

医疗类型保险审核包括：（1）抗生素费用和大型检查的费用；（2）是否为投保前疾病；核赔人员可以从住院病历的现病史、既往史中查询，既往症调查主要了解患者的就医习惯和方向，检索既往的诊治记录。

第六节　神经系统疾病

【案例】

2007 年 6 月，李某为自己向某保险公司投保了重大疾病保险。2010 年 10 月 15 日，李某卧床不起，呼叫不应，家人立即拨打 120 急救电话，经医院确诊为"脑梗死"收住院治疗。2007 年 12 月 15 日好转出院。出院病历记载：左下肢踝关节、膝关节弯曲幅度受限，余正常。患者及患者家属向保险公司提出索赔申请。

请思考：

1. 脑卒中是否就是脑卒中后遗症？

2. 脑卒中后遗症的核赔条件有哪些？

一、脑卒中后遗症

（一）概念

1. 脑卒中。"中风"是中医学的一个病名，也是人们对急性脑血管疾病的统称和俗称。临床以猝然昏倒、不省人事，伴发口眼歪斜、语言不利、半身不遂或无昏倒而突然出现半身不遂为主要症状的一类疾病。因这类疾病起病急骤，来势凶猛，病情变化迅速，像自然界的风一样"善行数变"、"变幻莫测"，古代医家类比而名为"中风"。因其发病突然，也称为"脑卒中"或"脑血管意外"。

脑卒中是由脑局部血液循环障碍所导致的神经功能缺损综合征，起病非常急，症状持续时间至少 24 小时。脑卒中能引起局灶性的症状和体征，与受累脑血管的血供区域相一致。

根据《重大疾病保险的疾病定义使用规范》，脑卒中是指脑血管突发病变引起的脑血管出血、栓塞或梗死。

脑血管突发病变引起的脑血管出血包括脑溢血、蛛网膜下腔出血，属于"出血性脑卒中"；脑血管突发病变引起的脑血管栓塞、梗死即指脑栓塞、脑梗死，一起统称为"缺血性脑卒中"。

2. 脑血管出血。脑血管出血即我们通常所说的"脑出血"、"脑溢血"，同时还包括"蛛网膜下腔出血"。高血压是其发病的主要原因之一，其次为脑动脉硬化、颅内肿瘤、血液病等。

3. 脑栓塞。脑栓塞又称"栓塞性脑梗死"，是指血液中的各种固体、液体或气体栓子（如动脉粥样硬化的斑块、脂肪、肿瘤细胞、纤维软骨或空气等）随血流进入脑动脉而阻塞血管，当侧支循环不能代偿时，引起该动脉供血区域的脑组织缺血、坏死，出现局灶性神经功能缺损。脑栓塞约占脑卒中的 15% ~ 20%。

4. 脑梗死。脑梗死是指各种原因引起的脑部血液供应障碍（包括脑栓塞），使局部脑组织发生不可逆性损害，导致脑组织缺血、缺氧性坏死，与脑栓塞一起称为"缺血性脑卒中"，包括动脉粥样硬化性血栓性脑梗、脑栓塞。动脉粥样硬化是最常见的病因，其次为高血压、糖尿病和血脂异常等。

5. 脑卒中后遗症。脑卒中后遗症在医学上的定义是脑卒中发病半年后，还存在半身不遂或者语言障碍或口眼歪斜等症状。

《重大疾病保险的疾病定义使用规范》中明确，脑卒中后遗症是指脑血管的突发病变引起脑血管出血、栓塞或梗死，并导致神经系统永久性的功能障碍。

（二）临床表现

脑卒中发病时，往往出现头痛、呕吐、脑膜刺激征，多伴有意识障碍，出现昏迷甚至癫痫发作。

脑卒中后遗症主要有偏瘫（半身不遂）、半侧肢体障碍、肢体麻木、偏盲、失语，或者交叉性瘫痪、交叉性感觉障碍、外眼肌麻痹、眼球震颤、构语困难、语言障碍、记忆力下降、口眼歪斜、吞咽困难、呛食、呛水、共济失调、头晕头痛等。

（三）诊断

1. 脑卒中的诊断。根据其典型的临床表现并结合头颅 CT、MRI 等影像学检查可诊断此病。如果 CT 未发现异常或没有条件进行 CT 检查，可根据临床表现结合腰穿脑脊液呈均匀一致血性、压力增高等特点考虑此病的诊断。

2. 脑卒中后遗症的诊断。《重大疾病保险的疾病定义使用规范》中规定，脑卒中后遗症的诊断包括以下几个方面：

（1）一肢或一肢以上肢体功能永久完全丧失。永久丧失是指自疾病确诊或意外伤害发生之日起，经过积极治疗 180 天后，仍无法通过现有医疗手段恢复肢体功能。完全丧失是指肢体的三大关节中的两大关节僵硬，或不能随意识活动。肢体是指包括肩关节的整个上肢或包括髋关节的整个下肢。

（2）语言能力或咀嚼吞咽能力完全丧失。根据《重大疾病保险的疾病定义使用规范》，语言能力完全丧失，是指无法发出四种语音（包括口唇音、齿舌音、口盖音和喉头音）中的任何三种或声带全部切除，或因大脑语言中枢受伤害而患失语症。咀嚼吞咽能力完全丧失，指因牙齿以外的原因导致器质障碍或功能障碍，以致不能作咀嚼吞咽运动，除流质食物外不能摄取或吞咽的状态。

（3）自主生活能力完全丧失，指无法独立完成六项基本日常生活活动中的三项或三项以上。

根据《重大疾病保险的疾病定义使用规范》，六项基本日常生活活动是指：

穿衣。自己能够穿衣及脱衣。

移动。自己从一个房间到另一个房间。

行动。自己上下床或上下轮椅。

如厕。自己控制进行大小便。

进食。自己从已准备好的碗或碟中取食物放入口中。

洗澡。自己进行淋浴或盆浴。

（四）治疗

现代脑卒中治疗理念是：对于出血性脑卒中是利用现代神经外科最先进的微创手术方法，以最小的创伤将患者脑内的出血引出并止血；对于缺血性脑卒中则是利用手术或用药的方法在最短时间内恢复缺血区的血流，再配合最强效的中药和西药让患者在最短的时间内恢复健康，同时配合合理的康复训练计划，既能最大限度地避免病情复发，又能达到最大的功能恢复效果。

（五）核赔应用

1. 疾病或重大疾病类型保险核赔应用。

（1）脑卒中后遗症索赔时间问题。脑卒中后遗症的索赔应该是在疾病确诊之日起180 天以后。这个 180 天的时间约定是有医学根据的：虽然造成脑卒中的病因有所不同，但临床上发生脑卒中的患者往往出现肢体无力、口角歪斜、丧失言语等神经功能障碍的表现，这些神经功能方面的障碍并不是永久性的，经过手术治疗、药物治疗以及物理康复治疗后，大多数患者在一定时期内症状可以有不同程度的改善和恢复，这个时期在临床医学上一般规定为六个月。

（2）诈瘫的核赔问题。有的被保险人在头部损伤或脊髓损伤后，谎称肢体无法运动，表现为单瘫、偏瘫或截瘫，可以是痉挛性瘫痪也可以是弛缓性瘫痪。

对于此种情况，核赔人员可以通过以下的方法进行仔细的核查：

对于怀疑有诈瘫的被保险人可以调阅相关检查结果及病案。如果颅脑 CT 无病损，病理征阴性，病征与体征不符，经过定位检查，结合腱反射情况及神经电生理检查，可以作出鉴别。

肢体功能完全丧失是指肢体的三大关节中的两大关节僵硬，或不能随意识活动，在客观诊断方面必然会涉及肌力的测定。肌力测定的标准为：

0 级——肌肉无收缩。

Ⅰ级——肌肉有轻微收缩，但不能够移动关节，接近完全瘫痪。

Ⅱ级——肌肉收缩可带动关节水平方向运动，但不能够对抗地心引力。

Ⅲ级——能够对抗地心引力移动关节，但不能够对抗阻力。

Ⅳ级——能对抗地心引力运动肢体且对抗一定强度的阻力。

Ⅴ级——能抵抗强大的阻力运动肢体。

一般的肌力测定是一种不借助任何器材，仅靠检查者徒手对受试者进行肌力测定的方法，这种方法简便易行，在临床中得到广泛的应用，但对于伪肌力的问题，这种检查方法缺乏一定的说服力。我们可以借助其他仪器的客观检查，比如数字化肌力测定仪、电子肌力测定系统等，从而可以规避伪肌力风险。

2. 医疗类型保险核赔应用。

（1）导致脑出血的原因主要分为疾病和外伤两类，脑出血一旦发生，需要住院治疗；（2）住院费用因是否手术及合并其他病症而差异较大，约为 6000~30000 元，住院天数一般为 20~60 天；（3）因导致脑出血的原因不同而选择是否手术和手术方式，如高血压、脑动脉粥样硬化导致的出血，一般不需手术，动静脉畸形、夹层动脉瘤导致的出血，一般需要行开颅手术；（4）费用审核的重点是关注神经营养药物和与诊断不相关大型检查的费用；（5）核赔实务中，判断是由跌倒头部外伤导致颅内出血还是疾病导致颅内出血后跌倒的问题，审核时关注受伤原因、脑出血部位、脑出血程度、外伤后多久脑出血、是否存在既往脑部疾病（如高血压等），进行综合判断。

二、严重帕金森病

帕金森病是发生在中年以上常见的神经系统退行性疾病。主要病变在黑质和纹状体通路，因多巴胺生成减少导致静止性震颤、肌张力增高、运动迟缓。

（一）概念

帕金森病又称震颤麻痹，由英国医生 James Parkinson 首先描述，是一种中枢神经系统的退行性疾病，以黑色多巴胺能神经元变性缺失和路易小体形成为病理特征。65 岁以上的老年人群患病率为 2%。目前，我国的帕金森病患者人数已超过 200 万。

迄今为止，帕金森病的病因仍不清楚。目前的研究倾向于年龄老化、遗传易感性和环境毒素的接触等综合因素。

（二）临床表现

多于 50 岁以后发病，男性稍多于女性。起病缓慢，逐渐进展。初始症状以震颤最多（60%~70%），依次为步行障碍（12%）、肌强直（10%）和运动迟缓（10%）。

1. 震颤。常为首发症状，多由一侧上肢的远端（手指）逐渐波及同侧下肢—对侧上肢及下肢，呈"N"字形进展，典型的表现是手指节律性震颤呈"搓丸样动作"。初期为静止性震颤，晚期可变为经常性情绪激动。

2. 肌强直（肌张力增高）。肢体伸、屈肌张力均增高，呈"铅管样"（关节被动运动时始终保持阻力增高）或"齿轮状"强直（肌强直与伴随的震颤叠加检查时可感觉在均匀阻力中出现断续停顿），随后呈"折刀样强直"（被动运动随后会迅速减弱如同打开水果刀的折刀样感觉），面肌受累则缺乏表情呈"面具状脸"。

3. 运动障碍。常因肢体及手部肌肉强直而难以完成精细动作，严重时起坐困难，躺下时不能翻身，穿鞋系带、扣纽扣困难，生活不能自理，步态障碍。早期表现为行走时下肢拖步，上肢连带运动消失。随着病情的进展，步伐逐渐变小、变慢，启步艰难，一旦迈步以极小步伐前冲，越走越快，不能即时停步或转弯，呈"慌张步态"。

4. 其他症状。反复叩击眉弓上缘产生持续眨眼反应、眼睑阵挛（闭合的眼睑轻度震颤）和眼睑痉挛（眼睑不自主闭合），讲话缓慢、音量低、流涎，严重时吞咽困难、脂颜多汗、顽固性便秘、直立性高血压等。

（三）诊断

1. 实验室诊断项目。帕金森综合征的实验诊断项目为：

（1）血、脑脊液常规化验均无异常，CT、MRI 检查无特征性改变。

（2）生化检查，腰穿 CSF（脑脊液）、尿中检查多巴胺代谢产物可见高香草酸降低。

（3）影像学检查，正电子发射断层扫描（PET）或单光子发射断层扫描（SPECT）、放射性核素检测，可显示脑内多巴胺转运载体（DAT）功能显著降低，对帕金森病早期诊断、鉴别诊断及检测病情进展有一定价值。

2. 临床诊断依据。帕金森综合征的诊断标准为：

（1）中老年发病。

（2）四项主要特征（静止性震颤、肌强直、运动迟缓、姿势步态异常）中至少具备两项，前两项至少具备其中之一，症状不对称。

（3）左旋多巴治疗有效。

（4）患者无眼外肌麻痹、小脑体征、直立性低血压、椎体系损害和肌萎缩等。

（四）治疗

目前，在帕金森病的各种治疗方法中，仍以药物治疗最为有效。左旋多巴是治疗帕金森病的最有效和首选药物，已成为治疗本病的"金标准"。

帕金森病的药物治疗都是对症治疗，多数药物在应用初期都有较大的副作用，最常见的就是消化道的症状，如恶心、呕吐等。

（五）核赔应用

1. 疾病或重大疾病类型保险核赔应用。

（1）严重帕金森病赔付条件的核赔问题。依据《重大疾病保险的疾病定义使用规范》，除了帕金森病的疾病诊断以外，"药物治疗无法控制病情"是其获得赔付需要满足的条件之一。因此，要求核赔人员掌握"药物治疗无法控制病情"的含义，从而作出判断。

目前，左旋多巴是治疗帕金森病的最有效和首选药物。对于该药，人体的反应分为五个阶段：第一阶段为"蜜月期"，疗效稳定而持久；第二阶段为中午药效减退；第三阶段为睡眠受到影响，有"晨僵"现象，可能有脚的痉挛或肌张力的异常，通常在症状严重的一侧；第四阶段为可预测的"剂末现象"出现；第五阶段为频繁发生的药效减退，出现"开关现象"，并伴有明显的"异动症"。

（2）帕金森综合征与帕金森病的核赔问题。《重大疾病保险的疾病定义使用规范》中明确规定继发性帕金森综合征不在保障范围内。

帕金森综合征（或称为继发性帕金森综合征）名字上与帕金森病非常相像，但是完全不同。帕金森综合征有明确的病因可寻，如药物、中毒、感染等。

另外，多系统萎缩（MSA）、进行性核上性麻痹（PSP）、皮质基底节变性（CBGD）统称为帕金森叠加综合征，虽然有"帕金森"几个字，但是同样不属于帕金森病。

因此，核赔人员在核赔过程中，不要一看到"帕金森"就认为是"帕金森病"，需要与主治医生进行沟通，详细了解疾病的确切诊断，避免含糊。同时，核赔人员还需要调查出险人的既往病史、用药史等，以排除帕金森综合征（或称为继发性帕金森综合征）的情况。

2. 医疗类型保险核赔应用。

（1）帕金森病又名震颤麻痹，是一种常见的老年性疾病，终身难以治愈，随着病情反复，门诊和住院多交叠进行；（2）住院费用约为4000～8000元，住院天数一般为

30～60 天；（3）帕金森病以药物控制为主，效果不明显可考虑功能神经外科手术治疗。费用审核中重点关注神经营养药物和与诊断不相关大型检查的费用。

第七节 妇科疾病

【案例】

周某，女性，35 岁，购买某公司重大疾病保险 5 年。2009 年 1 月以来，周某出现乳腺肿块，并偶出现乳头血性液体溢出。2009 年 3 月，经医院临床诊断及病理学检测结果，诊断为乳腺粉刺癌。

请思考：

1. 乳腺粉刺癌是病理学描述还是临床诊断？

2. 乳腺粉刺癌属于乳腺的良性增生还是恶性增生？

一、乳腺增生

（一）概念及临床特点

乳腺增生病是一组以乳腺上皮和间质不同程度增生为主要表现的病变，主要与卵巢内分泌功能失调有关。乳腺增生分为生理性增生和病理性增生两种，两者疾病的风险截然不同。因此，对于核保人员而言，区分这两种增生以及与乳腺癌的鉴别有重要意义。

生理性增生是由乳腺不完善的周期性改变而造成，它在组织学上的改变包括腺泡、腺管或腺小叶周围纤维组织增生，腺小叶发育不规则，腺泡或腺管上皮细胞增生，所以乳腺增生通常又叫乳腺小叶增生；乳痛是生理性乳腺增生的主要临床表现，所以有时也叫乳痛症。

病理性增生在组织学上由小乳管高度扩张而形成囊肿，乳管上皮细胞增生，多数中小乳管可发生乳头状瘤，由于本病不仅有上皮增生，尚有囊肿形成，所以被称为囊性乳腺增生病。

（二）流行病学特征

乳腺增生是妇女常见、多发病之一，多见于 25～45 岁女性。

（三）病因

本病的确切病因和发病机制尚不十分明了，目前多认为与内分泌失调及精神因素有关。黄体素分泌减少，雌激素相对增多，是重要致病原因。

（四）临床表现

1. 乳房疼痛。疼痛的性质为胀痛或刺痛，可累及一侧或两侧乳房。乳房疼痛常于月经前数天出现或加重，行经后疼痛明显减轻或消失。这种与月经周期及情绪变化有关的疼痛是乳腺增生病临床表现的主要特点。

2. 乳房肿块。肿块可发于单侧或双侧乳房内，单个或多个。肿块边界不明显，质地中等或稍硬韧，活动好，与周围组织无粘连，常有触痛。乳房肿块也有随月经周期而变化的特点，月经前肿块增大变硬，月经来潮后肿块缩小变软。

3. 乳头溢液。少数患者可出现乳头溢液，为自发溢液，草黄色或棕色浆液性溢液。

（五）诊断

根据乳腺增生特有的临床表现，结合利用 B 超、X 线钼靶摄片、组织活检等不难诊断。这些实验室检测项目也是辨别生理性增生与病理性增生以及乳腺癌的重要项目。

（六）预后

生理性的乳腺增生是一种良性增生性疾病，基本上不会发生癌变，也不应将其视为癌前病变，而病理性的乳腺增生属癌前病变。据资料统计，病理性增生的癌变率为 4% 左右。当出现重度乳头瘤病时，癌变机会明显增加。如果乳腺触及增厚或有结节，且三个月后仍不见缩小或反而增大，其癌变的概率为 10% 左右。

（七）核保应用

1. 核保资料。

（1）需要提供相关资料，包括家族史调查、发病年龄、相关症状、相关检查结果、治疗情况等。

（2）需要提供的实验室诊断资料：B 超、X 线钼靶摄片、组织活检等。

2. 核保分析。乳腺生理性增生、病理性增生与乳腺癌的鉴别，如表 6－7 所示。

表 6－7　　　　　　　乳腺生理性增生、病理性增生与乳腺癌鉴别表

		乳腺生理性增生	乳腺病理性增生	乳腺癌
乳房疼痛		有，经前加重，经后减轻	有，经前加重，经后减轻	无，即使有也与月经周期变化无关
乳头溢液		黄棕色、黄绿色	黄棕色、黄绿色或血液	血液
皮肤改变		无	无	典型橘皮样改变
肿块	数目	多发	单发	单发
	形态	块状、结节状、条索状	圆形	不规则
	界限	不清	清楚	不清
	质地	硬韧	坚实	坚硬
	活动度	移动	移动	固定
	皮肤粘连	无	无	有
乳头改变		无	无	内缩或抬高
淋巴结肿大		无	无	坚硬或粘连固定

二、子宫肌瘤

（一）概念及临床特点

子宫肌瘤，其确切的名称应为子宫平滑肌瘤，是女性生殖器官中最常见的良性肿

瘤，也是人体常见的肿瘤之一。子宫肌瘤主要由子宫平滑肌细胞增生而形成。

（二）流行病学特征

此病常见于30～50岁妇女，20岁以下少见。据统计，至少有20%育龄妇女有子宫肌瘤，因肌瘤多无或很少有症状，临床报道发病率远低于肌瘤真实发病率。子宫肌瘤妇女终身发病率在20%～25%，而30～50岁的妇女发病率为30%～50%。近年来，由于受环境污染、饮食结构改变等因素影响，子宫肌瘤的发病率有进一步增高的趋势。

（三）病因

子宫肌瘤的病因尚不明了。因肌瘤好发于生育年龄，青春期前少见，绝经后萎缩或消退，提示其发生可能与女性性激素有关。如妊娠、外源性高雌激素等情况下生长明显，而绝经后肌瘤逐渐缩小。

（四）临床表现

子宫肌瘤的临床表现常随肌瘤生长的部位、大小、生长速度、有无继发变性及合并症等因素而异。

临床上常见的症状是子宫出血（表现为月经量过多、经期延长或者月经周期缩短）、腹部包块（下腹部肿块常为子宫肌瘤患者的主诉）、疼痛、邻近器官的压迫症状、白带增多、不孕、贫血和心脏功能障碍。无症状患者为数也不少。

（五）预后

子宫肌瘤是女性生殖系统最常见的良性肿瘤，极少发生恶性变，所以经正确治疗，大部分预后良好，只有少部分年龄较大，合并其他并发症者预后较差。

（六）核保应用

1. 核保资料。

（1）需要提供相关资料，包括发病年龄、肌瘤大小及变化情况，是否合并贫血及其他并发症。

（2）需要提供的实验室诊断资料：B型超声检查、宫腔镜检查、腹腔镜检查、子宫输卵管造影等。

2. 核保分析。子宫肌瘤的风险分析关键点在于良性变与恶性变的掌握与区分。良性变包括红色样变（常发生在妊娠期或产褥期）、玻璃样变（最为常见）、囊性变（玻璃样变继续发展而成）、钙化等；恶性变即子宫肉瘤样变，虽然少见（仅0.4%～0.5%），但恶性程度高，预后较差。

恶性变多见于年龄较大妇女，若绝经后妇女肌瘤增大应警惕恶变的可能；肌瘤在短期内迅速长大或伴有不规则阴道流血者，应考虑有恶变的可能。肌瘤恶变后，组织变软且脆，与周围组织界限不清。

因此，核保人员在核保时，应该注意询问子宫肌瘤发病的年龄、月经情况、肿瘤生长情况以及子宫肌瘤组织病理切片结果。

（七）核赔应用

医疗类型保险审核包括：（1）子宫肌瘤一般需要住院治疗，也有极轻或小肿瘤在门诊治疗；（2）住院费用一般在3000～8000元，使用子宫镜、腹腔镜手术，住院费用可以超过10000元，住院天数一般为7～20天；（3）绝大多数子宫良性肿瘤需要进行择期手术治疗；（4）费用审核的关键点在于与诊断不符的检查和治疗费用；（5）子宫肌瘤是十分常见的妇科良性肿瘤，可在体检发现后投保，核赔人员可以从本次发病的病史、既往史以及以往的体检记录来判断，但难度较大。

三、卵巢肿瘤

（一）概念及临床特点

卵巢肿瘤是卵巢良性肿瘤与恶性肿瘤的统称。卵巢恶性肿瘤是女性生殖器常见的三大恶性肿瘤之一。由于缺乏早期诊断手段，卵巢恶性肿瘤死亡率居妇科恶性肿瘤首位，已成为严重威胁妇女生命和健康的主要肿瘤。

（二）流行病学特征

上皮性肿瘤好发于50～60岁妇女，生殖细胞肿瘤好发于30岁以下年轻女性。

（三）病因

迄今为止，卵巢肿瘤的病因尚不明了，可能与体内雌激素水平过高、长期受雌激素刺激有关。

（四）临床表现

1. 卵巢良性肿瘤。卵巢良性肿瘤较小，多无症状，常在妇科普查或体检时偶然发现。肿瘤增大时，感觉腹胀或在腹部扪及肿块。双合诊和三合诊检查可在子宫一侧或双侧触及圆形或类圆形肿块，多为囊性，表面光滑，活动，与子宫无粘连。肿瘤继续长大占满盆、腹腔时，可出现尿频、便秘、气急、心悸等压迫症状。

2. 卵巢恶性肿瘤。卵巢恶性肿瘤早期常无症状。晚期主要症状为腹胀、腹部肿块及胃肠道症状。可出现不规则阴道流血或绝经后阴道流血表现。可有消瘦、贫血等恶病质表现。三合诊检查可在直肠子宫陷凹处触及硬结或肿块，肿块多为双侧，实性或囊实性，表面凹凸不平，活动差，与子宫分界不清，常伴有腹水及腹股沟、腋下或锁骨上淋巴结肿大。

（五）预后

良性卵巢肿瘤预后较好，恶性卵巢肿瘤预后与病理分期、年龄等因素有关。最重要的是肿瘤病理分期和残存肿瘤数量。肿瘤病理分期越早，预后越好；残存肿瘤越小，预后越好。

（六）核保应用

1. 核保资料。

（1）需要提供相关资料，包括发病年龄、相关症状、相关检查结果等。

（2）需要提供的实验室诊断资料：B型超声检查、CT/MRI/PET检查、肿瘤标志物检查、腹腔镜检查、组织活检结果等。

2. 核保分析。卵巢肿瘤风险分析的一个重要内容是区别卵巢肿瘤的性质是良性还是恶性以及恶性肿瘤的早期诊断与发现。

卵巢良性肿瘤与恶性肿瘤鉴别，如表6-8所示。

表 6-8 卵巢良性肿瘤与恶性肿瘤鉴别表

鉴别内容	卵巢良性肿瘤	卵巢恶性肿瘤
病史	病程长，逐渐增大	病程短，迅速增大
临床表现	一般情况良好，肿块多为单侧、活动、囊性、表面光滑，常无腹水	出现恶病质，肿块多为双侧、固定、实性或囊实性，表面呈结节状，常有腹水，多为血性，可查到癌细胞
B 型超声	为液体暗区，可有间隔光带，边缘清晰	液体暗区内有杂乱光团、光点，肿块边界不清
CT/MRI/PET 检查	肿瘤囊壁薄，光滑，囊内均匀	肿瘤轮廓不规则，向周围浸润或伴腹水

（七）核赔应用

医疗类型保险审核包括：（1）卵巢良性肿瘤可以在门诊保守治疗也可以住院治疗，住院费用约为 3000~8000 元，使用腹腔镜手术，住院费用可以超过 10000 元，住院天数一般为 10~20 天；（2）本病可能长期患病，住院治疗时一般进行择期手术，卵巢囊肿蒂扭转时，进行急诊紧急手术；（3）费用审核的关键点在于与诊断不符的检查和治疗费用；（4）卵巢良性肿瘤是十分常见的妇科良性肿瘤，可在体检发现后投保，核赔人员可以从本次发病的病史、既往史以及以往的体检记录来判断，但难度较大。

第八节 道路交通事故常见损伤疾病

【案例】

2010 年 6 月 20 日，张某驾驶小车撞伤 45 岁的陈某，陈某股骨粉碎性骨折，随后被送往湖南省某医院进行抢救。经过治疗，陈某于 2010 年 7 月 30 日出院，回家恢复，共计花费医疗费用 2 万余元。张某拿着陈某的住院费用总清单来到某保险公司进行索赔，核赔人员在对住院费用总清单进行审核时发现，其中有治疗糖尿病的药物达美康和治疗消化系统疾病的药物西咪替丁、奥美拉唑，共计 3258 元。

请思考：

1. 治疗糖尿病的药物和治疗消化系统疾病的药物是否都不能获得赔付？
2. 车祸外伤患者使用消化系统药物的目的是什么？

一、骨折

（一）概念及临床特点

外界各种致伤因素作用于人体，使皮肉、筋骨、脏腑等组织器官出现结构上的破坏和功能上的紊乱，称之为损伤。而骨折则是外力作用所致的骨或软骨的完整性和连续性中断。

（二）流行病学特征

道路交通事故所导致的骨折常具有如下特征：

1. 发生率高。

2. 伤情复杂。往往是多发伤、复合伤并存，表现为多个部位损伤，或多种因素的损伤。

3. 发病突然，病情凶险，变化快。休克、昏迷等早期并发症发生率高。

4. 现场急救至关重要。往往影响着临床救治时机和创伤的转归。

5. 致残率高。

（三）病因

骨折的病因分为外因和内因。常见的外力因素包括直接暴力、间接暴力、肌肉拉力和累积性力。

1. 直接暴力。骨折发生于外来暴力直接作用的部位，如打伤、压伤、枪伤、炸伤及撞击伤等。这类骨折多为横形骨折或粉碎性骨折，骨折处的软组织损伤较严重。

2. 间接暴力。骨折发生在远离于外来暴力作用的部位。间接暴力包括传达暴力、扭转暴力等。多在骨质较弱处造成斜形骨折或螺旋形骨折，骨折处的软组织损伤较轻。

3. 肌肉拉力。肌肉突然猛烈收缩，可拉断肌肉附着处的骨质而造成骨折。例如在骤然跪倒时，股四头肌猛烈收缩，可发生髌骨骨折。

4. 累积性力。长期反复的震动或循环往复的疲劳运动，可使骨内应力集中积累，造成慢性损伤性骨折。这种骨折多无移位或移位不多，但愈合较慢。

（四）临床表现

1. 全身临床表现。轻微骨折可无全身症状。一般骨折由于局部淤血停聚，积而化热，体温略高（约38.5℃，即所谓的吸收热）。严重的骨折（如股骨、脊柱、骨盆骨折和大关节脱位等）可合并有创伤性休克，若有内脏损伤者病情更危重。

2. 局部临床表现：疼痛和压痛；肿胀与淤斑；功能障碍。不完全骨折、嵌插骨折的功能障碍较轻，完全骨折、有移位骨折的功能障碍程度较重。

3. 骨折特征性临床表现：畸形、骨擦音和异常活动（假关节现象）。

（五）诊断

1. 典型临床表现。畸形、骨擦音和异常活动是骨折的三大特殊症状，一般说来，这三种特征只要有其中一种出现，即可在临床上初步诊断为骨折。

2. X线诊断。X线诊断是骨折诊断当中最简便也是最有效的一项重要检查方法。X线诊断不仅能对骨折存在与否加以确认，还能显示骨折类型、移位方向、骨折端形状等局部变化。

3. CT诊断。一般外伤骨折用普通X线检查即可明确诊断，但是涉及脊椎的骨折、颅内损伤、骨盆、四肢骨关节的病变等，CT能从横断面来了解，有较高的分辨率，是理想的检查方法。

4. 磁共振成像。磁共振成像一般用来探查肿瘤，但也可用来检查骨关节和软组织病变，对外伤后椎骨脊髓是否受压有较好的诊断。

（六）预后

骨折的预后与骨折的愈合有密切关系。影响骨折愈合的因素较多，包括年龄、整体的健康状况、断面接触的多少、断端血液供应情况、损伤的程度、感染情况和治疗方法。

1. 骨折的临床愈合标准。

（1）局部无压痛，无纵向叩击痛。

（2）局部无异常活动。

（3）X线片显示骨折线模糊，有连续性骨痂通过骨折线。

（4）功能测定：在解除外固定情况下，上肢能平举1kg达1分钟；下肢能连续徒手步行3分钟，并不少于30步。

（5）连续观察2周，骨折处不变形，则观察的第一天即为临床愈合日期。

2. 骨折的骨性愈合标准。

（1）具备临床愈合标准的条件。

（2）X线片显示，骨小梁通过骨折线。

3. 骨折的畸形愈合。骨折畸形愈合是指骨折的远近端之间发生重叠、旋转、成角连接而引起肢体功能障碍者。本病多由于骨折后未得到整复和固定，或整复位置不良，或固定效果不好，或过早拆除固定，或不恰当的活动、负重等而发生。某些严重的骨折畸形愈合可以引起肢体功能障碍。

对畸形较轻，年龄在12～13岁以下者，除旋转及严重畸形外，常能在发育过程中自行矫正，不必进行处理。如畸形严重，影响肢体功能者，不论年龄大小，均应进行及早治疗。

4. 骨折延迟愈合。骨折经治疗后，已超过同类骨折正常愈合的最长期限，骨折局部仍肿胀、压痛、纵轴叩击痛、异常活动、功能障碍，X线片显示骨痂生长缓慢、没有连接，骨折断端无硬化现象，有轻度脱钙、骨髓腔仍通者，则称为骨折延迟愈合，或称为骨折迟缓愈合。其原因有过度牵引、粗暴或多次手法整复、复位不良、内外固定不良、骨折端有软组织嵌入、骨折端血供不良，局部筋肉、骨损伤严重，或邪毒感染，体质虚弱等。

5. 骨折不愈合。骨折不愈合是骨折端在某些条件影响下，骨折愈合功能停止，骨折端已形成假关节。X线片显示，骨折端相互分离、间隙较大、骨端硬化、萎缩疏松、髓腔封闭。若经确诊为骨折不愈合，不论如何长久地固定也无法使它连接，最有效的治疗方法就是切开植骨术。

（七）核赔应用

1. 锁骨骨折。

（1）锁骨骨折常见并发症与后遗症包括局部隆起、畸形、伤及胸膜及肺脏、锁骨骨折延迟愈合或不愈合。

（2）大多数较稳定或婴儿、儿童锁骨骨折可在门诊保守治疗。医院一般会针对骨折无错位且稳定伤者采用"8"字绷带或"8"字石膏固定或锁骨固定带固定。

粉碎性锁骨骨折并手术治疗时，可住院治疗，住院治疗费用约为 8 000～12 000 元，取出内固定费用约 4 500～6 000 元；平均住院天数约 15 天左右。费用审核中重点关注内置固定材料等费用。

（3）偶有陈旧性锁骨骨折充当新鲜锁骨骨折，可从骨折的形态及第一次拍 X 线片的日期确定。

（4）锁骨骨折在外 1/3 段骨折可以出现延迟愈合情况，中年以上可并发肩关节周围炎。

（5）偶有锁骨骨折影响肩关节功能而评残的，重点关注评残时间，必要时走访伤者了解伤侧肩关节功能恢复情况。

2. 肱骨骨折。

（1）肱骨骨折包括肱骨近端骨折（肱骨外科颈骨折）、肱骨干骨折、肱骨髁上骨折、肱骨远端全骨骺分离（肱骨远端骺损伤）、肱骨髁间骨折、肱骨内上髁骨折、肱骨内髁骨折、肱骨外髁骨折和肱骨小头骨折。

（2）肱骨近端骨折（肱骨外科颈骨折）有移位的伤者或手法复位失败的伤者，医院一般会给予手术切开复位，并植入内固定。对于肱骨近端三部分以上的老年伤者，医院可能会进行人工肱骨头置换术。常见并发症与后遗症包括臂丛神经损伤、肩关节僵硬、骨折畸形愈合和肱骨头缺血性坏死。肱骨近端骨折（肱骨外科颈骨折）不愈合者较为少见，但经常并发肩关节周围炎而引起功能障碍，尤其是合并肩关节脱位者，不论是手法复位或是切开复位，都很难获得肩关节较好的功能，甚至有可能构成伤残。

（3）肱骨干骨折大多数可以采用石膏、夹板或外支架固定等非手术治疗，当出现非手术治疗无法达到或维持功能复位的，合并其他部位损伤且伤肢需要早期活动的，多段骨折或粉碎性骨折，合并有肱动脉、桡神经损伤需要手术探查情况时，需要进行手术治疗。常见并发症与后遗症包括神经损伤、骨折延迟愈合或不愈合。

（4）肱骨髁上骨折为 10 岁以下儿童常见的肘部损伤。此类损伤的并发症很多，如血管神经损伤、前臂肌肉缺血性挛缩、肘关节畸形或关节功能障碍等。成年人肱骨髁上骨折常见并发症与后遗症包括肱动脉损伤、肘内翻畸形、肘关节活动障碍、前臂缺血性肌挛缩、肘部骨化性肌炎。

（5）肱骨远端全骨骺分离（肱骨远端骺损伤）常见并发症与后遗症包括肱动脉损伤、后期继发肘部畸形、肘关节活动障碍。

（6）肱骨髁间骨折常见并发症与后遗症包括肘内翻畸形、肘关节功能障碍。

（7）肱骨内上髁骨折常见并发症与后遗症包括骨折不愈合、迟发性尺神经炎。

（8）肱骨内髁骨折常见并发症与后遗症包括肘关节功能障碍、尺神经损伤。

（9）肱骨外髁骨折常见并发症与后遗症包括骨折畸形愈合、肘外翻、骨折不愈合、迟发性尺神经炎。

（10）肱骨小头骨折常见并发症与后遗症包括肱骨小头缺血性坏死、肘关节活动受限。

（11）单纯且稳定的肱骨骨折，可在门诊保守治疗；粉碎性肱骨骨折，涉及关节面的肱骨骨折和伴有血管、神经损伤的情况多需住院手术治疗。住院费用（住院手术）约为 8000～10000 元，取出内固定费用约 4000～6000 元；平均住院天数约为 20 天。

（12）重点审核神经营养药、接骨药、内置固定材料等项费用。重点关注陈旧性肱骨骨折，病理性骨折、未愈再次骨折的案例，可从骨折的形态、内固定的固定情况及第一次拍 X 线片的日期等方面确定，必要时开展调查。

3. 桡骨、尺骨骨折。

（1）桡骨、尺骨骨折包括尺骨鹰嘴骨折、桡骨头骨折、桡骨尺骨骨干骨折、桡骨下端骨折。右前臂螺旋性双骨折多是副驾驶位右臂垂吊扶手时发生车祸的特征性骨折。

（2）尺骨鹰嘴骨折合并冠状突骨折、侧副韧带损伤、有移位时常需进行手术治疗，常见并发症与后遗症包括肘关节活动受限、肘关节创伤性关节炎。

（3）桡骨头骨折中桡骨头倾斜 30°～60°者，可手法复位，桡骨头倾斜大于 60°的桡骨颈骨折，可切开复位。成年人的桡骨头骨折，移位骨块累及桡骨头 30% 以上或粉碎的桡骨头骨折，可行桡骨头切除术。桡骨头骨折的治疗中，若合并有内侧副韧带断裂或内上髁骨折，肘关节外翻不稳定，可行桡骨头假体置换。常见并发症与后遗症包括骨骺早闭、上尺桡关节半脱位。

（4）桡骨尺骨骨干骨折也被称为前臂骨折，常见并发症与后遗症包括骨折畸形愈合、前臂旋转功能障碍、感染。

（5）桡骨下端骨折常见并发症与后遗症包括骨折畸形愈合、腕关节及前臂旋转功能受限。

（6）住院费用（住院手术）约为 8000～10000 元，取出内固定费用约 4000～6000 元，两块内固定材料取出可提高 1000 元手术费用；平均住院天数约为 20 天。

（7）重点审核神经营养药、内置固定材料等项费用。偶有陈旧性尺骨、桡骨骨折，病理性骨折，未愈再次骨折的案例，可从骨折的形态、内固定的固定情况及第一次拍 X 线片的日期等方面确定，必要时开展调查。

（8）尺骨、桡骨骨折导致肘腕两关节的功能障碍或部分障碍，尺骨、桡骨骨折合并神经、动脉损伤，尺骨、桡骨骨骺损伤等都可进行评残。

4. 股骨骨折。

（1）股骨骨折包括股骨颈骨折、股骨转子间骨折、髋关节脱位、髋关节脱位合并股骨头骨折、股骨转子下骨折、股骨干骨折、股骨髁上骨折。

（2）股骨颈骨折平均愈合时间为 5～6 个月，骨折不愈合的比例约为 15%。需要特别提出的是，无论骨折是否愈合，均可能发生股骨头缺血性坏死，比例为 20%～30%。最早出现在伤后三个月，但已有延迟至四年或更长时间发生的病例。初期多发生在股骨头外上方，这是由于髋外侧动脉最容易受损，同时此处也是股骨上段主要的负重点。此后坏死可以累及整个股骨头，最终导致创伤性髋关节炎。

股骨颈骨折可先行内固定手术，数月后出现股骨头坏死，再进行人工股骨头置换，也可在首次骨折后即进行人工股骨头置换。遇到首次内固定材料断裂并进行第二次手术治疗案例，需核实内固定材料厂家和所住医院是否赔偿及赔偿金额。

（3）股骨转子间骨折由于股骨转子部位血运丰富，极少发生骨折不愈合或股骨头缺血性坏死，常见并发症与后遗症包括髋内翻畸形，患肢内收、短缩畸形。高龄伤者由于长期卧床容易引发并发症。

（4）髋关节脱位合并股骨头骨折常见并发症与后遗症包括坐骨神经损伤、股骨头缺血性坏死、髋关节创伤性关节炎。

（5）股骨干骨折发生在上中 1/3 时，股动脉、股静脉离骨干较远，有肌肉相隔，不容易被骨折断端损伤。而在其下 1/3 骨折时，若向后成角，很容易刺伤腘动脉和腘静脉，造成更为严重的创伤。

股骨两端有较多的松质骨，但骨干的皮质骨却很致密，因此股骨干骨折的愈合需要较长时间的塑形，才能恢复正常强度。股骨干骨折畸形愈合发生概率较高，延迟愈合常由固定时间不充分或断端存在非生理应力作用所致。

（6）股骨髁上骨折常见并发症与后遗症包括休克、脂肪栓塞、血管或神经损伤、畸形愈合或不愈合、膝关节功能障碍。

（7）住院费用（住院手术）约 10000 ~ 20000 元，进行人工股骨头置换手术约需 35000 ~ 40000 元，取出内固定费用约 5000 ~ 7000 元；平均住院天数约 15 ~ 30 天。重点审核神经营养药、接骨药、内置固定材料、超长误工、过度护理等项费用。

（8）重点关注事故前的股骨头无菌性坏死、病理性骨折、未愈再次骨折的案例，审核中从住院病历或 X 线片中得到确定，案卷中未提供时可向索赔人索要，必要时开展调查。

（9）股骨骨折导致髋膝两关节的功能障碍或部分障碍，股骨骨折合并坐骨神经、股动脉损伤，股骨骨骺损伤等都可进行评残。

5. 胫骨、腓骨骨折。

（1）胫骨、腓骨骨折在行人与轿车保险杠的碰撞事故中极为常见。胫骨、腓骨骨折包括胫骨平台骨折和胫腓骨骨折。

胫骨平台骨折属于关节内骨折，骨折容易愈合，但常见的并发症与后遗症包括膝关节不稳、膝关节僵硬、活动受限、骨筋膜间室综合征、创伤性骨关节炎。

（2）胫骨、腓骨骨干骨折如果发生在上 1/3，骨折容易愈合，但移位之骨折易挫伤腓总神经或骨痂（特别是粉碎骨折之骨痂），易将腓总神经包埋、卡压，从而导致腓总神经损伤；中下 1/3 骨折因血运较差，容易出现延迟愈合或不愈合；开放感染骨折则可出现骨髓炎、骨缺损；骨折畸形愈合者，可导致膝关节、踝关节创伤性关节炎。

（3）不涉及关节面的单纯腓骨骨折，可在门诊保守治疗；粉碎性胫骨骨折，涉及关节面的胫骨、腓骨骨折和伴有血管、神经损伤的情况多需手术治疗。住院费用（住院手术）约为 8000 ~ 25000 元，取出内固定费用约 5000 ~ 7000 元；常规住院天数约 15 ~ 30 天。

（4）重点审核神经营养药、接骨药、内置固定材料、超长误工、过度护理等费用。

（5）重点关注陈旧性胫骨骨折、病理性骨折、胫骨未愈再次骨折的案例，审核中从住院病历或 X 线片中得到确定，案卷中未提供时可向索赔人索要，必要时开展调查。

（6）胫骨、腓骨骨折导致膝踝两关节的功能障碍或部分障碍，胫骨、腓骨骨折合并胫、腓总神经、胫前后动脉损伤，胫骨、腓骨骨骺损伤等都可进行评残。

6. 消化系统药物使用问题分析。车祸外伤后，胃黏膜屏障保护功能减弱以及胃内pH下降、胃黏膜损伤作用增强，容易引发应激性溃疡。应激性溃疡泛指休克、创伤、手术后和严重全身性感染时发生的急性胃炎，多伴有出血症状，是最具有外科意义的一种急性胃黏膜病变，其病死率高达 20% ～80%。在临床治疗中，对于车祸外伤的患者，医生为了避免应激性溃疡的发生，往往会使用治疗消化系统的药物，因此，此类药物属于车祸外伤患者的合理且必需的用药，不能简单地认为这些药物是治疗胃溃疡或十二指肠溃疡的，与车祸外伤无关。

二、脑内血肿

（一）概念及临床特点

脑内血肿是指脑实质内的血肿，多发生于脑叶，也可发生于小脑、脑基底节等部位，血肿可破入脑室。脑内血肿与硬脑膜外血肿、硬脑膜下血肿一起，共同称为颅内血肿。血肿常与原发性脑损伤相伴发生，也可在没有明显原发性脑损伤的情况下单独发生。按血肿引起颅内压增高或早期脑疝症状所需时间，将其分为三型：72 小时以内者为急性型，3 日以后到 3 周以内为亚急性型，超过 3 周为慢性型。

（二）病因

脑内血肿的病因主要是暴力作用于头部时立即发生的脑损伤。例如车祸、坠落等常易造成脑内血肿。

（三）临床表现

血肿的占位效应可以导致颅内压增高等一系列病理生理改变。

1. 迟发血肿。血肿常在伤后 24～72 小时才发生，此后意识由清醒转为昏迷，因此造成损伤不大的假相。

2. 意识障碍。意识障碍以进行性意识障碍加重为主，其意识障碍过程与原发性脑损伤程度和血肿形成的速度有关。由凹陷型骨折所导致的脑内血肿意识障碍，可有中间清醒期；着力点对侧血肿为对冲伤血肿。各型脑内血肿均可出现头痛、呕吐等颅内压增高症状，局灶体征与血肿部位有关，可出现偏瘫、失语、癫痫等。

（四）诊断

1. 外伤史。有直接暴力伤，局部有伤痕或头皮血肿。

2. 典型的临床表现。

3. CT 检查。在脑挫伤病灶附近或脑深部白质内见到圆形或不规则高密度血肿影，同时可见血肿周围的低密度水肿区。

（五）预后

脑内血肿的预后与其严重性有密切关系，而其严重性在于可引起颅内压增高而导致的脑疝，早期及时处理，可以很大程度上改善预后。

（六）核赔应用

1. 幕上血肿 > 30ml，幕下血肿 > 10ml，有明显占位效应，伴有严重颅内压增高表现、和（或）意识障碍进行性加重者，应及早手术治疗。

2. CT 检查可确定血肿的部位、性质和大小，脑组织受压移位的程度。伤后重复 CT 检查可以确定脑内血肿的发展情况，为手术提供可靠数据。因此，在审核相关费用清单时，可以重复见到 CT 检查费用，但也应该注意过度使用 CT、MRI 检查情况。

3. 脑内血肿多合并脑挫裂伤，一般需住院治疗，住院费用因出血量、是否手术等因素差别较大，约为 5500 ~ 30000 元。平均住院天数为 30 天左右。二次颅骨修补术的费用约为 10000 ~ 30000 元。常规住院天数一般不会超过 120 天；护理一般为 1 人，病情严重时，在普通病室住院可考虑 2 人护理，在重症监护病房住院可考虑 1 人或不给予护理。

4. 费用审核中重点关注营养神经药物是否过度使用，以及颅骨修补内置固定材料的价格。

5. 单纯的脑内血肿一般不构成伤残，根据中华人民共和国国标（GB 18667 – 2002）《道路交通事故受伤人员伤残评定》标准，颅脑损伤所致不同程度的智力缺损、精神障碍、肢体瘫痪或外伤性癫痫等并发症时，可构成伤残。

6. 外伤性癫痫需提供省市级医院的诊断证明，必要时进行既往癫痫病史的调查。注意与脑血管畸形、动脉瘤、高血压脑出血所导致的颅内血肿相区别。

三、血胸

（一）概念及临床特点

胸膜腔积血称为血胸，与气胸同时存在称为血气胸。胸腔积血主要来源于心脏、胸内大血管及其分支、胸壁、肺组织、膈肌和心包血管出血。

（二）病因

根据血胸发生原因和机制的不同，可将血胸分为创伤性血胸和非创伤性血胸。绝大多数血胸是由穿透性或钝性胸部创伤所引起。非创伤性血胸很少见，可继发于某些胸部或全身性疾病，极少数患者可以找不到明确的引起出血的原因。

（三）临床表现

血胸的临床表现与出血量、速度和个人体质有关。一般而言，成人血胸量≤0.5L 为少量血胸，0.5 ~ 1.0L 为中量，大于 1.0L 为大量血胸。

患者会出现不同程度的面色苍白、血压下降和低血容量休克表现，并有呼吸急促、肋间隙饱满、气管向健侧移位、伤侧叩诊浊音和呼吸音减低等胸腔积液的临床表现。

（四）诊断

1. 有胸部外伤史。伤及胸壁、肺组织，甚至胸内心脏、血管等致胸膜腔内积血。

2. 胸腔穿刺抽出不凝的血液，可以明确诊断。

3. 超声检查。可看到液平段。

4. X 线检查。X 线检查伤侧肺野为液体阴影所掩盖，纵隔向健侧移位，有血胸、气胸者可见液平面。积血量较小时，X 线胸片难以作出诊断。积血量在 1000ml 左右时，积液阴影达到肩胛下角平面；积血量超过 1500ml 时，积液阴影超过肺门水平，甚至显示为全胸大片致密阴影和纵隔移位。

（五）预后

严重性血胸可出现休克，危及生命。常见的并发症和后遗症包括气胸、感染。

（六）核赔应用

1. 根据出血量的多少分为小量、中量、大量血胸。出血量 500～1000ml 时，可有失血征象和呼吸困难等。患者出现休克表现，估计出血量大于 1000ml。大量出血的伤者，在急救过程中会使用较多的血液及血液制品，核赔人员应根据当地医保用药范围审核费用。

2. 小量血胸可保守治疗，但须密切观察病情的发展，小量血胸保守治疗加重者、血胸量大者，需手术治疗，如穿刺抽吸、闭式引流、开胸探查等。

3. 住院费用因是否进行开胸探查手术而差别较大，约为 6500～32000 元；平均住院天数约为 45～50 天。住院天数因胸腔积血量而定，约为 30～100 天；护理天数以住院天数为主，血胸合并多根肋骨骨折时，住院可考虑 2 人护理，但须有医生的证明。

4. 根据中华人民共和国国标（GB 18667－2002）《道路交通事故受伤人员伤残评定》：胸部损伤致肺叶切除或双侧胸膜广泛严重粘连或胸廓严重畸形，呼吸功能严重障碍，心功不全，心功Ⅳ级；或心功能不全，心功能Ⅲ级伴明显器质性心律失常，可构成Ⅰ级伤残。胸部损伤致肺叶切除或胸膜广泛严重粘连或胸廓畸形，呼吸功能障碍，心功能不全，心功能Ⅲ级；或心功能不全，心功能Ⅱ级伴明显器质性心律失常，可构成Ⅱ级伤残。胸部损伤致肺叶切除或胸膜广泛粘连或胸廓畸形，严重影响呼吸功能，心功能不全，心功能Ⅱ级伴器质性心律失常；或心功能Ⅰ级伴明显器质性心律失常，可构成Ⅲ级伤残。胸部损伤致肺叶切除或胸膜粘连或胸廓畸形，影响呼吸功能，明显器质性心律失常，可构成Ⅳ级伤残。胸部损伤致肺叶切除或胸膜粘连或胸廓畸形，轻度影响呼吸功能，器质性心律失常，可构成Ⅴ级伤残。

四、脾破裂

（一）概念及临床特点

脾是腹部内脏最容易受损的器官，在腹部闭合性损伤中，脾破裂占 20%～40%，在腹部开放性损伤中，脾破裂占 10% 左右。有慢性病理改变（如肝脏疾病导致脾肿大、血吸虫病等）的脾更易破裂。

（二）病因

开放性脾破裂常由刀刺、枪伤所引起，闭合性脾破裂常系坠落、碰撞、冲击、挤压等钝性暴力所致。

（三）临床表现

脾破裂的临床表现随出血的多少和快慢、破裂的性质和程度以及有无其他脏器的合并伤或多发伤而有不同的表现。仅有包膜下破裂或中央破裂的患者，主要表现为左上腹疼痛，呼吸时可加剧；同时脾脏多有肿大，且具压痛，腹肌紧张一般不明显，多无恶心、呕吐等现象，其他内出血的表现也多不存在。

临床所见脾破裂，约85%是真性破裂。破裂部位较多见于脾上极及膈面，有时在裂口对应部位有下位肋骨骨折存在。破裂如发生在脏面，尤其是邻近脾门者，有撕裂脾蒂的可能。若出现此种情况，出血量往往很大，患者可迅速发生休克，甚至未及抢救已致死亡。

（四）诊断

1. 外伤史。脾破裂多因直接暴力所致，少数为间接暴力所致。左季肋部、左后背部受撞击、挤压、冲击伤，或被锐器刺入常致脾脏破裂，尤以左下胸肋骨骨折时更易发生。

2. 腹痛。初期为左上腹疼痛，以后扩散至左下腹甚至全腹，疼痛向左肩放散。

3. 内出血或出血性休克表现。

4. 腹膜刺激征，单纯脾破裂早期腹膜刺激征较轻。

5. 诊断性腹腔穿刺或灌洗，结果阳性。

6. B型超声波一般可以确诊。

7. CT检查。CT能确定脾损伤的存在及其损伤范围，具有非常高的敏感性和特异性。

（五）预后

脾破裂的预后与伤情的严重程度关系密切。脾破裂的预后在很大程度上取决于暴力的强度、速度、着力部位和作用方向等因素。脾脏组织结构脆弱，血液供应丰富，位置比较固定，受到暴力打击容易导致破裂，尤其是原来已有病理情况者。常见的并发症、后遗症包括腹腔感染、膈下脓肿、失血性休克、脾切除术后发热、脾切除后凶险性感染。

Moore提出的腹部穿透伤指数的概念，可作为判断其预后的参考。在脾脏，依伤情定其损伤的危险系数为3，损伤严重程度分为5级，分别为1~5分，将危险系数乘以严重程度之积为其得分，分数越高，预后越差。在腹部开放性多发伤时，各脏器危险系数：胰、十二指肠为5；大血管、肝及结肠为4；肾、肝外胆道和脾相同，为3；胃、小肠、输尿管为2；膀胱、骨和小血管为1。依各脏器损伤严重程度从轻到重分别定为1~5分。同样，危险系数乘以严重程度得分即为该脏器评分。将所有受伤脏器的评分相加，可算出该患者的腹部穿透伤指数，总分≥25时，其病死率和并发症发生率数倍乃至10数倍于25分以下者。单纯脾破裂者，只要抢救及时，术前准备完善，手术选择正确，操作细致，就能最大限度降低病死率。

（六）核赔应用

1. 单纯的闭合性脾轻度损伤，血压、脉搏、全身情况稳定者，在严密观察下可以进行保守治疗，绝大多数脾损伤需手术治疗。

2. 脾脏损伤住院费用因是否进行剖腹探查手术、脾脏手术而差别较大，约为6 000~20 000元；平均住院天数约为30天。费用审核中重点关注血液制品费用、超长误工费、过度护理费等。

3. 根据中华人民共和国国标（GB 18667 – 2002）《道路交通事故受伤人员伤残评

定》，腹部损伤致脾切除，可构成Ⅷ级伤残；腹部损伤致脾部分切除，可构成Ⅸ级伤残；腹部损伤致脾破裂修补，可构成Ⅹ级伤残。

第九节　其他系统疾病

【案例】

王某，女性，某重大疾病保险被保险人。2007 年保单生效。2008 年，王某开始出现宫颈糜烂并反复发作。2010 年 3 月 15 日，王某再次到医院进行检查时，体检报告如下：宫颈Ⅲ度糜烂，8 点、9 点位置宫颈 CIN－Ⅲ级（重度非典型增生，上皮内瘤变）。

请思考：病理检查报告中常看到"非典型增生"或"上皮内瘤变"的描述，这种描述是否属于恶性肿瘤的范畴？

一、肿瘤

（一）概念及临床特点

肿瘤，是人体中正在发育的或成熟的正常细胞，在各种因素长期作用下，出现过度增生，异常分化而形成的新生物。它与正常组织和细胞不同，不按正常细胞的新陈代谢规律生长，而变得不受约束和控制，并呈无规律的迅速生长，以至于可以破坏正常组织器官的结构并影响其功能。

肿瘤是严重危害人类健康和生命的常见病、多发病，可以分为良性肿瘤和恶性肿瘤两大类。恶性肿瘤又分为癌和肉瘤。

肿瘤虽有良性、恶性之分，但两者的区别是相对的。如血管瘤虽为良性，但无包膜，常呈侵袭性生长；生长在要害部位（如颅腔内和脊柱腔内）的良性肿瘤由于挤压神经和血管同样可以危及生命；有些肿瘤形态学上分化非常好，但可发生侵袭和转移，如甲状腺滤泡性腺癌。转移率低的恶性肿瘤，其生物学特征接近良性，如皮肤基底细胞癌。

正常组织与良性肿瘤之间、良性肿瘤与恶性肿瘤之间并无截然界限。从正常组织到良性再到恶性呈一种渐进关系，有时可呈现中间形态。如癌前病变，本身不是恶性肿瘤，但是一种可能发展为恶性肿瘤的潜在病变，主要表现为上皮细胞非典型增生，再进一步发展成为原位癌。

（二）流行病学特征

从 2005 年各监测点报告的肿瘤数据可以得出，总发病率 109.15/10 万，其中男性 136.15/10 万、女性 81.14/10 万。

位于前四位的恶性肿瘤依次为呼吸系统恶性肿瘤、胃恶性肿瘤、食道恶性肿瘤及肝和肝内胆管恶性肿瘤。其中，男性多发肿瘤为呼吸系统恶性肿瘤、胃恶性肿瘤、食道恶性肿瘤及肝和肝内胆管恶性肿瘤，女性多发肿瘤为乳房恶性肿瘤、呼吸系统恶性肿瘤、胃恶性肿瘤和食道恶性肿瘤。

随着年龄的增长，各种肿瘤的发病率都逐步增长，其中 10 岁年龄组最低，70 岁年龄组发病率最高，总体上可以看出，50 岁以上人群肿瘤发病率明显高于 50 岁以下人群。30 岁以下年龄组人群以白血病为主；男性 30～40 岁组以肝和肝内胆管恶性肿瘤为首，45～59 岁组以食道恶性肿瘤为首，60 岁以上组以呼吸系统恶性肿瘤为首；女性 30～44 岁组和 45～59 岁组都以乳房恶性肿瘤为首，60 岁以上组以呼吸系统恶性肿瘤为首，但远低于男性 60 岁以上组的发病率。

（三）病因

肿瘤的病因是引起肿瘤发生的始动因素，既有外界环境中的各种致癌因素，又有机体本身的内在因素，例如遗传因素、免疫因素、激素因素、种族因素、环境因素、饮食因素等。

（四）临床表现

不同部位的肿瘤以及不同性质的肿瘤会有各自不同的临床表现。总体而言，良性肿瘤呈膨胀性生长，生长比较缓慢，瘤体多呈球形、结节状，周围常形成包膜，因此与正常组织分界明显，用手触摸，推之可移动，手术时容易切除干净，摘除不转移，很少有复发。

恶性肿瘤相对而言呈浸润性生长，生长速度较快，没有包膜形成，与正常组织难以分清，用手触摸，推之不动，手术很难切除干净，容易发生癌细胞的扩散和转移，也容易复发。恶性肿瘤的临床表现往往各不相同，与身体的具体组织、器官或部位有密切的联系。晚期恶性肿瘤较容易发现，往往会有"恶病质"的表现，但早期的恶性肿瘤无明显的特异性的全身症状。

（五）诊断

肿瘤的诊断方法多种多样，通常有实验室检查（包括酶学检查和免疫学检查）、内镜检查、影像学检查、病理检查（包括细胞学检查和活体组织检查）。不同的肿瘤用到的诊断方法不一样。

（六）预后

一般而言，良性肿瘤预后较好，恶性肿瘤预后较差。

（七）核保应用

1. 核保资料。

（1）需要提供充分的资料，明确诊断和病情，主要包括证明肿瘤性质的资料、手术治疗资料、最近复查的资料、手术后的年限等。

（2）需要提供的实验室诊断资料：肿瘤组织的病理检查报告、肿瘤标志物检测报告、肿瘤部位影响学报告等。

2. 核保分析。对于肿瘤而言，既不能"谈瘤色变"，一律给予拒保，也不能仅仅依据肿瘤的良性、恶性来区分。因此，对于肿瘤的核保既要谨慎也要科学对待。肿瘤的风险分析可以从以下几个方面进行：

（1）肿瘤的部位和类型。良性肿瘤和恶性肿瘤在生物学上是明显不同的，因而对机体的影响也不同。良性肿瘤一般对机体影响小，易于治疗，疗效好；恶性肿瘤危害大，治疗措施复杂，疗效还不够理想，特别是远期疗效，一般给予拒保处理。

对于良性肿瘤而言，颅内的良性肿瘤风险较大，如果其进行性生长，可以造成颅内压迫等严重后果。

因此，在肿瘤问卷中包含疾病诊断名称、分期、病理报告等内容的询问。

（2）肿瘤的治疗方面。对于为了获得正常预期寿命而进行了根治性治疗并治愈的癌症，通常需要一段时间的延期，观察一定时间之后可以考虑加费承保。但并不是所有的根治性治疗手术都可以采用加费承保方式，若根治性治疗未能达到预期效果，通常需要拒保。部分被保险人，即使在根治后，还存在疾病残留最终导致死亡的问题，这是乳腺癌的一个突出特点。虽然事实上这些被保险人在完成首次治疗后 10 年或者更长的时间都没有复发，但为了考虑今后的残留风险，有必要对其收取一个长期额外保费。

因此，在肿瘤的问卷中，包含有相关治疗方面的询问，例如是否接受手术治疗、接受何种手术治疗、是否接受放疗及化疗等。

静息的恶性肿瘤虽然是不可治愈的，但患者也可生存多年，例如慢性淋巴细胞白血病、低级别的非何杰金淋巴瘤和蕈样肉芽肿。对于有这些疾病的某些被保险人，若有证据表明疾病长期稳定，可以考虑短期或固定期限寿险产品。

（3）肿瘤的转移问题。恶性肿瘤呈浸润性生长，难以完全切除，术后容易复发，而且肿瘤常常转移到局部淋巴结或向全身播散，难以彻底治愈，最终可导致患者死亡。

因此，在肿瘤问卷当中涉及是否复发或其他器官转移的询问内容。

（八）核赔应用

1. 疾病或重大疾病类型保险核赔应用。恶性肿瘤是常见的重大疾病，对于此类案件的审核，应重点掌握以下几条原则：必须确定患病者为本险种的被保险人；对患恶性肿瘤的被保险人所发生的意外险、责任险等险种保险事故的审核，应注意本病与保险事故之间是否有关；本类疾病病史较长，审核时尤其注意是否为带病投保，或观察期患病；应注意所承担的责任期限与其较长病史及费用发生时间之间的关系。

（1）原位癌的核赔问题。《重大疾病保险的疾病定义使用规范》中明确规定原位癌不属于保险责任范围。原位癌是指癌细胞仍局限于上皮层内，还未通过皮肤或黏膜下面的基膜侵犯到周围组织。原位癌是癌的最早期，故又称为 0 期癌，偶尔可自行消退，通常不会危及生命，甚至没有任何不适症状。

原位癌确实存在癌细胞，也确实存在恶性变，但由于该阶段的癌细胞没有发生浸润，也没有发生转移，此时若手术切除即可完全治愈，治愈后也不会复发，对生活质量也不会产生大的影响。基于上述原因，重大疾病保险将原位癌排除在保险责任之外。

较常见的原位癌包括皮肤原位癌、子宫颈原位癌、胃原位癌、直肠原位癌、乳腺导管内癌和乳房小叶间原位癌。在实际核赔过程中，我们有的时候能够看到"乳腺粉刺癌"的诊断，"乳腺粉刺癌"就属于乳腺导管内原位癌，属于拒绝赔付的情况。

（2）恶性肿瘤或恶性肿瘤倾向的依据。是否患有恶性肿瘤或恶性肿瘤倾向的证据主要包括诊断方面证据、治疗方面证据和症状方面证据。诊断方面证据可以从疾病诊断证明书（依据肿瘤的命名原则作初步判断）、病理学检查报告等资料中获得，治疗方面证据主要从治疗记录（特别是手术记录、化疗记录）中获得，症状方面证据出自病程记录中对于恶性肿瘤细胞转移扩散及恶性生长的临床表现记录、被保险人治疗后的复发情况等方面。所有这些证据需要进行综合考虑和审核。

病理学检查报告尽管被视为诊断恶性肿瘤的"金标准"，但在核赔过程中，不能只重视病理学检查报告。例如，乳腺病理检验为"乳腺癌"，但检查被保险人的乳腺仅为一小瘢痕，未行乳腺癌改良术式、未将乳房及附近淋巴结清除、术后未进行相应的化疗，那么，这种病理报告的真实性则值得怀疑。

同时，部分被保险人由于拒绝穿刺、保守治疗或病变部位特殊、疾病特殊等情况，无法进行穿刺细胞学检查或手术切除病变组织，因而缺少病理检查报告，但被保险人经过 CT、MRI 等影像检查并结合临床表现，已经明确诊断为"恶性肿瘤"。面对上述情况，核赔人员需要完整收集被保险人的诊断资料、临床表现资料、影像学资料、治疗记录等其他资料，通过集体讨论研究，在以事实为依据的基础上，从有利于客户的角度出发进行核赔处理。

（3）淋巴瘤的核赔问题。淋巴瘤起源于淋巴结和淋巴组织，是属于免疫系统的恶性肿瘤。根据组织病理学的改变，淋巴瘤可以分为何杰金病（又称霍奇金病 HL）和非何杰金淋巴瘤（NHL）。

从《重大疾病保险的疾病定义使用规范》来说，Ⅰ期何杰金病属于免责范围，而Ⅱ期和Ⅱ期以上的何杰金病以及非何杰金病都属于条款的给付范围。

2. 医疗类型保险核赔应用。不同部位恶性肿瘤的治疗方法、住院费用、住院天数以及审核重点都会有所不同。

（1）食管恶性肿瘤。食管恶性肿瘤一般需住院治疗，住院费用约为 20000～60000 元，伴有严重感染等并发症时可突破 10 万元，住院天数一般为 30～120 天；食管恶性肿瘤早中期可行食管癌根治术或食管的姑息性手术，首次发病及首次诊断时间是审核调查重点，审核食管恶性肿瘤是否为既往病症，注意从本次发病的病史、既往史以及食管部病变的程度，以往是否取活检、手术、放疗、化疗等来确定，必要时开展调查。

（2）胃部恶性肿瘤。胃恶性肿瘤是常见的恶性肿瘤，一般需要住院治疗。住院费用约为 10000～40000 元，伴有严重感染等并发症时可突破 10 万元，住院天数一般为 30～120 天。胃部的恶性肿瘤早中期可行胃癌根治术或胃的姑息性手术，晚期胃恶性肿瘤不进行手术治疗。因为需要化疗，医疗费用中包含大量增强免疫类药物和抗肿瘤药物，审核胃恶性肿瘤是否为既往病症，注意从本次发病的病史、既往史以及胃部病变的程度，以往是否取活检、手术、放疗、化疗等来确定，必要时开展调查。调查要点：按照年龄和电话号码排查附近医院，防范虚假姓名看病，除外带病投保情况。患者由于胃大部或全切，术后有少量多餐的饮食习惯，调查时可以利用此知识点。

（3）结肠恶性肿瘤。结肠恶性肿瘤一般需要住院治疗，住院费用一般约为20000～60000元，伴有严重感染等并发症时可突破10万元，住院天数一般为30～120天。结肠恶性肿瘤早中期可行结肠癌根治术或结肠的姑息性手术，审核结肠恶性肿瘤是否为既往病症以及结肠部病变的程度，以往是否取活检、手术、放疗、化疗等来确定，必要时开展调查。核赔人员可以向患者及其邻居了解其检查诊断治疗情况，判断大概就医方向，在附近的医院病案室、病理科、放疗科进行检索，重中之重是病理科。

（4）直肠恶性肿瘤。直肠癌是常见的恶性肿瘤，一般需要住院治疗。住院费用一般约为10000～40000元，住院天数一般为30～120天。直肠的恶性肿瘤早中期可行直肠癌根治术或直肠癌的姑息性手术，审核直肠恶性肿瘤是否为既往病症，注意从本次发病的病史、既往史以及直肠部病变的程度，以往是否取活检、手术、放疗、化疗等来确定，必要时开展调查。调查要点：发病隐匿，容易发生带病投保情况。注意按照电话号码和年龄排查附近医院，防范用假名看病，隐匿就诊资料。患者由于直肠切除后，在腹部再造出人工排便口，腹壁有使用人工粪袋的习惯，调查时可以利用此知识点。

（5）肝恶性肿瘤。肝恶性肿瘤是常见的恶性肿瘤，是恶性程度最高的癌症之一，也是存活时间较短的恶性肿瘤，一般需住院治疗。住院费用因是否手术而差异很大，约为20000～50000元，伴有严重的术后并发症时可以突破10万元，住院天数一般为30～80天。肝的恶性肿瘤早中期可行肝癌根治术或肝、胆管的姑息性手术，晚期肝恶性肿瘤不进行手术治疗。医疗费用中化疗费用比例较高，肝恶性肿瘤以既往病症投保的案例极少，因为从发现至死亡的时间较短，一般在3～6个月。肝癌既往病症的发现与调查，基本与其他恶性肿瘤的方法一样，另一重要提示是血生化检查中，甲胎蛋白的异常增高是早期诊断原发性肝癌的特异性指标。

（6）肺恶性肿瘤。肺恶性肿瘤是常见的恶性肿瘤，一般需要住院治疗。住院费用约为20000～40000元，伴有严重术后并发症时可以突破10万元，住院天数一般为30～90天。肺的恶性肿瘤早中期可行肺癌根治术，晚期肺恶性肿瘤不进行手术治疗。医疗费用中化疗药物占比例较多，审核肺恶性肿瘤是否为既往病症，注意从本次发病的病史、既往史以及肺部病变的程度，以往是否取活检、手术、放疗、化疗等来确定，必要时开展调查。

（7）乳腺恶性肿瘤。乳腺恶性肿瘤是常见的恶性肿瘤，一般需要住院治疗。住院费用约为10000～30000元，住院天数一般为30～60天，乳腺的恶性肿瘤早中期可行乳腺癌根治术或限制性乳腺癌根治手术，晚期广泛性转移的乳腺癌不进行手术治疗。审核乳腺恶性肿瘤是否为既往病症，注意从本次发病的病史、既往史以及乳腺病变的程度，以往是否取活检、手术、放疗、化疗等来确定，必要时开展调查。调查要点：体表肿瘤，通常发现较早，就诊资料较多，不易隐匿病历。乳癌手术后，患者前胸有明显的平陷特征，调查中可以利用此知识点，垫有人工乳者除外。

二、贫血

（一）概念及临床特点

贫血是指单位容积循环血液内的血红蛋白量、红细胞数和红细胞压积低于正常的病理状态。基于不同的临床特点，贫血有不同的分类，比如缺铁性贫血、再生障碍性贫血、巨幼红细胞性贫血、溶血性贫血等。我们根据核保中所见情况，对缺铁性贫血和再生障碍性贫血作较为详细的介绍。

1. 缺铁性贫血是指缺铁引起的小细胞低色素性贫血及相关的缺铁异常，是血红素合成异常性贫血中的一种。

2. 再生障碍性贫血是指原发性骨髓造血功能衰竭综合征，病因不明。主要表现为骨髓造血功能低下、全血细胞减少和贫血、出血、感染。

（二）流行病学特征

1. 缺铁性贫血。上海地区人群调查显示，生育年龄妇女（特别是孕妇）和婴幼儿这种贫血的发病率很高。婴幼儿为铁的摄入及吸收问题；月经期妇女为月经过多；青少年为营养因素；中老年缺铁性贫血患者应警惕消化道肿瘤。在钩虫病流行地区不但多见而且贫血程度也比较重。

2. 再生障碍性贫血。再生障碍性贫血可发生于任何年龄段，老年人发病率较高，男女发病率无明显差异。

（三）病因

1. 缺铁性贫血的病因为铁摄入不足，铁吸收障碍，血液丢失过多（慢性胃肠道失血、胃十二指肠溃疡、食管或胃底静脉曲张破裂等），药物摄入的影响（摄入阿司匹林或其他抗炎药物）。

2. 再生障碍性贫血与某些因素有关，如药物（氯霉素）、化学毒物、辐射、病毒感染、免疫及遗传因素等。

（四）临床表现

1. 缺铁性贫血。缺铁性贫血常见的临床表现包括乏力、心悸、气短、头晕目眩、面色苍白等症状。

2. 再生障碍性贫血。再生障碍性贫血常见的临床表现除了贫血的基本表现外，还有感染及出血。多数患者发热，体温在39℃以上，个别患者自发病到死亡均处于难以控制的高热之中。皮肤可见出血点或大片淤斑，包括牙龈出血、鼻出血。

（五）诊断

1. 缺铁性贫血。成年男性 Hb<120g/L；成年女性 Hb<（非妊娠）110g/L；孕妇 Hb<100g/L。

2. 再生障碍性贫血。

（1）全血细胞减少，网织红细胞百分数<0.01，淋巴细胞比例增高。

（2）一般无肝脾肿大。

（3）骨髓多部位增生减低，造血细胞减少，非造血细胞比例增高，骨髓小粒空虚。

（4）一般贫血治疗无效。

（六）预后

1. 缺铁性贫血。死亡率和发病率与潜在的病因相关联，老年人死亡率和发病率相对都较高。缺铁性贫血本身常有令人满意的预后，但是要了解死亡率和发病率的确切预后情况，必须对潜在病因进行详细而全面的了解。

2. 再生障碍性贫血。如果治疗得当，非重型再生障碍性贫血患者可缓解甚至治愈，仅有少数进展为重型再生障碍性贫血。重型再生障碍性贫血发病急、病情重，以往死亡率大于90%。随着治疗方法的改进，非重型再生障碍性贫血的预后明显改善，但仍有1/3的患者死于感染和出血。

（七）核保应用

1. 核保资料。

（1）需要提供相关资料，包括身高、体重、体重指数、家族史等情况。

（2）需要提供的实验室诊断资料：应该提供血常规、骨髓象的检查以确定贫血的程度和性质。

2. 核保分析。缺铁性贫血与再生障碍性贫血鉴别，如表6-9所示。

表6-9　　　　　　　　　　缺铁性贫血与再生障碍性贫血鉴别表

		缺铁性贫血	再生障碍性贫血
病　因		铁摄入不足、吸收障碍、血液丢失过多	药物（氯霉素）、化学毒物、辐射等
临床表现	相　同	贫血、头晕、乏力	贫血、头晕、乏力
	不同（伴随症状）	水肿、蛋白尿、高血压	感染（发热症状）、出血（鼻出血、牙龈出血、眼结膜出血）
实验室检查	血象	红细胞、血红蛋白减少	全血细胞减少
	骨髓象	骨髓多部位增生活跃，造血细胞与非造血细胞比例无明显异常	骨髓多部位增生减低，造血细胞减少，非造血细胞比例增高，骨髓小粒空虚

因此，核保人员在对贫血进行询问时，应该涉及相关病因方面的询问，例如是否长期服用药物或接触化学、放射性物质，是否有出血、胃病、偏食、营养不良等；同时还包括伴随症状方面的询问，如是否有出血症状、感染症状等；最后，还应该参考被保险人因贫血去医院就医的诊断结果、相关治疗以及血常规、骨髓象的检查结果。

（八）核赔应用

再生障碍性贫血分为重型再生障碍性贫血和非重型再生障碍性贫血，只有重型的才达到重大疾病核赔的标准。有些疾病与重型再生障碍性贫血的临床表现甚至是相关检查都非常类似，例如急性造血功能停滞、急性白血病等。骨髓检查结果可以作为鉴别它们的关键点。

急性造血功能停滞骨髓检查结果：尾部可见巨大原始红细胞。急性白血病骨髓检查结果：可发现原始粒、单或原始淋巴细胞明显增多。再生障碍性贫血骨髓检查结果：多部位增生减低，造血细胞减少，非造血细胞比例增高，骨髓活检显示造血组织均匀减少。因此核赔人员在进行审核时，除了医生的诊断之外，还应该注意病历中关于临床表现的记录、实验室检查结果的了解，特别是骨髓穿刺检查或骨髓活检结果。

导致贫血的原因很多，不同原因所致贫血的治疗不尽相同，一般轻度的贫血可在门诊治疗，重症或有严重并发症需住院治疗。医疗费用因贫血的原因、种类不同而相差甚远，一般在 1000 ~ 30000 元，住院天数也因贫血的种类不同而差别很大。创伤原因导致的贫血大多需要手术止血治疗，内科性疾病导致的贫血多需输血或补充造血的元素。

医疗类型保险审核包括：（1）重点关注血液制品的费用；（2）重点审核贫血是否为既往病症，多与导致贫血的慢性疾病有关，查实慢性疾病的发病诊断时间，也就查清了既往病症的问题。

三、系统性红斑狼疮

（一）概念及临床特点

系统性红斑狼疮（SLE）是一种累及多系统、多器官的自身免疫性疾病，其主要临床表现除皮疹外，尚有肾、肝、心等器官损害，且常伴有发热、关节酸痛等全身症状。

系统性红斑狼疮可急性、暴发性起病，也可慢性、隐匿性起病，并伴有反复发作和缓解。

（二）流行病学特征

系统性红斑狼疮以女性多见，尤其是 20 ~ 40 岁的育龄女性。

（三）预后

目前 1 年存活率约为 96%，5 年约为 85%，10 年约为 75%，20 年约为 68%。

预后差异很大，取决于哪些器官受累及炎症反应的程度。受累的主要器官、系统包括心脏、肺、肾脏和中枢神经系统，这对于本病所引起的死亡率和发病率有着很重要的意义。有肾脏和（或）中枢神经系统病变的患者预后最差。

急性死亡主要原因是多器官功能严重损害和感染，尤其是急性狼疮性肾炎患者；慢性死亡主要原因是慢性肾功能不全或长期服用激素类的药物对身体其他器官的损害。

（四）核保应用

1. 核保资料。

（1）需要提供病历资料，特别关注病历中患病的时间、缓解的时间、症状、疾病的活动量、用药史和对治疗的反应、是否累及肾脏或中枢神经系统。

（2）需要提供的实验室诊断资料：血常规、尿常规的异常，代表血液系统和肾受损。血沉增快表示疾病控制不满意。自身抗核抗体谱的检查、补体试验。肾活检病理对狼疮肾炎的诊断、治疗及预后有价值。

2. 核保分析。

（1）单纯盘状红斑狼疮发现较早并治疗彻底者、从未应用皮质激素治疗且肾功能正常者，可以没有明显的后遗症状，对身体其他器官也没有明显的损害。

（2）反复迁延发作，并伴有其他器官的损害者病情不稳定且风险较大。

（3）病情严重程度的判断取决于受累器官的部位和程度。

（五）核赔应用

1. 疾病或重大疾病类型保险核赔应用。系统性红斑狼疮与盘状红斑狼疮的鉴别核赔问题：由于盘状和系统性红斑狼疮的皮肤损害可以完全相同，因此，在实际工作中应该特别注意两者的鉴别核赔问题。由于系统性红斑狼疮会对肾脏等脏器造成损害，而盘状红斑狼疮仅仅累及血液、关节，因此，紧紧抓住这一点展开鉴别工作相对容易掌握，通过实验室检查观察内脏器官功能，如心功能（表现为心绞痛和心电图 ST-T 改变，甚至出现急性心肌梗死）、肾功能，特别是关注尿液及肾功能的变化。

2. 医疗类型保险核赔应用。

（1）系统性红斑狼疮是终身不可治愈的疾病，也是一种常见的慢性疾病，有的病史可以长达几十年，早期或症状较轻时，可在门诊治疗，较严重时可住院治疗，病情反复发作，也可门诊与住院交叠进行。住院费用一般在 3000~8000 元，晚期患者可能多脏器功能衰竭，医疗费用较高，住院天数一般为 15~40 天。

（2）重点关注血液制品和大型检查的费用；病史可能长达数十年，病情逐渐加重，核赔时如果已经是严重病例，可能病史很长，需要进行全面的调查，包括了解患者就医习惯和就医方向，索要发病时的诊治记录，在附近医院病案室检索患者既往的住院记录，或从生化室检索特异性狼疮化验记录。

【本章小结】

随着《重大疾病保险的疾病定义使用规范》、中华人民共和国国标（GB 18667 - 2002）《道路交通事故受伤人员伤残评定》的颁布实施，以及寿险、意外险、健康险业务以及机动车辆、交强险、第三者责任险等车险业务的大量增长，寿险核保、寿险核赔、车险人伤跟踪调查、残疾鉴定、车险人伤医疗费用审核尤为重要。为了方便广大寿险核保、寿险核赔以及车险人伤岗位工作人员对医学知识与技能的掌握，本章从呼吸系统、消化系统、循环系统、泌尿系统、代谢类疾病、神经系统疾病、妇科疾病、道路交通事故常见损伤疾病等方面展开叙述，其中，每种疾病按照概念、临床表现、诊断、治疗、核保应用、核赔应用等方面进行介绍。通过本章的学习，读者能够掌握常见疾病知识，能够准确识别疾病风险、评定疾病风险；能够根据《重大疾病保险的疾病定义使用规范》的要求，掌握各种疾病的保险责任的认定；能够掌握道路交通事故常见损伤疾病，从而进行预后的判断、伤残评定的判断、后续治疗费用的评估以及相关医疗费用的审核。

【思考题】

1. 冠状动脉粥样硬化性心脏病的概念、临床特点及分型。

2. 原发性高血压的诊断标准是什么？常见病因包括哪些？

3. 消化性溃疡概念及临床特点。

4. 急性肾小球肾炎、慢性肾小球肾炎、肾盂肾炎、终末期肾病鉴别要点。

5. 糖尿病的概念及临床特点及糖尿病风险分析可以从哪些方面进行？

6. 病毒性肝炎有多种，其中一般不会引起肝脏慢性病变的是哪种？

7. 乳腺生理性增生、病理性增生与乳腺癌的鉴别。

8. 根据《重大疾病保险的疾病定义使用规范》，对于恶性肿瘤而言，哪些检验指标属于保险人应承担重大疾病保险金给付的条件？

9. 骨折的典型临床表现包括哪些？

10. 如何对股骨颈骨折预后情况进行分析？

11. 能力拓展训练：

2011 年 3 月 20 日，黄某驾驶小车撞伤 32 岁的吴某，吴某胫腓骨骨折，医疗费用清单节选部分如下表。请根据合理用药的原则以及自己所在省份医保规定进行费用清单的审核，计算赔付金额。

药品名称	规格	数量	单个费用（元）	总费用（元）
0.9%氯化钠注射液	100 毫升/袋	8	5.2	41.6
5%葡萄糖注射液	100 毫升/袋	5	5.18	62.16
复合辅酶针（贝科能）	100 单位/升	4	75.33	301.32
利巴韦林注射液	0.1 克/支	16	0.28	4.56
头孢美唑钠粉针	0.5 克/瓶	32	33.93	1085.76
施保利通片	0.3 克/片	20	3.83	76.50
达美康片	30mg×30 片/瓶	3	52	156
奥美拉唑（洛赛克）	20mg×14 片/瓶	2	205	410

【参考文献】

[1] 张洪涛：《保险核保与理赔》，北京，中国人民大学出版社，2006。

[2] 陆再英：《内科学》（第 7 版），北京，人民卫生出版社，2008。

[3] 吴在德：《外科学》（第 7 版），北京，人民卫生出版社，2008。

[4] 王保捷：《法医学》（第 5 版），北京，人民卫生出版社，2008。

[5] 孙之镐：《中西医结合骨伤科学》，北京，中国中医药出版社，2001。

[6] 中国人民财产保险股份有限公司理赔管理部：《保险理赔医疗审核手册》，北京，中国人民财产保险股份有限公司理赔管理部，2010。

[7] 道路交通事故受伤人员临床诊疗指南/中国医师协会：《道路交通事故受伤人员临床诊疗指南》，北京，中国法制出版社，2006。

[8] 赵新才：《中华人民共和国国标（GB 18667 - 2002）道路交通事故受伤人员伤残评定宣贯材料》，成都，四川辞书出版社，2002。

金融保险丛书
高等院校实务教程

第七章

病历文书在保险业务中的应用

【学习目标】
- 熟悉病历文书的组成及内容。
- 熟悉病历文书使用要求。
- 掌握病历在保险业务中的作用及使用要点。

病历是关于患者疾病发生、发展、诊断、治疗情况的系统记录，是临床医务人员通过对患者的问诊、查体、辅助检查、诊断、治疗、护理等医疗活动获得的相关资料，经过归纳、分析、整理书写而成的医疗档案资料。

病历不仅真实反映患者病情，也直接反映医院医疗质量、学术水平及管理水平，可为保险公司选择合作定点医院提供参考；病历不但为医疗、科研、教学提供极其宝贵的基础资料，也为人身保险、车险人伤产品的设计、承保、理赔等业务提供不可缺少的医疗信息；它是保险理赔重要凭据，也是保险理赔纠纷中重要的法律证据。

《保险法》虽然规定客户有如实告知的义务，但是由于多方面的原因，很难保证所有的客户都能做到如实告知。出于对病情尽快治愈解除痛苦的需要，客户往往会主动积极配合医生，如实告知自己病情，因此病历在保险业务中相比健康告知更真实地反映客户身体情况，在保险业务中具有非常重要的作用，尤其是在保险理赔业务中。保险公司在理赔过程中，为了解客户住院情况，必须到其就诊医院核实病历资料，因此正确认识病历在保险业务中的作用、做好病历资料的收集、调查与审核工作，将有助于提升保险理赔人员理赔技能，提高理赔效率，防范医疗道德风险，促进保险公司稳健经营。

第一节　病历的组成与内容

【案例】

女性患者在进行"子宫肌瘤摘除"手术中死亡，家属以医疗事故为由要求医院进行赔偿，而此医院职工均购买了医疗责任险，遂向保险公司索赔。

请思考该案如何处理。

提示：

1. 判定该案是否是医疗事故。

2. 理赔调查中，重点是调阅该案的病历资料。

完整病历应包括与患者诊断治疗相关的所有的文字记录。一般分门（急）诊病历（含急诊观察病历）及住院病历。疾病诊断证明书虽不包括在病历中，但是在保险业务中使用频率很高，具有重要的作用。

一、门（急）诊病历

门（急）诊病历是患者在门（急）诊就诊时，由接诊医师书写的病历记录。其内容包括门（急）诊病历首页［门（急）诊手册封面］、病历记录、化验单（检验报告）、医学影像检查资料等。

1. 门（急）诊病历首页内容包括患者姓名、性别、出生年月日、民族、婚姻状况、职业、工作单位、住址、药物过敏史等项目。

2. 门诊手册封面内容包括患者姓名、性别、年龄、工作单位或住址、药物过敏史等项目。

3. 门（急）诊病历记录分为初诊病历记录和复诊病历记录。初诊病历记录书写内容包括就诊时间、科别、主诉、现病史、既往史，阳性体征、必要的阴性体征和辅助检查结果，诊断及治疗意见和医师签名等。复诊病历记录书写内容包括就诊时间、科别、主诉、病史、必要的体格检查和辅助检查结果、诊断、治疗处理意见和医师签名等。

4. 急诊留观记录是急诊患者因病情需要留院观察期间的记录，记录观察期间病情变化和诊疗措施，记录简明扼要，并注明患者去向。如需抢救还包括抢救记录。

门诊病历是患者病情的第一时间资料，对既往病史的陈述有较高的真实性。理赔调查人员如在门诊病历中发现有既往病史或其他疑点，应立即主动到相关医疗机构进行调查，防止有关证据流失。

二、住院病历

住院病历是患者办理住院手续后，由病房医师以及其他相关医务人员书写的各种医

213

疗记录。住院病历由以下内容组成（以出院病历装订排序）：

（一）住院病历首页

于患者出院、转院治疗、自动出院或死亡后，由住院医师或实习医师认真填写，经住院医师与主治医师（必要时主任医师）复阅署名，再由护士长或办公室护士将全部病案整理完善后，送病案室保存。收费患者的病案须先送至会计室结账，结账后由护士长或办公室护士索回病案，交医师填妥病案首页，经上级医师审签，再次整理完善后，送病案室保管。其主要内容如下：

1. 患者姓名、性别及出生年、月、日，实足年龄（婴儿月龄）、籍贯（省市）、职业（具体工种）、出生地（省、市、县）、民族、国籍、身份证号码，工作单位及地址、电话号码、邮编、户口地址、电话号码及邮编，联系人姓名、关系、地址、电话号码，第几次入院，入院途径（门诊、急诊、转院须注明原院名称），入院时情况（危、急、一般）。

2. 住院日数（入院、出院合计为 1 天）。

3. 诊断，包括门诊（包括急诊）诊断、入院诊断、出院诊断，疾病诊断包括所发现的各种主要、次要伤病诊断。

4. 确诊日期，指入院后主要疾病确诊的年、月、日。

5. 并发症，指伤病、手术、麻醉等所引起的疾病，注明发现年、月、日。

6. 院内感染，指在住院期间所获感染，不包括在院外感染而入院后发生的疾病，写明感染部位及名称种类与发现日期。

7. 出院时情况，根据治疗结果判定治愈、好转、未愈、死亡、其他。未愈指治疗后无变化或恶化，死亡指患者已住院后死亡（不论住院手续已否办好）。其他包括未予治疗、待今后治疗、正常分娩、住院检查及其他原因而出院者。

8. ICD - 10 编码，每一诊断包括主要、次要、并发症、院内感染均按照国际诊断编码规定方式编码。

9. 损伤、中毒外因，指损伤、死亡、中毒的原因，如意外触电、房屋起火，翻车、撞车、药物误服、服毒自杀、匕首刺伤、劈柴误击、车门夹伤等。

10. 手术，写明手术日期、手术名称、手术医师（主要）姓名、麻醉方法、切口/愈口等级、手术等级（各专业自定）、手术操作编码。

11. 病理诊断，指各种组织活检、细胞学检查及尸检的诊断，记明报告日期及填明诊断编码。

12. 抢救次数、过敏药物。

13. 根本死因，指成为直接致死的一系列病变起因的那个疾病或外伤，或致命的损伤事故或暴力情况，如肺气肿、损伤、中毒的外部原因（如骑自行车与汽车相撞、服毒自杀等）。

住院病案首页中患者姓名、性别、家庭住址、工作单位及患者家庭成员的有关信息主要由患者或其家人朋友口述由医师填写。理赔调查人员从中可知患者的一般情况和有关人员的联系方式，确定出险人的身份以及下一步调查咨询的对象。

（二）入院记录

入院记录是指患者入院后，由经治医师通过问诊、查体、辅助检查获得有关资料，并对这些资料归纳分析书写而成的记录，可分为入院记录、再次或多次入院记录、24小时内入出院记录、24小时内入院死亡记录。患者入院不足24小时出院的，可以书写24小时内入出院记录。患者入院不足24小时死亡的，可以书写24小时内入院死亡记录。再次或多次入院记录，是指患者因同一种疾病再次或多次住入同一医疗机构时书写的记录。入院记录主要内容如下：

1. 患者一般情况，包括姓名、性别、年龄、民族、婚姻状况、出生地、职业、入院时间、记录时间、病史陈述者。

2. 主诉，是指促使患者就诊的主要症状（或体征）及持续时间。

3. 现病史，是指患者本次疾病的发生、演变、诊疗等方面的详细情况，应当按时间顺序书写。主要内容有：

（1）发病情况：记录发病的时间、地点、起病缓急、前驱症状、可能的原因或诱因。

（2）主要症状特点及其发展变化情况：按发生的先后顺序描述主要症状的部位、性质、持续时间、程度、缓解或加剧因素，以及演变发展情况。

（3）伴随症状：记录伴随症状，描述伴随症状与主要症状之间的相互关系。

（4）发病以来诊治经过及结果：记录患者发病后到入院前，在院内外接受检查与治疗的详细经过及效果。

（5）发病以来一般情况：简要记录患者发病后的精神状态、睡眠、食欲、大小便、体重等情况。

4. 既往史，是指患者过去的健康和疾病情况，内容包括既往一般健康状况、疾病史、传染病史、预防接种史、手术外伤史、输血史、食物或药物过敏史等。

5. 个人史，婚育史、月经史，家族史。

（1）个人史：记录出生地及长期居留地，生活习惯及有无烟、酒、药物等嗜好，职业与工作条件及有无工业毒物、粉尘、放射性物质接触史，有无冶游史。

（2）婚育史、月经史：婚姻状况、结婚年龄、配偶健康状况、有无子女等。女性患者记录初潮年龄、行经期天数、间隔天数、末次月经时间（或闭经年龄），月经量、痛经及生育等情况。

（3）家族史：父母、兄弟、姐妹健康状况，有无与患者类似疾病，有无家族遗传倾向的疾病。

6. 体格检查，是指医生采用视诊、触诊、叩诊、听诊、嗅诊进行检查，按照系统循序客观书写信息。

7. 专科情况，是指根据专科需要记录专科特殊情况。如客户车祸导致骨折入院，那么入院记录中必须记录骨伤科检查情况。

8. 辅助检查，是指入院前所作的与本次疾病相关的主要检查及其结果。

9. 初步诊断，是指经治医师根据患者入院时情况，综合分析所作出的诊断。

10. 书写入院记录的医师签名。

（三）病程记录

病程记录是指继入院记录之后，对患者病情和诊疗过程所进行的连续性记录。内容包括患者的病情变化情况、重要的辅助检查结果及临床意义、上级医师查房意见、会诊意见、医师分析讨论意见、所采取的诊疗措施及效果、医嘱更改及理由、向患者及其近亲属告知的重要事项等。主要内容有：

1. 首次病程记录，是指患者入院后由经治医师或值班医师书写的第一次病程记录，内容包括病例特点、拟诊讨论（诊断依据及鉴别诊断）、诊疗计划（包括具体的检查及治疗措施安排）等。

2. 日常病程记录，是指对患者住院期间诊疗过程的经常性、连续性记录。由经治医师书写，也可以由实习医务人员或试用期医务人员书写，但应有经治医师签名。

3. 上级医师查房记录，是指上级医师查房时对患者病情、诊断、鉴别诊断、当前治疗措施疗效的分析及下一步诊疗意见等的记录。

4. 疑难病例讨论记录，是指由科主任或具有副主任医师以上专业技术任职资格的医师主持、召集有关医务人员对确诊困难或疗效不确切病例讨论的记录，内容包括讨论日期、主持人、参加人员姓名及专业技术职务、具体讨论意见及主持人小结意见等。

5. 交（接）班记录，是指患者经治医师发生变更之际，交班医师和接班医师分别对患者病情及诊疗情况进行简要总结的记录，内容包括入院日期、交班或接班日期、患者姓名、性别、年龄、主诉、入院情况、入院诊断、诊疗经过、目前情况、目前诊断、交班注意事项或接班诊疗计划、医师签名等。

6. 转科记录，是指患者住院期间需要转科时，经转入科室医师会诊并同意接收后，由转出科室和转入科室医师分别书写的记录，包括转出记录和转入记录。转科记录内容包括入院日期、转出或转入日期，转出、转入科室，患者姓名、性别、年龄、主诉，入院情况，入院诊断，诊疗经过，目前情况，目前诊断，转科目的及注意事项或转入诊疗计划，医师签名等。

7. 抢救记录，是指患者病情危重，采取抢救措施时所作的记录，内容包括病情变化情况、抢救时间及措施、参加抢救的医务人员姓名及专业技术职称等。

8. 有创诊疗操作记录，是指在临床诊疗活动过程中进行的各种诊断、治疗性操作（如胸腔穿刺、腹腔穿刺等）的记录，内容包括操作名称、操作时间、操作步骤、结果及患者一般情况，记录过程是否顺利、有无不良反应，术后注意事项及是否向患者说明，操作医师签名。

9. 术前小结，是指在患者手术前，由经治医师对患者病情所作的总结，内容包括简要病情、术前诊断、手术指征、拟施手术名称和方式、拟施麻醉方式、注意事项，并记录手术者术前查看患者相关情况等。

10. 术前讨论记录，是指因患者病情较重或手术难度较大，手术前在上级医师主持下，对拟实施手术方式和术中可能出现的问题及应对措施所作的讨论。讨论内容包括术前准备情况、手术指征、手术方案、可能出现的意外及防范措施、参加讨论者的姓名及专业技术职务、具体讨论意见及主持人小结意见、讨论日期、记录者的签名等。

11. 麻醉术前访视记录，是指在麻醉实施前，由麻醉医师对患者拟施麻醉进行风险评估的记录，内容包括姓名、性别、年龄、科别、病案号，患者一般情况、简要病史、与麻醉相关的辅助检查结果、拟行手术方式、拟行麻醉方式、麻醉适应征及麻醉中需注意的问题、术前麻醉医嘱、麻醉医师签字并填写日期。

12. 麻醉记录，是指麻醉医师在麻醉实施中书写的麻醉经过及处理措施的记录。内容包括患者一般情况、术前特殊情况、麻醉前用药、术前诊断、术中诊断、手术方式及日期、麻醉方式、麻醉诱导及各项操作开始及结束时间、麻醉期间用药名称、方式及剂量、麻醉期间特殊或突发情况及处理、手术起止时间、麻醉医师签名等。

13. 手术记录，是指手术者书写的反映手术一般情况、手术经过、术中发现及处理等情况的特殊记录，内容包括一般项目（患者姓名、性别、科别、病房、床位号、住院病历号或病案号）、手术日期、术前诊断、术中诊断、手术名称、手术者及助手姓名、麻醉方法、手术经过、术中出现的情况及处理等。

14. 手术安全核查记录，是指由手术医师、麻醉医师和巡回护士三方，在麻醉实施前、手术开始前和病人离室前，共同对病人身份、手术部位、手术方式、麻醉及手术风险、手术使用物品清点等内容进行核对的记录。

15. 术后首次病程记录，是指参加手术的医师在患者术后即时完成的病程记录，内容包括手术时间、术中诊断、麻醉方式、手术方式、手术简要经过、术后处理措施、术后应当特别注意观察的事项等。

16. 麻醉术后访视记录，是指麻醉实施后，由麻醉医师对术后患者麻醉恢复情况进行访视的记录，内容包括姓名、性别、年龄、科别、病案号，患者一般情况、麻醉恢复情况、清醒时间、术后医嘱、是否拔除气管插管等，如有特殊情况应详细记录，麻醉医师签字并填写日期。

（四）出院记录或死亡记录及死亡病例讨论记录

1. 出院记录，是指经治医师对患者此次住院期间诊疗情况的总结，内容主要包括入院日期、出院日期、入院情况、入院诊断、诊疗经过、出院诊断、出院情况、出院医嘱、医师签名等。

2. 死亡记录，是指经治医师对死亡患者住院期间诊疗和抢救经过的记录，内容包括入院日期、死亡时间、入院情况、入院诊断、诊疗经过（重点记录病情演变、抢救经过）、死亡原因、死亡诊断等。记录死亡时间应当具体到分钟。

3. 死亡病例讨论记录，是指在患者死亡一周内，由科主任或具有副主任医师以上专业技术职务任职资格的医师主持，对死亡病例进行讨论、分析的记录，内容包括讨论日期，主持人及参加人员姓名、专业技术职务，具体讨论意见及主持人小结意见，记录者的签名等。

（五）辅助检查报告单

辅助检查报告单是指患者住院期间所作各项检验、检查结果的记录，内容包括患者姓名、性别、年龄、住院病历号（或病案号）、检查项目、检查结果、报告日期、报告人员签名或者印章等。

（六）体温单

以护士填写为主，内容包括患者姓名、科室、床号、入院日期、住院病历号（或病案号）、日期、手术后天数、体温、脉搏、呼吸、血压、大便次数、出入液量、体重、住院周数等。

（七）医嘱单

医嘱是指医师在医疗活动中下达的医学指令。医嘱单分为长期医嘱单和临时医嘱单。长期医嘱单内容包括患者姓名、科别、住院病历号（或病案号）、页码、起始日期和时间、长期医嘱内容、停止日期和时间、医师签名、执行时间、执行护士签名。临时医嘱单内容包括医嘱时间、临时医嘱内容、医师签名、执行时间、执行护士签名等。

（八）护理记录

护理记录是护士根据医嘱和病情对病重（病危）患者住院期间护理过程的客观记录，内容包括患者姓名、科别、住院病历号（或病案号）、床位号、页码、记录日期和时间，出入液量、体温、脉搏、呼吸、血压等病情观察，护理措施和效果，护士签名等。

（九）手术报告单或手术知情同意书及有创伤性的检查和治疗、输血、自费药等的知情同意书等

1. 手术同意书，是指手术前经治医师向患者告知拟施手术的相关情况，并由患者签署是否同意手术的医学文书，内容包括术前诊断、手术名称、术中或术后可能出现的并发症、手术风险、患者签署意见并签名、经治医师和术者签名等。

2. 麻醉同意书，是指麻醉前，麻醉医师向患者告知拟施麻醉的相关情况，并由患者签署是否同意麻醉意见的医学文书，内容包括患者姓名、性别、年龄、病案号，科别、术前诊断、拟行手术方式、拟行麻醉方式，患者基础疾病及可能对麻醉产生影响的特殊情况，麻醉中拟行的有创操作和监测，麻醉风险、可能发生的并发症及意外情况，患者签署意见并签名，麻醉医师签名并填写日期。

3. 输血治疗知情同意书，是指输血前经治医师向患者告知输血的相关情况，并由患者签署是否同意输血的医学文书。输血治疗知情同意书内容包括患者姓名、性别、年龄、科别、病案号，诊断、输血指征、拟输血成分、输血前有关检查结果、输血风险及可能产生的不良后果，患者签署意见并签名，医师签名并填写日期。

4. 特殊检查、特殊治疗同意书，是指在实施特殊检查、特殊治疗前，经治医师向患者告知特殊检查、特殊治疗的相关情况，并由患者签署是否同意检查、治疗的医学文书，内容包括特殊检查、特殊治疗项目名称、目的，可能出现的并发症及风险，患者签名，医师签名等。

三、疾病诊断证明书

疾病诊断证明书是临床医生出具给患者用以证明其所患疾病的具有法律效力的证明文书，常常作为病休、病退、伤残鉴定、保险索赔等的重要依据。通常分为三类。

（一）门（急）诊疾病诊断证明书

1. 适用患者：门（急）诊就诊患者的疾病诊断证明和病休证明。

2. 开具医师资质：对患者亲自进行诊治的专科注册执业医师。

3. 病休期限：原则上急诊一般不超过三天，门诊不超过一周。

4. 审批：核对患者就诊的当日门诊病历、疾病诊断证明书、医师资质无误后加盖门诊诊断证明章。诊断证明书（病休证明）日期应填写就诊当日，且当日盖章有效。

（二）住院疾病诊断证明书

1. 适用患者：办理出院手续的所有住院患者。

2. 开具医师资质：进行执业注册的该患者的主管医师。

3. 病休期限：原则上慢性病不超过一个月，特殊情况不超过三个月。如有特殊情况超期限者，诊查医师应如实书写，经医教科研处审批后方可开具。

4. 审批：出入院处核对诊断证明书信息、医师签字样、出院发票无误后加盖出院诊断证明章。

（三）临时诊断证明书

1. 适用患者：住院但尚未办理出院手续但需要临时证明病情的患者。

2. 开具医师资质：进行执业注册的该患者的主管医师。

3. 在诊断证明书上注明"临时"字样。

4. 审批：出入院处核对诊断证明书信息、医师签字然后在出院诊断证明书上加盖公章。

第二节　保险业务使用病历要求

【案例】

刘某是某保险公司重大疾病保险被保险人，因"急性心肌梗死"索赔重大疾病保险金。按该保险公司重大疾病保险的条款，保险责任包括急性心肌梗死，其定义指因冠状动脉阻塞导致的相应区域供血不足造成部分心肌坏死。须满足下列至少三项条件：

（1）典型临床表现，例如急性胸痛等。

（2）新近的心电图改变提示急性心肌梗死。

（3）心肌酶或肌钙蛋白有诊断意义的升高，或呈符合急性心肌梗死的动态性变化。

（4）发病90天后，经检查证实左心室功能降低，如左心室射血分数低于50%。

请思考该案的理赔思路。

提示：在理赔调查中需要收集哪些病历资料及病历资料是否符合保险合同规定的理赔处理要求。

目前保险业务中需要病历的产品主要有住院医疗保险、住院医疗津贴险、意外伤害医疗险、意外伤害险、重大疾病险以及机动车辆道路交通事故责任强制险、第三者责任险等。由于保险责任不同，对于病历要求也有所不同。住院医疗保险、意外伤害医疗险、机动车辆道路交通事故责任强制险、第三者责任险等属于费用补偿性质保险，在理赔时需要重点核实医疗费用的合理性，因此其提供的病历资料必须能证明医疗费用是合理的，主要有疾病诊断证明书、医嘱或门（急）诊处方、门（急）诊病历、入院记录、出院记录或死亡记录、医疗费用发票或住院费用清单。重大疾病险和住院医疗津贴险都属于定额性质保险，但是重大疾病险的保险责任是在保险期限内首次确诊保险合同所约定的疾病并达到合同相关要求，保险公司按照合同约定给付保险金，因此重大疾病险理赔的关键是确定客户所患疾病是否首次确诊、确诊日期是否在保险期限内、疾病是否符合保险合同约定要求。重疾险索赔必须提供的病历资料是疾病诊断证明书、入院记录、出院记录或死亡记录、相关检查报告结果。住院医疗津贴险的保险责任是对客户因疾病住院进行定额补贴，理赔时重在核实疾病是否属于保险责任以及住院天数的多少，因此要求提供的关键材料为入院记录、出院记录以及疾病诊断证明书等。

门（急）诊病历持有者为患者本人，而住院病历不但涉及个人隐私，同时也是医疗纠纷重要的法律依据，因此住院病历的复印与查阅都有一定的要求。

1. 《医疗机构病历管理规定》第十二条规定，医疗机构应当受理保险机构复印或者复制病历资料的申请。因此，保险机构针对保险事故具有向医院病案室复印或复制病历资料的权利。

2. 《医疗机构病历管理规定》第十三条规定，申请人为保险机构的，应当提供保险合同复印件，承办人员的有效身份证明，患者本人或者其代理人同意的法定证明材料；患者死亡的，应当提供保险合同复印件，承办人员的有效身份证明，死亡患者近亲属或者其代理人同意的法定证明材料。合同或者法律另有规定的除外。因此，保险业务人员复印或复制病历资料时需要携带规定的材料。随着与医院长期合作关系的融洽，在实际业务中并不要求全部提供以上材料。

3. 《医疗机构病历管理规定》第十五条规定，保险机构能复印或者复制的病历资料包括门（急）诊病历和住院病历中的住院志（入院记录）、体温单、医嘱单、化验单（检验报告）、医学影像检查资料、特殊检查（治疗）同意书、手术同意书、手术及麻醉记录单、病理报告、护理记录、出院记录。病程记录虽然不能复印，但是在商业医疗责任险理赔中是非常重要的法律依据，作为保险人员需要查阅病历资料，认真分析病程记录与医嘱，判定医生医疗行为的合理性，从而理清事故是否属于保险责任。

4. 《医疗机构病历管理规定》第十七条规定，复印或者复制的病历资料经申请人核对无误后，医疗机构应当加盖证明印记。因此医疗机构是否加盖证明印记对于鉴定客户提交的复印或复制的病历资料真实性非常重要。住院病历整理后一般归病案室保存管理，实行住院病历编号制度，所有查阅或复印或复制病历资料必须进行相关登记。因此，保险工作人员了解客户住院号码可以方便快捷地查询或复印其病历资料。查阅病案室病历借阅复印信息对于鉴定病历是否修改有帮助。

5. 疾病诊断书在重大疾病保险索赔时的要求。2007 年 4 月，中国保险行业协会与中国医师协会合作推出了我国第一个重大疾病保险的行业规范性操作指南——《重大疾病保险的疾病定义使用规范》（以下简称《使用规范》），并且规定被保险人发生符合重大疾病定义规范所述条件的疾病，应当由专科医生明确诊断。专科医生应当同时满足以下四项资格条件：

（1）具有有效的中华人民共和国医师资格证书。

（2）具有有效的中华人民共和国医师执业证书，并按期到相关部门登记注册。

（3）具有有效的中华人民共和国主治医师或主治医师以上职称的医师职称证书。

（4）在二级或二级以上医院的相应科室从事临床工作三年以上。

第三节　病历在保险业务中的作用与使用要点

【案例】

李某是某保险公司的被保险人，因病住院治疗向保险公司报案，告知其于 2010 年 10 月 8 日在某医院住院。查询其保险合同得知其购买的是住院医疗险，保险期限截止日期为 2010 年 10 月 8 日。接案后理赔人员认为其住院时间有疑点需要进行调查。

请思考如何进行调查，调查的重点是什么。

提示：从病历资料中查实客户出险的时间。解决本案的疑点。

病历是医务人员对患者疾病的发生、发展、转归，进行检查、诊断、治疗等医疗活动过程的记录。它为人身保险、车险人伤产品的设计、承保、理赔等业务提供不可缺少的医疗信息。

一、病历在保险产品设计中的应用

病案首页中记录了住院患者医疗费用情况，统计地区年度内住院费用，可以分析归纳出不同疾病所造成的经济负担，一方面有助于开发新的保险产品，另一方面有助于设计合理的保费，促进保险业务的发展。

二、病历在人身保险承保中的应用

人身保险是以人的生命和健康为保险标的，在承保过程中需要对年龄、性别、体格、血压、病史、家族史等健康因素进行风险评估。健康告知是客户投保时向保险公司告知自己身体健康情况，它能提供客户身体健康信息。当健康告知有异常时，保险公司根据具体情况进行体检医师的核保或者要求客户提供病历资料。

病历资料的真实性会影响保险公司的承保，因此保险核保人员首先需要鉴定病历资料的真实性。门（急）诊病历持有者为患者本人或家人，所以客户提交的门（急）诊病历必须是原件；住院病历由病案室保存，所以客户提交的住院病历往往是复印件，而且必须加盖医疗机构证明印记才有效。其次，核保人员需要对病历资料进行认真分析、客观评估投保风险、作出合理的承保结论。如评估高血压客户的风险需要从病程长短，血压控制情况，并发症的有无，吸烟、饮酒、饮食习惯等方面进行，查阅其病历资料中的发病时间可以了解病程的长短，查阅现病史、体温单可以了解血压控制情况，查阅心脏、肾脏、脑部等靶器官的检查报告可以了解并发症的有无。

三、病历在保险理赔中的应用

病历作为保险理赔的重要凭据，其作用相比在保险产品的设计、承保环节中更重要。

1. 确定保险事故的发生日期。住院医疗险是以入院时间作为保险事故发生日，而在住院医疗保险业务中存在改动入院时间、伪造保险事故在保险责任期限内以骗取保险金的欺诈行为。有些客户将实际入院时间延后至观察期以后，有些客户将实际入院时间提前至保单保险期限之前，识别此种情形保险欺诈重要的是明确入院时间。病历资料中标明入院时间的有入院记录、出院记录、首次病程记录、体温单、病案首页、疾病诊断证明书、护理记录等，住院科办理入院手续时也会记录入院时间，将所有有入院时间记录信息的材料进行比对，如有不一致之处，说明客户改动了入院时间。

重大疾病险是以疾病确诊日期作为保险事故发生日。在业务中存在改动确诊日期、伪造保险事故在保险责任期限内以骗取保险金的保险欺诈行为。病历资料中标明疾病确诊日期的有入院记录、出院记录以及病程记录，保险理赔时一方面可以将所有疾病确诊日期信息进行比对，另一方面可查询相关检查结果回报时间，间接推断疾病确诊日期。如果肿瘤组织活检报告明确提示为肝癌，回报日期为 5 月 6 日，但是客户持有的资料中注明疾病确诊日期为 6 月 7 日，根据组织活检报告时癌症的"金标准"，可以得出客户伪造了疾病确诊日期。

2. 确定出险人的身份。在保险业务中存在冒名顶替的保险欺诈行为，如张某未购买商业保险，但是发生重大疾病住院时，借用其哥哥的名字住院以骗取保险金。病案首页、入院记录中记录了患者的姓名、性别、出生年月日、户口地址、工作地址、身份证号码，理赔调查时可以将以上资料中相关信息与投保信息进行比对，确认出险人是否属于被保险人；入院记录中的个人史、既往史、婚育史、家族史记录了患者出生地、生活习惯、职业与工作条件、既往患病情况、婚姻状况、家族中父母、兄弟姐妹患病情况等信息，将以上信息与投保信息比对从而确认出险人的身份。

3. 核实有无如实告知。《保险法》规定投保人未如实告知，影响保险人决定是否同意承保或者提高保险费率的，保险人有权解除合同；保险事故发生后，保险人根据具体情况可以不承担保险责任。《保险法》也规定了保险人知道客户未如实告知，自合同成立之日起超过二年的，保险人不得解除合同；发生保险事故的，保险人应当承担赔偿或者给付保险金的责任。因此，应及时核实客户有无如实告知事关保险合同的有效性与保险责任的承担。

健康告知中，客户容易隐瞒既往患病情况，而客户在住院时，出于对疾病尽快康复的需求一般都会主动积极配合医生的询问与治疗。既往史中需要了解并记录客户的疾病史、传染病史、预防接种史、手术外伤史、输血史、食物或药物过敏史等。因此，通过调查客户既往史、比对健康告知，可以鉴定客户有无如实告知。

4. 鉴定保险事故的原因。保险的近因原则决定了保险事故发生原因的鉴定对于保险责任的确定至关重要。而实际业务中往往存在患有内在疾病的客户发生外伤事故导致住院或伤残或死亡，此事故是否属于意外伤害保险责任的关键是事故原因是疾病还是意外伤害。病案首页中记录损伤、中毒原因，入院记录中的现病史详细记录了疾病发生的原因、发展与经过，如果患者死亡，在死亡病例讨论记录中也会记录死亡原因，这些信息有助于鉴定保险事故的原因。

5. 剔除不合理的医疗费用。保险业务中存在小病大治、开"搭便车"药或检查等导致医疗费用虚高的保险欺诈情形，因此医疗费用的理算首先必须剔除不合理医疗费用。医疗费用主要有诊疗费、护理费、检查费、药品费、手术费等项目，这些项目中检查费、药品费、手术费容易出现虚高，理算时必须综合分析病情，根据病情判断检查、药品以及手术的合理性。所以，理赔时需要调阅客户入院记录判断病情轻重，根据病情、诊疗计划判断医嘱的合理性、医疗费用的必要性。

6. 明确医疗责任险的保险责任。目前在我国有 16 个省区市的 56 个地市启动了医疗纠纷人民调解和医疗责任保险工作，而且随着人们维权意识的提高、医患关系的紧张，医疗责任险有其广阔市场。医疗责任保险是指投保医疗机构和医务人员在保险期内，因医疗责任发生经济赔偿或法律费用，保险公司将依照事先约定承担赔偿责任。也就是说，在保险期限内发生了医疗事故，保险公司需要依约赔偿。医疗事故是指医疗机构及其医务人员在医疗活动中，违反医疗卫生管理法律、行政法规、部门规章和诊疗护理规范、常规，过失造成患者人身损害的事故。因此，在保险理赔时需要调阅入院记录、病程记录、医嘱、护理记录综合分析，裁定医护人员是否有违反卫生管理法律、行政法规、部门规章和诊疗护理规范、常规以及过失。如客户因子宫肌瘤摘除术死在手术台，需要重点调阅分析手术同意书、术前小结、术前讨论记录、麻醉术前访视记录、麻醉记录、手术记录、手术安全核查记录、手术清点记录、术后首次病程记录、麻醉术后访视记录等手术相关的病历资料，鉴定手术适应征、手术方式、麻醉方式、防范措施等有无违反医疗责任。

【本章小结】

病历是关于患者疾病发生、发展、诊断、治疗情况的系统记录，是临床医务人员通过对患者的问诊、查体、辅助检查、诊断、治疗、护理等医疗活动获得的相关资料，经过归纳、分析、整理书写而成的医疗档案资料。

病历不仅真实反映患者病情，也直接反映医院医疗质量、学术水平及管理水平，为保险公司选择合作定点医院提供参考；病历不但为医疗、科研、教学提供极其宝贵的基础资料，也为人身保险、车险人伤产品的设计、承保、理赔等业务提供不可缺少的医疗信息；它是保险理赔的重要凭据，也是保险理赔纠纷中重要的法律证据。

因此，掌握病历的类型与使用要点，加强病历信息的利用，将有助于开展保险核保核赔工作。

【思考题】

1. 证明客户入院时间的病历资料有哪些？

2. 确认出险人身份的病历资料有哪些？

3. 患尿毒症的客户死在出院回家的路上，家人以医疗事故要求医院赔偿，而医院向保险公司进行医疗责任险的索赔，请问保险理赔人员从哪些方面进行调查以明确保险责任？

4. 患腰椎间盘突出症的客户入院进行择期手术，结果死在手术台上，从哪些方面进行医疗责任险的理赔调查？

【参考文献】

［1］中华人民共和国卫生部：《病历书写基本规范》，2010。

［2］中华人民共和国卫生部、国家中医药管理局：《医疗机构病历管理规定》，2002。

［3］许广：《病案管理在医疗保险理赔中的作用》，载《中国病案》，2006，7（4），30～31页。

［4］张小萍：《病案资料在保险理赔调查中的使用要点》，载《中国病案》，2003，4（1），6～8页。

附：病历文书样本

1. 病案首页示例。

住院病案首页

公费□

劳保□ ××医院 第 次住院

医疗保险□ 医疗保险号

自费及其他□ 住院号

姓名：___性别_____出生_____年___月___日 年龄：___岁 婚姻___ 1. 未 2. 已 3. 离 4. 丧

职业：_____出生地：_____县 民族：_____国籍：_____身份证号：_____

工作单位及地址：_____ 电话：_____ 邮政编码：_____

户口地址：_____ 邮政编码：_____

联系人姓名：_____ 关系：_____ 地址：_____ 电话：_____

入院日期_____年___月___日___时 入院科别_____ 病室_____ 转科科别_____

出院日期_____年___月___日___时 出院科别_____ 病室_____ 实际住院_____天

门（急）诊诊断：_____ 入院时情况：_____ 1. 危 2. 急 3. 一般

入院诊断_____ 入院后确诊日期_____年___月___日

出院诊断	出院情况					ICD－10 编码
	1 治愈	2 好转	3 未愈	4 死亡	5 其他	
主要诊断：						
其他诊断：						
医院感染名称：						
病理诊断：						
损伤和中毒的外部原因：						

手术日期	手术名称	麻醉	切口	手术医师	操作编码
			/		
			/		

过敏药物_____ 血型____ HB sAg ____ HCV－Ab ____ HIV－Ab ____ 0. 未做 1. 阴性 2. 阳性

诊断符合情况：门诊与出院_____ 入院与出院_____ 术前与术后□ 临床与病理□ 放射与病理□

0. 未做　1. 符合　2. 不符合　3. 不肯定　　抢救　　次　成功　　次

输血品种　1. 红细胞　　单位　2. 血小板　　袋　3. 血浆　　ml　4. 全血　　ml　其他　　ml

随诊：_____　1. 是　2. 否　随诊期限：　　　　　　尸检：□1. 是　2. 否

住院费用（元）：总计：　　床位　　　西药　　　中药　　　化验　　　治疗　　　手术　　　检查

输血　　输氧　　接生　　其他　　示教病例：□1. 是　2. 否　病案质量：□1. 甲　2. 乙　3. 丙

科主任_____　主任（副主）任医师_____　主治医师_____　住院医师_____

进修医师_____　研究生实习医师_____　实习医师_____　编码员_____

质控医师_____　质控护士_____　日期_____年___月___日

病案首页（续页）　　　　　　　　X 线号

输液反应_____　1. 有　2. 无　　　　输血反应_____　1. 有　2. 无

门（急）诊与出院诊断符合情况（划√）：　　　　符合　　大致符合　　不符合　　不肯定

入院与出院诊断符合情况（划√）：　　　符合　　大致符合　　不符合　　不肯定

手术前与手术后诊断符合情况（划√）：　　符合　　大致符合　　不符合　　不肯定

病理诊断与临床诊断符合情况（划√）：　　符合　　大致符合　　不符合　　不肯定

特殊检查及新疗法：

出院情况	全身	一般情况好
	局部	
出院医嘱	1. 药物治疗	
	2. 加强功能锻炼	
	3. 定期复查	
备注：		

填表说明：

①病案首页是提供临床住院病案和电子计算机录入使用的重要总结资料，要求内容准确，字迹工整、清晰、不漏项目。

②疾病诊断名称一律按 ICD－10 疾病分类填写。

③ICD－10 疾病编码室填写。

2. 疾病诊断证明。

××医院
疾病诊断证明

姓名　王××　　　性别　女　　　年龄　45 岁　　　单位　电机厂

王××因全身多处软组织挫伤在我院急诊科行清创缝合术，建议全休三天。

特此证明。

　　　　　　　　　　　　　　　　　　　　　　　　加盖单位公章

医师　刘××　　　　　　　　　　　　　　　　　　2008 年 10 月 4 日

注：盖公章方有效。

3. 住院证明。

××医院住院证明
编号　312344

姓名：黄××　　　性别：男　　　年龄：34 岁　　　住院号码：312642

住址：湖南省长沙市雨花区蓉城小区

入院时间：2010.3.21

出院时间：2010.3.28

住院天数：7 天

出院诊断：1. 脑震荡

　　　　　2. 头皮血肿

　　　　　3. 全身多处皮肤软组织挫伤

医师意见：1. 门诊随诊

　　　　　2. 住院期间留陪一人

　　　　　3. 建议全休 7 天

　　　　　4. 出院带药

　　　　　　　　　　　　　　　　　　　　　　　　加盖单位公章

医师　刘××　　　　　　　　　　　　　　　　　　2010 年 3 月 28 日

注：本证明未经签名盖章无效。

4. 门诊病历（示例）。

初诊示例

内科：1994 年 3 月 20 日

阵发性咳嗽半月。

半月前受凉后开始咳嗽，呈阵发性，无畏冷发热，无咯血及胸痛，伴有少量的白色黏稠痰。曾服止咳糖浆等 3 天，效果不好。

既往有 10 年余慢性咳嗽史，曾诊断为慢性支气管炎，不吸烟。否认肺结核病史。

体格检查：BP 128/80mmHg，无呼吸困难，唇不发绀，双肺有散在干性啰音，未闻及湿性啰音，心率 90 次/min，律齐，无杂音，腹平软无压痛，肝脾未触及，双下肢无浮肿。

血常规：Hb 120g/L，WBC 11.0×10^9/L，N 0.8，L 0.2。

初步诊断：慢性支气管炎急性发作。

处理：（1）胸片
        （2）交沙霉素 0.2 t. i. d ×3
        （3）复方甘草糖浆 10ml t. i. d ×3

医师签名：×××

复诊示例

内科：1994 年 3 月 25 日

经以上处理后咳嗽稍缓解，已不咳痰。

体格检查：一般情况可，双肺未闻及干、湿啰音。

胸片：双肺纹理增粗，无主质性病变，心影正常。

处理：（1）复方甘草糖浆 10ml t. i. d ×3
        （2）交沙霉素 0.2 t. i. d ×3

医师签名：×××

5. 入院记录。

××医院
病历记录

姓名　陈××　　　性别　男　　　年龄　23 岁　　　病室　13　　　床号　34
科别　普外　　　住院号码　324325

姓名：陈××　　　　　　出生地：湖南长沙
性别：男　　　　　　　　民　族：汉
年龄：23 岁　　　　　　　职　业：工人
婚姻：未婚

住址：长沙市芙蓉区朝阳新村5栋2门4楼

入院时间：2003年4月2日10时20分　　记录日期：2003年4月2日

病史陈述者：患者本人

主诉：转移性右下腹疼痛伴发热36小时。

现病史：患者于昨天上午8时无明显诱因出现上腹疼痛，呈持续性隐痛，逐渐加剧，继之出现发热（体温未测），腹痛剧烈时伴恶心并呕吐1次，呕吐物为胃内容物，非喷射性，今晨6时疼痛逐渐转移到右下腹。在本单位医务室就诊，服用颠茄合剂10ml，无明显疗效。病后患者未进食，大小便如常，睡眠差，无尿频、尿急、尿痛及腰痛史。

既往史：患者既往体健，否认"肝炎"、"结核"、"伤寒"等传染病史，无外伤、手术史、输血史，也无药物过敏史。

个人史：未到过外地，无血吸虫疫水性接触史。饮少量酒，每天抽烟20支左右，能胜任本职工作，无毒物接触史。

家族史：患者父亲有30年高血压病史，其母及兄弟2人均体健，无其他特殊病史。

体查：T 38.5℃，P 96次/min，R 20次/min，BP 130/80mmHg，营养发育良好，神志清楚，合作，自动体位，急性痛苦病容，皮肤巩膜无黄染，无出血点及皮疹。全身浅表淋巴结未扪及，头颅五官无异常，咽无充血，扁桃体不大。颈软，气管居中，甲状腺不大，无颈静脉充盈。胸廓形态正常，叩诊清音，双肺呼吸音清晰，无胸膜摩擦音。心界不大，心率96次/min，律齐，心音正常，未闻及心脏杂音及心包摩擦音。腹部检查见外科情况。脊椎四肢无畸形，活动自如。肛门外生殖器未见明显异常，双膝反射正常，克氏征、布氏征（－）、巴氏征（－）。

外科情况：腹部平坦，呼吸运动自如，未见腹壁静脉曲张，无局限性隆起，未见肠型、蠕动波，腹壁柔软，右下腹有中度压痛，较局限固定，以麦氏点为明显，并有反跳痛，未扪及包块，肝脾未扪及。肝浊音界位于右第5肋间叩及，双肾区无叩痛。肠鸣音存在，无明显亢进。结肠充气试验（＋），腰大肌试验（＋），闭孔肌试验（－）。

门诊化验结果：

血常规：Hb 12.5g/L，WBC 12×10^9/L，N 0.88，L 0.12。

BT及CT：BT 30″，CT 2′3″。

尿常规：淡黄色，尿糖（－），蛋白（－），镜检（－）。

入院诊断：急性化脓性阑尾炎

医师签名：杨××

6. 出院记录。

××医院
病历记录

姓名　林祥　　　性别　男　　　年龄　17岁　　　病室　10　　　床号　4

科别　心内　　　住院号码　324325

入院日期：1993.4.11

出院日期：1993.5.30

住院天数：49 天

入院诊断：1. 风湿性心脏病

　　　　　　二尖瓣狭窄并关闭不全

　　　　　　心脏扩大

　　　　　　心功能Ⅳ级

　　　　　2. 风湿活跃

　　患者林祥，男，17 岁。因关节疼痛 5 年，劳累后心悸、气促 2 年，加重 1 个月入院。5 年前始感双膝关节疼痛。近 2 年来出现劳累后心悸、气促、间常双下肢浮肿。入院时查体：二尖瓣面容，皮肤、巩膜无黄染，咽红，双侧扁桃体Ⅰ度肿大。颈静脉怒张，双肺底少量细湿啰音。心尖搏动在左侧第 6 肋间锁骨中线外 1.5cm 处，可触及舒张期震颤。心率 120 次/min，律齐，P_2 亢进。心尖区可闻及 3/6 级收缩期吹风样杂音及舒张期隆隆样杂音，$P_2 > A_2$。腹平软，肝于右锁骨中线肋缘下 3cm，剑突下 5cm 处可扪及，质中等，触痛；脾未扪及；腹水征阴性。双下肢明显凹陷性水肿。血沉 50mm/h。

　　住院经过：住院后胸部 X 线摄片（X 线号 1234）示左房、左室、右室均扩大。心电图显示左房增大。二维 B 超示风心病、二尖瓣狭窄及关闭不全。经抗感染、抗风湿、强心、利尿等治疗，病情明显好转，心力衰竭控制、气促缓解、肝脏缩小、浮肿消退。出院时情况：自觉症状基本消失。颈静脉怒张消失，双肺呼吸音清晰，心率 76 次/min，律齐。心脏杂音无变化。肝于右锁骨中线肋缘下 2cm 处可扪及，双下肢无水肿。血沉 10mm/h。

出院诊断：1. 风湿性心脏病

　　　　　　二尖瓣狭窄并关闭不全

　　　　　　心脏扩大

　　　　　　心功能Ⅲ级

　　　　　2. 风湿活跃

出院医嘱：1. 全休 1 个月

　　　　　2. 避免体力劳动

　　　　　3. 避免感冒，限制钠盐摄入

　　　　　4. 出院带药：地高辛 0.25mg p.d×7

　　　　　　维生素 B_1 10mg t.i.d×30

　　　　　　硝酸异山梨醇酯（消心痛）10mg t.i.d×30

　　　　　　肠溶阿司匹林 0.9 t.i.d×30

　　　　　5. 定期复查（一个月后或病情变化）

　　　　　　　　　　　　　　　　　　　　　医师签名：×××

7. 医嘱。

××医院
长期医嘱

姓名　王×× 　性别　女 　年龄　45 岁 　病室　11 　床号　24 　科别 心内 　住院号码　321452

日期	时间	处方	医师签字	护士签字	核对签字	停止		医师签字	护士签字	核对签字
						日期	时间			
12.16	10：30	心内科护理常规								
		一级护理								
		低盐低脂饮食								
		陪护								

8. 费用清单。

某中心医院单据费用汇总单

3/3页

住院号：177821 　床号：7 　科室：骨科 　起止日期：2009-08-07—2009-09-08

费用项目名称	规格或说明	计量单位	数量	单价（元）	总额（元）	医院自付比例（%）
腺苷脱氨酶测定	P48	项	1	8	8.00	
乳酸脱氢酶测定（速率法）	P49	项	1	5	5.00	
尿素测定（酶促动力学法）	P50	项	1	10	10.00	
肌酐测定（酶促动力学法）	P50	项	1	5	5.00	
血清尿酸测定	P50	项	1	5	5.00	
血清胱抑素（Cystatin C）测定	P51	项	1	50	50.00	
ABO红细胞定型（验血型专用）	P74	次	1	6	6.00	
Rh血型鉴定	P74	次	1	7	7.00	
			小计：		367.60	
病房空调降温费（三人以上	P03	床日	32	7	224.00	
			小计：		224.00	
			金额合计：		12,639.14	

打印时间：2009-9-8 15：46：27

0.9%氧化钠注射液（软包装）	250ml：2.25g（0.9%）/	袋	1	5.07/袋	5.07
复方氧化的注射液（软包装）	500ml/瓶	瓶	1	4.2435/瓶	4.24
甘露醇注射液（软包装）	250ml：50g（软袋）	袋	1	6.9345/袋	6.93
鲑鱼降钙素注射液（密盖息）	Iml：501U*5支/盒	支	1	59.138/支	59.14
曲马多针（进口）	0.1g：2ml*5支/盒	支	2	13.98/支	27.96
复方骨肽注射液（谷力欣）	30mg：2ml/支	支	44	22.75/支	1,001.00
维生素B6注射液	Iml：50mg*10/盒	支	6	0.32/支	1.92
尼美舒利胶囊（先乐克）	50mg*12粒/盘	粒	14	1.0983/粒	15.40
尼美舒利胶囊（先乐克）	50mg*12粒/盒	粒	4	1.0983/粒	4.40
维生素C注射液	0.5g2ml*10支/盒	支	18	0.339/支	6.09
维生素C片	0.1g*100片/瓶	片	14	0.0319/片	6.42
地塞米松磷酸酿钠注射液	1ml：5mg*10支/盒	支	1	0.559/支	6.56
5%葡萄糖注射液（软包装）	250ml：12.58（5%）/袋	袋	25	4.82/袋	120.50
开塞露（大人）	20ml/支	支	2	1.7/支	3.40
鲑鱼降钙素喷鼻剂（金尔力）	2.4ml*16喷/支	支	1	139.45/支	139.45
三磷酸腺苷二钠注射液	2ml：20mg*10支/盒	支	6	0.759/支	4.56
注射用头孢西丁钠	0.5g/瓶	瓶	4	22.77/瓶	91.08
0.9%氧化纳料射液（10m1：90mg）		支	1	0.39	0.39
			小计：		1,492.51
金喉健喷雾剂	20ml/支	支	1	24.36/支	24.36
独一味软股囊	0.5g*36粒/盒	粒	42	0.7558/粒	31.75
咽立爽酒丸	25mg72粒/盒	粒	144	0.1817/粒	26.16
金天格胶囊	0.4g*24粒/盒	粒	345	2.0158/粒	695.70
			小计：		777.97

金融保险丛书
高等院校实务教程

第八章

人身意外伤害、残疾、死亡鉴定

【学习目标】

- 理解人身意外伤害、残疾鉴定的标准、主体、原则、评定时期、结论等知识内容。
- 掌握常见的几种人身伤害的鉴定方法。
- 掌握对人身伤害后有影响的常见因素。
- 熟知人身保险最常用的残疾鉴定方法。

在人身保险的承保理赔中，对意外伤害造成人的伤害、残疾、死亡进行鉴定是不可或缺的，伤残鉴定是一门从事保险承保理赔工作的人员必须掌握的专业技术。伤残鉴定涉及刑侦、司法、医院等多部门，也涉及侦查、法律、医学、保险等多学科知识和技能。其中，核心内容是医学知识和技能。医学知识和技能应用于保险领域，对被保险人因意外伤害导致的伤害、残疾、死亡进行鉴定是本章的主要内容。

第一节 人身意外伤害、残疾、死亡鉴定的概述

【案例】

某电子有限公司于2007年2月1日与A保险公司签订1年期保险合同，为公司员工购买团体意外伤害保险，保额20000元，2007年5月2日该公司员工李某和张某乘坐摩托车外出办事，途中不慎翻车，造成李某右眼球破裂，两人都被送往当地市医院抢救。一个月后李某行眼球摘除术，张某痊愈出院。2007年6月10日投保单位携交警证明、厂方证明及医院相关材料申请保险赔付。

请思考此案保险公司应怎样进行理赔处理。

提示：

1. 意外事故是否属实。

2. 摩托车是谁驾驶，是否有有效驾驶证，摩托车是否有有效行驶证。

3. 李某的合法有效的残疾鉴定报告。

4. 交警证明。

5. 有效的保险凭证。其中，与保险金给付相关的残疾鉴定报告特别重要，其合法有效必须查证，即鉴定主体、鉴定采取的标准、鉴定的时间、鉴定结论等是否符合要求。

一、鉴定的标准

鉴定标准是指我国有颁布法律法规、管理条例权的相关部门，针对各种人身伤害、残疾、死亡鉴定而颁布的法规标准。例如，由国务院颁发的五类《残疾标准》（1985年），从视力、听力语言、智力、肢体、精神五个方面制定了残疾鉴定的标准和检测方法。公安部在 1992 年 4 月 4 日发布的《道路交通事故受伤人员伤残评定》，该标准在 2002 年经过修订后上升为国家标准，结束了在交通事故中人身伤残评定的混乱局面。该伤残评定把人身伤残分成十个等级，一级最重，十级最轻；凡构成伤残等级的，都能得到数额不等的伤残补助费，构不成伤残等级的也能得到合理的伤害赔偿金。这里的受伤人员是指在道路交通事故中遭受各种暴力致伤的人员，伤残的定义为因道路交通事故损伤所致的人体残疾，包括精神的、生理功能的和解剖结构的异常导致的生活、工作和社会活动能力不同程度的丧失。国内人身保险伤残鉴定标准主要是由中国人民银行 1998 年下发的，并经中国保监会通知继续使用的《人身保险残疾程度与保险金给付比例表》。这份文件将残疾分为 7 级，1 级给付比例最高，7 级最低。残疾鉴定的标准还有不少，如《革命伤残军人评定伤残等级的条件》、《职工工伤与职业病致残程度鉴定标准》等。

二、鉴定主体

鉴定的主体是指有权进行人身伤残评定的合法机构。人身意外伤残的评定，不是所有伤残评定机构出具的鉴定报告都可以作为承保理赔的有效依据的，只有具有合法资格的法医鉴定机构才可以进行鉴定和出具鉴定报告。2005 年 2 月 28 日在第十届全国人民代表大会常务委员会第十四次会议通过的《全国人民代表大会常务委员会关于司法鉴定管理问题的决定》（以下简称《决定》）是我国为进一步规范司法鉴定活动，保证司法鉴定的客观、中立和公正，保障当事人的合法权益，重塑司法鉴定的公信力，促进司法公正而颁布的第一部关于司法鉴定的重要法律法规文件。《决定》规定了鉴定组织、鉴定人、鉴定监督、鉴定人法律责任等事关司法鉴定工作的核心问题，确定了国家对从事法医类司法鉴定业务的鉴定人和鉴定机构实行登记管理制度，并规定了鉴定机构设立条件及鉴定人注册登记条件。只有依法设立的鉴定机构才能组织符合条件的鉴定人开展司法鉴定工作。什么样的鉴定机构才是人身保险公司被保险人因疾病或因为意外伤害导致伤残的鉴定主体呢？《决定》第七条规定，侦查机关根据侦查工作的需要设立的鉴定机构，不得面向社会接受委托从事司法鉴定业务；人民法院和司法行政部门不得设立鉴定机构，不得从事司法鉴定业务及管理。这样就排除了公安、法院和司法行政部门对被保险人的残疾进行司法鉴定的可能。《决定》还规定，伤残评定人应当由具有法医学鉴定资格的人员担任，这样就排除了临床医学鉴定的效力。考虑到鉴定结论的证据效力，保险企业的被保险人的伤残鉴定应选择司法鉴定机构作为鉴定主体，其内部具有法医学鉴定资格的人员出具具备法定证据效力的鉴定结论是优先考虑的选择。司法鉴定机构，包括公安机关的鉴定机构、安全机关的鉴定机构、检察院的鉴定机构以及司法行政部门批准成立的面向社会服务的司法鉴定机构。其中，由司法行政部门批准成立的面向社会服务的司法鉴定机构是为被保险人进行残疾鉴定最具权威的鉴定主体。

三、鉴定原则

鉴定原则是指鉴定过程中必须坚持的原则。鉴定过程中要在客观检验的基础上，根据检验结果，按照伤残评定标准，运用专门知识进行分析，得出综合性判断，评价确定受伤被保险人的伤残等级，并将检验结果、分析意见和评定结论制成书面文书形式的评定书，整个过程要严格按照法定程序和标准进行。鉴定结论要按照对文书的要求，有鉴定人签名和鉴定机构公章，鉴定人在必要时应当出庭接受质证和质询。

四、评定时机

评定时机应以保险事故直接所致的损伤或确因损伤所致的并发症治疗终结为准，即临床医学一般原则所承认的临床效果稳定时才能进行评定。人身保险条款一般规定是受伤之日起 180 天后才能进行评定。评定的原则主要是依据人体损伤后的治疗效果，认真分析残疾后遗症与事故损伤之间的因果关系，实事求是地评定。有时，在司法实践中常碰到的是受害人在受伤之前就患有严重的疾病或残疾，在意外事故中本来受到的损伤不重，但后遗障碍严重甚至引起死亡。对于此种情况就要认真地分析被保险人在受伤当时的体位、姿势、受伤部位、客观检查等，才能判断与伤后留下残疾是否存在必然的因果关系。无论是存在必然的因果关系、直接因果关系、间接因果关系还是无因果关系，鉴定人都必须在伤残评定书中作出分析说明，以科学的理论结合客观事实进行叙述。

五、评定结论

评定结论是指被保险人或第三者因疾病或意外伤害导致残疾的等级，丧失劳动力多少的评定结果。评定结果会因被保险人所拥有的保险产品的不同和保险事故的性质不同而灵活选择残疾鉴定标准。例如，人身意外伤害保险和医疗保险的残疾鉴定，一般以中国人民银行 1998 年下发的并经中国保监会通知继续使用的《人身保险残疾程度与保险金给付比例表》为评定依据。这份文件将残疾分为 7 级，1 级给付比例最高，7 级最低。如果是道路交通事故导致被保险人或第三者的残疾鉴定，是以公安部在 1992 年 4 月 4 日发布并在 2002 年经过修订后上升为国家标准的《道路交通事故受伤人员伤残评定》（以下简称《伤残评定》）为依据。该伤残评定把人身伤残分成十个等级，一级最重，十级最轻；凡构成伤残等级的，都能得到数额不等的伤残补助费，构不成伤残等级的只能得到合理的伤害赔偿金。

有这样的鉴定标准，为伤残鉴定人操作提供了方便，每一级伤残之间都存在着等级的差别，根据各个等级的残疾情况即可推算出该受害人的劳动能力丧失多少，有没有护理依赖及残疾赔偿金应当赔偿多少等。因为人体损伤千变万化，人体组织器官也十分复杂，在司法实践中会碰到形形色色的损伤，有时在《伤残评定》中查不到鉴定条款依据，此种情况经常发生。如果在鉴定标准中查不到所出现的伤残类型，可以按伤残的实际情况，比照本标准中最相似最接近的等级条款的伤残内容进行类推，最后确定伤残等级，类推的原则也就是制定伤残等级的原则。值得注意的是，评定结论是保险金给付计算的依据，对于司法鉴定机构所作的残疾鉴定报告与结论，理赔人员也应对其作是否合理、是否准确的分析，防范道德风险。

第二节　人身意外伤害的客观评定及伤害后有影响的常见因素

【案例】

2008年2月7日，某保险公司接到吴某的报案，称其姐吴相和姐夫刘某在开车去岳阳探亲途中发生车祸，刘某受伤住院，姐吴相当场死亡，保险公司立即派理赔调查员赶到现场看到了翻倒的车，检查发现前排驾驶室有少量血迹，后排没有血迹和座位的破损，再赶到医院，看到刘某前额被绷带包扎，颈部有划痕，未见其他伤害。在太平间看到吴相遗体，脸部有伤痕，衣服上未见血迹，理赔调查员感到怀疑，遂回到病房询问刘某当时翻车情况。刘某说："当时在行车中，前面一辆面包车突然急刹车，避让时撞上路边护栏而翻车，我爱人坐在后排没有系安全带，送到医院时，医院医生说已经死亡。"此案理赔调查员感到有疑点：（1）现场看事故车后排没有血迹，没有损坏的物件；（2）吴相衣服未见留有血迹；（3）保险单意外伤害死亡保额高达50万元，承保还不到一个月。此案是否是骗赔案？

请思考侦破该案的重点在哪里。

本节围绕着分析导致意外伤害及死亡的多种因素，生前伤、死后伤等的评定，重点介绍了以下内容。这些内容对于我们准确判断是否属于意外伤害保险该承担的保险责任具有重要意义。

一、几种常见意外伤害的评定

导致被保险人意外伤害的因素不外乎是各种机械性、化学性、物理性因素，这些因素作用于人体不同部位造成不同程度的损伤。这些不同的损伤都有一个共同的修复过程和规律，但又有各自的不同特点。同一种程度的损伤，作用于不同性别、年龄、职业的人，可出现各自不同反应和不同修复期。有的损伤随着季节、气温、环境、地理位置的不同，其修复过程也不一样。因此，处理各类人身损伤的评定不能机械地套用外科学、法医学以及有关的各种伤残诊断标准、伤残评定标准和其他行业的劳动能力丧失程度的鉴定标准，而应该根据司法鉴定的实践，参考有关的科学鉴定标准，对每个意外伤害的赔偿案件具体分析、区别对待。

（一）机械性损伤的评定

对被保险人的损伤进行医学鉴定时，应当强调，不论是对活体还是尸体，都要认真检查每一处损伤，不管多么细小，在临床医学上多么无关紧要，它都可能成为保险人对被保险人的损伤程度进行评定和作出核保核赔选择的依据。保险医学在机械损伤鉴定中应注意下列几个问题：

①损伤是由何种物器造成。

②生前伤与死后伤的区别，推测损伤后经过时间。

③损伤严重程度和受伤后有无有意识行为能力的评估。

④确定死亡原因。

⑤寻找确定自杀、他杀或灾害事件的科学根据。

1. 致伤物分类评定。

（1）钝器伤：损伤境界不清，创缘不规则或呈锯齿状，或有组织间桥。钝器打击头部时，创缘可以整齐，但常暴露压碎的毛根或砸扁的毛干等。

（2）锐器伤：创缘整齐的创口，几乎全由锐器造成。用钝器击贴近骨突出处的皮肤，偶尔也可造成边缘整齐的创口，但仔细检查，仍可见创缘的擦伤、挫伤及肿胀，深部组织较不整齐或有组织间桥。

（3）枪弹伤：身体上若有呈类圆形、芒形、圆形或卵圆形创口，创口有组织缺损，创缘有接触环形成，尤其在创口周围有烟灰及火药颗粒沉着时，则这种创口是枪弹创的射入口。

2. 伤口愈合的类型评定。伤口的愈合是通过结缔组织、伤口收缩及上皮再生而愈合的。愈合的类型分两种：

（1）一期愈合，整齐伤口两侧创缘对合很好，经缝合很快愈合，一般在伤后 6～7 日即可拆线。

（2）二期愈合，伤口大、创缘分离远，需较长时间才能愈合。

3. 闭合性损伤和开放性损伤评定。

（1）闭合性损伤。闭合性损伤是局部皮肤或黏膜完整的机械性损伤。闭合性损伤有挫伤、扭伤、挤压伤、冲击伤和创伤性窒息。

（2）开放性损伤。开放性损伤是局部皮肤和黏膜破裂的机械性损伤。常见的开放性损伤有擦伤、刺伤、切伤、裂伤和大面积皮肤剥脱伤等。

（二）生前伤与死亡伤的鉴定

生前伤与死亡伤的鉴定是指对死亡者身上的损伤痕迹作出是发生于生前还是死后的判定，推断受伤后经过的时间。在保险领域，准确判定已死亡的被保险人损伤致死发生的时间，尸体上的损伤发生于生前、死亡当时还是死后，与保险人作出正确的定性分析和正确给付保险金有着密切的关系。例如，2007年1月1日，王某由所在建筑公司集体投保了建筑施工人员意外伤害保险，保险金额为50 000元，保险期限为一年。2007年7月20日晚上10点，王某与同事张某外出喝酒，因言语不和，发生斗殴，张某用酒瓶连击王某头部，王某当场倒地死亡，张某将王某移尸建筑施工场地，造成王某从高处坠落意外死亡的假相。对此类保险案例，保险公司现场查勘人员如果对受伤死亡时间、致死的真正原因等能作出准确判定，或者借助法医的鉴定，完全可以通过分析阐明事件真相，迅速得出结论，从而判定案件性质，准确给付保险金。

1. 死后伤与濒死伤。

（1）临床死亡期后发生的损伤，称为死后伤。死后伤发生的情况主要有以下几种：

①正常的死后伤有搬运、打捞尸体或粗暴处理尸体时造成的；急救（如人工呼吸）造成的死后伤（如擦伤、挫伤、肋骨骨折，甚至肝破裂），动物（陆地上的鼠、狗、鸟、蚁，水中的鱼、蟹、水蛭等）咬嚼造成的，剖验尸体时造成的。其他与死后环境有关的死后伤有火场尸体被倒塌的房屋压伤，水中浮尸被橹桨击伤或撞击于岩石、桥梁致伤，坟墓中的尸体被暴发的山洪冲走所致的损伤。

②违法的死后伤有杀人致死后，继续施加暴力；掩盖或毁灭行凶痕迹，肢解尸体成碎块，毁容而致头部、面部多处损伤；伪装自杀或意外，如他杀后移尸于道路，让车辆碾压，伪装交通事故，或毒杀后枪击头部伪装持枪自杀等。

（2）在濒死期发生的损伤，称为濒死伤。例如，脑出血患者突然失去知觉而摔倒在地，猝死时因抽搐撞击于周围物体上；落水濒死时撞击于岸边、岩石、桥桩上；临死的人因挣扎从床上跌落下地等。这样所造成的损伤可轻可重，擦伤、挫伤甚至骨折都可见到。

2. 损伤后经过时间的判断。损伤后经过时间的判断是指评定人充分利用病理解剖学、组织化学和生物化学的理论和技术，对伤者进行检查，获得可靠资料后对被检者损伤后经过的时间作出分析推断的过程。

人体对损伤的反应是推断受伤时间的基础。反应的强弱，取决于暴力的大小、机体的状态和个体差异。不论是尸体还是活体，有时推断受伤时间是很困难的。应当记住，推断时应持审慎态度。

（1）活体上损伤时间的推断。

①炎症反应。受伤后约经12小时，创缘红肿，小的创面约24小时形成痂皮，36小时可见左右创缘开始生长上皮，4~5天后完全上皮化。若经36小时损伤合并感染，可见脓液，创伤愈合延缓，则不能再判断伤后时间。

②皮下出血及其颜色的演变。损伤后24小时，受伤部位皮下出血处组织肿胀隆起，呈深红带蓝色，偶见淡红色。其后，流出的血液凝固，析出血清，血清被吸收后，血肿缩小。伤后1~3日，血红蛋白逐渐分解，皮肤色泽逐渐发生变化，氧合血红蛋白先变成还原血红蛋白，再转为正铁血红蛋白，透过皮肤，可显见暗紫色片状斑迹或小点。伤后6~12日，由于细胞内酶的作用，血红蛋白分解为胆红素（橙色血晶）及含铁血黄素，胆红素被氧化变为胆绿素，皮肤上的片状斑迹或小点呈青绿色。伤后8~15日，胆

绿素被吸收，仅遗留含铁血黄素，斑迹或小点的色泽转变为褐黄色。伤后 2～3 周，含铁血黄素也被组织细胞移去，局部皮肤的颜色恢复正常。

（2）尸体上损伤时间的推断。

①肉眼观察。若有明显的炎症反应，肉眼检查就可判定是生前伤，并可推断大约的经过时间。由于绝大多数暴力致死者从受伤到死亡时间甚短，上述根据创口炎症反应推断损伤形成的时间一般不适用。

②显微镜检查。大量动物实验证实，无菌性机械性损伤的炎症反应的动态改变如下：受伤后数分钟内，可见毛细血管扩张，白细胞靠近血管壁；受伤后 1 小时，白细胞开始从毛细血管内游出，中性粒细胞最早进入组织间隙；单核细胞的反应及细胞肿胀可见于伤后 1 小时内；成纤维细胞在伤后数小时内出现反应；伤后约 15 小时开始出现核分裂，以后由于成纤维细胞的增殖及新生毛细血管形成，约在 72 小时出现肉芽组织；伤后 4～5 天可见新生胶原聚于损伤周围，但还未形成明显的损伤周围带；伤后 8～11 小时中性粒细胞、巨噬细胞及激活了的成纤维细胞组成境界清楚的损伤周围带。在这期间，中性粒细胞多于巨噬细胞，比例约为 5:1。经 16～24 小时，巨噬细胞的数目相对增加，比例降为 0.4～1.0。紧接创缘深达 0.5mm 的质带为损伤中间带，其特点是细胞核的退行性变，约经 32 小时，中间带的结缔组织呈明显坏死。

无炎症反应的存在，有时也不能肯定非生前伤，因为存在这样几种情况：受伤后立即死亡，无足够时间发生炎症反应；损伤较轻，不足以刺激白细胞渗出；损伤过于严重，并发循环衰竭，不能发生生活反应。如果让细胞破碎，释放出色素物质，出血灶组织内及其局部淋巴结的吞噬细胞内出现铁反应阳性色素（含铁血黄素），表明至少受伤 12 小时，常为 24～48 小时；若出现铁反应阳性的橙色血晶，多表明受伤已 9～11 天（少数在 7 天内）。

脑挫伤后 3 小时，可见挫伤周围血管扩张充血；12～24 小时挫伤灶水肿，神经细胞死亡；2 日后胶质细胞及毛细血管开始增生；2～4 日后白细胞浸润明显；3～4 日见含铁血黄素；10 日后毛细血管增生明显；12 日出现含脂肪颗粒的神经胶质细胞（脂肪染色阳性）。

③组织化学检查。损伤后，组织内酶的改变较早，用组织化学方法检查组织内某些酶的活性，可判断较短时间内的生前伤，并推断其经过时间。据研究，损伤中间带（紧靠创口部分，宽约 200～500μm）由于组织受损、坏变，在伤后 1～4 小时酶活性逐渐降低，而损伤周围带（宽度 100～200μm）由于组织发生防御反应，则可见酶活性增加。受伤后损伤周围带某些酶的出现顺序，可构成损伤的生物学时刻表。由此可见，生前 1～3 小时的损伤可根据组织内酶的改变推测受伤时间。例如，刘某，男，35 岁，吸毒好赌，2000 年 3 月为其妻吴某购买意外伤害保险，保额 20 万元。刘某用石头打击其妻吴某，以为她已死，趁夜色将其搬移到铁轨上伪装成灾害或自杀。约 12 小时后火车开来，将其碾压致死。剖验时，在其头部的一个挂裂创发现三磷酸腺苷酶、酯酶及基氨肽酸增加，而磷酸酶不增加。这个结果表明，该创伤是在死前大约 2 小时形成的，当时受害者虽因头部受伤失去知觉，但并未死亡。破案后，证明这是一起骗赔案。

④生物化学测定：是指用生物化学方法测定组织中游离组织胺及5－羟色胺的含量来证明更短时间的生前伤的方法。因为，外力作用使组织细胞变性坏死，蛋白质降解，迅速释放出组织胺及5－羟色胺（血清素）等炎症介质，生前伤游离组织胺及5－羟色胺含量明显增加（分别为邻近正常组织含量的1.5倍及2倍以上），死后伤两者均不增加，所以，测定组织中游离组织胺及5－羟色胺的含量，可推断受伤后的经过时间。如濒死伤（死前0~5分钟受伤）5－羟色胺显著增加，组织胺稍见减少。伤后经15~60分钟，情况恰恰相反。若生前有几处损伤，据此可辨别各伤形成的先后顺序。死后4~5天甚至更久，还可以在组织内查出5－羟色胺及组织胺。

3. 损伤程度的评定。损伤程度的评定是指评定者对被检者所受之伤对健康和生命构成危害的严重程度的鉴定。损伤的严重程度，因暴力的种类及大小、受伤部位和受伤者的体格状况及有无患病等情况的不同而有所差异。重则迅速死亡、严重残废、长期患病，轻则功能障碍或轻度影响健康等。被保险人损伤后果不同，保险公司承担的保险责任不同。一般来说，损伤程度可作如下分类：

（1）致命伤。直接构成死亡原因或与死亡有因果关系的伤害，均称致命伤。

①绝对致命伤。对任何人都足以致死的损伤，称为绝对致命伤。例如，坠崖而致头部压碎引起脑毁坏，胸部压碎引起心肺离断等，均能立即致死亡。有时单独一个损伤并不是致命伤，而几个损伤的结合才能致命，称为死因合并。在保险实务中分析死因时，必须注意，受伤的脏器原先应无病变，或虽有病变，但并非由损伤促进病变发展致死。例如，含死亡责任的意外伤害保险，对被保险人的死亡原因必须符合外来的、突发的、意料之外的条件才能给付保险金。

②相对致命伤。在一般条件下，损伤不足以致死，但在某种特定条件下，由于受伤者的内在或外在因素导致死亡，称为相对致命伤。

促进死亡的内在因素是指死亡者与死亡相联系的自身条件。如全身衰弱、儿童或老人、心脏病、动脉瘤、贫血、血友病、脾肿大、过度疲劳或饮酒等，均为个体特性，这种人虽受轻微损伤也可致死。因个体特性促进死亡，称个体性致命伤。例如，心肌病、主动脉硬化或主动脉瘤、肝脂肪变、脾肿大时，这些器官受到一点打击或震荡即能破裂。患血友病时，微小的损伤都能引起致命的出血。心脏病患者或年老衰弱者，受到微小损伤也能引起死亡。酒精中毒者头部受伤后易促进颅内出血而死亡。保险理赔人员在判断伤害的责任时，对原先存在的疾病都要加以考虑，要分析疾病本身可否引起死亡，损伤本身可否引起死亡，是否损伤加重疾病致死。鉴定时，首先要认真检查尸体，不仅要仔细研究各处损伤，而且要认真研究全身病变，然后根据"具体情况具体分析"的原则进行判断。

促进死亡的外在因素是指死者在死前未能获得或采取的挽救生命的措施。如负伤后无人救助、未治疗或延误治疗，创口继发感染和各种并发症等，均能促进死亡。这种情况导致死亡，称为偶然性致命伤。例如，肱动脉受伤后，如未及时救治，则可因出血死亡。又如轻微损伤，因感染破伤风杆菌而未获及时治疗，便可致死。

（2）非致命伤。不导致死亡的损伤，称为非致命伤。按损伤程度的不同而分为重伤和轻伤。

①重伤。使人肢体残废或者丧失听觉、视觉或其他器官功能，以及其他对于人身体健康有重大伤害的损伤，均属重伤。

②轻伤：凡伴有或不伴有器官功能障碍的轻微损伤，在受伤当时或治疗过程中对生命均无危险，劳动能力的丧失在1/3以内，均属于轻伤。

4. 致死原因的判断。在意外伤害致死的保险查定工作中，死亡原因往往是判定保险事故案件性质的主要因素，因此对尸体上的任何损伤，不仅要确定是不是致命伤，而且必须确定死因，分析损伤与疾病、死亡之间的关系。

（1）直接死因。直接死因是指由损伤直接引起死亡。这类损伤是绝对致命伤，损伤与死亡的关系比较明显、确定。例如，中枢神经系统（脑、脊髓），心、肺等生命重要器官遭到严重破坏，迅速死亡。有时损伤并不一定很大，如延脑或脊髓遭受较小的破坏也可以致死。

（2）间接死因——损伤并发症。间接死因是指因损伤的继发病或并发症导致死亡，即损伤与死亡之间存在一个或多个中间环节，比如损伤与死亡中间有一个大出血过程。这些损伤并发症是否发生以及严重程度如何，常取决于身体内部条件和种种外界因素。大多数案例，伤后迅速发生并发症，但也有些案例伤后并发症的发展是逐渐的，有时经过几星期或几个月甚至一年后才表现出明显的症状，这时往往难以判断死亡和损伤之间的关系。判断损伤并发症，对于确定保险责任的大小有重要意义。因此，要注意收集损害材料，查阅病历，并邀请有关专家参加鉴定。

（3）损伤与自然疾病。损伤与自然疾病是指受伤者、死亡者是否同时患有严重的自然疾病（保险期患病），以及损伤与疾病谁是死亡主因的分析。理赔人员遇到这种情况应分析下列问题：一是本案疾病与损伤有无联系，若有联系谁是主因谁是辅因；二是疾病本身可否致死，损伤本身可否致死。弄清自然疾病与损伤的关系在与人相关的理赔案中具有十分重要的意义。

①损伤后立即死亡，是指死于损伤当时或较短时间内。对于此种情况的分析主要依据是损伤的严重程度。如果损伤严重，足以致死，则应考虑为损伤致死。如果损伤较轻，而有证据证明死者患有严重疾病，如冠心病、主动脉脂肪瘤、动脉硬化性脑出血等，则损伤可能是辅助因素，疾病是死亡主因。

例如，2002年5月3日，赵某（女，48岁）购买一张一年期意外伤害保险卡，保额10万元，2003年1月28日其丈夫报案，说赵某在走亲戚时被汽车撞后跌倒在地，在立即送往医院的途中死亡。剖验时见其左侧腿部、腰部有淤斑和软组织挫伤，未见脑部和其他部位损伤。经理赔人员调查，发现赵某是乳腺癌晚期患者，癌细胞已扩散到全身，死因是癌症晚期全身衰竭而亡。保险公司未予赔付。

②损伤后迁延性死亡，是指数日或数周前曾遭受损伤，后因病死亡。遇到这种情况主要从以下两方面分析损伤与疾病的关系：

一是看损伤与病死之间的联系是否可疑。损伤太小，不足以发生持续损害，或损伤发生于致命性疾病很久以前，对机体无明显影响。例如，胫骨区挫伤，3个月之后在胫骨发生骨肉瘤导致死亡。因胫骨损伤太小，不足以发生持续损害，更不可能诱发恶性肿瘤导致死亡。又如，有一个69岁的男子，左胸曾被撞击，43天后卧床不起，当日吃饭时突然死亡。剖验时见其心包内积凝血块及血液共约330ml，左右冠状动脉粥样硬化，右冠状动脉距入口1cm处有新鲜血栓形成，阻塞血管，左心室后壁近室中隔部新鲜心肌梗死破裂。死因是心肌梗死、心脏破裂和包内出血。由于血栓梗死都是新鲜的，形成时间不会超过一星期，因而，死因与外伤显然无直接关系。

二是要看损伤是否促进了疾病的发展。损伤与死因有间接的关系，即促进原来疾病的发展导致死亡。例如，被保险人朱某，65岁，男，由于从高处摔下造成右股骨骨折，6天后出现心衰征象，呼吸困难，阻性充血及水肿而死，经法医尸检，见其二尖瓣高度狭窄。显然，股骨骨折虽然严重，但只是引起心功能不全的促发因素。

5. 自杀、他杀或灾害的鉴定。损伤致死的方式有自杀（自伤）、他杀或意外灾害三种。在保险核赔时对其作出准确的鉴定具有重要意义。

案例一：某运输公司于2006年1月1日为职工购买团体两全人身保险，期限10年，保额10万元。该公司汽车驾驶员谢某于2006年9月2日在驾车运货途中发生翻车事故，导致装卸工人受伤。经公安交通监理部门勘查，裁定谢某应负全部责任。谢某得知后思想压力很大，以致神志错乱不能自控，后跳楼身亡。该公司以谢某跳楼及跳楼前的行为表现为依据，向保险公司提交了领取保险金申请。

案例二：该公司干部章某于2007年5月，因为被怀疑有嫖娼行为受到公安部门的询查，他感到影响较大、有失体面，又解释不清，不久，服了大量安眠药身亡。事发后，公安部门认为，章某嫖娼行为证据不足未构成犯罪，建议该公司仍按国家劳动保险制度的规定进行处理。章某所在单位据此要求保险公司给付保险金。

从上述两个保险案例看，被保险人都似乎属于自杀，且在两年之内，不能予以保险金支付。然而，就自杀的医学定义而言，构成自杀的必要条件有主观和客观两个方面，即行为人必须有结束自己生命的意愿和必须实施足以使自己死亡的行为，两者缺一不可。如果行为人虽然在客观上实施了足以使自己死亡的行为，但在主观上并无结束自己生命的意愿，就不能构成自杀，如食物中毒、失足跌落等。案例一中，行为人已经神志不清，是在无法预见自己行为的结果或不能控制自己行为的情况下，实施了足以使自己死亡的行为，故不属自杀。案例二中，被保险人章某，无论起因怎样，在主观上有结束自己生命的意愿，客观上也实施了足以使自己死亡的行为，显然属于自杀。因此，对于前者，保险公司可以给付保险金；而对于后者，保险公司应拒付保险金。值得注意的是，章某如果是参保两年以上，则保险公司可能要承担保险责任。

上述两个保险案例说明，自杀、他杀、意外伤害致死的判断在保险业务中是非常重要的。而致死原因的保险医学鉴定是掌握案情的关键所在。一般来说，由于许多保险伤亡案例原因复杂，很难作出判断，因此被保险人发生伤亡事故，保险公司有关人员应立即赶赴现场，及时进行现场勘查，掌握第一手资料。如果受伤害的被保险人还未死亡，首先应请医生抢救。如果受伤害的被保险人已经死亡，首先应仔细观察尸体位置及其与周围物体或凶器的关系，有无足印或指纹及其与受伤者的关系，有无挣扎痕迹及血痕分布情况等。然后，与有关部门配合全面检查尸体，观察和记录损伤位置、数目、性质、程度、方向、有无病变及中毒情况。根据损伤特点，结合现场，参考案情，进行综合分析，作出准确判断。对于理赔人员来说，现场调查是十分重要的。一般现场调查有以下步骤和内容：

（1）现场。

①现场位置，是指死者的案发现场。现场可以在室内，也可以在室外或野外偏僻处。灾害现场常有特殊现象，如房屋倒塌、火车相撞等。但是必须注意，有些他杀案件也利用"灾害"现场来掩盖他杀行为。

②现场情况。对于室内现场，首先要注意门窗情况，有无上锁、扣紧，自杀者多将门窗关牢。他杀时门窗可能有破损，或凶手逃跑时没有关紧门窗。但要注意有无伪装的情况，仔细检查门窗上的指纹及新鲜划痕、刻痕等。检查房内家具、杂物是否齐整。自杀一般室内较齐整，他杀若无格斗，也可能是齐整的。若发生过挣扎抵抗，则现场较乱。抢劫杀人，可以有翻箱倒柜、贵重物品遗失的情况。但要警惕伪造现场的可能性。

对于室外现场，应注意有无践踏或压倒植物的痕迹，有无混乱足迹。无论室内还是室外现场，都要检查尸体与周围物体的准确位置关系。如自杀跳楼者，尸体一般距墙较远；事故跌落者，尸体一般距墙较近。

③凶器。自杀时凶器一般在尸体旁边，有时因发生尸体痉挛，凶器也会紧握于死者手中。有的情况下他杀者企图伪装自杀，将凶器放在死者手中，但绝不能使死者握紧。一般他杀时凶器被带走，尤其是在罪犯有预谋而携带凶器时，随地取材的凶器可能遗留于现场。有时罪犯行凶后，把自己的凶器带走，而将死者家里的类似凶器放在尸体旁，伪装自杀，应仔细鉴别。

现场无凶器不能贸然断定为他杀。自杀者在伤后仍有活动能力时，可将凶器丢到窗外或别处，或被过路人拿走，也可以将凶器放回原处或放入口袋内。这种案例并不少见。例如，有一自杀者用剃刀在左颈部割了两刀，创口自颈左斜下到颈右，两侧颈内静脉及甲状腺上动脉都被切断，第四、第五颈椎间盘也被损伤，虽然伤势这么重，自杀者还把剃刀放回盒内，把盒子放回工具袋里。发生灾害事故时，致伤物应在尸体旁。如跌落在石头上发生颅骨骨折，石头上常有血迹、毛发或撞击痕迹。但有时死者受伤后走了一段路才死亡，在这种情况下死者身旁不一定能发现致死物。

④尸体与周围物体及痕迹的关系。研究尸体与周围物体及痕迹的关系，可推测受伤过程、损伤性质。如站在镜前刎颈自杀，镜上常有喷溅血迹。坐在椅上或床边切颈或切脑部动脉自杀，高处物体、蚊帐上可见喷溅血痕。躺着切颈很少见。滴落血痕带可指示受伤者移动过程及方向。此外，还应注意尸斑与尸体位置是否一致。

（2）损伤。损伤的位置。所有自杀的部位都是他杀能达到的，不过有些部位的损伤是自杀常见的。自杀损伤经常选择的部位是身体前面的要害处，因为用力方便。自杀损伤切创多在颈部，刺创多在左胸心区，枪弹创多在额右部或心区。而另一些部位的损伤如背部刺创、顶部切创常不是自杀造成的。但也有例外，如借助其他物体固定器械，自杀者也可使顶部受重伤致死。

他杀损伤则在要害部，如头部、颈部、胸部或背部。使用锤、棍棒等钝器，多打击头部。凶手使用菜刀等锐器，若站在受害者的前部，损伤常见于颈左部，若站在后方，则损伤常在颈右部或颅顶后部。但也可合并身体其他部位的损伤，尤其是在有挣扎、格斗、逃避的情况下。

意外损伤常发生在身体的突出部位。高处坠落则在身体一侧发生多数挫伤及骨折。头部骨折损伤多系他杀或灾害。灾害性枪弹创常常是在检查、清洁枪支时走火而产生，枪弹创入口在身体前部。

损伤数目、损伤的排列、损伤类型、损伤方向、创内异物、血迹等的正确判断，对于最后断定他杀、自杀、意外伤害有着重要意义。

6. 造作伤的判断。造作伤，或称自伤，是指自己或授意别人在自己身上造成损伤或故意扩大、改变原有损伤等。造作伤常常是道德危险的表现形式，是一种谋取保险赔偿金的手段。造作伤的情况比较复杂，检查时必须保持头脑清醒，全面客观分析案情、现场及损伤情况。分析造作伤可抓住以下特点：

（1）从损伤的部位看，自己造成的损伤多位于容易达到的部位，面部少见，背部更为罕见。他人造成的造作伤，则部位不定。制造造作伤是为了达到索赔目的，所以一般与其所投保的保险险种责任相关联。

（2）从损伤性质来看，通常是多个创切平行走向，偶尔交叉，刺创少见。一般伤势较轻，没有危险性，因为造作者并不想自杀。但有时为获得巨额赔偿，也可能造成重伤。

（3）造作者很少穿着衣服造成损伤，因为他要看到伤害情况，以免危及生命，所以很少有衣服破裂的情况。有人甚至在身体损伤后再破坏衣服，这种情况下，各层衣服的破损在不同水平、不同方向，与身体损伤数目、长度、方向和性质等都不一致。

（4）造作者常事先编好一套受伤过程，也有的推托被击、受害时突然昏迷或因天黑等不能说明受害经过。

造作伤的鉴定和一般损伤调查一样，有了解案情、现场勘查、损伤检查等几个环节。对于可疑的造作伤案例，应注意研究下列几个问题：

（1）什么伤。

（2）该伤是用什么器械和方法造成的。

（3）损伤发生时间。

（4）损伤的真实情况同受伤者的诉说是否相符。

（三）物理化学性损伤鉴定

1. 低温性损伤鉴定。低温伤又称冻伤，是低温寒冷侵袭所引起的局部血液循环发生障碍产生的病变。在局部血液循环障碍的基础上人体的暴露部位，例如四肢末梢和耳鼻部，由湿冷和风吹引起的皮肉红肿、溃烂，称为冻疮。如果低温作用于整个身体时，称为冻僵。凡是冻僵的人复活的可能性很小，如果死亡则称为冻死。

（1）冻伤四度鉴定法。鉴定低温损伤的程度，通常依据临床医学上把冻伤分为 4 度的方法进行。临床医学将冻伤分为以下 4 度：

Ⅰ度冻伤。只冻伤人体浅层皮肤，被冻的局部由苍白转为斑块状紫蓝色，以后变为红肿、发痒、刺痛和灼热的自我感觉，经过治疗一周即可消失，Ⅰ度冻伤愈后无任何瘢痕和功能障碍。

Ⅱ度冻伤。皮肤的浅层和部分深层冻伤，局部皮肤红肿、发痒、灼痛。早期有水泡出现，发现后立即治疗，2～3周基本恢复治愈，局部可留下黑色干痂，干痂脱落后的新鲜创面由角化不全的新生上皮覆盖。

Ⅲ度冻伤。皮肤的浅层、深层和皮下组织都被冻伤，皮肤由苍白转为蓝色，而后变黑，感觉消失。冻伤局部的组织出现坏死脱落，留下组织缺损的创面，恢复极慢，容易感染、溃烂，日后留下严重瘢痕，严重者可影响肢体功能。被冻伤中心的周围可以出现Ⅰ～Ⅱ度冻伤，出现水泡、结痂，日后留下色素沉着。

Ⅳ度冻伤。除以上Ⅰ～Ⅲ度冻伤的症状外，就是深部组织全部有冻伤。深部组织包括肌肉、神经、血管和骨骼，如发生在肢体则可出现肢体坏死脱落，如发生在胸腹部和头部，内脏和脑组织也可出现冻裂，头颅骨沿着颅骨缝冻裂开，发生在全身时则可出现冻僵。此种冻伤往往会留下残疾和功能障碍。如发生冻僵和重要器官冻裂即可死亡或先已死亡。

（2）冻伤发生原因。发生冻伤是由几个方面的因素决定的：

第一，外界环境的极度寒冷。如无气温降低，冻伤就无法形成，所以发生冻伤必定有气温降低，但有气温降低不一定都有冻伤出现。

第二，身体的健康状况。身体强壮的青年人就抗冷，年老体弱和婴幼儿就不抗冷，有病的和受伤的人就容易发生冻伤。

第三，气候潮湿和刮风环境对体内温度散发的促进作用。潮湿的皮肤比干燥的皮肤散热高3倍以上，身体接触冷水或冰块散热就更快，就更易发生冻伤。正常的人站在室外光着身，如再泼上冷水在摄氏零度以下有风的地方30～40分钟即可冻死。

（3）冻伤（冻死）的查勘。

第一，勘查现场，调查冻死人时的环境气温及散热的几个因素，衣着情况和生前的健康状况，冻死前的症状表现等。在尸体检验时要认真检查身上有无外伤性痕迹。在尸表检验时要分辨冻伤的程度属于几度冻伤。对于全身冻僵的要在解剖检验时察看有无内脏冻裂的情况。冻僵的尸体让其自然解冻或放在冷水中解冻，切忌采用人工加温的方法（如用火烤、热水烫）解冻，也不要强行搬动肢体和按摩。这些方法可促使尸体现象迅速发展，加速自溶，掩盖生前病变。

第二，尸体解剖时应注意内部的脏器变化。在冻死的尸体中，脑及脑膜充血、水肿，颅内液量增多，颅骨缝冻裂的变化，生前冻死和死后冷冻皆可以发生；右心扩张，充满血液，左心血鲜红色，右心血暗红色；两肺有水肿、充血，浆膜面有出血点；胃黏膜下有褐色或深褐色弥漫性点状出血，有时可见胃溃疡出现；可出现胰腺坏死、肝脏充血等变化。

第三，在现场勘查和尸体检验时应注意是自己冻死还是他人让其冻死，也应认真鉴别是冻死还是死后再冻，如果属意外性冻死的也应明确。一般冻死的尸体呈蜷缩状，皮肤苍白,由于立毛肌收缩,外露的皮肤呈"鸡皮状"。若受害人为冻死的,肢体裸露部位可有轻度冻伤,冻伤的部位呈青紫红肿;死后抛尸于野外的,属于死后冻僵,没有冻伤特征,尸体的姿势没有蜷缩状,再结合损伤检验、中毒检验、机械性窒息检验等,还是可以分辨出来的。

2. 高温损伤鉴定。高温损伤鉴定是指对人体受到高温作用后引起的损伤程度的评价。人体受到高温作用后所引起的局部损伤称为高温损伤,也称为烫伤或烧伤。由开水、滚油、热蒸汽或沸腾的液体导致的高温伤称烫伤或烫泼伤;由火焰、炉炭、电火花或烧红的固体等所致的高温伤称为灼伤或烧伤。对于高温损伤程度的鉴定,一般以临床医学对高温损伤程度所采用的烧伤面积、烧伤深度(三度四分法)、呼吸道烧伤的分度评定方法为依据。

(1)体表烧伤的残疾鉴定。体表烧伤程度的计算主要是根据烧伤面积和烧伤深度。临床上烧伤面积的估算标准如表 8 – 1 所示。

表 8 – 1　　　　　　　　体表损伤残疾等级及劳动能力丧失程度评定表

条款序号	条款规定内容	劳动能力丧失程度	残疾等级
a) 5)	面部重度毁容,同时伴有下列情况之一者:双下肢瘢痕畸形功能全失;同侧上下肢瘢痕形成,功能完全丧失;四肢大关节中四个以上关节功能完全丧失	完全丧失 100%	一级残疾
6)	全身重度瘢痕形成,占体表面积≥90% 以上,伴有脊柱及四肢大关节活动功能基本丧失	完全丧失 100%	一级残疾
b) 7)	全身重度瘢痕形成,占体表面积≥80%,伴有四肢大关节中 3 个以上关节活动功能受限	完全丧失 90%	二级残疾
8)	全面部瘢痕或植皮伴有重度毁容	完全丧失 90%	二级残疾
c) 9)	全身重度瘢痕形成,占体表面积≥70%,伴有四肢大关节中 2 个以上关节活动功能受限	完全丧失 80%	三级残疾
10)	面部瘢痕或植皮≥2/3 并有中度毁容	完全丧失 80%	三级残疾
49)	放射性皮肤癌	完全丧失 80%	三级残疾
d) 7)	面部中度毁容	完全丧失 70%	四级残疾
8)	全身瘢痕面积≥60%,四肢大关节中 1 个关节活动功能受限	完全丧失 70%	四级残疾
9)	面部瘢痕或植皮≥1/2 并有轻度毁容	完全丧失 70%	四级残疾
24)	面颊部洞穿性缺损 >20cm²	完全丧失 70%	四级残疾
e) 10)	全身瘢痕占体表面积≥50%,并有关节活动功能受限	大部丧失 60%	五级残疾
11)	面部瘢痕或植皮五级残疾 1/3 并有毁容标准之一项	大部丧失 60%	五级残疾
19)	双跟骨足底软组织缺损瘢痕形成,反复破溃	大部丧失 60%	五级残疾
56)	阴茎全缺损	大部丧失 60%	五级残疾

续表

条款序号	条款规定内容	劳动能力丧失程度	残疾等级
62）	未育妇女双侧乳腺切除	大部丧失60%	五级残疾
f）10）	面部重度异物色素沉着或脱失	大部丧失50%	六级残疾
11）	面部瘢痕或植皮≥1/3	大部丧失50%	六级残疾
12）	全身瘢痕面积≥40%	大部丧失50%	六级残疾
13）	撕脱伤后头皮缺损1/5以上	大部丧失50%	六级残疾
36）	面部软组织缺损>20cm²，伴发涎瘘	大部丧失50%	六级残疾
60）	阴茎部分缺损	大部丧失50%	六级残疾
61）	已育妇女双侧乳腺切除	大部丧失50%	六级残疾
62）	女性双侧乳房完全缺损或严重瘢痕畸形	大部丧失50%	六级残疾
g）8）	符合重度毁容标准之二项者	部分丧失40%	七级残疾
9）	烧伤后颅骨全层缺损≥30cm²，或在硬脑膜上植皮面积≥10cm²	部分丧失40%	七级残疾
10）	颈部瘢痕挛缩，影响颈部活动	部分丧失40%	七级残疾
11）	全身瘢痕面积≥30%	部分丧失40%	七级残疾
12）	面部瘢痕、异物或植皮伴色素改变占面部的10%以上	部分丧失40%	七级残疾
13）	女性两侧乳房部分缺损	部分丧失40%	七级残疾
62）	未育妇女单侧乳腺切除	部分丧失40%	七级残疾
h）8）	符合重度毁容标准之一项者	部分丧失30%	八级残疾
9）	面部烧伤植皮>1/5	部分丧失30%	八级残疾
10）	面部轻度异物沉着或色素脱失	部分丧失30%	八级残疾
11）	双侧耳廓部分或一侧耳廓大部分缺损	部分丧失30%	八级残疾
12）	全身瘢痕面积≥20%	部分丧失30%	八级残疾
13）	女性一侧乳房缺损或严重瘢痕畸形	部分丧失30%	八级残疾
14）	一侧或双侧眼睑明显缺损	部分丧失30%	八级残疾
23）	急性放射性皮肤损伤Ⅳ度及慢性放射性皮肤损伤手术治疗后影响肢体功能	部分丧失30%	八级残疾
24）	放射性皮肤溃疡经久不愈者	部分丧失30%	八级残疾
28）	一侧或双侧睑外翻或睑闭合不全	部分丧失30%	八级残疾
29）	上睑下垂盖及1/3者	部分丧失30%	八级残疾
30）	睑球粘连影响眼球转动者	部分丧失30%	八级残疾
i）7）	符合中度毁容标准之二项或轻度毁容者	部分丧失20%	九级残疾
8）	发际边缘瘢痕性秃发或其他部位秃发，需戴假发者	部分丧失20%	九级残疾
9）	颈部瘢痕畸形，不影响活动	部分丧失20%	九级残疾
10）	全身瘢痕占体表面积≥5%	部分丧失20%	九级残疾

续表

条款序号	条款规定内容	劳动能力丧失程度	残疾等级
11)	面部有≥8cm² 或三处以上≥1cm² 的瘢痕	部分丧失20%	九级残疾
54)	乳腺成形术后	部分丧失20%	九级残疾
i) 1)	符合中度毁容标准之一者	部分丧失10%	十级残疾
2)	面部有瘢痕、植皮、异物色素沉着或脱失 >2cm²	部分丧失10%	十级残疾
3)	全身瘢痕面积 <5%，但≥1%	部分丧失10%	十级残疾
7)	指端植皮术后（增生性瘢痕1cm² 以上）	部分丧失10%	十级残疾
8)	手背植皮面积 >50cm²，并有明显瘢痕	部分丧失10%	十级残疾
9)	手掌、足掌植皮面积 <30%者	部分丧失10%	十级残疾
12)	足背植皮面积 >100cm²	部分丧失10%	十级残疾

＊该表内容出自《劳动能力鉴定职工工伤与职业病致残等级》。

在人体皮肤意外伤害的伤残鉴定中，用上述方法较为复杂，通常会用更为简单实用的方法，例如下述皮肤损伤致残等级评定。

（2）皮肤损伤致残等级评定。皮肤伤残等级评定要点：

①皮肤损伤遗留瘢痕组织。

②伤残程度评定时机：伤后3个月，以遗存体表瘢痕面积大小评定伤残等级（见表8-2）。

③头面部、会阴、双手及关节周围的皮肤瘢痕形成面积较小，对功能的影响很大，应当按照其他标准条款评定伤残等级。

表 8－2 伤残等级评定标准

条款序号	条款内容	伤残等级
4. 1. 8	皮肤损伤致瘢痕形成达体表面积76%以上	一级
4. 2. 8	皮肤损伤致瘢痕形成达体表面积68%以上	二级
4. 3. 10	皮肤损伤致瘢痕形成达体表面积60%以上	三级
4. 4. 10	皮肤损伤致瘢痕形成达体表面积52%以上	四级
4. 5. 11	皮肤损伤致瘢痕形成达体表面积44%以上	五级
4. 6. 10	皮肤损伤致瘢痕形成达体表面积36%以上	六级
4. 7. 10	皮肤损伤致瘢痕形成达体表面积28%以上	七级
4. 8. 11	皮肤损伤致瘢痕形成达体表面积20%以上	八级
4. 9. 10	皮肤损伤致瘢痕形成达体表面积12%以上	九级
4. 10. 11	皮肤损伤致瘢痕形成达体表面积4%以上	十级

＊该表内容出自《中华人民共和国国家标准道路交通事故受伤人员伤残评定》。

（3）人体体表面积计算方法。

①中国九分法。中国九分法系第三军医大学组织胚胎教研室根据纸铸法实测450名

男女青壮年体表面积，经统计学处理，简化为公式而形成的。1963 年，第三军医大学用同样的方法对 111 名儿童的各部位体表面积进行了实测，根据实测结果进行了简化，以补充成人的九分法计算面积。计算公式见表 8 - 3。

表 8 - 3　　　　　　　　　　　　　中国九分法

部位		占成人体表面积（%）	占儿童体表面积（%）
头颈	发部	3	
	面部	3　9×1（9%）	9 +（12 - 年龄）
	颈部	3	
双上肢	双上臂	7	
	双前臂	6　9×2（18%）	9×2
	双手	5	
躯干	躯干前	13	
	躯干后	13　9×3（27%）	9×3
	会阴	1	
双下肢	双臀	5	
	双大腿	21　9×5 +1（46%）	
	双小腿	13	9×5 +1 -（12 - 年龄）
	双足	7	

②手掌法。无论成人或小孩，将五指并拢，其一掌面积为体表面积的 1%。若检查人与被检查人的手大小相近，可用检查人的手掌来估计。

（4）烧伤深度的鉴定。高温损伤的鉴定除了体表面积的鉴定外，还要结合损伤的深度一起考虑。烧伤深度的鉴定多采用三度四分法来进行，即分为Ⅰ度、浅Ⅱ度、深Ⅱ度、Ⅲ度。Ⅰ度、浅Ⅱ度烧伤一般称浅度烧伤；深Ⅱ度和Ⅲ度烧伤则属深度烧伤。

Ⅰ度烧伤：仅伤及表皮浅层，生发层健在，再生能力强。皮肤表面红斑状、干燥、烧灼感，短期内有色素沉着。

浅Ⅱ度烧伤：伤及表皮的生发层、真皮乳头层。局部红肿明显，大小不一的水疱形成，内含淡黄色澄清液体，水疱皮如剥脱，创面红润、潮湿、疼痛明显。上皮再生靠残存的表皮生发层和皮肤附件（汗腺、毛囊）的上皮增生，如不感染，1 ~ 2 周内愈合，一般不留瘢痕，多数有色素沉着。

深Ⅱ度烧伤：伤及皮肤的真皮层，介于浅Ⅱ度和Ⅲ度之间，深浅不尽一致，也可有水疱，但水疱破皮后，创面微湿，红白相间，痛觉较迟钝。由于真皮层内有残存的皮肤附件，可赖其上皮增殖形成上皮小岛，如不感染，可融合修复，需时 3 ~ 4 周，但常有瘢痕增生。

Ⅲ度烧伤：是全皮层烧伤，甚至达到皮下、肌肉或骨组织。创面无水疱，呈蜡白或焦黄色甚至炭化，痛觉消失，局部温度低，皮层凝固性坏死后形成焦痂，触之如皮革，甚至已经炭化，感觉消失，皮温低。自然愈合甚缓慢，需待焦痂脱落，肉芽组织生长而后形成瘢痕，仅边缘留有上皮，但其不仅丧失皮肤功能，而且常造成畸形。有的创面甚至难以自愈。

Ⅰ度烧伤容易区别，浅Ⅱ度与深Ⅱ度、深Ⅱ度与Ⅲ度的烧伤有时不易在伤后即刻区别。如作用于伤处的热力不均匀，不同深度的烧伤区之间可有移行部。表皮覆盖下的创面变化，一时无法看清。创面发生感染或者并发深度休克，可增加皮肤损伤深度，致使浅烧伤后损害如同深Ⅱ度，深Ⅱ度者如同Ⅲ度。

本节所述体表上的烧伤，不包括面部、颈部及头皮等处，对于这些部位的烧伤损害程度可以参考毁人容貌及其他相关条款进行鉴定。烧伤后所出现的面积及程度，不包括并发症及后遗症。如果治疗效果好，愈后没有任何后遗症的可以不评定有残疾及劳动能力丧失。如果面积较大或者较深的可以按标准中的规定进行评定。

3. 呼吸道烧伤的鉴定。呼吸道烧伤也称吸入性损伤，是指高热气流或有害气体被吸入呼吸道所引起的损害，由于热力作用，同时又吸入大量未燃尽的烟雾、炭粒、有刺激性的化学物质等，从而导致呼吸道及肺泡的混合损伤，其多发生于大面积烧伤，尤其是伴有头面部烧伤患者。该损伤多与环境有关，往往发生于不通风或密闭的环境，尤其是爆炸燃烧时。此环境内，热焰浓度大、温度高，不易迅速扩散，患者不能立即离开火，加之在密闭空间，燃烧不完全，产生大量一氧化碳及其他有毒气体，使患者中毒而昏迷，重则窒息死亡。合并爆炸燃烧时，高温、高压、高流速的气流和浓厚的有毒气体，可引起呼吸道深部及肺实质的损伤。另外，患者站立或奔走呼喊，致热焰吸入，也是致伤原因之一。对呼吸道烧伤的鉴定，一般采用临床医学的三类分度方法来进行。

一类，轻度：烧伤在咽喉以上，表现为口、鼻、咽黏膜发白或脱落，充血水肿，分泌物增多，鼻毛烧焦并有刺激性咳嗽，吞咽困难或疼痛等。

二类，中度：烧伤在支气管以上，出现声嘶和呼吸困难，早期痰液较稀薄，往往包含黑色炭粒，肺部偶有哮鸣或干啰音。经气管切开后严重呼吸困难往往可改善。

三类，重度：烧伤深及小支气管，呼吸困难发生较早而且严重，往往不能因气管切开而改善，肺水肿出现也较早，肺部呼吸音减低并有干湿啰音。

4. 电击伤的鉴定。电击伤的鉴定是指电流造成人体损伤程度的判定，鉴定时要注意三个问题，一是首先解决电击伤的确定，二是哪些并发症属于严重型，三是遗留的功能障碍。鉴定部门常以《劳动能力鉴定职工工伤与职业病致残等级》中的相关内容为鉴定依据。

(1) 电击伤的病理及损伤机制。电击伤指人体与电源直接接触后（间接接触也可以发生，例如电源通到潮湿的土地上、水塘的水中等），电流进入人体，电在人体内转变成热能而造成大量的深部组织和肌肉、神经、血管、骨骼的坏死。电流由一侧肢体流向另一侧肢体时，可引起心脏损伤、心跳骤停，脊髓损伤出现截瘫。电击伤后周围神经损伤以正中神经、桡神经和尺神经多见，引起这些神经的麻痹、断裂、水肿等。总之，电击伤是一个综合性的复杂受伤过程，有引起火灾的烧伤、有电击倒后的坠跌伤、有电流直接造成的各种损伤。损伤程度的大小主要与电流强度、电压、组织电阻、电的种类（直流电、交流电）、电流进入人体的部位和接触电流时间的长短等因素有关。

（2）电击伤的临床表现。全身表现：轻度电击可引起头晕、心悸、面色苍白、四肢软弱、全身乏力等症状；较重者可有心律不齐、抽搐、休克等表现；重者心脏停搏（多由于心室纤颤）及呼吸停止，进入"假死"状态，并迅速出现酸中毒及脑水肿等继发性改变所引起的表现。

局部表现：接触电源及电流通过的部位可呈现皮肤水疱、出血点、淤斑、水肿，甚至焦化变色。一般电流入口处损伤比出口处更严重。

并发症：可因神经系统功能损伤造成失明、耳聋、精神障碍、肢体瘫痪，也可因血管损伤造成继发性出血等并发症，还可引起内脏损伤、脊髓损伤、广泛深部肌肉坏死、肌红蛋白尿和急性肾功能衰竭等并发症，有时还可有电火花烧伤或衣服着火后烧伤。

（3）伤害程度评定要点。

①有确证的触电史。

②在检查时可发现身体上有电流斑、休克、四肢冷、脉慢而弱、呼吸显鼾声、抽搐、痉挛性僵直、面色苍白、惊慌、心悸无力、血压不稳、呼吸快深；严重者可昏迷，呼吸、心跳全无，可检见烧焦的组织，也可见有骨折及关节脱位。

③在电流入口及（或）出口处有程度不等的皮肤及深部组织电流热损伤，严重的可导致炭化，一般电流入口处损伤比出口更严重。

④电流入口、出口肢体的远端常有血运障碍，温度减低和感觉减退，肢体呈屈曲或挛缩状态。往往同时有电火花烧伤或衣服着火后的烧伤。

⑤电击伤可以有内脏损伤、脊髓损伤、广泛深部肌肉组织坏死、肌红蛋白尿和急性肾功能衰竭。

⑥电击伤后，由于烧灼伤创面感染、瘢痕形成、坏死组织脱落等，肢体可出现功能障碍。

⑦合并有内脏及其他重要组织器官损伤的，可以遗留受损组织器官的功能障碍。对出现的并发症、后遗症的伤残程度进行评定，符合规定标准的即可鉴定为重伤、轻伤或轻微伤。

⑧认真做好触电过程中的机体机械性损伤（跌倒、高坠、撞碰等）的检验，这些损伤与电击构成直接因果关系的，再评定损伤程度及劳动能力丧失程度。

⑨认真做好鉴别诊断的工作，把内脏损伤后的功能障碍与疾病引起的功能障碍严格区别开来。

⑩电警棍所用的是高压直流电，在皮肤上所遗留的痕迹很小，但是只要认真检查是能检查出来的。必要时可以采样作些微量分析检验，以此对身体上或尸体上的可疑电流斑作出鉴定。电警棍很少能电死人，如果在电击后人短时间内死亡的，多数原因是由潜在性疾病诱发死亡。

⑪对电警棍所导致的电击伤（死亡），电警棍经过质量检验确定为伪劣产品的，保险公司不负有赔偿责任，可由生产厂家进行民事赔偿。如果保险公司已经赔偿的，可以向生产厂家追偿。

二、对人身意外损伤后有影响的常见因素

（一）伤后感染因素

伤后感染是指当人体创伤后，创口内有各种各样的细菌侵入造成损伤加重情况。外伤感染分为局部感染和全身感染两种，也有局部感染合并全身感染的。无论是局部感染还是全身性感染，都会使创口的愈合出现问题，轻者会延期愈合，重者会局部糜烂，最重的会危及生命。有感染就要加大用药，治疗时间延长，出现并发症、残疾等，最后会增大理赔赔偿费的数额，或出现赔偿上的纠纷。有的很轻的损伤，也可能最后导致受害人丧命，例如伤后合并出现破伤风、败血症、化脓性脑膜炎、狂犬病等。

（二）创口内异物滞留的因素

创口内异物滞留是指人体受到意外伤害出现组织破溃时，外界的异物黏附在创口内造成损伤程度加重的情况。这种异物黏附在创口，如果清除不掉时就称之为异物滞留。异物的种类很多，有泥土、沙石、木质、铁屑、衣服碎片等，这些异物是来自体外的环境中，还有些异物滞留是来自伤者自己体内的，例如骨碎片、坏死的组织和局部血肿血块等。比较有经验的外科医生，当发现一个普通伤口长期感染不愈时，皆需要重新清创，在清创中也大多能发现有异物滞留。因此，创口或创道内有异物滞留会延长医疗终结时间，加大赔偿数额，意外伤害住院津贴型的保险应特别注意。如异物滞留或游走到重要脏器内还可能出现残疾，严重的可危及生命。

（三）组织的低灌流因素

组织的低灌流是指人体损伤后，其创口的修复因供血不足而损伤加重或修复时间延长的情况。造成受伤局部供血不足的原因是复杂的，大部分是客观原因。例如，四肢末梢的损伤在局部供血上就不如近心端，因此，四肢末梢处的损伤愈合比近心端要慢一些；冬天四肢末梢供血更是不足，所以创伤愈合比天气暖和时慢。贫血患者、失血患者等，凡是导致创伤局部供血不足的皆会发生延期愈合。

（四）医疗因素的影响

这是指人体损伤后因医院治疗不当造成损伤扩大或康复延期的情况。正常情况是大部分损伤经过医生的精心治疗，可以如期治愈康复，但也有一部分损伤治疗效果不尽如人意，最后留下残疾。还有的比较轻的损伤，由于医疗因素的影响，越治越重，最后导致残疾或死亡。医疗上的失误、技术不佳或责任心不强均会加重损伤，致受害人残疾或死亡。这就是我们常碰到的医疗事故、医疗差错。

（五）伤者全身状况和内在疾病的因素

这是指伤者自己身体状况对损伤修复的影响，即自行修复能力的大小。自行修复能力也是非常重要的，如果伤者患有严重全身消耗性疾病，例如糖尿病、肝硬化、癌症、肺结核、尿毒症、高度营养不良、瘢痕过敏体质和某些血液病等，其修复时间肯定比一个健康的人要长一些。

（六）年龄的因素

这是指年龄的大小导致创伤的愈合时间有所不同的情况。老年人抵抗力不如年轻

人，同一种程度的外伤，如发生在年轻人身上一个月就能康复，如发生在一个老年人身上三个月也不一定能康复。这种康复时间长是客观事实，是客观存在的，不是有意拖延时间，应该实事求是地解决。另外，还有陪护人、陪护时间，也都相应增加。因为人老了自理能力逐年降低，即使不受伤，都还需要人照顾，一旦受伤就更离不开他人了，所以，当老年人受到意外伤害造成伤残后，各种费用都比年轻人要花费得多。这一类型的案例在意外伤害保险和医疗保险的理赔实践中是非常多见的。

（七）气温及环境因素

气温对创伤的愈合有一定影响，在常温20℃的气温下特别有利于伤口的修复，温度过高，体表汗液太多，很容易使伤口感染，温度过低也对伤口愈合不利。我国疆土广阔，南北地区温差相差很大，就是同一地区，一年四季也有较大的温差，所以创伤愈合的时间可能出现不统一的情况。环境不同对创伤也有影响，特别表现在创伤当时的环境，如果受伤的地方有风沙污染、苍蝇蚊子叮咬，很可能并发感染。如果环境及致伤物清洁，感染的机会就很小。

（八）多重损伤的因素

这是指人体受到损伤部位的多少对康复快慢的影响。意外伤害导致的伤有轻有重，有多有少，轻伤就愈合得快，重伤就愈合得慢，单处损伤就愈合得快，损伤有多处时则愈合得慢。多重损伤与多处损伤虽然有相同的地方，但也有不同的地方：多处损伤一般是指损伤的部位较多，主要指的是部位和面积而言；多重损伤包括多处损伤，但也包括损伤的深度、轻重和多器官。单处损伤致残的可能性是会有的，但多重损伤致残的可能性就比单处损伤致残的可能性要大，其致残程度也更重。赔偿费的项目和数额与损伤程度基本上成正比，单处损伤赔偿数额少，多重损伤赔偿数额多。因此，在处理保险赔偿责任的意外伤害案件时，如果发现受害人花去各种费用特别多，要调查损伤的轻重，是否有多处损伤，是否有多重损伤的存在。

三、人身伤害因果关系的"寄与度"评定法

【案例】

2008年1月1日，某电器公司向保险公司投保一年期团体人身意外伤害保险，保险金额为3万元。同年9月4日，该公司谢某在爬楼梯时不慎摔倒，致使左手上臂划伤，后由于伤口感染，左肩关节结核扩散到肾和颅内，经医院治疗一个月无效死亡。受益人以意外伤害死亡到保险公司索赔。保险公司理赔调查发现，谢某曾因结核病在医院手术治疗过，体内存留有结核杆菌，由于结核杆菌感染伤口，扩散至肾和颅脑而死亡。此案如何处理？是疾病死亡或是意外死亡，还是都有关联？保险公司最后认为，被保险人是因意外受伤，才会有伤口感染，然后才引起结核扩散到颅脑和肾而死亡。因此，保险公司承担了部分赔偿责任。其理由就是来自"损伤寄与度原理"。

造成人体损伤的原因是复杂的，有多因一果、多因多果、一因多果的问题。因此，在残疾鉴定书上常常会出现引起争议的鉴定分析意见或结论。例如，伤者的目前残疾是外伤造成的，为主要的直接因果关系；被保险人目前的残疾外伤是间接原因；在责任认定方面，也有时写明主要责任、次要责任、大部分责任、小部分责任等。在人身伤害赔偿案例中，判定伤害因素与伤害结果是否存在因果关系，不能简单地二者择其一，而是要根据所造成人身伤害的各个原因的大小程度，按量和比例将其反映于赔偿金额中，这样才比较科学。在事故造成的死亡、残疾、后遗症、伤病中，常与事故相混杂的因素，除受害者既存疾病外，还有受害者的老化因素、医疗事故因素和其他事故场合内外的因素，针对这一问题，笔者认为可以参考"寄与度"的评定方法，把这个方法用于多因一果、多因多果、一因多果的伤害案件评定比较科学。下面将此种评定方法介绍如下：

（一）事故"寄与度"的分级

将事故的"寄与度"从 0 到 100% 分为 11 个等级。

（1）与事故无关的伤害及与事故有关的伤害混杂时，若确定由前者造成，则事故"寄与度"为 0。

（2）由事故诱发疾病发作，于事故后短期内死亡，其度为 10%。

（3）已发现可能是事故造成的伤害，但其作为伤害原因不如其他伤害因素，其度为 20%。

（4）已发现可能主要是事故造成的伤害，但其作为伤害原因不如其他伤害因素，其度为 30%。

（5）已发现事故可能都是决定性因素的伤害，但其作为伤害原因不如其他伤害因素，其度为 40%。

（6）既有与事故无关的伤害，又有事故引起的伤害，其度为 50%。

（7）既有与事故无关的伤害，又有事故引起的伤害，但两者单独都不可能造成伤害，两者造成伤害的或然性都较高，其度为 60%。

（8）已发现由事故引起的或然性较高的伤害，由其作为伤害原因优于其他伤害因素，其度为 70%。

（9）已发现事故为主要起因的或然性较高的伤害，由其作为伤害原因优于其他伤害因素，其度为 80%。

（10）已发现事故为决定性原因的或然性较高的伤害，由其作为伤害原因优于其他伤害因素，其度为 90%。

（11）既有与事故无关的伤害，又有事故引起的伤害，且后者作为伤害的原因是确定的，其度为 100%。

"寄与度"表明："寄与度"为 0，与事故无关；10%～50% 为因果关系认定困难；60%～90% 为因果关系基本成立；100% 为因果关系确定。0 和 100% 称为肯定性，60%～90% 称为盖然性，10%～50% 称为或然性。或然性与盖然性都用于表示可信度的程度，盖然性比或然性的可信度高。

（二）事故"寄与度"的应用

事故的"寄与度"用在人身伤害的鉴定和赔付中，具有很高的价值。它不仅具有法律特性，而且使伤害各成因当事人能科学合理地负担给付责任，以达到保护各方利益的目的。事故的"寄与度"在国外已普遍应用，在国内司法鉴定中也已应用于各类复杂伤害残疾的鉴定与评定。在司法实践中，为了简明起见，常将损伤"寄与度"分成五个等级。

（1）当确定事故的"寄与度"为0时，如某严重心脏病患者，因受外力的轻微击打后不久出现心律失常而死亡，经过病理检验确证为疾病死亡，这时可以确定死亡为本身疾病所致，原则上意外伤害保险可不负赔偿责任。

（2）当确定事故的"寄与度"为25%时，如某患者有脑血管畸形，头部受到中等力量的撞击，单从脑外伤看是不足以导致死亡的，经过病理检验确定是因脑血管畸形处破裂出血而死亡。这是事故与死亡的因果关系认定困难，赔偿费占全额25%左右为宜。

（3）当确定事故的"寄与度"为50%时，如上例脑血管畸形，头部受到撞击力量很大而死亡时，经病理检验后，有脑挫伤，脑血管畸形处也破裂出血，两种情况如果单独存在都可以导致死亡，赔偿费占全额50%左右为宜。

（4）当确定事故的"寄与度"为75%时，经过病理检验为多因一果造成的，本身疾病的存在不应当导致死亡，外伤是导致死亡的主要原因，本身疾病是次要原因，赔偿费占全额75%左右为宜。

（5）当确定意外事故的"寄与度"为100%时，如死者原有严重疾病，但死者是因为意外从高处坠落内脏破裂而死的，经过病理检验排除疾病死亡，此种情况的"寄与度"为100%，赔偿也是100%。

第三节 残疾鉴定

【案例】

万某于2009年2月6日从某保险公司购买了1年期意外伤害保险，保额10万元。同年7月5日在搅拌混凝土时，被搅拌机绞断了右手（右手腕关节以上断离），经过3个月治疗后，以意外伤害导致残疾为理由到保险公司索赔。

请思考该案应如何处理？

提示：关键是在核实上述案情后，重点寻找理赔给付的计算依据，即残疾的等级鉴定结果。

本节重点讲述的是怎样进行残疾鉴定和评定伤残等级的法律依据。掌握其内容是理赔人员准确判定伤残程度，确定赔付比例的关键。

残疾是因伤害、疾病等原因在人体上遗留下固定症状和给身体带来形态及功能上的改变，并影响正常生活和劳动能力的状态。其要点是：第一，有固定症状，有身体形态和功能上的改变；第二，影响生活和劳动能力。

对残疾的评价，首先是定性，即是否为残疾。对残疾的定性，原则上应在症状固定后进行。由于治疗未达到预期效果，到症状固定还需要一定时间，此时如果预测不能在6个月内达到症状固定，可以在治疗结束时，以未来可能固定的症状来判定。确认为残疾后，还需要对残疾程度进行评级。我国最常用的有以下三种方法：

一是"中国五类残疾标准"法。把残疾分为听力语言残疾、视力残疾、智力残疾、肢体残疾、精神病残疾五类。

二是"中国四等六级"法。该方法依据功能障碍程度、活动能力限制程度、残疾件数多少及部位，划分为特等、一等、二等甲级、二等乙级、三等甲级、三等乙级，即"四等六级"。此方法明确、简单，便于确定补偿金额或比例。

三是人身保险领域使用最广的《人身保险残疾程度与保险金给付比例表》，该文件将残疾分为7级，1级给付比例最高，7级最低。

我国制定的五类残疾标准中的视力残疾标准、听力语言残疾标准与国际标准基本一致，智力残疾标准与国际标准一致，肢体残疾标准则是自行制定的，精神残疾标准也是参照世界卫生组织提供的精神病分级标准而自行制定的。

一、我国五类残疾的定义及分级标准

（一）视力残疾标准

1. 视力残疾的定义。视力残疾是指由于各种原因导致双眼视力障碍或视野缩小，难以完成一般人所能从事的工作、学习或其他活动，视力残疾包括盲和低视力两类。

2. 视力残疾的分级。双眼中好眼的最佳矫正视力低于 0.02 或视野半径小于 5 度者为一级盲；最佳矫正视力等于或优于 0.2 而低于 0.05，或视野半径小于 10 度者为二级盲；最佳矫正视力等于或优于 0.05 而低于 0.1 者为一级低视力；最佳矫正视力等于或优于 0.1，而低于 0.3 者为二级低视力（见表 8-4）。

表 8-4　　　　　　　　　　　　　　视力残疾的分级

类别	级别	好眼最佳矫正视力
盲	一级盲	<0.02 至无光感，或视野半径 <5 度
	二级盲	<0.05~0.02，或视野半径 <10 度
低视力	一级低视力	<0.1~0.05
	二级低视力	<0.3~0.1

注：①盲或低视力均指双眼而言，若双眼视力不同，则以视力较好的一眼为准。
②如仅有一眼为盲或低视力，而另一眼的视力达到或优于 0.3，则不属于视力残疾范围。
③最佳矫正视力是指以适当镜片矫正所能达到的最好视力，或以针孔镜所测得的视力。

（二）听力语言残疾标准

1. 听力语言残疾的定义。听力残疾是指由于各种原因导致双耳听力丧失或听觉障碍，而听不到或听不清周围环境的声音。语言残疾是指由于各种原因导致不能说话或语言障碍，难以与一般人进行正常的语言交流活动。

听力语言残疾包括：①听力和语言功能完全丧失（既聋又哑）；②听力丧失而不能说话或构音不清（聋而不哑）；③单纯语言障碍，包括失语、失音，构音不清或严重口吃。

2. 听力语言残疾的分级。根据《中国残疾人实用评定标准》，听力残疾分为四级。听力损失大于90分贝，言语识别率小于15%者为一级听力残疾；听力损失71～90分贝，言语识别率15%～30%者为二级听力残疾；听力损失61～70分贝，言语识别率31%～60%者为三级听力残疾；听力损失51～60分贝，言语识别率61%～70%者为四级听力残疾（见表8-5）。听力残疾系指双耳而言，若仅有一耳符合上述条件而另一耳的听力损失等于或小于50分贝，则不属于听力残疾范围。

表8-5　　　　　　　　　　　　　　　　听力残疾的分级

类别	级别	听力损失程度
聋	一级聋	>91分贝
	二级聋	90～71分贝
重听	一级重听	70～56分贝
	二级重听	55～41分贝

注：①聋和重听均指双耳，若双耳听力损失程度不同，则以听力损失轻的一耳为准。

②一耳系聋或重听，而另一耳的听力损失等于或小于40分贝的，不属于听力残疾范围。

（三）智力残疾标准

1. 智力残疾的定义。智力残疾是指人的智力活动能力明显低于一般人的水平，并显示出适应行为的障碍。

智力残疾包括：在智力发育期间（18岁之前），由于各种有害因素导致的精神发育不全或智力迟缓；智力发育成熟以后，由于各种有害因素导致的智力损害或老年期的智力明显衰退。

2. 智力残疾的分级。为了便于与国际资料相比较，参照世界卫生组织和美国精神发育迟滞协会的智力残疾分级标准，按其智力商数（IQ）及社会适应行为来划分智力残疾的等级。

智力商数是指通过某种智力量表所测量得到的智龄和实际年龄的比，即IQ＝智龄/实际年龄×100，不同的智力测定方法有不同的IQ值，但诊断的主要依据是社会适应行为。

智力残疾分为四级：智商小于20者为一级智力残疾（极重度）；智商在20～34者为二级智力残疾（重度）；智商在35～49者为三级智力残疾（中度）；智商在50～69者为四级智力残疾（轻度）（见表8-6）。

表 8 – 6 智力残疾的分级

分级	与平均水平差距	智力水平	适应能力
一级智力残疾（极重度）	≥5.01	IQ 值在 20 或 25 以下，适应行为极差，面容呆滞，终身生活全部需要他人照料，引动感觉功能极差，如通过训练，仅在下肢、手及颌的运动方面有所反应	极重度适应缺陷
二级智力残疾（重度）	4.01 ~ 5.00	IQ 值在 20 ~ 35 或 25 ~ 40，适应行为差，即使经过训练，生活能力也很难达到自理，仍需要他人照料，运动、语言发育差，与人交往的能力差	重度适应缺陷
三级智力残疾（中度）	3.01 ~ 4.00	IQ 值在 35 ~ 50 或 40 ~ 55，适应行为与实用技能都不完全，如生活能力达到部分自理，能做简单的家务劳动，具有初步的卫生和安全知识，但是阅读和计算能力差，对周围环境辨别能力差，只能以简单方式与人交往	中度适应缺陷
四级智力残疾（轻度）	2.01 ~ 3.00	IQ 值在 50 ~ 70 或 55 ~ 75，适应行为低于一般人的水平，具有相当的实用技能，如能自理生活，能承担一般的家务劳动或工作，但缺乏技巧和创造性，一般在指导下能适应社会，经过特殊教育可以获得一定的阅读和计算能力，对周围环境有较好的辨别能力，能比较适当地与人交往	轻度适应缺陷

（四）肢体残疾标准

1. 肢体残疾的定义。肢体残疾是指人的四肢残缺或四肢、躯干麻痹、畸形，导致人体运动系统不同程度的功能丧失或功能障碍。

肢体残疾包括：①上肢或下肢因外伤、病变而截除或先天性残缺；②上肢或下肢因外伤、病变或发育异常所致的畸形或功能障碍；③脊椎因外伤、病变或发育异常所致的畸形或功能障碍；④中枢神经、周围神经因外伤、病变或发育异常造成的躯干或四肢的功能障碍。

2. 肢体残疾的分级。肢体残疾的等级是从人体运动系统有几处残疾、致残部位高低和功能障碍程度进行综合考虑并以功能障碍为主来划分的。根据《中国残疾人实用评定标准》，肢体残疾分为三级：完全不能或基本不能完成日常生活活动者为一级（重度）肢体残疾；能够部分完成日常生活活动者为二级（中度）肢体残疾；基本上能够完成日常生活活动者为三级（轻度）残疾（见表 8 – 7）。

表 8 – 7 肢体残疾的分级

一级	a. 四肢瘫痪、下肢截瘫，双髋关节无自主活动能力；偏瘫，单侧肢体功能全部丧失 b. 四肢在不同部位截肢或先天性缺肢，单全臂（或全腿）和双小腿（或前臂）截肢或缺肢，双上臂和单大腿（或小腿）截肢或缺肢，双全臂（或双全腿）截肢或缺肢 c. 双上肢功能极重度障碍；三肢功能重度障碍
二级	a. 偏瘫或双下肢截瘫，残肢仅保留少许功能 b. 双上肢（上臂或前臂）或双大腿截肢或缺肢；单全腿（或全臂）和单上臂（或大腿）截肢或缺肢；三肢在不同部位截肢或缺肢 c. 两肢功能重度障碍；三肢功能中度障碍

续表

三级	a. 双小腿截肢或缺肢，单肢在前臂、大腿及其上部截肢或缺肢
	b. 一肢功能重度障碍；两肢功能中度障碍
	c. 双拇指伴有食指（或中指）缺损
四级	a. 单小腿截肢或缺肢
	b. 一肢功能重度障碍；两肢功能轻度障碍
	c. 脊椎（包括颈椎）强直；驼背畸形大于70°；脊椎侧凸大于45°
	d. 双下肢不等长，差距大于5cm
	e. 单侧拇指伴有食指（或中指）缺损；单侧保留拇指，其余四指截除或缺损

注：以下情况不属于肢体残疾范围：
　　①保留拇指和食指（或中指）而失去另外三指者。
　　②保留足跟而失去足的前半部者。
　　③双下肢不等长，差距小于5cm者。
　　④小于70°的驼背或小于45°的脊椎侧凸。

（五）精神残疾标准

1. 精神残疾的定义。精神残疾是指精神病患者患病持续1年以上未痊愈，导致其对家庭、社会应尽职能出现一定程度的障碍。按其精神障碍的程度在临床上分为轻、中、重度、极重度四种。

主要是颅脑损伤性器质性精神障碍，其严重程度一定要达到完全或部分丧失控制能力、辨认能力及自我保护能力的标准，伤后精神症状要持续180天以上（包括180天）。保险核保核赔人员在分析鉴定报告时要注意该鉴定是否按照我国《刑事诉讼法》中的相关规定，由省级政府所指定的医院进行，或者由有精神病鉴定资质的鉴定中心进行。符合规定的鉴定机构的鉴定报告才是合法有效的。同时也要看在司法鉴定的时候是否严格掌握以下标准：一是与功能性的精神病相鉴别，二是与脑外伤后继发性精神障碍相区别（原有精神病史，脑外伤后诱发性质的按一般性伤害处理，按损失工作日计算，不作伤残等级鉴定），三是达到不同程度丧失控制能力及辨认能力，四是达到不同程度社会功能损害，五是经过系统的医疗6个月仍不能治愈。

司法鉴定的参考资料有：

（1）意外伤害致器质性精神障碍的诊断。有明确的颅脑损伤伴不同程度的意识障碍病史，并且精神障碍发生和病程与颅脑损伤相关。考虑两方面内容：

一是症状表现：①意识障碍。②遗忘综合征。③痴呆。④器质性人格改变。⑤精神病性症状。⑥神经症样症状。

二是现实检验能力或社会功能减退。

（2）器质性精神障碍的分级。对确诊颅脑损伤致器质性精神障碍者，采用《精神残疾分级的操作性评估标准》评定精神障碍程度（见附录）。

①重度（一级）：5项评分中有3项或多于3项评为2分。

②中度（二级）：5项评分中有1项或两项评为2分。

③轻度（三级）：5项评分中有两项或多于两项评为1分。

（3）社会功能方式评定精神残疾的分级。按社会功能的缺陷情况可将精神残疾分为三级：社会功能严重缺陷为一级（重度）精神残疾；社会功能有缺陷为二级（中度）精神残疾；社会功能有轻度缺陷为三级（轻度）精神残疾（见附录8-1）。

附录8-1：《精神残疾分级的操作性评估标准》五项评分标准摘录如下：

以下五个问题，是对患者社会功能的评价。请您根据他（她）最近一个月的情况结合与病前的比较给予回答：

1. 个人生活自理能力。本条件评定患者近一个月个人生活料理情况，比如是否按时休息、个人卫生习惯（比如洗脸、洗澡、理发、刮胡子）、梳妆打扮、衣着整洁、住处卫生、主动进餐、二便料理等情况。

0分——与病前差不多，或偶有小问题。

1分——确有功能缺陷。需要督促或协助，已经给他人增加了负担。

2分——严重功能缺陷。绝大部分或全部生活料理需要由他人照管，给别人造成很大负担。

2. 家庭生活职能表现。本条件评定患者近一个月内在家庭日常生活中，能否做到他（她）最起码应该做的事。比如与家人一起吃饭，分担部分家务劳动，与家人一起看电视，搞卫生，参与家庭事务讨论，修理家用物品，对家庭必要的经济支持，等等。

0分——与病前差不多，或仅有轻微异常。

1分——确有功能缺陷。不履行义务，或每天在家中呆坐至少两小时。做什么事都很被动。

2分——严重功能缺陷。几乎不参与家庭活动，不料理家务。

3. 对家人的关心与责任心。本条评定患者在近一个月内，对待配偶、父母、子女或同住亲属有无亲密感情与责任心，能否与他（她）们相互交往、交换意见及情感上或生活上的关心与支持。是否关心孩子的抚养教育，关心家庭成员的进步与前途，关心家庭今后的发展与安排。对未婚患者还应了解他（她）们择偶的态度。

0分——与病前差不多，或仅有轻微异常。

1分——确有功能缺陷。夫妻间或与其他家庭成员很少交流与关心，对子女缺乏关怀。对家庭安排缺乏关心。

2分——严重功能缺陷。与家人经常争吵或在家不理任何人。对孩子完全不管。对家庭的将来一点也不考虑。未婚者对择偶态度不可理解。

4. 职业劳动能力。本条评定近一个月患者病前掌握的职业技能（指在职人员）学习能力（指学生）或家务劳动（指病前无职业，已休学待业或离退休者）水平有否下降。是否按常规行事，按时上下班，按时到校学习，家务劳动是否因精神病已受到影响。

0分——无异常，或只有些小问题。

1分——确有功能缺陷。不能按时上下班。职业工作已降低档次，学习成绩或家务劳动水平下降。也包括因精神病待业、病休及休学、患者可恢复工作或学习，尚待安排者。

2分——严重功能缺陷。因精神病症状明显而不能工作与学习，不能料理家务。

5. 社交活动能力。本条评定患者近一个月与人们交往和参与社会活动的情况。包括对同事、同学、亲友、邻居以及与生活工作等需要接触但不一定熟悉的人（如汽车售票员、商店售货员等）的接触与交往情况，主动走亲访友情况，主动逛商店、购物、去娱乐场所活动等情况。

0分——与病前差不多，或仅有轻微异常。

1分——不主动接触他人，不主动外出活动，但经过反复劝说与鼓励尚能接触与参与。

2分——严重地社会性退缩，终日独处，拒不与人交往，拒绝参与任何社交活动，劝说无效。

二、我国人身保险伤残鉴定标准

我国人身保险领域所采用的伤残鉴定标准是中国人民银行1998年下发的，后经中国保监会通知继续使用的《人身保险残疾程度与保险金给付比例表》（以下简称《比例表》）。该表将残疾等级分为7级34项。每级都有相应的赔付比例，是一种列举式法规性文件，简明扼要。中国保监会要求全国各大保险公司的人身保险，对新参加人身意外伤害残疾保险的，在赔付标准上一律按照《比例表》中的规定进行赔付。在保险理赔实务中，对被保险人因疾病或意外伤害所致残疾，主要以此为依据进行残疾鉴定，有了鉴定报告的结果就可以从表中查定保险金给付的比例，然后以保险合同的保险金额乘上给付比例，即可计算出应该向被保险人支付的保险金。该表极大地方便了人身保险的理赔工作。其缺点就是制定的条款比较粗，没有把比较常见的人身意外伤害残疾都包括进去，许多比较少见和复杂的人身伤害残疾则没有列入（见表8-8）。

表8-8　　　　　　　　　　人身保险残疾程度与保险金给付比例表

等级	项目	残疾程度	最高给付比例
第一级	一	双目永久完全失明的（注①）	100%
	二	两上肢腕关节以上或两下肢踝关节以上缺失的	
	三	一上肢腕关节以上及一下肢踝关节以上缺失的	
	四	一目永久完全失明及一上肢腕关节以上缺失的	
	五	一目永久完全失明及一下肢踝关节以上缺失的	
	六	四肢关节功能永久完全丧失的（注②）	
	七	咀嚼、吞咽功能永久完全丧失的（注③）	
	八	中枢神经系统功能或胸、腹部脏器功能极度障碍，终身不能从事任何工作，为维持生命必要的日常生产活动全需他人扶助的（注④）	
第二级	九	两上肢、或两下肢、或一上肢及一下肢，各有关三大关节中的两个关节以上功能永久完全丧失的（注⑤）	75%
	十	十手指缺失的（注⑥）	
第三级	十一	一上肢腕关节以上缺失或一上肢的三大关节全部功能永久完全丧失的	50%
	十二	一下肢踝关节以上缺失或一下肢的三大关节全部功能永久完全丧失的	
	十三	双耳听觉功能永久完全丧失的（注⑦）	

续表

等级	项目	残疾程度	最高给付比例
	十四	十手指功能永久完全丧失的（注⑧）	
	十五	十足趾缺失的（注⑨）	
第四级	十六	一目永久完全失明的	30%
	十七	一上肢三大关节中，有两关节之功能永久完全丧失的	
	十八	一下肢三大关节中，有两关节之功能永久完全丧失的	
	十九	一手含拇指及食指，有四手指以上缺失的	
	二十	一下肢永久缩短5cm以上的	
	二十一	语言功能永久完全丧失的（注⑩）	
	二十二	十足趾功能永久完全丧失的	
第五级	二十三	一上肢三大关节中，有一关节之功能永久完全丧失的	20%
	二十四	一下肢三大关节中，有一关节之功能永久完全丧失的	
	二十五	两手拇指缺失的	
	二十六	一足五趾缺失的	
	二十七	两眼眼睑显著缺损的（注⑪）	
	二十八	一耳听觉功能永久完全丧失的	
	二十九	鼻部缺损且嗅觉功能遗存显著障碍的（注⑫）	
第六级	三十	一手拇指及食指缺失，或含拇指或食指有三个或三个以上手指缺失的	15%
	三十一	一手含拇指或食指有三个或三个以上手指功能永久完全丧失的	
	三十二	一足五趾功能永久完全丧失的	
第七级	三十三	一手拇指或食指缺失的，或中指、无名指和小指中有两个或两个以上手指缺失的	10%
	三十四	一手拇指及食指功能永久完全（注⑬）丧失的	

注：①失明包括眼球缺失或摘除，或不能辨别明暗，或仅能辨别眼前手动者，最佳矫正视力低于国际标准视力表0.02，或视野半径小于5度，并由保险公司指定有资格的眼科医师出具医疗诊断证明。

②关节功能的丧失系指关节永久完全僵硬，或麻痹，或关节不能随意识活动。

③咀嚼、吞咽功能的丧失系指由于牙齿以外的原因引起器质障碍或功能障碍，以致不能作咀嚼、吞咽运动，除流质食物外不能摄取或吞咽的状态。

④为维持生命必要之日常生活活动，全需他人扶助系指食物摄取、大小便始末、穿脱衣服、起居、步行、入浴等，皆不能自己为之，需要他人帮助。

⑤上肢三大关节系指肩关节、肘关节和腕关节；下肢三大关节系指髋关节、膝关节和踝关节。

⑥手指缺失系指近位指节间关节（拇指则为指节间关节）以上完全切断。

⑦听觉功能的丧失系指语言频率平均听力损失大于90分贝，语言频率为500、1000、2000赫兹。

⑧手指功能的丧失系指自远位指节间关节切断，或自近位指节间关节僵硬或关节不能随意识活动。

⑨足趾缺失系指自趾关节以上完全切断。

⑩语言功能的丧失系指构成语言的口唇音、齿舌音、口盖音和喉头音的四种语言功能中，有三种以上不能构声，或声带全部切除，或因大脑语言中枢受伤害而患失语症，并须有资格的五官科（耳、鼻、喉）医师出具医疗诊断证明，但不包括任何心理障碍引致的失语。

⑪两眼眼睑显著缺损系指闭眼时眼睑不能完全覆盖角膜。

⑫鼻部缺损且嗅觉功能遗存显著障碍系指鼻软骨全部或1/2缺损及两侧鼻孔闭塞，鼻呼吸困难，不能矫治或两侧嗅觉丧失。

⑬所谓永久完全系指自意外伤害之日起经过180天的治疗，功能仍然完全丧失，但眼球摘除等明显无法复原的情况不在此限。

第四节　与伤残有关的鉴定

【案例】

周某，男，35岁，某音乐学院钢琴教师，2005年4月被派往新疆援疆工作三年，其间派出单位为周某购买了期限三年的意外伤害保险（含意外医疗、收入损失的保障）和重大疾病保险，意外伤害保额20万元，重大疾病保额40万元。2006年2月9日周某在去新疆某学院上课途中，因下雪路滑，从马背上摔下来，导致右手腕关节粉碎性骨折，左手前臂尺骨骨折。周某委托同事向保险公司报案并索赔。

请思考该案有哪些保险金给付项目，如何计算，依据是什么？

提示：本案赔付项目除了意外伤害造成的残疾之外还有（1）意外医疗；（2）意外伤害导致劳动能力完全或部分丧失造成的收入损失；（3）双手不能活动的护理；（4）劳动能力的恢复情况。

本节针对意外伤害导致的除伤残之外（但与之相关）的其他保险责任在理赔时如何确定保险金额多少的问题进行阐述，其内容在人身保险实务中有着重要的指导作用。

与伤残有关的鉴定是指除人体残疾之外其他与之相关的，特别是与保险人要承担的保险责任相关的鉴定。例如，对护理依赖程度的鉴定，对劳动能力的丧失程度进行鉴定等。对意外伤害残疾后护理依赖和护理级别的鉴定标准，劳动能力丧失程度的鉴定标准，鉴定部门大部分参照2006年11月2日发布的GB/T16180-2006《职工工伤与职业病致残程度鉴定》（以下简称《工伤鉴定》）中相关规定进行。这里以《工伤鉴定》为依据来进行阐述。

一、护理依赖和护理级别的鉴定

（一）护理依赖和护理级别的鉴定标准

护理依赖是指因意外事故致残的被保险人生活长期或终生不能自理，需依赖他人护理。在人身损害赔偿方面，法律法规和司法解释没有对护理依赖和护理级别进行规定，而国家技术监督局颁布了两部有关劳动和社会保障的国家标准中涉及护理依赖和护理级别。

1.《工伤鉴定》总则规定，护理依赖是指伤、病致残者因生活不能自理需依赖他人护理者。生活自理范围主要包括下列五项：（1）进食；（2）翻身；（3）大小便；（4）穿衣、洗漱；（5）自我移动。

护理依赖的程度分三级：（1）完全护理依赖，指上述五项均需护理者；（2）大部分护理依赖，指上述五项中三项需要护理者；（3）部分护理依赖，指上述五项中一项需要护理者。

2.《事故伤害损失工作日标准》（GB/T15499 - 1995）规定护理依赖分级如下：

日常生活能力包括端坐、站立、行走、穿衣、洗漱、进食、大小便、书写（相对失写而言）八项。日常生活能力是人们维持生命活动的基本活动，能实现一项算 1 分，实现有困难的算 0.5 分，按其完成程度分为四级（见表 8 - 9）。

表 8 - 9   日常生活能力完成程度分级

级别	程度	表现	计分
一级	完全护理依赖	愈后，上述活动即使有适当设备或他人帮助也不能自己完成，全部功能活动需由他人帮助才能完成	0 ~ 2
二级	大部分护理依赖	愈后，上述活动大部分需要他人帮助才能完成	3 ~ 4
三级	部分护理依赖	愈后，上述活动部分需要他人帮助才能完成	5 ~ 6
四级	自理	愈后，独立完成上述活动有些困难，但无须他人语言和体力上的帮助，基本可以自理	7 ~ 8

（二）护理依赖和护理级别的鉴定注意事项

1. 以意外伤害受害人的组织器官功能障碍或缺失作为评定护理依赖和护理级别的依据，如意识障碍，食道闭锁造成不能进食，肢体瘫痪不能行走、翻身，脊髓马尾损伤致大小便失禁等。

2. 鉴定时应当考虑残疾器具使用后对功能障碍补偿情况，如果评定项目所规定功能障碍得到改善或者完全代偿，应当降低护理依赖级别甚至达不到护理依赖程度。

二、丧失劳动能力程度的鉴定

劳动能力是人用来生产物质资料的体力和脑力劳动能力的总和，具有医学含义的劳动能力是指人进行生活、生产的能力。劳动能力分为一般性劳动能力与职业性劳动能力。前者指的是为日常生活所需的单纯性劳动，如独立行走、吃饭、穿衣等。目前对丧失劳动能力的鉴定是以《中华人民共和国国家赔偿法》（以下简称《国家赔偿法》）为依据，分为部分丧失劳动能力鉴定和全部丧失劳动能力鉴定。

（一）完全丧失劳动能力的残疾鉴定

在《国家赔偿法》中完全丧失劳动能力及一至六级残疾等级标准评定原则：

一级：一级伤残是最严重的一级，列入了 24 种情况，其中肢体缺失和器官功能大部丧失的为 7 种，职业病 5 种。该级是指器官缺失或功能完全丧失、其他器官不能代偿，需要特殊的医疗依赖及完全的护理依赖；生活完全或大部分不能自理，劳动能力完全丧失；同时将极严重的智能损伤、面部重度毁容也划归为一级伤残。面部的重度毁容虽然可以从事某些工作，生活也可以自理，但是这类致残者的社会心理极端复杂，心理压抑并极端痛苦，很可能丧失生活信心，社会交往能力也随之基本丧失。

二级：列入 42 种情况，是指器官严重缺损或畸形，有严重的功能障碍或并发症，有特殊的医疗依赖和护理依赖，生活基本不能自理，劳动能力丧失 90%。有精神病症状、缺乏生活自理能力的也划为二级。这种精神病患者身体虽然健康，但精神上已经崩溃，随时都有可能发生意外，离不开监护人。

三级：列入49种情况，是指器官严重缺失或畸形，严重功能障碍或并发症，有特殊医疗依赖和部分护理依赖，劳动能力丧失80%。

四级：列入57种情况，是指器官严重缺损或畸形，严重功能障碍或并发症，有特殊医疗依赖和部分护理依赖。这类伤残者虽然生活上可以自理或部分自理，但劳动能力仍丧失70%。

五级：列入73种情况，是指器官大部分缺损或明显畸形，有较重的功能障碍或并发症，需要一般的医疗依赖，生活可以自理，劳动能力丧失60%。

六级：列入73种情况，是指器官大部分缺损或明显畸形，有中度的功能障碍或并发症，需要一般性医疗依赖，生活能自理，劳动能力丧失50%。应注意的是，凡是在监狱中服刑的人员，如果所从事的工作与职业病有关，并经过有职业病鉴定资质的鉴定机构鉴定，确认服刑人员所患的病症与所从事的职业有因果关系的，其损害赔偿由监狱主管部门按照职业病的相关规定按工伤保险进行赔偿。

（二）部分丧失劳动能力的残疾鉴定

在《国家赔偿法》中部分丧失劳动能力及七至十级残疾等级标准评定原则：

七级：列入72种情况，是指器官大部分缺损或畸形，有轻度功能障碍或并发症，存在一般性的医疗依赖，生活能自理，丧失劳动能力40%。

八级：列入74种情况，是指器官部分缺损，形态异常，轻度功能障碍，生活能自理，丧失劳动能力30%。

九级：列入54种情况，是指器官部分缺损，形态异常，轻度功能障碍，无医疗依赖，生活能自理。由于伤残者器官的部分缺损和轻度功能障碍，只能从事一般性的劳动，所以劳动能力丧失20%。

十级：列入54种情况，是指器官部分缺损，形态异常，无功能障碍，无医疗依赖，生活能自理，劳动能力丧失10%。

三、一般伤害损失工作日的评定

根据《国家赔偿法》第三十四条第一款第（一）项的规定，造成身体伤害的，应当支付医疗费、护理费，以及赔偿因误工减少的收入。减少的收入每日的赔偿金按照国家上年度职工日平均工资计算，最高额为国家上年度职工年平均工资的5倍。从以上的条款中可以看出，造成伤害的要赔偿医疗费和护理费。这种费用的计算可以认为是在合理审查后，再参考医疗保险所规定的标准确定。因伤害所造成的误工赔偿，是以伤害损失工作日为计算单位，以国家上年度职工日平均工资计算，最高额为国家上年度职工年平均工资的5倍。赔偿时可以是1倍、2倍，也可是3倍，但是绝不能超出5倍这个最高限额。这里涉及一般伤害的损失工作日怎么计算。对于损伤损失工作日的鉴定，应以国家发布的鉴定标准为依据，用专门知识进行分析，得出综合性判断，评价确定意外事故受伤人员伤残等级，并将检验结果、分析意见和评定结论制成书面文书形式的评定书，整个过程是严格按照法定程序和标准进行的。鉴定结论要按照对文书的要求，有鉴定人

签名和鉴定机构公章，鉴定人在必要时应当出庭接受质证和质询。

第五节 司法鉴定程序和鉴定报告

【案例】

赵某，男，30 岁，某汽车运输公司货车司机，2006 年 4 月 15 日在运货途中将苏某撞伤。该公司安全员立即向保险公司报案。保险公司立即派理赔人员到现场查勘并到医院了解苏某受伤情况。了解到以下资料：（1）驾驶证、行驶证合法有效；（2）保单合法有效，保险责任为车损险 15 万元、三责险 20 万元、交强险总额 10 万元；（3）苏某左下肢胫骨骨折，右上肢尺骨骨折，多处软组织挫伤，生命体征正常。基本判定为保险责任事故。2006 年 5 月 10 日，赵某携带苏某的住院病历、医院出具的残疾鉴定报告、交警部门的事故调解书，申请保险金给付。

请思考该案保险公司应如何核赔。

提示：

1. 该案定性属该赔案件。

2. 苏某治疗是否已经结束。

3. 残疾鉴定报告出具单位是否符合保险合同规定的要求。

4. 残疾鉴定作出的时间是否合理。

要解决上述问题，必须要了解司法鉴定的程序、符合要求的鉴定机构、符合要求的鉴定报告及报告的格式和内容。

一、司法鉴定程序

司法鉴定程序是指司法鉴定机构和司法鉴定人进行司法鉴定活动应当遵循的方式、方法、步骤以及相关的规则和标准。司法部制定发布的《司法鉴定程序通则》，是司法鉴定机构和司法鉴定人从事各类司法鉴定业务活动的行为准则。司法鉴定机构和司法鉴定人进行司法鉴定活动，应当遵守法律、法规、规章，遵守职业道德和职业纪律，尊重科学，遵守技术操作规范。司法鉴定实行鉴定人负责制度，司法鉴定人应当依法独立、客观、公正地进行鉴定，并对自己作出的鉴定意见负责。

从事司法鉴定必须注意以下几项工作原则：

1. 司法鉴定机构和司法鉴定人应当保守在执业活动中知悉的国家秘密、商业秘密，不得泄露个人隐私。未经委托人的同意，不得向其他人或者组织提供与鉴定事项有关的信息，但法律法规另有规定的除外。

2. 司法鉴定机构和司法鉴定人在执业活动中应当依照有关诉讼法律和本通则规定实行回避，司法鉴定人本人或者其近亲属与委托人、委托的鉴定事项或者鉴定事项涉及的案件有利害关系，可能影响鉴定的独立、客观、公正，应当回避。

3. 司法鉴定人经人民法院依法通知，应当出庭作证，回答与鉴定事项有关的问题。司法鉴定人自行提出回避的，由其所属的司法鉴定机构决定；委托人要求司法鉴定人回避的，应当向该鉴定人所属的司法鉴定机构提出，由司法鉴定机构决定。委托人对司法鉴定机构是否实行回避的决定有异议的，可以撤销鉴定委托。

4. 司法鉴定机构应当统一受理司法鉴定的委托。委托人应当向司法鉴定机构提供真实、完整、充分的鉴定材料，并对鉴定材料的真实性、合法性负责。委托人不得要求或者暗示司法鉴定机构和司法鉴定人按其意图或者特定目的提供鉴定意见。司法鉴定机构收到委托，应当对委托的鉴定事项进行审查，对属于本机构司法鉴定业务范围，委托鉴定事项的用途及鉴定要求合法，提供的鉴定材料真实、完整、充分的鉴定委托，应当予以受理。对提供的鉴定材料不完整、不充分的，司法鉴定机构可以要求委托人补充；委托人补充齐全的，可以受理。具有下列情形之一的鉴定委托，司法鉴定机构不得受理：①委托事项超出本机构司法鉴定业务范围的；②鉴定材料不真实、不完整、不充分或者取得方式不合法的；③鉴定事项的用途不合法或者违背社会公德的；④鉴定要求不符合司法鉴定执业规则或者相关鉴定技术规范的；⑤鉴定要求超出本机构技术条件和鉴定能力的；⑥不符合《司法鉴定程序通则》第二十九条规定的；⑦其他不符合法律、法规、规章规定情形的。

司法鉴定机构受理鉴定委托后，应当指定本机构中具有该鉴定事项执业资格的司法鉴定人进行鉴定。委托人有特殊要求的，经双方协商一致，也可以从本机构中选择符合条件的司法鉴定人进行鉴定。司法鉴定机构对同一鉴定事项，应当指定或者选择两名司法鉴定人共同进行鉴定；对疑难、复杂或者特殊的鉴定事项，可以指定或者选择多名司法鉴定人进行鉴定。

司法鉴定人进行鉴定，应当依下列顺序遵守和采用该专业领域的技术标准和技术规范：①国家标准和技术规范；②司法鉴定主管部门、司法鉴定行业组织或者相关行业主管部门制定的行业标准和技术规范；③该专业领域多数专家认可的技术标准和技术规范。不具备前款规定的技术标准和技术规范的，可以采用所属司法鉴定机构自行制定的有关技术规范。

司法鉴定人进行鉴定，应当对鉴定过程进行实时记录并签名。记录可以采取笔记、录音、录像、拍照等方式，记录的内容应当真实、客观、准确、完整、清晰，记录的文本或者音像载体应当妥善保存。在进行鉴定的过程中，需要对女性作妇科检查的，应当由女性司法鉴定人进行；无女性司法鉴定人的，应当有女性工作人员在场。需要对未成年人的身体进行检查的，应当通知其监护人到场。对被鉴定人进行法医精神病鉴定的，应当通知委托人或者被鉴定人的近亲属或者监护人到场。对需要到现场提取检材的，应当由不少于两名司法鉴定人提取，并通知委托人到场见证。对需要进行尸体解剖的，应当通知委托人或者死者的近亲属或者监护人到场见证。司法鉴定机构在进行鉴定的过程中，遇有特别复杂、疑难、特殊技术问题的，可以向本机构以外的相关专业领域的专家进行咨询，但最终的鉴定意见应当由本机构的司法鉴定人出具。司法鉴定机构应当在与委托人签订司法鉴定协议书之日起 30 个工作日内完成委托事项的鉴定。鉴定事项涉及复杂、疑难、特殊的技术问题或者检验过程需要较长时间的，经本机构负责人批准，完成鉴定的时间可以延长，延长时间一般不得超过 30 个工作日。司法鉴定机构与委托人对完成鉴定的时限另有约定的，从其约定。在鉴定过程中补充或者重新提取鉴定材料所需的时间，不计入鉴定时限。

司法鉴定机构在进行鉴定过程中，遇有下列情形之一的，可以终止鉴定：①发现委托鉴定事项的用途不合法或者违背社会公德的；②委托人提供的鉴定材料不真实或者取得方式不合法的；③因鉴定材料不完整、不充分或者因鉴定材料耗尽、损坏，委托人不能或者拒绝补充提供符合要求的鉴定材料的；④委托人的鉴定要求或者完成鉴定所需的技术要求超出本机构技术条件和鉴定能力的；⑤委托人不履行司法鉴定协议书规定的义务或者被鉴定人不予配合，致使鉴定无法继续进行的；⑥因不可抗力致使鉴定无法继续进行的；⑦委托人撤销鉴定委托或者主动要求终止鉴定的；⑧委托人拒绝支付鉴定费用的；⑨司法鉴定协议书约定的其他终止鉴定的情形。

有下列情形之一的，司法鉴定机构可以根据委托人的请求进行补充鉴定：①委托人增加新的鉴定要求的；②委托人发现委托的鉴定事项有遗漏的；③委托人在鉴定过程中又提供或者补充了新的鉴定材料的；④其他需要补充鉴定的情形。

有下列情形之一的，司法鉴定机构可以接受委托进行重新鉴定：①原司法鉴定人不具有从事原委托事项鉴定执业资格的；②原司法鉴定机构超出登记的业务范围组织鉴定的；③原司法鉴定人按规定应当回避而没有回避的；④委托人或者其他诉讼当事人对原鉴定意见有异议，并能提出合法依据和合理理由的；⑤法律规定或者人民法院认为需要重新鉴定的其他情形。接受重新鉴定委托的司法鉴定机构的资质条件，一般应当高于原委托的司法鉴定机构，应当委托原鉴定机构以外的列入司法鉴定机构名册的其他司法鉴定机构进行；委托人同意的，也可以委托原司法鉴定机构，由其指定原司法鉴定人以外的其他符合条件的司法鉴定人进行。

对于涉及重大案件或者遇有特别复杂、疑难、特殊的技术问题的鉴定事项，根据司法机关的委托或者经其同意，司法鉴定主管部门或者司法鉴定行业组织可以组织多个司法鉴定机构进行鉴定。

司法鉴定机构和司法鉴定人在完成委托的鉴定事项后，应当向委托人出具司法鉴定文书，包括司法鉴定意见书和司法鉴定检验报告书。司法鉴定文书应当由司法鉴定人签名或者加盖司法鉴定机构的司法鉴定专用章；多人参加司法鉴定，对鉴定意见有不同意见的，应当注明。司法鉴定文书一般应当一式三份，二份交委托人收执，一份由本机构存档。委托人对司法鉴定机构的鉴定过程或者所出具的鉴定意见提出询问的，司法鉴定人应当给予解释和说明。《司法鉴定程序通则》是司法鉴定机构和司法鉴定人进行司法鉴定活动应当遵守和采用的一般程序规则，不同专业领域的鉴定事项对其程序有特殊要求的，可以另行制定或者从其规定。

二、司法鉴定文书

（一）司法鉴定文书的概念

司法鉴定文书是司法鉴定人依照法律规定的条件和程序，运用专门知识或者技能对诉讼、仲裁等活动中所涉及的专门性问题进行科学鉴别和判定后制作的规范化文书的总称。

（二）司法鉴定文书的特征

1. 制作主体的特定性。司法鉴定文书必须由具有相应执业资格的司法鉴定人制作。

2. 制作程序的合法性。司法鉴定文书的产生过程必须符合法律、法规与司法鉴定程序等有关规定。

3. 文书内容的科学性。司法鉴定文书阐明的是自然科学现象，是对客观事实本质属性的真实记载。

4. 文书形式的规范性。司法鉴定文书必须按照统一规定的格式规范制作，使用国家标准计量单位、符号和文字，纸张、打印和版面符合规定的要求。

（三）司法鉴定文书分类

1. 根据司法鉴定文书的性质和作用进行的分类。根据司法鉴定文书的性质和作用，司法鉴定文书可以分为司法鉴定书、司法鉴定检验报告书、司法鉴定书证审查意见书、司法鉴定咨询意见书四种。其中，司法鉴定书是基本文书，其他三种文书是其派生文书。

（1）司法鉴定书（缩略语为"鉴"）：司法鉴定书是司法鉴定人对所委托的专门性问题得出鉴定结论后出具的鉴定文书。出具司法鉴定书的基本条件是：提供的资料系统完整，送检材料齐全，实验条件（技术方法和设备）完备，能得出鉴定结论。

（2）司法鉴定检验报告书（缩略语为"检"）：司法鉴定检验报告书是司法鉴定人对所委托的检验对象进行检验后出具的报告书。出具司法鉴定检验报告书的基本条件是：检验特定对象后，不加任何分析说明，直接客观反映检查、测试所见或实验结果。

（3）司法鉴定书证审查意见书（缩略语为"证"）：司法鉴定书证审查意见书是司法鉴定人根据所委托审查的书面资料，通过分析、比较而出具的审查意见书。出具司法鉴定书证审查意见书的基本条件是：一般不对具体的对象进行直接的检验，而是对书面材料的一种客观审查。

（4）司法鉴定咨询意见书（缩略语为"咨"）：司法鉴定咨询意见书是司法鉴定人对委托咨询或者难以形成鉴定结论的专门性问题出具的分析意见书。出具司法鉴定咨询意见书的基本条件是：因资料不完整、检材不符合条件、技术条件限制等而不能得出鉴定结论。

2. 根据司法鉴定程序进行的分类。根据司法鉴定程序，司法鉴定文书可以分为司法鉴定书、补充鉴定书、复核鉴定书、重新鉴定书四种。

（1）司法鉴定书：司法鉴定书是接受委托方的初次委托后所出具的司法鉴定文书。

（2）补充鉴定书：凡发现新的相关鉴定材料和客体的，原鉴定项目有遗漏的，原鉴定结论不全面、充分、准确的，经委托方委托，可由原司法鉴定人或者其他司法鉴定人作补充鉴定，并出具补充鉴定书。补充鉴定书是对原司法鉴定书的补充，要一并装订和使用。出具补充鉴定书应注明"××鉴定补充鉴定书"。

（3）复核鉴定书：凡对原鉴定结论有异议而需要委托资质较高的司法鉴定机构对鉴定结论进行审核的，可由司法鉴定人出具复核鉴定书。

（4）重新鉴定书：在司法鉴定过程中，凡不符合司法鉴定程序的、送检的材料虚假或者失实的、原鉴定结论不科学准确的、当事人或者委托方不同意司法鉴定结论而需要委托再鉴定的，可由原司法鉴定人以外的司法鉴定人出具重新鉴定书。

（四）司法鉴定文书制作要求

司法鉴定文书的制作是司法鉴定过程中的一个重要环节，其制作质量直接影响到司法鉴定文书的使用，制作司法鉴定文书的基本要求如下：

1. 基本概念清楚，使用统一的专业术语。

2. 文字简练，用词准确，语句通顺，描述确切无误。

3. 使用国家标准计量单位和符号，使用国家标准简体汉字。

4. 内容系统全面，实事求是，分析说明逻辑性强，文体结构层次分明，论据可靠充分，结论准确无误，不允许使用有歧义的字、词、句。

5. 必要时应附有图表、照片、参考文献等说明性附件。

（五）司法鉴定文书格式（见范本8-1）

司法鉴定书一般由编号、绪言、资料（案情）摘要、检验过程、分析说明、鉴定结论、结尾、附件等部分组成。

1. 编号（包括机构名称、日期和编号）。机构名用缩略语、年份用"〔〕"括起、编号由"专业名缩略语＋司法鉴定文书性质缩略语＋编号"组成，如"××司鉴中心〔20××〕临鉴（检）字第×号"，并在文书的编号处加盖防伪"司法鉴定技术专用章"钢印。

2. 绪言。一般包括以下内容：

（1）委托单位。

（2）委托日期。

（3）委托事项。

（4）鉴定对象。

（5）送检材料。

（6）鉴定日期。

（7）鉴定地点。

3. 资料摘要。系对委托书附件（如司法机关立案卷宗、书证复核材料、旁证材料）、口述材料（如被告人供述、当事人陈述）等的摘要。所有摘要均需注明出处，重点摘录有助于说明鉴定（检验、书证审查、咨询）结果的内容，引用材料应客观全面。

（1）案情摘要：一般情况下都需要。

（2）病史（伤情）摘要、书证摘要：常见于法医临床学和法医病理学专业。

（3）被鉴定人概况、调查材料摘要（要制作询问笔录）：常见于司法精神病学专业。

4. 检验过程。检验过程是司法鉴定文书的核心，其检查和测试结果直接关系到鉴定结论。

（1）检材处理和检验方法：经典方法只列方法名称，新方法须具体说明。

（2）检查和测试所见：通过肉眼、各种技术测试方法、专用设备等，观察、检查或检测到的客观事物的真相。有关专业内容举例：

法医病理学鉴定，如尸表检验、尸体解剖、显微病理学观察、组织化学检查、病原学检查、毒物化验、物证检验、其他特殊检验等（现场勘验记录、尸体解剖记录等可以单列）。

法医临床学鉴定，如体格检查、专科检查、临床辅助检查等。

法医精神病鉴定，如精神状态检查、心理测验、临床辅助检查等。

法医物证鉴定，如形态分析、化学分析、仪器分析等。

法医毒物鉴定，如毒物、毒品的形态分析，化学分析，仪器分析，免疫分析等。

5. 分析说明。分析说明是司法鉴定文书的关键部分，是检验司法鉴定书质量好坏的标志之一。分析说明是根据上述资料摘要以及检查和测试结果，通过阐述理由和因果关系，解答鉴定（检验、书证审查、咨询）事由和有关问题，必要时应指明引用理论的出处。

6. 鉴定结论（检验报告、书证审查意见、咨询意见）。根据客观事实检查的结果和说明的理由，得出有科学根据的结论（或意见）及其依据。

7. 结尾。

（1）在文书的最后签署司法鉴定人（检验报告人、书证审查意见说明人、咨询意见说明人、补充意见说明人、复核鉴定人、重新鉴定人）的技术职务，并签名。

（2）在司法鉴定人签名处加盖相应的司法鉴定章（司法鉴定检验报告章、司法鉴定书证审查意见章、司法鉴定咨询意见章）。

（3）在司法鉴定专门机构名之后写上文书的制作日期。

8. 附件。包括图、照片、音像资料、退还的检材和参考文献等。

范本8-1 ××司法鉴定中心司法鉴定书

××司鉴中心［20××］病鉴字第×号
司法鉴定技术专用章（钢印）

委托单位：××县公安局刑警队

委托日期：20××年×月×日

委托事项：查明章×死亡原因

鉴定对象：章×，女，26岁，职工，未婚

送检材料：

鉴定日期：20××年××月××日××时××分

鉴定地点：尸表检验在案发现场，其余检验鉴定在××司法鉴定中心

在场人员：×××；×××

一、案情摘要

20××年××年××日××时许，邻居发现有烟雾从现场透进自己室内，起床查看时，见章×室内起火，即呼救，即刻有职工多人来救火，并发现章×已死于床上，且仍被燃烧中。

二、检验过程

（一）尸表检验记录

死者章×，尸体仰卧于被烧单人床上，蚊帐、被褥及衣物等全被烧光。尸体左上肢伸向头部左上方，呈微曲状，右上肢伸向右下方，稍曲屈；两下肢呈微曲状；头部、胸部及上腹部覆盖有衣、被、书等物的烧焦残片。

尸体身长166cm，赤脚，出现尸僵。上身粘附有未燃烧完的红色外衣及白色衬衣残片；下身粘附有被烧尼龙裤及红黄相间的花布裤衩残片；背部未烧到部位有淡红色尸斑。

头（面）部：头部无损伤，黑色烫发，有发辫，额部头发已烧焦。面额青紫肿胀，周围有烟熏痕迹；鼻翼及口唇部压迫变形，呈扁平状；两眼闭合，角膜混浊，球、睑结合膜下有点状出血；鼻腔有少量血性液体及泡沫溢出，口唇青紫，舌头伸出齿列外侧约0.5cm。

颈（项）部：颈部有缠绕3周的淡绿色塑料皮铝质电线，其在颈前偏右侧扭结成死结。颈后部（项部）缠绕电线的下方压有发辫。去除勒颈电线后，颈后部（项部）显露出呈苍白色环状勒沟，颈前部勒沟间的夹脊也呈苍白色，无出血及水疱形成。颈前部有散在表皮剥脱和多处皮下出血，呈条状及点片状，其中比较明显的有4处，大小分别为1.2cm×0.3cm、0.8cm×0.3cm、0.6cm×0.6cm和0.5cm×0.3cm。右侧胸锁乳突肌中段有1.5cm×0.5cm皮下出血。

躯干部：胸腹部及腰背部皮肤呈黄褐色，有烟熏痕迹，无充血，无烧伤水疱形成。

肢体：上肢、下肢被烧焦，皮肤和肌肉裂开，左手腕部戴有上海牌手表一块，表带已被烧毁。

会阴部：外阴部被烧焦成炭化状，无法检查处女膜。

（二）尸体解剖记录

颅腔及器官：脑充血，轻度水肿，未见硬膜外血肿形成。

颈部器官：颈前和右侧深部肌肉与舌骨周围有点状或片状出血，舌骨大角骨折。

胸、腹腔及器官：胸腔无积液，无粘连。心包腔内无积液，无粘连；胸腺已脂肪化；心脏大小正常，心外膜有散在出血点，心肌厚度和颜色正常，内膜光滑；心房、室腔未见扩大，内有未凝固呈暗红色的血液；心瓣膜周径正常，菲薄透明，房间隔和室间

隔无缺损；冠状动脉畅通，主动脉内膜光滑；气管及支气管内有白色泡沫，无烟尘及炭末附着，黏膜完整；两肺表面光滑，有多处点状肺膜下出血，切面呈暗红色，各肺叶呈中度水肿。

腹腔无积液，无粘连，各器官位置正常；横膈膜高度在第 5 肋间；肝、脾、肾均呈淤血状；胃肠、胰腺、肾上腺、膀胱等均无异常。

子宫及附件正常，宫腔内无胚胎，两侧卵巢无妊娠黄体和月经黄体。

（三）显微镜观察

颈项部索沟组织：表皮完整，真皮及皮下组织未见充血和出血，无炎性细胞浸润。

颈前部皮肤及皮下组织：表皮缺损，累及棘细胞层，基底层完整，真皮毛细血管充血，周围有中性白细胞浸润。肌肉间质出血，有少许中性白细胞浸润。

其余器官切片所见：略。

阴道分泌物涂片：未检见精细胞。

（四）毒物化学检验

心血中未检出碳氧血红蛋白，胃内容物未检出毒物。

三、法医病理学诊断

1. ……

2. ……

四、分析说明

1. 死者体表大面积被烧伤，四肢和阴部皮肤及浅层肌肉大部分呈炭化状，烧伤和未烧伤相邻部位的皮肤无充血、无烧伤水疱形成，即无烧伤的生活反应现象。口鼻部覆有衣被残片、烟尘等物，但未吸入口鼻和气管内，说明被烧时章×已无呼吸功能存在。尸体仰卧姿势未呈挣扎状，未有体位变动现象，说明被烧时，章×已无知觉存在。这些检验所见，具有一般死后焚尸的征象。

2. 颈部勒沟呈苍白色，无皮下出血，勒沟间的夹脊也无出血及水疱形成，无明显的生活反应，系符合死后勒沟征象。

3. 颈前有散在的表皮损伤及深层肌肉的出血现象，其性状具有一般扼颈损伤的征象，且位于勒颈电线下方，说明系勒颈前先行扼颈所造成。

4. 尸体颜面部青紫肿胀，两眼球及睑结合膜下出血，口鼻腔有血性泡沫样液体流出，呈明显窒息征象，其原因应系扼颈所造成。

5. 除颈部扼伤及窒息现象以外，未发现其他致命性损伤，勒颈与焚烧皆系死后形成。

6. 外阴部烧焦呈炭化状，处女膜形状已无法检查，加之阴道内容物未检见精细胞，故一时难以认定为强奸。

五、鉴定结论

根据上述检验结果和分析说明，死者章×系被他人扼颈致死，勒颈与焚烧系死后进行。

鉴定人：主任法医师　×××（签名）

主检法医师　×××（签名）

××司法鉴定中心司法鉴定章

二×××年×月×日

（六）司法鉴定检验报告书格式（见范本 8 - 2）

一般不需要司法鉴定书格式中的"资料摘要和分析说明"部分。出具司法鉴定检验报告书的有物证检验、尸体检验、毒物检验、文件检验、影像（声纹）检验等专业。

范本 8 - 2　　　　　　××司法鉴定中心司法鉴定检验报告书

××司鉴中心［20××］毒检字第×号

司法鉴定技术专用章（钢印）

委托单位：××县公安局

委托日期：20××年××月××日

委托事项：对送检的吴×检材作毒物分析

送检材料：

1.（开棺取出的）胃组织及胃内容物若干。

2.（附于布片上的）呕吐物若干。

3. 纸片 1 张。

检验日期：20××年××月××日

检验地点：××司法鉴定中心

一、检验过程

（1）胃组织、胃内容物和呕吐物毒物化学检验：分别取适量胃组织、胃内容物和呕吐物，经有机溶剂提取、净化后，作常规 GC/MS 分析，均未出现巴比妥类、苯二氮䓬类等安眠镇静药物，常见麻醉剂，违禁毒品，有机磷农药以及杀虫剂等有毒成分的特征色谱峰和特征碎片离子。

另取适量胃组织和胃内容物进行雷因希氏反应分析，结果呈阴性。

（2）纸片毒物化学检验：取适量纸片，经有机溶剂提取、净化后，作常规 GC/MS 分析，出现阿司匹林、2 - 羟基苯甲酸、咖啡因及尼可刹米成分的特征色谱峰和特征碎片离子；未出现其他巴比妥类、苯二氮䓬类等安眠镇静药物，常见麻醉剂，违禁毒品，有机磷农药以及杀虫剂等有毒成分的特征色谱峰和特征碎片离子。

二、检验结果

1. 从送检纸片中检出阿司匹林、2 - 羟基苯甲酸、咖啡因及尼可刹米成分。

2. 从送检的纸片、胃组织、胃内容物和胃呕吐物中均未检出巴比妥类、苯二氮䓬类等安眠镇静药物，常见麻醉剂，违禁毒品，有机磷农药，杀虫剂以及砷化物等有毒成分。

检验报告人：主任法医师　×××（签名）

主检法医师　×××（签名）

××司法鉴定中心

司法鉴定检验报告章

二×××年×月×日

（七）司法鉴定书证审查意见书格式（见范本 8 - 3）

一般不需要司法鉴定书格式中的"检验过程"部分，而重点在于分析说明。出具司法鉴定书证审查意见书的有法医病理学、法医临床学等专业。

范本 8 - 3　　　　××司法鉴定中心司法鉴定书证审查意见书

××司鉴中心［20××］临证字第×号

司法鉴定技术专用章（钢印）

委托单位：××市中级人民法院

委托日期：20××年×月×日

委托事项：对李×的伤情进行法医学书证审查

送审材料：

1. 委托书 1 份。

2. 公安局预审卷宗 1 册，检察院卷宗 2 册，法院卷宗 3 册。

3. X 线片 20 张，CT 片 5 张，MRI 片 8 张。

送审日期：20××年×月×日

被审查人：李×，女性，51 岁，汉族，湖南人，已婚，农民，住湖南省长沙市×镇×村×组，现在深圳打工，暂住深圳市×路×号

审查日期：20××年×月×日

审查地点：××司法鉴定中心

一、案情摘要

据20××年××月××日某区人民法院刑事附带民事判决书记载：20××年××月××日××时，自诉人李×在她居住的墙上挖门，准备住进隔壁一间空房时，与被告人朱×发生争吵，在争执中，朱×将李×摔倒在地，朱×的双腿压在李×的腿上，并用一只手按住李×的胸部。李×受伤后于当晚××时许，由其丈夫用车子送往某区人民医院治疗。此后，李×左半身瘫痪，左手掌呈猴掌状态，生活不能自理，平时由其丈夫背着进出。

二、书证摘录

1. 20××年××月××日至20××年××月××日，某区人民医院住院病历记载：入院时检查：李×头颈部无外伤，剑突下及下腹部轻触痛，脊柱和四肢无畸形，功能正常，肾区稍压痛，叩击尾骨处有压痛，神经系统未引出任何病理征。20××年××

月××日病程记录：自述左下肢不能活动，但未见阳性体征。出院时诊断：软组织伤；骨质增生（腰椎）；左下肢肌张力增高待查。

2. 20××年××月××日至20××年××月××日，某区人民医院住院病历记载：以左下肢运动障碍半年余、加重半个月为主诉入院。20××年××月××日病程记录：左下肢感觉障碍与神经分布不符，可能为非器质性病变，配合针灸"暗示"疗法，效果甚佳。出院时诊断：软组织损伤；腰椎骨折增生；左下肢运动障碍（癔症性）。

3. 20××年××月××日，××市高级人民法院法医学鉴定书结论：20××年××月××日，被鉴定人李×遭受的伤害属于一般伤害；李×左半身瘫痪属于外伤后神经症－癔症性偏瘫；20××年××月××日李×所遭受的外伤作为精神刺激，成为癔症性瘫痪的直接诱发因素。

4. 20××年××月××日，××市高级人民法院关于朱×伤害李×一案法医学鉴定书补充说明书记载："原鉴定书所指的外伤主要是精神损伤。癔症的直接原因是精神因素。轻微外来机械作用力和精神创伤是引起瘫痪的直接诱发因素，单纯轻微的外来力量不会引起瘫痪。"

5. 阅片：20××年××月××日××医院头部正侧位 X 线片×张（号××），20××年××月××日××医院头部 CT 片×张（号××）、20××年××月××日××医院头部 CT 片×张（号××），20××年××月××日××医院头部 MRI 片×张（号××），共×张 X 线片、×张 CT 片及×张 MRI 片，示：××（阅片结果描述）。

三、分析说明

根据委托机关提供的现有材料，包括病史，结合本中心检验所见（并专家会诊意见）分析如下：

1. 根据本案卷宗和病历材料，李×受伤当天送往某区医院，入院体检除了剑突下及下腹部轻触痛、肾区稍压痛、尾骨处叩击痛以外，未见其他异常表现。为此，某区医院所作"软组织损伤"的诊断可成立，这种损伤是外力作用于人体而造成的局部组织结构、器官的轻微损害，其经过治疗后一般可以痊愈。参照《××××伤残鉴定标准》，应评定为轻微伤。

2. 李×软组织损伤后第××天起所表现的左下肢症状和体征与神经分布不符，配合针灸"暗示"疗法后，效果又甚佳。据此，某区医院所作的"左下肢运动障碍（癔症性）"的诊断以及××市高级人民法院法医学鉴定书的"单纯轻微的外来力量不会引起瘫痪"的分析意见可以成立。李×软组织损伤后表现的左下肢症状和体征可能与纠纷当时的轻微损伤有间接（心理）因果关系，其发病机制有待进一步认识。李×此种症状和体征通过综合治疗一般是可以有所改善或痊愈的。

四、审查意见

1. 被审查人李×受伤当时为软组织损伤，应为轻微伤。

2. 被审查人李×软组织损伤后所表现的左下肢症状和体征可能与纠纷当时的轻微伤有间接（心理）因果关系。

书证审查意见说明人：

主任法医师　×××（签名）

主检法医师　×××（签名）

××司法鉴定中心司法鉴定书证审查意见章

二×××年××月××日

（八）司法鉴定咨询意见书格式（见范本8-4）

基本格式同司法鉴定书格式。

范本8-4　　　　××司法鉴定中心司法鉴定咨询意见书

司鉴中心［20××］物咨字第×号

司法鉴定技术专用章（钢印）

委托人：赵亮

委托日期：20××年×月×日

委托事由：对赵亮、钱军与赵明之间有无亲生血缘关系进行技术咨询

检验材料：赵亮、钱军与赵明指血各少许

检验日期：20××年×月×日

检验地点：××司法鉴定中心

一、情况摘要

20××年×月×日，赵亮、钱军携赵明来本中心，要求对赵亮、钱军与赵明之间是否存在亲生血缘关系进行技术咨询。

二、检测过程

（一）被检验人及检材登记

姓名	钱军	赵明	赵亮
性别	女	男	男
称谓	母	子	父
出生年月	1965.8.5	1992.6.8	1963.8.21
证件号码	（略）		

（二）检材处理和检验方法

按血清学方法检测ABO血型；用chelex法抽提DNA，用复合扩增和四色荧光技术检测STR位点的基因型。

（三）检验结果（检测系统的检测数据略）

三、分析说明

根据孟德尔遗传定律，孩子的全部遗传基因必须分别来源于其亲生父母双方。综上

检验结果分析，赵明、钱军在 13 个 STR 位点的基因型符合作为赵明亲生父母亲的遗传基因条件，且亲子关系概率值经计算可达99%以上。

四、咨询意见

参照国际惯例，可以认为赵亮、钱军与赵明之间存在着亲生血缘关系。

咨询意见说明人：

主任法医师　×××（签名）

主检法医师　×××（签名）

××司法鉴定中心司法鉴定章

二×××年××月××日

（九）其他司法鉴定文书格式

1. 补充鉴定文书。补充鉴定文书在司法鉴定书格式的基础上还要增加以下格式：

（1）补充鉴定说明。阐明补充鉴定理由和新的委托鉴定事由。

（2）补充资料摘要。在补充新资料摘要基础上，还要包括原鉴定书的基本内容等。

（3）再次检验过程。在补充检查、测试等基础上，还要包括原检验过程的基本内容等。

（4）补充鉴定结论。在原鉴定结论的基础上，提出补充性鉴定结论。

2. 复核鉴定文书。复核鉴定文书在司法鉴定书格式的基础上还要增加以下格式：

（1）复核鉴定说明。阐明复核鉴定的理由和新的委托鉴定事由。

（2）复核资料摘要。在摘抄原鉴定书资料摘要的基础上，添加新的资料摘要。

（3）复核检验过程。记录重复原检验过程和（或）与原检验过程检材的不同处理、不同的检查和测试方法及其结果。

（4）复核鉴定分析说明。对复核结果进行分析，如与原鉴定结论或意见有不同的，要针对性地说明理由。

（5）复核鉴定结论或意见。写出鉴定结论或意见及其依据。

3. 重新鉴定文书。基本格式同司法鉴定书格式。

补充资料：

××司法鉴定中心司法鉴定检验报告书

（司法鉴定机构的名称＋司法鉴定文书类别的标题：一般2号或者小1号宋体，加黑，居中排列）

司法鉴定许可证号：000000000

（司法鉴定机构许可证号：3号仿宋体，居中排列）

声　明

（2 号宋体，加黑，居中排列）

1. 委托人应当向鉴定机构提供真实、完整、充分的鉴定材料，并对鉴定材料的真实性、合法性负责。
2. 司法鉴定人按照法律、法规和规章规定的方式、方法和步骤，遵守和采用相关技术标准和技术规范进行鉴定。
3. 司法鉴定实行鉴定人负责制度。司法鉴定人依法独立、客观、公正地进行鉴定，不受任何个人和组织的非法干预。
4. 使用本鉴定文书应当保持其完整性和严肃性。

（声明内容：3 号仿宋体）

地　　址：××市××路××号（邮政编码：××××××）
联系电话：×××－××××××××

（司法鉴定机构的地址及联系电话：4 号仿宋体）

标题（司法鉴定机构名称＋委托鉴定事项，小2号黑体，居中排列）

编号××司法鉴定中心〔200×〕×检字第×号

（编号：包括司法鉴定机构缩略名、年份、专业缩略语、文书性质缩略语及序号；年份、序号采用阿拉伯数字标示，年份应标全称，用方括号"〔〕"括入，序号不编虚位。5号宋体，居右排列。编号处加盖司法鉴定机构的司法鉴定专用章钢印）

一、基本情况（3号黑体）

委托人：××××（二级标题：4号黑体，段首空2字）

（文内4号仿宋体，两端对齐，段首空2字，行间距一般为1.5倍。日期、数字等均采用阿拉伯数字标示。序号采用阿拉伯数字"1."等顺序排列。下同）

委托鉴定事项：

受理日期：

鉴定材料：

鉴定日期：

鉴定地点：

在场人员：

被鉴定人：

二、检案摘要

三、检验过程

四、检验结果

一般采用文字或者图表形式。例如：

××××××		
×××	×××	×××
×××	××××××××	××××××××
×××	××××××××	××××××××

（表格一般采用三线表，居中排列，图表说明和表内文字居中排列，5号宋体）

五、落款

司法鉴定人签名或者盖章

《司法鉴定人执业证》证号：

司法鉴定人签名或者盖章

《司法鉴定人执业证》证号：

（司法鉴定机构司法鉴定专用章）

二○○×年×月×日

（文书制作日期：用简体汉字将年、月、日标全，"零"写为"○"，居右排列。日期处加盖司法鉴定机构的司法鉴定专用章红印。）

说明：

1. 本司法鉴定检验报告书各页之间应当加盖司法鉴定机构的司法鉴定专用章红印，作为骑缝章。

2. 司法鉴定检验报告书中需要添加附件的，须在检验结果后列出详细目录。

3. 对司法鉴定检验报告书中需要解释的内容，可以在正文的落款后另加附注予以说明。（附注为4号仿宋体）

【本章小结】

本章共分五节，对人身意外伤害所致残疾（含死亡）的鉴定标准、主体、原则、评定时期、结论等内容作了系统的介绍；使读者对人身意外造成残疾的鉴定报告在保险领域的重要作用有正确的理解。本章的重点内容是在保险领域最常用的人身伤害残疾的鉴定方法以及意外导致人身伤害发生后哪些因素对残疾形成产生影响，这有利于对残疾鉴定结果的审定和避免或减少残疾的发生。残疾鉴定牵涉的内容十分广泛，与法律联系密切，残疾鉴定的法律效果与鉴定主体、鉴定程序、鉴定报告的格式和内容等有直接的关系，因此熟悉司法鉴定的程序、司法鉴定报告的格式样本和内容要求，也是值得关注的重点。

【思考题】

1. 人身意外伤害、残疾鉴定的标准、主体、原则、评定时期、结论等知识对人身保